Leo Lionni
Zwischen Zeiten und Welten

Leo Lionni

Zwischen Zeiten und Welten

Autobiographie

Aus dem Amerikanischen
von Wolfram Sadowski

Middelhauve

INHALT

Natürlich widme ich dieses Buch Nora,
der Bewahrerin, dem Anker, dem Licht meiner Welt seit
mehr als fünfundsechzig Jahren,

und Mannie, den ich schon fast ebensolange kenne und
liebe,

und meinen Enkeln und Urenkeln.

Mein Dank gilt Frances Foster, die in den vergangenen
sechzehn Jahren meine Fabeln für Kinder herausgegeben
hat. Ihre Mitarbeit und Ermutigung, vor allem aber die tiefe
Freundschaft, die wir zueinander entwickelt haben, sind ein
wesentlicher Faktor beim Schreiben meiner Erinnerungen
gewesen.

Und mein Dank gilt den vielen anderen, die mich ermutigt
und mir geholfen haben, besonders Veronica Rauch und
Doogie Morley-Bodle. Und schließlich bin ich Bob Gottlieb
zu Dank verpflichtet, der dieses Buch auf seinem
schwierigen und manchmal schmerzlichen Kurs geleitet hat.

*Un grazie speciale va a Marcello e Anita Vanni
e tutta la famiglia per essere diventata nel corso di
molti anni insieme parte della nostra.*

ERSTER TEIL

1910 – 1931

*Es war am fünften Mai 1910 in einem Bungalow
von Watergraafsmeer, einem Vorort von Amsterdam,
als ich plötzlich, zitternd im Zentrum des
wechselnden Lichts und einer Explosion von Geräuschen,
in die Höhe gehalten wurde. Es war ein hektischer,
furchterregender Tag gewesen, aber, im Rückblick,
ein guter. Zwei Fünfer und ein Zehner – eine kleine
Symmetrie in der Unendlichkeit der Zahlen.
Zwei Fünfer – meine Hände. Zehn, meine Finger.
Ich würde Dinge erschaffen.*

Ich sitze allein in einem kleinen Korbstuhl mitten auf einer langgestreckten, rechteckigen, frisch gemähten Wiese. Es ist später Nachmittag, und langsam verdunkelt sich der gewaltige goldene Himmel. Ich sitze hier schon lange Zeit, die Augen fest auf das Ende der Wiese gerichtet. Vor einer Weile waren rote, weiße und blaue Luftballons, ein ganzer Himmel voll, langsam vom Horizont ins Nichts aufgestiegen. Ich warte auf das Feuerwerk.

Das ist meine einzige Erinnerung an Watergraafsmeer, wo ich geboren wurde und wo ich die ersten vier Jahre meines Lebens wohnte. Der Anlaß, glaube ich, war der Geburtstag der Königin. Hin und wieder gleiten andere Bilder über die Leinwand meines Gedächtnisses, aber sie sind kaum zu erkennen und ziehen zu rasch darüber hinweg, um Bedeutungen freizusetzen: die Rauten eines Linoleumbodens, eine Frau, die aus einem Zimmer geht, eine Tür, die sich langsam schließt … Aber ich erkenne das Licht wieder und die Tageszeit, die sie gemeinsam haben, das sanfte goldene Licht des späten Nachmittags, das Firnislicht alter Gemälde. Das Licht, das alle Erinnerungen meiner Kindheit in Amsterdam einhüllt.

Im Jahre 1910, als ich geboren wurde, war Amsterdam die Hauptstadt der Diamantenindustrie der Welt. Viele der Arbeiter waren sephardische Juden, deren Vorväter man während der Inquisition aus Spanien und Portugal vertrieben

11

hatte. Seit Spinozas Zeiten waren Namen wie De la Pardo, Enriquez, Pereira und Lionni im Ghetto von Amsterdam fast so häufig zu finden wie die aschkenasischen Namen Goldberg, Grunbaum und Rosenzweig.

Mein Vater, Louis, war zwölf Jahre alt, als sein Vater, ein Diamantenhändler, starb. Seine Mutter, auf die Verantwortung, die ihr so plötzlich hinterlassen wurde, schlecht vorbereitet, bat Elie Beffie, den besten Freund ihres Mannes, der einen Sitz an der Londoner Diamantenbörse innehatte, ihren Sohn in die Fußstapfen seines Vaters hineinzuführen. Obwohl Louis seiner Natur nach intellektuelleren Interessen zugeneigt schien, gelang es dem beredsamen Elie nicht nur, den jungen Mann auf eine vielversprechende Karriere im Diamantenhandel hinzulenken; er gewann auch noch die Zuneigung der jungen Mutter. Und acht Jahre später, als Louis Schule und Lehre abgeschlossen hatte und als gutbezahlter ausgebildeter Diamantschleifer angestellt war, wurden Elie und Rose Wolff Lionni getraut.

Meine Mutter, Elisabeth Grossouw, kam aus einer christlichen Arbeiterfamilie und war eine begabte junge Opernsängerin, deren Musikstudium der Vater einer ihrer Schulkameradinnen finanziert hatte, ein reicher Wohltäter, dem ihre Schönheit, ihre Intelligenz und ihr Talent aufgefallen waren. Sie besaß eine natürliche Koloraturstimme, eine beeindruckende Ausstrahlung und jenes andere, so Wesentliche für eine erfolgreiche Musikkarriere: ein starkes Selbstbewußtsein.

Meine Eltern begegneten sich zum ersten Mal bei einer Feier der Italienischen Operngesellschaft aus Anlaß einer Aufführung von Mozarts *Figaros Hochzeit*, in der Mutter stürmischen Applaus für ihre schwungvolle Interpretation des Cherubino erhalten hatte. Nach einigen idyllischen Monaten leidenschaftlicher Werbung beschlossen sie zu heiraten. Aber Vater, der italienischen Tenören mißtraute und Promiskuität hinter den Kulissen argwöhnte, forderte von seiner Verlobten, die Italienische Operngesellschaft zu verlassen. Mutter weigerte sich, indem sie erklärte, daß sich das Wort *Italienisch* auf das Wort *Oper* bezog und die Gesellschaft ebenso holländisch war wie Edamer Käse. So also lagen die Dinge. Ihre beiden Familien hatten jedoch ernstere Vorbehalte.

Auf meines Vaters Seite wurden die Einwände gegen die Ehe eher zivilisiert vorgetragen und waren vergleichsweise milde. Meine Großmutter Rose sah keinen Grund, die Wahl ihres Sohnes zu mißbilligen. In Paris geboren und erzogen in einer streng orthodoxen jüdischen Familie, war sie eine weise und weltgewandte Frau, und obwohl ihre formale Erziehung vernachlässigt worden war, hatte sie einen originellen und aufgeschlossenen Geist entwickelt. Ihr diplomatischer Ehemann stellte behutsam die praktischen Fragen. Wie könnte der junge Louis genug verdienen, um eine Ehefrau in angemessenem Stil zu unterhalten? Und falls ein Baby käme, was wahrscheinlich war, wie könnte die junge Braut ihre Gesangskarriere fortsetzen?

Auf Mutters Seite war die Reaktion leider sehr viel hitziger. Opa Grossouw war ein Mann von schwierigem Charakter, der zu plötzlichen Gewaltausbrüchen neigte, besonders dann, wenn er auf einer Zechtour gewesen war. Als er von der

Affäre seiner Tochter mit dem extravaganten und leicht exzentrischen jungen Diamantschleifer erfuhr, der den Nerv hatte, in eben der Straße, in der die Grossouws wohnten, mit zwei weißen russischen Whippets an der Leine aufzutauchen, ging Opa in die Luft. In einem Wutanfall schlug er seine Tochter und warf sie danach kopfüber in ihr Zimmer. Als man ihm ein paar Monate später sagte, daß Betty schwanger war, gab es noch einmal einen Wutausbruch. Diesmal aber erschöpfte er sich in verbalen Beleidigungen, und die flößten niemandem Furcht ein, am wenigsten Mutter, die meinte, daß sie schon bessere Aufführungen auf der Bühne der Italienischen Operngesellschaft erlebt hätte. Viel schneller, als irgendjemand zu hoffen gewagt hatte, schmolz Opas Widerstand gegen die Heirat seiner Tochter, und am Tag vor der Hochzeit gab er dem Paar seinen Segen und trank eine halbe Flasche Extra Oude Jenever auf die Gesundheit und das Glück der beiden.

Nun wurden die Frischvermählten von beiden Familien rundum mit Zeichen der Zuneigung und Liebe bedacht, und bei den Grossouws brach eine wahre Epidemie emsigen Strickens, Nähens und Hämmerns aus. In Windeseile verwandelte sich das Wohnzimmer in der Jan van der Heyden Straat in eine Ausstellung von Babysachen, die einem ganzen Warenhaus Ehre gemacht hätte. Drei Monate vor meinem Auftritt auf der Welt besaß ich nicht nur eine komplette Babyausstattung, sondern auch eine avantgardistische Krippe, von Onkel Piet entworfen, und eine elegante, maßstabsgerecht verkleinerte Version von einem Vliegende Hollander, einem für Hollands nördliche Provinzen typischen Wagen, den Opa gebaut hatte.

Meine Eltern fanden ein kleines Einfamilienhaus in Watergraafsmeer, einer ruhigen Gemeinde nicht weit von Amsterdam mit aufeinanderfolgenden Reihen bungalowartiger Häuser, die sich im dichten Blätterwald von Büschen und Bäumen versteckten. Vater richtete sich mit seiner Werkbank und den Diamantschneidewerkzeugen auf dem Dachboden ein, erreichbar über eine Leiter vom Flur im ersten Stock. Mutter ließ sich ihren Steinway von Amsterdam herbringen, und mit Hilfe eines Kaschmirschals, einiger Schattenpuppen aus Java und gerahmter Fotografien berühmter Dirigenten verwandelte sie das kleine Wohn- und Eßzimmer in ein reizendes Wohn-, Eß- und Musikzimmer mit Boheme-Flair.

Als freischaffender Diamantschleifer fuhr Vater morgens nach Amsterdam, und am Ende eines jeden Tages stieg er hinauf in seine winzige Dachwerkstatt und arbeitete bis spät in die Nacht hinein. Obwohl er jetzt ganz ordentlich verdiente, hatte er das Interesse an seinem Handwerk verloren, und er begann, nach anderen Wegen zu suchen, seinen scharfen, methodischen Geist zu gebrauchen, der von Natur aus auf die Logik von Zahlen ausgerichtet war.

Angespornt von einem Freund, schrieb er sich in einen Abendkurs für Buchführung ein, bestand die Abschlußprüfung mit Bestnoten und bereitete sich mit dem Gedanken, eine neue Laufbahn als beamteter Wirtschaftsprüfer einzuschlagen, gerade auf das staatliche Examen vor, als der Krieg ausbrach. Es war August 1914, und Vater wurde eingezogen. Weniger als vier Monate später wurde er ehrenhaft aus der Armee entlassen – wegen Taubheit, einem Zustand, der von

Meine Eltern Louis Lionni und Elisabeth Grossouw Lionni

den Explosionen bei der Artillerie herrührte und ihn bis ans Ende seines Lebens quälen sollte.

Mit meinem Teddybär

Während wir in Watergraafsmeer wohnten, brachte Mutter mich wenigstens einmal im Monat in Omas Haus in der großen Stadt. Ich nannte es Omas Haus, niemals Opas, obwohl es ebensosehr ihm wie ihr gehörte. Opa arbeitete als Hausmeister bei einem der bekanntesten holländischen Ruderklubs, der Amstel Vereeniging, die ihren Namen von dem Fluß herleitete, der durch Amsterdam fließt und die Stadt in zwei Hälften teilt. Das Klubhaus, ein zweistöckiges Holzgebäude, ruhte auf Kähnen, die am Amstelkai vertäut waren, nur ein paar Straßen von der Jan van der Heyden Straat entfernt, wo die Grossouws wohnten. Opa war vom frühen Morgen bis zum frühen Abend im Klub. Wenn er nicht in seinem kleinen, mit Papieren, Aktenmappen, Büchern, Kästen und leeren Ginflaschen vollgestopften Büro war, konnte man ihn vielleicht auf dem unteren Deck dabei antreffen, wie er ein glänzendes Rennruderboot, schnittig wie ein Bogenpfeil, polierte oder einen der trägen Ruderkähne für einen Ausflug zu den kleinen Seen jenseits der Stadtgrenzen vorbereitete. Oder wie er sich gerade um seine Kaninchen kümmerte oder, noch wahrscheinlicher, wie er schlaff in einem Lehnstuhl saß und laut schnarchend Bier- oder Gindunst verströmte.

Während Opa oft betrunken und unfreundlich war, war Oma ein großer, naiver, gemütlicher Engel. Sie konnte kaum lesen oder schreiben, aber sie war weise, und ich spürte, daß sie all die Dinge kannte, die man kennen sollte, weder eins zu viel noch eins zu wenig. Ich liebte die Fahrten zu Oma durch die Polder und über die schmalen Brücken und dann mit der Straßenbahn vom Amsterdamer Bahnhof zur Berlage-Brücke in der Nähe der Jan van der Heyden Straat. Und ich liebte Omas Haus. Es war so hell, geräumig und fröhlich, und ich konnte im Wohnzimmer herumrennen, auf alles draufklettern und so laut kreischen, wie ich wollte, ohne daß ich jemals ausgeschimpft wurde.

Omas Küche roch so, wie eine Küche riechen sollte, aber Mutter, die durch Veranlagung und Umstände ihrer proletarischen Herkunft entwachsen war, dachte da anders. Ihrer Meinung nach sollte überhaupt nichts riechen außer lila Flieder und Rosen und Houbigants *Quelques Fleurs*. Die Kohl- oder Zwiebeldüfte, die ihre Mutter verströmte, ärgerten sie; ich dagegen mochte Oma so. Die Gerüche waren exotisch und doch beruhigend. Sie waren Oma.

Meine Tante Mies arbeitete als Model für verschiedene Modehäuser in der Innenstadt. Wenn sie gerade keinen Auftrag hatte, was oft passierte, war sie gewöhnlich zu Hause, wenn wir kamen. Oma rief dann: „Mies, sie sind da!", und Mies stürmte aus ihrem kleinen Zimmer und knallte laut die Tür hinter sich zu. Damals ungefähr zweiundzwanzig, war sie die ideale Spielgefährtin. Gutmütig, flatterhaft und ein klein wenig rebellisch, schämte sie sich nicht, hinter mir herzurennen, erst durchs ganze Haus, dann die Eingangstreppe hinunter und auf die Straße hinaus, wobei sie aus vollem Halse kreischte und in einem Kicheranfall Leute anrempelte. Sie war ziemlich hübsch mit ihrem langen blonden Haar, das hinter ihr herwehte, und obwohl ich nur ein Kind war, war mir voll bewußt, welchen Eindruck sie machte, wenn sie dabei zufällig mit einem Mann zusammenstieß. Und abends, falls Mutter und ich über Nacht dablieben, waren meine Onkel Piet, Herman und Jan da. Ein Fest. Vollkommene Glückseligkeit.

Auf der Seite meiner Oma Rose gab es noch andere Verwandte: ihre ältere Schwester Trui mit ihrem mürrischen Mann Michel. Tante Truis Haus lag im geschäftigsten, lautesten Viertel der Innenstadt. Steile enge Treppen führten in einen kleinen Flur, von dem aus man in die Küche hineingehen konnte oder in das Wohnzimmer, das, wie ich mich erinnere, vollgestopft war mit erdrückenden Mahagonimöbeln, Perserteppichen, Delfter Vasen, Menora aus Messing in den verschiedensten Größen und Stilarten, Pflanzen und Blumen,

Gläsern und silbernen Tabletts mit Gebäck und Schokolade, und über all dem schwebte ein riesengroßer kupferner Kronleuchter, ähnlich dem, den ich mehr als ein halbes Jahrhundert später in der Synagoge der Stadt Cochin an der Westküste Südindiens sehen sollte. Am lebhaftesten aber erinnere ich mich an den furchteinflößenden Anblick meiner Urgroßmutter, wie sie, klein und dürr, peinlich adrett gekleidet, gekämmt und gepudert, bewegungslos wie eine Mumie, gestützt von vier oder fünf Kissen, mit geschlossenen Augen in einem dunklen, kunstvoll geschnitzten Lehnstuhl saß, unter dessen Sitzfläche völlig sichtbar ein weißer Porzellantopf hing.

Glücklicherweise besuchten wir Tante Trui selten, und dann kam Vater mit. Das war zumeist an den bedeutenden jüdischen Feiertagen wie Rosch Ha-Schana oder Jom Kippur. Dann war das Haus voller Leute, die kamen und gingen und sich unter großen Schwierigkeiten auf der engen Treppe aneinander vorbeidrängten. Die meisten sprachen jiddisch, polnisch oder russisch. Die Männer trugen Hüte oder Jarmulkes im Haus, selbst wenn sie Tante Trui oder Rachel umarmten, das alte äthiopische Dienstmädchen, das wie eine Zigeunersklavin in der Familie aufgewachsen war und nie holländisch, nur jiddisch zu sprechen gelernt hatte. Was für eine Erleichterung es war, wieder in der Jan van der Heyden Straat zu sein! Ich konnte niemals ganz glauben, daß Tante Trui die Tante meines Vaters war. Eine Blutsverwandte!

Im Frühjahr 1915 zogen meine Eltern zurück nach Amsterdam, wo sowohl die Grossouws als auch die Beffies lautstark forderten, daß ihr einziges Enkelkind sie häufiger besuchte.

Die Grossouws erklärten sich bereit, uns bei sich aufzunehmen, bis Vater seine Prüfungen bestanden hatte und es sich leisten konnte, daß wir uns in jenem würdigen Viertel von Amsterdam niederließen, das sein neuer Beruf erforderte.

Vater stellte seine Diamantschneidebank und die Werkzeuge in eine Ecke auf dem riesigen Dachboden der Grossouws, einem ungeheuer großen Käfig aus rohem, unlackiertem Holz mit zwei kleinen Fenstern, die auf das flache geteerte Dach hinaussahen. In meiner Erinnerung sieht der Dachboden wie die Kulisse eines kleinen Opernhauses aus – dieselbe Öde, dieselbe trostlose Unordnung. Da gab es braune Schrankkoffer, trocken und staubig, einen großen vergoldeten Rahmen, der wackelig an einem Holzpfeiler lehnte, einen langen Tisch, ein altes kaputtes Sofa, Stapel von Zeitungen und Zeitschriften. Aus irgendeinem Grund, den ich nie verstehen konnte, war der Dachboden größer als die Wohnung; er muß sich wohl über einen beträchtlichen Teil des dritten Stockwerks vom Nebengebäude mit erstreckt haben. Jahre zuvor hatte Opa drei kleine Zimmer für die Jungen abgetrennt, aber er hatte die Arbeit nie richtig zu Ende geführt; die Zimmer hatten noch nicht einmal Türen. Nur Onkel Jan, der jüngste der Brüder, wohnte noch zu Hause und schlief auf dem Dachboden.

Oma ignorierte die Existenz des Dachbodens völlig. Nicht so Opa, der dort seine Tauben hielt. Unter Einschluß eines der Fenster hatte er ein großes Gehege aus Hühnerdraht gebaut, in dem etwa ein Dutzend Nistkästen hingen. In diesen Mansardenkäfig gelangte man durch eine kleine, nicht besonders stabile Tür aus Holzlatten und Draht. Mindestens jeden

21

zweiten Tag kroch Opa in den Käfig, fütterte die Vögel, kletterte die vier Stufen auf der kleinen Leiter hoch, die an die Wand genagelt war, öffnete das Fenster und ließ die Tauben hinausfliegen. Dann kletterte er gewöhnlich aufs Dach und beschrieb mit einer über drei Meter langen Stange immer größere Kreise am Himmel. Die Tauben folgten ihr bald und flogen in vollkommener Formation in immer größeren Kreisen herum und herum. Dicht beisammen. Herum und herum. Das war Opas Zirkusnummer.

Große Aufregung im Frühherbst, als Vater richtiggehend zum beglaubigten beamteten Wirtschaftsprüfer ernannt wurde! Nach vielem Suchen fand er eine große Wohnung, ideal, wie er dachte, sowohl als Büro als auch als Heim. Sie lag in einem angenehmen Viertel der gehobenen Mittelklasse, nicht weit entfernt vom Concertgebouw, der großen Konzerthalle Amsterdams, vom Rijksmuseum zu Fuß in fünf Minuten zu erreichen, einen Steinwurf vom Stedelijk entfernt, und zur Vondel-Schule, einer der besten Grundschulen der Stadt, war es nur ein Spaziergang von zehn Minuten. Dies war ein ganz anderer Teil von Amsterdam als die malerischen engen Gassen, die dunklen Kanäle, die spinnenartigen Brücken und die schwarzen Glockentürme, an die Touristen sich erinnern. Hier gab es kleine Straßen, in denen, hinter Rhododendronbüschen versteckt, elegante Villen mit hohen Dächern standen. Und selbst die bescheideneren Straßen hatten breite Bürgersteige, auf denen wir unsere Kreisel peitschen und unsere Murmeln rollen konnten.

Wir bewohnten, was man ein *bovenhuis* oder Oberhaus nannte, die oberen Stockwerke eines vierstöckigen Zweifamilienhauses. In dem gefließten Vortreppenraum hatten wir eine separate Eingangstür mit einem kleinen Fenster, durch das man die lange steile Treppe im Hausinnern sehen konnte, die zum Wohnstockwerk hochführte. Dort befand sich das Arbeitszimmer meines Vaters, ein beeindruckender holzgetäfelter Raum, gewichtig ausgestattet mit Perserteppichen, einer Bibliothek mit ledergebundenen Büchern über Finanzwesen und Gesetze in dunklen Bücherschränken aus Mahagoni, zwei grünen Samtsesseln und einem Schreibtisch mit Beinen, die wie Löwenfüße geformt waren.

Mutter nahm das Wohnzimmer mit ihrem Flügel, einem schwarzen Bechstein, in Beschlag. Darauf stand an einem Ende ein silberner Rahmen mit einer signierten Fotografie von Mutters Mentor Willem Mengelberg, dem berühmten Dirigenten des Amsterdamer Concertgebouw-Orchesters, während in der Mitte, noblesse oblige, eine Kristallvase mit einem großen Strauß jahreszeitlicher Blumen stand. Es gab ein kleines Eßzimmer mit einfachen hellen Möbeln und schweren Samtvorhängen. Dahinter die Küche, und neben ihr lag die Treppe, die zum Flur des obersten Stockwerks führte. Dort befanden sich an dem einen Ende das Schlafzimmer meiner Eltern und das Badezimmer und an dem anderen der Dachboden und mein Zimmer. In meiner Erinnerung schwankt die Länge des Flurs. Er war sehr lang, wenn ich ihn, aus einem Alptraum erwacht, auf Zehenspitzen im Dunkeln entlangtappte, um in die warme Geborgenheit von Mutters

Bett zu klettern. Er wurde endlos, wenn mich danach verlangte, allein und frei zu sein, um meine Phantasien auszuleben, und ich meine Zimmertür schloß.

In der Mitte des Flurs hing ein großes Gemälde von dem französischen Maler Henri Le Fauconnier, einem der weniger bekannten Begründer des Kubismus und Schützling von Onkel Willem, Elie Beffies Bruder. Es war ein riesiges Durcheinander wirbelnder graubrauner Farben, hinter dem sich geisterhaft ein Mann verbarg, der eine Pfeife rauchte. Ich war stolz darauf, den Mann zu erkennen, der da inmitten dieser ganzen Turbulenz saß, als Freunde, die uns besuchten, sagten,

Unser Mietshaus in Amsterdam mit meinem Zimmer – dem Tempel meines Alleinseins – ganz oben

daß sie nichts sahen außer einem graufarbigen Durcheinander, und mich fragten, was das bedeutete. Aber ich habe dieses Gemälde nie gemocht. Mir gefiel die schmutzige fette Farbe nicht, ein dunkles Grau mit blauen und grünen Reflexen, die runzlig auf der Leinwand auflagen, bereit, jeden Augenblick herunterzurutschen. Mir gefielen die Ausmaße der Gestalt nicht, die überlebensgroß zu sein schien. Noch schlimmer. Größer als ich!

Wieviel hübscher war da das Bild, das zwischen der Tür zum Dachboden und meinem Zimmer hing! Es war ein heiteres Gemälde mit fröhlichen Farben, die wie Bänder in einem eisigen Wind zu flattern schienen. Wenn ich eine seiner Variationen im Guggenheim-Museum oder auf den Seiten eines Buches über die Kunst des zwanzigsten Jahrhunderts sehe, dann begrüße ich den freundlichen Riesen mit dem grünen Gesicht, der seine Fiedel über den schneebedeckten Dächern eines wackeligen russischen Stetl spielt, als alten Freund, mit dem ich meine Kindheit verbracht habe. Wir nannten das Bild einfach „den Chagall". Es war eine ganz und gar andere Welt, wo alles passieren konnte und alles unerwartet war – eine laute, geschäftige Welt, zum Greifen nahe. Vielleicht war sie der heimliche Geburtsort all der Geschichten, die ich je geschrieben, gemalt oder mir vorgestellt habe.

Auf der gegenüberliegenden Seite vom „Chagall" lag mein Zimmer, mein Elfenbeinturm, der Tempel meines Alleinseins. Und vor allem der Ort, wo ich meine Experimente durchführte. Denn dort hatte ich, mit der wundersamen Einwilligung meiner sonst eher pedantischen Mutter, die Erlaubnis, die üppigen, vielfältigen und oft übelriechenden Zeugnisse meiner glühenden Leidenschaft für die Natur zu sammeln und anzuhäufen. An diesem Ort konnte ich, selbst unbeobachtet, die Metamorphose von Pflanzen, Raupen und Kaulquappen beobachten und die Ätiologie von weißen Mäusen, von Salamandern mit orangefarbenen Bäuchen und von graugrünen Stichlingen studieren. Und eben dort leerte ich nach schweißtreibenden Exkursionen an die weißen Strände der Nordwestküste auch immer mein Papiertütenfüllhorn aus: all die Treibholzskulpturen, die Muscheln, die Krebsskelette, die ich geduldig aus den schwarzen Algengirlanden herausgelöst hatte, die den Strand bei Ebbe säumten.

In meinem Zimmer gab es zwei Einbauschränke, einen auf jeder Seite der Tür, mein Bett, zwei Tische und zwei Stühle. Vielleicht gab es sogar drei oder vier Tische, denn wenn ich mir all die Sachen in Erinnerung rufe, die geordnet oder verstreut oder aufgehäuft auf ihnen lagen, würden zwei nicht ausgereicht haben, um alles aufzunehmen. Auf einem großen Tisch standen Behälter aller Art, Form und Größe, jeder mit seinem munteren kleinen Bewohner: Marmeladengläser mit Raupen, Gottesanbeterinnen und Libellen, Büchsen mit Würmern als Nahrung für Fische, Frösche oder Vögel. Da gab es Aquarien, viereckig und rund, mit Elritzen, Black Mollies, Schlangen und Süßwassergarnelen. Es gab einen Käfig mit zwei weißen Mäusen, die sich ständig in Sägemehl einbuddelten, das süß nach Urin roch. Und noch einen mit einem Finkenpaar mit orangefarbenen Schnäbeln, das endlos von einer Stange zur anderen hüpfte.

Es gab lange, mit Baumwollstoff ausgeschlagene Schachteln mit ausgeblasenen Eiern – weiß, blaßblau und grün mit und ohne Tupfen, groß und klein –, nach Farbe und Größe geordnet, sorgfältig beschriftet und in einem speziellen kleinen schwarzen Notizheft registriert. Und größere Kästen, einige voller Muscheln, andere flach mit abnehmbarem Glasdeckel, in denen Käfer und Schmetterlinge auf einem Korkboden in Reih und Glied wie winzige Trommelmajorettes aufgespießt waren. Und über diesem Wirrwarr hingen an Schnüren, die den Raum der Länge nach durchzogen, Blätter, Schoten, Federn, getrocknete Blumen und wahrscheinlich ein Kaninchenfell.

Aber am deutlichsten sind in meiner Erinnerung die beiden großen Terrarien mitten auf dem Tisch. Ich habe vergessen, wie die Person hieß, die mir dieses lateinische Wort beigebracht hat, das erste, das ich beherrschte: *terrarium*. Jetzt klingt das Wort in meinen Ohren wie die letzten Töne eines Marschliedes, aber damals war es, ebenso wie die kleine Messingwaage, die Pinzette, die Glasglocken, der weiße Kaninchenschädel und ein paar *richtige* Bücher über Zoologie, Botanik und die Entdeckung des Südpols, Teil meines Selbstgefühls als Gelehrter, als Wissenschaftler, als Entdecker. Als Erwachsener.

Innerhalb der Glaswände meiner Terrarien baute ich künstliche Oasen aus Sand, Moos und Steinen. Hier und da pflanzte ich elegant verdrehte, in der Meeressonne gebleichte Zweige ein, die jetzt zu Minibäumen wurden, auf denen sich kleine Schlangen ringeln konnten. Ich grub Höhlen, in denen sich Kröten vor imaginären Raubvögeln verstecken konnten. Es gab einen flachen Teich (eine alte, mit Kies ausgelegte Bratpfanne) für Frösche und Salamander und sogar eine Insel aus einem einzigen Stein, den ich mit großer Sorgfalt aus vielen anderen ausgesucht hatte und von dem aus winzige Schildkröten bewegungslos auf eine ertrinkende Fliege oder einen sich ringelnden Wurm im Wasser unter ihnen starrten.

Einige meiner Tierchen hatte ich von meinem Taschengeld im *Natura* gekauft, einem Geschäft nicht weit weg von meiner Schule, das Tropenfische, exotische Reptilien, Vögel, Sand, Korallen, Wasserpflanzen und winzige Schachteln getrockneter Ameisen feilbot. Meine smaragdgrüne Schlange, das Alligatorjunge und die Schachteln mit den Schmetterlingen stammten von dort, aber die meisten der kleinen Bewohner meiner Terrarien hatte ich selbst auf Ausflügen entlang der Teiche und der Kanäle gefangen, die die Polder am Rande der Stadt durchzogen.

Hin und wieder nahmen meine athletischen Onkel und sogar mein Vater, der eher ein Stubenhocker war, mich auf eine Ruderfahrt in einem der bequemen und doch sportlichen Kähne aus Opas Klub mit. Dann glitten wir die Stadtkais entlang und an den umliegenden Fabriken vorüber, und dann, ein paar Kilometer außerhalb der Stadt, holten wir die Ruder ein und schlüpften still und leise in das hohe Schilf eines Wiesenufers. Dort befand sich ein Bauernhof, auf dem man dicke Buttermilch trinken und frisch gebackene Ingwerplätzchen essen konnte. Es gab da Schaukeln, die von den knorrigen Ästen einer riesigen Eiche herabhingen, eine Wippe und ein quietschendes Karussell. Hinter der Scheune lag ein kleiner Teich so voller dichter Algen, daß Frösche, die vom Ufer aus hineinsprangen, nur langsam durch die grüne Oberfläche in das schwarze Wasser sanken, das ich mir darunter vorstellte.

Ich erinnere mich nicht mehr an den weiten Ausblick über die endlosen Polder, an die immer mehr zusammenschrumpfende Geometrie der Wiesen und Kanäle, die sich ganz bis zum Horizont erstreckte, nur hier und da gefleckt mit schwarzweißen Kühen und gelegentlich aufragenden Windmühlen. Ich kenne solche holländischen Landschaften nur von Gemälden und Postkarten, aus Reiseführern und kürzer zurückliegenden Erinnerungen. Doch selbst jetzt spüre ich, wie die fette Erde mir an den Schuhsohlen klebt. Ich höre das raschelnde Schilf, wie es sich im Wind oder unter dem Bug des Bootes biegt. Und meine nasse Hand erinnert sich, und ich erkenne das pochende Herz eines glitschigen Salamanders wieder, während ich ihn in meine grüne Botaniktrommel gleiten lasse, die mit nassem Moos ausgelegt ist und in die in konzentrischen Kreisen, angeordnet wie die Kerne in einer Sonnenblume, winzige Luftlöcher gebohrt sind.

Wie ich so im Geiste diese weit zurückliegenden Szenen aus meiner Kindheit besuche und Empfindungen und Gefühle so stark wieder erlebe, kann ich nicht anders, als sie ins jüngere Licht von Bewußtsein, Zweifel und Verständnis zu rücken, auf der Suche nach Bedeutungen. In Naturliebe drückt sich oft eine zwanghafte Neugier gegenüber dem Leben und Furcht vor dem Tod aus. Meine Terrarien waren zweifellos ein Akt der Liebe. Aber sie waren zunächst und zuerst kunstvolle

Fiktionen, hineingezwängt in die engen Dimensionen einer verkleinerten, künstlich angelegten Natur. Sie waren Schaubühnen für erst vage wahrgenommene Dramen: Dramen über Liebe und Haß, Hunger, Freude, Furcht, Tod und Verklärung. Sie waren Metaphern. Sie waren Kunst.

Neben dem Naturtisch stand ein kleinerer, schwarz gestrichen. Das war der Kunsttisch. An dem malte und zeichnete, schnitzte, klebte und modellierte ich. Onkel Piet hatte mir den Tisch zu meinem neunten Geburtstag geschenkt. Als Mutter ihn sah, schaute sie verblüfft. „Warum schwarz?" fragte sie. Ich habe seine Antwort nie vergessen. „Weil auf schwarz alle Farben so gut aussehen."

Onkel Piet, der älteste Bruder meiner Mutter, sah gut aus, war groß und kräftig gebaut, und er hatte dieselben stahlblauen Augen wie Mutter. Anders als seine Brüder und Schwestern, deren lockiges blondes Haar ihre durch und durch holländische Herkunft verrieten, hatte Onkel Piet dunkles Haar, und er trug es mit dick aufgetragener Pomade und derart gebürstet, daß es glänzte. Schneidig und extravagant wie er war, brachte ihn ein Rattenschwanz von Klatschgeschichten mit vielen berühmten Damen aus der gesellschaftlichen, finanziellen und künstlerischen Aristokratie der Stadt in Verbindung.

Als ich sechs oder sieben Jahre alt war, arbeitete Onkel Piet als Zeichner in einem Baubüro und studierte in der Nacht, um Architekt zu werden. Um sich ein paar Gulden extra zu verdienen, malte er an Wochenenden das Emblem der Amstel-Rudergesellschaft auf die kleinen Fahnen, die Opa Klubmit-

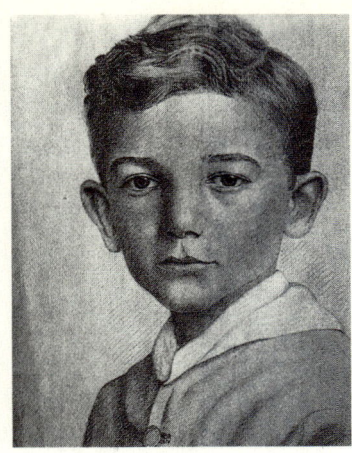

*Ich, gezeichnet von
Onkel Piet*

gliedern für ihre Kähne oder Rennruderboote verkaufte. So
manchen Sonntag bat er mich, ihm zu helfen, hob mich auf
einen hohen Stuhl neben sich am Zeichentisch und zeigte mir,
was ich tun sollte. Mit einer Schablone zeichnete ich dann das
Klubemblem, einen stilisierten Anker, auf die kleinen Drei-
ecke aus blauem Tuch; immer noch kann ich das Gewicht des
Pinsels spüren, schwer von klebriger Silberfarbe, und wie die
kurzen, dicken Borsten nur widerstrebend nachgaben, wenn
ich sie durch die Pappschablone schob. Ich war fasziniert, wenn
die Schablone nach nur wenig mehr als einem großzügigen
Pinselstrich abgehoben wurde und, wie durch Zauberei, ein
perfekter Anker mit sauberem Rand da war.

Onkel Piet war ein wunderbarer Zeichner. Er zeichnete
gern Porträts und erzielte immer eine überraschende Ähn-
lichkeit. Neben jenem, das er von mir zeichnete, als ich sieben

war, besitze ich noch die aufschlußreiche Zeichnung, die er kurz nach dem viel zu frühen Tod seiner ersten Frau anfertigte, der schönen, geheimnisvollen Tante Liesje; sie starb 1918 während der ganz Europa heimsuchenden spanischen Grippeepidemie.

Onkel Piet lehrte mich, durch geduldiges Kreuzschattieren zuerst mit einem harten, dann mit einem weicheren Bleistift die Schatten eines Balls zu zeichnen, bis die Form, rund und wirklich, auf das Papier zu rollen schien. Aber am stärksten erinnere ich mich an meine Erregung, als er mich, etwa ein Jahr später, ein paar Architekturzeichnungen für ihn durchpausen ließ. Kein Wunder, daß, wenn man mich fragte, was ich werden wollte, wenn ich größer sei, die Antwort immer ohne Zögern lautete: „Ein Künstler." Kunst war für mich ein großzügiges Wort, das Malerei, Bildhauerei, Gesang, Klavierspielen und nun auch Architektur umfaßte. Künstler waren Le Fauconnier, Onkel Piet, meine Mutter, van Gogh, Rembrandt, Mondriaan, Berlage, Chagall, die Person, die den Kalender gemalt hatte, der in Oma Grossouws Küche hing, und der Kopist im Rijksmuseum.

Da Onkel Piet intelligent, bezaubernd und unternehmungslustig war, schien sein Erfolg als Architekt gesichert zu sein. Und sein Erfolg als begehrter Junggeselle ebenso – er war der Inbegriff des romantischen Liebhabers der frühen Filme. Ein holländischer Rossano Brazzi, war er ein meisterhafter Ruderer, besaß große Hunde, fuhr kleine Sportwagen, trank und rauchte stark und wohnte in einem der ersten modernen Hausboote, von ihm selbst entworfen, die in einem Amster-

Mein Exemplar von
Piets Porträt von Oma

damer Kanal vertäut waren. Frauen liebten ihn. Wegen seiner langen, quälenden Liebesaffäre mit Fientje de le Mar, Hollands beliebtester Komödiendarstellerin, die er schließlich heiratete, erlangte er einen derartigen nationalen Ruhm, daß sein Leben mit Fientje Thema eines musikalischen Lustspiels wurde. Als Onkel Piet 1957 an Lungenkrebs starb, packte die Schauspielerin ihre beiden geliebten Katzen und stürzte sich mit einer in jedem Arm vom Balkon ihrer Wohnung.
Onkel Piet war der Held meiner Kindheit.

Der Naturtisch und der Kunsttisch symbolisierten die pädagogische Stimmung jener Zeit. Denn das waren die Jahre der Fröbel- und Montessori-Bewegung, und ein Hauch von

Jean-Jacques Rousseau hing in der Amsterdamer Luft. Die einflußreiche Sozialistische Partei setzte sich für revolutionäre Reformen in der Grundschulerziehung ein, und Kunst- und Naturunterricht wurden als vorrangig angesehen.

In der Vondel-Schule, in einer Ecke unseres Klassenzimmers im zweiten Schuljahr, gab es eine Kiste, in der unter einem nassen Fetzen Sackleinen Lehm aufbewahrt wurde, jederzeit gebrauchsbereit. Die Pilze, die wir modellierten, immer drei auf einer ovalen Unterlage, zwei große und ein kleiner leicht seitlich versetzt, erhielten wir nach ein oder zwei Tagen auf wundersame Weise gehärtet und dauerhaft fest zurück, so daß wir sie leuchtendrot und mit weißen Tupfen bemalen konnten. War ich der kleine? Das einzige Kind?

Und an der Wand, neben einer Farbtafel aller Watvögel der Nordsee, hingen zwei große Gipsreliefs. Das eine war ein stark vergrößertes Efeublatt und das andere ein riesiges Ohr. Wir lernten, die Adern zu zeichnen, die Umrisse, die Wölbungen, und darzustellen, wie alles „Äußere" ins „Innere" entschwand. Man brachte uns bei, mit dem ausgestreckten Daumen an einem Bleistift nach oben oder unten zu fahren und so Kurven und Proportionen einzuschätzen, und wenn wir die Formen sorgfältig umrissen hatten, arbeiteten wir die Schatten durch Kreuzlagen heraus, bauten dadurch allmählich die dunklen Stellen auf und brachten durch Aussparung die Glanzlichter zum Vorschein. Damals war keine Rede von Selbstausdruck oder „Kreativität". Wir lernten einfach das Handwerk des Zeichnens, und wir versuchten, gut zu zeichnen. Zum ersten Mal lernten wir die Freude kennen, die man hat, wenn man etwas gut durchführt.

Die beiden großen Amsterdamer Museen, das Rijksmuseum und das Stedelijk, lagen nur ein paar Straßen von unserer Wohnung entfernt. Ich hatte eine Sondererlaubnis, im Rijksmuseum in der großen Halle mit den Gipsabdrücken zu zeichnen, und an so manchem Sonnabendmorgen, während meine Klassenkameraden sich im Park zu einem Fußballspiel trafen, ging ich mit einer Schachtel Bleistifte, einem kleinen Zeichenbrett, Papierbögen und einem Klappstuhl zum Museum. Ein kleiner van Gogh. Dort, in der großen Halle, zeichnete ich dann unter den wohlwollenden Augen eines Wärters oder eines gelegentlichen Besuchers mit peinlicher Genauigkeit den Flügel einer Nymphe, den Fuß eines Riesen, den Kopf eines Gladiators. Und wenn ich dann hinausging, gesellte ich mich zu einer kleinen Zuschauergruppe, die sich um einen der konzessionierten Kopisten gesammelt hatte, der Strich für Strich, mit unendlicher Geduld, sein Bild wachsen und Gestalt annehmen ließ. Ich beneidete ihn um seinen grauen Kittel, die feinen Pinsel und die elegante, zu gerade rechtem Glanz gealterte Palette, aber am meisten beneidete ich ihn um den hölzernen Malkasten, der so ordentlich gefüllt war mit kleinen Tuben mit Ölfarbe, zu kleinen, wie ich meinte, für die Größe des Gemäldes, das er gerade kopierte.

Ich lernte zu sehen und mich an das zu erinnern, was ich sah. Während mein Gedächtnis für Ereignisse, selbst näher zurückliegende, schon immer schlecht gewesen ist, kann ich mir immer noch den Schleier von grauem Staub auf einer Gipsbrustwarze, das winzige V zwischen den Zehen, die leere Pupille im Auge einer Skulptur mit halluzinatorischer Genauigkeit in Erinnerung rufen. Und ebenso die Konstellation winziger Löcher, die die Reißnägel in den vier Ecken meines Zeichenbretts hinterließen. Ich muß nicht in Naturbüchern nachschlagen, um die Formen, Farben und Texturen von Insekten und Reptilien, Nagetieren und Vögeln, Kieselsteinen und Muscheln abzumalen. Ich male sie einfach den Bildern nach, die vor mehr als siebzig Jahren in meinem Gedächtnis gespeichert wurden. Ich kann mir die Muskovitkörnchen in Erinnerung rufen, die im Sand flimmern, die Windungen der Flechten auf einem Stein, den mit Härchen besetzten Rand eines Schmetterlingsflügels, die Poren in der schwarzen Schale eines Emueis.

Die Welt eines Kindes ist eine Welt von Teilen, von kleinen Einzelheiten. Für Kinder, denen die Bedeutungsschwere der Dinge noch nicht bewusst ist, existieren sie aus reinem Vergnügen an dem, was sie sind. Entfernte Räume liegen jenseits ihrer geistigen Reichweite. Wenn sie zum ersten Mal von einer Düne herab das Meer sehen, laufen sie ans Ufer, um eine Muschel aufzuheben, die im Schaum einer sich zurückziehenden Welle umherpurzelt. Sie sehen nicht den Horizont, der wie eine andere Welt noch nicht in ihrem Vokabular enthalten ist. Weite Aussichten lassen Kinder an furchterregende Prophezeiungen eines nahenden Bösen denken, denn in solchen Aussichten fließen Raum und Zeit zusammen, das letztendliche *ma*, wie die Japaner sagen würden. Die Alpträume meiner Kindheit drehten sich um weite Räume, endlose Korridore mit gefliesten Böden, die sich ins Unendliche erstreckten, und Bergabhänge, die niemals aufhörten.

Sanfte Räume, die nicht größer waren als mein Geist, entdeckte ich im Rijksmuseum. Die Gemälde dort ähnelten sehr meinen Terrarien, nur daß sie zweidimensional waren und zusätzlich das Geheimnis völliger Unbeweglichkeit und Stille bargen. Ihre Mahagoni- und Goldrahmen faßten freundliche Horizonte ein, sichtbare Unendlichkeiten, ein Schicksal, das bewegungslos und vorhersehbar war. Wiesen, nicht größer als einige Quadratdezimeter, gingen verblassend in einen Dunst über, der für immer einen Schleier über die Geister von Städten legte. Im Schatten von Bäumen, nicht größer als ein Kohlkopf, drängten sich Schafe zusammen, um das Ende eines Sturmes abzuwarten, der nie wirklich heraufziehen würde. Und immer wieder stiegen Soldaten, so groß wie Käfer, in Täler hinunter, die nicht tiefer waren als die Falten in meinen Malblättern.

Was da war, ob nun klein oder groß, war für immer da und wartete darauf, wiedererkannt und bestätigt zu werden. Der Diamant auf einem Ring, das Blütenblatt einer Pfingstrose, das Nasenloch eines Kavaliers. Und die Schlachtfelder, die drallen Nackten, die toten Fasane, die Blumen, die Kristallbecher, die Bürger und Bürgerinnen und, natürlich, *Die Nachtwache*, die, oh Wunder!, gar nicht existent war, bevor Rembrandt nicht den letzten Pinselstrich an ihr getan hatte.

Geheimnisse, die ich niemandem anvertraute: in einer Wolke ein bärtiger Riese, der an der Schaumkrone von Meereswellen leckte; auf der weißen Flanke einer grasenden Kuh die Silhouetten aller Inseln Indonesiens. Ich lernte, mit den Augen die Oberfläche des Gemäldes zu durchdringen, den

Farbenvorhang zu heben und zu senken, der ebenso Einfriedung wie selbst eingefriedet war, Mittel und Wesen, Wirklichkeit und Traum. Magie.

Gelegentlich habe ich das Gefühl, vielleicht ein absurdes, daß sich in mir nichts, was wirklich bedeutend wäre, seit jenen fernen Amsterdamer Tagen geändert hat. Es gibt keine Terrarien in meinem Studio, keine Kokons im Schrank, keine Frösche, die mich durch das grünliche Glas anstarren, und keinen Park in der Nähe. Aber durch mein Fenster sehe ich die Hügel von Chianti. In einem Busch in der Nähe des Studios lebt eine etwa ein Meter lange Gartenschlange und hinterläßt mir jedes Jahr ihre Haut. In der Nacht höre ich Eulengeschrei. Und manchmal stürmt ein wilder Eber vorbei. Wenn ich im Sommer den Weg von meinem Studio zum Haus entlanggehe, flitzen grüne Eidechsen nach allen Seiten davon. Und wenn ich die Kaninchenställe kontrolliere oder Carolina, die kleine Himalayaziege, besuchen gehe, dann pflücke ich am Wege irgendein mir fremdes Kraut oder eine Schote oder bleibe plötzlich stehen angesichts der schwankenden Reglosigkeit einer Gottesanbeterin.

Erst vor kurzem ist mir plötzlich aufgefallen, daß die Maße meiner Kinderbücher genau dieselben sind wie die meiner Terrarien. Ich habe auch entdeckt, daß die Protagonisten meiner Fabeln eben jene Frösche, Mäuse, Stichlinge, Schildkröten, Schnecken und Schmetterlinge sind, die vor mehr als einem Dreivierteljahrhundert in meinem Zimmer lebten. Und daß selbst die papierenen Landschaften, die sie jetzt bewohnen, mit denen identisch sind, die ich früher mit echtem Sand,

Kieselsteinen, Moos und Wasser gestaltete. Die Bücher, die ich gemacht habe, enthalten, wie die Terrarien vor vielen Jahren, kleine Kontinente, vollständig versehen mit Hügeln, Seen, Inseln, Stränden und Wäldern aus Wildkräutern. Meine Miniaturwelten, ob nun eingeschlossen in die Glaswände von gestern oder in die Pappumschläge von heute, sind sich überraschend ähnlich. Die eine wie die andere ist die geordnete, vorherbestimmbare Alternative zu einem chaotischen, unkontrollierbaren, furchterregenden Universum.

Sonnabends brachte mich meine Mutter gewöhnlich am frühen Nachmittag zu Oma Grossouw. Wir nahmen die Straßenbahn Nummer zwei vor dem Stedelijk-Museum. Die Fahrt führte uns durch einen Stadtteil, der für mich wie eine eigene fremde Stadt war. Da ich dieses Nachbarviertel niemals betreten hatte, blätterte es sich vor mir auf wie die Seiten eines Buches. Wie ein Roman. Wir stiegen dann gerade vor der Berlage-Brücke aus, wieder auf vertrautem Terrain, und gingen am Kai entlang zur Jan van der Heyden Straat.

Ich weiß nicht, wie oft ich meine Mutter gebeten habe, mich in Opas Klub abzusetzen, da wir doch nur zwei Straßenzüge davon entfernt waren. Die Antwort lautete immer nein, und es gab immer eine andere Ausrede. „Heute nicht. Ich habe mich schon verspätet." „Oma wartet auf dich." „Ich will nicht, daß du deine Mahlzeit verpaßt."

Nachdem sie mich bei Oma abgeliefert hatte, verschwand meine Mutter den restlichen Nachmittag lang, und dann gehörte diese andere Welt mir. In meiner Erinnerung sehe ich die Eingangstüren zu Omas Haus mit ihren von zu vielen Schichten glänzender grüner Farbe gerundeten Kanten. Ich sehe, wie ich mich auf Zehenspitzen recke, um an den kleinen grünen Kasten mit den Reihen winziger Löcher heranzureichen, und höre immer noch, wie ich mit glücklicher Stimme „*Ich* bin's!" rufe und dabei weiß, daß Oma gerade auf dem Treppenabsatz im zweiten Stock steht und sich mit der einen Hand einen braunen Bakelithörer ans Ohr hält, während sie sich die andere, vom Mehl ganz weiße, an ihrer Schürze abwischt. Heute wie damals staune ich darüber, daß meine Worte durch eine Rohrleitung zwei Stockwerke hochfliegen konnten – vielleicht ein größeres Wunder als das heutige Haustelefon. Ich stoße die Tür auf und spüre immer noch das Gewicht des Messinggriffs, der vom Poliermittel und vom Gebrauch der Jahre glänzte. Und da bin ich, groß für mein Alter, renne die lange steile Treppe hoch und lasse Mutter weit hinter mir, die sich keuchend an dem hölzernen Treppengeländer festhält.

Das Innere der Wohnung mit zwei Fluren ist mir in sehr lebhaften Einzelheiten im Gedächtnis: die Struktur, die Gerüche, die Formen der Möbel, die Muster der Tapeten und die Linoleumböden mit Eselsohren in den Ecken, die den grauen staubigen Filz darunter enthüllten. Der kurze Flur mit der überfüllten Küche, die immer nach Kohl roch; das Schlafzimmer meiner Großeltern mit seinem kühlen Duft nach *4711* und daneben das sogenannte Badezimmer, ein Euphemismus für einen übergroßen Abstellschrank mit einem kleinen Fenster (das glücklicherweise meistens offenstand), der den Abort enthielt, einen Toilettenkasten mit einem Tritt und einem runden Loch, und ein kleines dreieckiges Spülbecken in der Ecke mit einem Eimer drunter. Ein Plumpsklo im Haus drinnen. Gab es kein anderes Badezimmer? Es muß eins gegeben haben, aber ich erinnere mich nicht, wo. Am Ende des Flurs lag das winzige Zimmer von Tante Mies, ganz in Rosa und Blau gehalten, und an den Wänden hingen überall Aquarell-

Mit meiner Mutter

reproduktionen: junge englische Frauen, deren blondes Haar im Wind wehte, während sie träge kastanienbraun glänzende Pferdehälse streichelten.

Für eine Wohnungsanlage für Niedrigeinkommen war das Wohn- und Eßzimmer ungewöhnlich groß und, im Rückblick betrachtet, ein extravaganter Luxus. Die Möbel waren eine eigenartige Zusammenstellung wenig zueinander passender Einzelteile, meistens Weihnachtsgeschenke von meinen Onkeln. Meine Mutter sagte, daß das Ganze sie an einen Ausstellungsraum billiger Möbel erinnerte. Da stand ein großer Eßtisch mit acht unbequemen Stühlen, und da gab es drei Couchtische, jeder mit seinen eigenen Sitzgelegenheiten und in eigenem Stil. Einer stand ganz hinten im Zimmer vor einem Jugendstilsofa, das so ungefähr zu der staubigen Honigfarbe des Couchtisches paßte. Das war die Ecke, in der Oma die Damen bewirtete, die zum Nachmittagstee kamen, oder in die meine drei Onkel sich nach einem der seltenen und geräuschvollen Familienessen zurückzogen, um in kontemplativer Stille, im Geiste Gott weiß wo, ihre Zigarren zu paffen oder an ihrem Gin zu nippen, während die Frauen in der Küche waren, das Geschirr abwuschen und miteinander schwatzten.

Dann gab es da noch ein kleines monströses Schrankgebilde aus Mahagoni mit einem säulenartigen Mittelteil in der Form einer verlängerten Chiantiflasche, das von drei komplett mit Klauen versehenen Löwenbeinen emporwuchs. Oben auf seiner ovalförmigen Fläche standen auf einem Spitzendeckchen fünf oder sechs sepiafarbene Fotografien von Vorfahren, in silbernen Rahmen unterschiedlicher Form und Größe, die an einen Miniaturfriedhof erinnerten. An der Wand, auf der anderen Seite des Zimmers, stand Onkel Piets Zeichentisch, an dem ich auf dem komischen verstellbaren Hocker sitzen und mit Bleistiften, Linealen und Kompassen experimentieren durfte. Und schließlich befand sich in der entfernten Ecke neben einem großen, mit kastanienbraunem Samt überzogenen Lehnstuhl, der schräg zum Fenster hin stand, noch ein weiterer Couchtisch, obendrauf ein riesiger Messingaschenbecher, der noch gerade genug Platz für eine Flasche, ein Glas und einen Pfeifenständer ließ. Tisch und Lehnstuhl standen auf einem knallbunten Perserteppich. Dies war Opas Rückzugsinsel in einem Linoleummeer. Nach dem Abendessen ergriff er gewöhnlich seine Flasche Bols und ein Glas aus dem Büfett und verschwand hinter der hohen Rückenlehne seines Sessels. Oft war das einzige Lebenszeichen von ihm seine Stimme, die nach der Familienkatze rief. „Poes! Hierher, Poes! Miez, Miez!" Poes rannte dann von der Küche ins Zimmer direkt zu Opas Insel und sprang auf seinen Schoß.

An Wochenenden verließ jeder zu merkwürdigen Zeiten das Haus oder kehrte heim. Für Opa waren Sonnabend und Sonntag die geschäftigsten Tage in der Woche. Wir wußten alle, daß er gewöhnlich spät am Tag nach Hause kam, manchmal spät nach dem Abendessen. Schnaufend und stöhnend, ohne ein Wort zu sagen und die Augen auf den Boden gerichtet, stolperte er dann zur Anrichte, schnappte sich die Ginflasche, zog sich auf seine kleine Insel zurück und rief die Katze. Ich hatte gelernt, ihn nicht zu beachten, und die anderen milderten die allgemeine Verstimmung und Verlegenheit, indem sie Geschichten erzählten oder so taten, als diskutierten sie laut über nichts und wieder nichts. Diese Tage waren immer voller Überraschungen: eine Kahnfahrt zu den Gewässern am Rande der Stadt mit Onkel Herman oder Onkel Piet, eine Expedition in den Zoo mit Tante Mies oder ein Spaziergang über die Brücke in alte, mir nicht vertraute Stadtviertel, wo Zugbrücken, dünngliedrig und leicht wie Libellen, schmale Kanäle überspannten.

So glücklich und aufgeregt ich über solche Abenteuer war, war ich doch auch völlig zufrieden, bloß mit Oma Karten zu spielen. Dann saßen wir voll konzentriert am Ende des Eß-tisches einander gegenüber wie zwei Generäle, die im Krieg miteinander waren. Oder wir spielten ein wildes Damespiel, das immer in einem ungeheuren Gefuchtel schneller Sieges-züge endete, meistens meiner. Tack, tack, tack, tack, TACK! „Das ist nicht fair! Das ist nicht fair!" rief Oma dann theatra-lisch aus, als sei sie zutiefst gedemütigt. Gewöhnlich kam dann Tante Mies mit erhobenen Armen ins Zimmer gelaufen und spielte ihre Rolle in dem Schauspiel. „Was ist denn passiert? Was ist passiert?" Dann umarmten wir uns alle und tanzten im Zimmer herum.

Wenn ich mir selbst überlassen blieb, schob ich Opas Lehn-stuhl ans Fenster und beobachtete, was auf der Straße unten vor sich ging. Der Fischmann in seiner Uniform – weite Samthosen, Holzschuhe und hellroter Schal – hielt seinen Handkarren am Bürgersteig an und brüllte: „*Verse vis! Verse vis! Verse kabeljouw*", und allmählich sammelten sich die Frauen um ihn, und vorsichtig näherten sich zwei oder drei Straßen-katzen, wohlwissend, daß früher oder später ein blutiger He-ringskopf in ihre Richtung geworfen würde. Im Sommer lehnte ich mich über die eiserne Balustrade gerade weit genug aus dem Fenster, um Oma keinen Schrecken einzujagen. Dann konnte ich den Verkehr auf dem Fluß sehen, Ruderboote und Kähne vom Amstel-Klub mit den kleinen blauen Flaggen, die ich gemeinsam mit Onkel Piet bemalt hatte und die für ein paar kurze Minuten mein gewesen waren; Frachtkähne, die in beiden Richtungen vorübertrieben und auf deren langen Decks kleine wollige Hunde von einem Ende zum anderen rannten und die Radfahrer auf den Kais wütend ankläfften. Und Leute, die, von den Hüten abwärts betrachtet, einfach komisch aussahen.

Aber die Hauptattraktion waren die Fenster des Hauses auf der gegenüberliegenden Straßenseite. Einmal fragte ich Oma, warum die Vorhänge immer zugezogen wären und wer da wohnte. Darauf gab es einen raschen Wechsel verstohlener Blicke mit Tante Mies, die gerade an der Tür stand und versuchte, ihr Gekicher hinter der Hand zu verbergen. „Ach, ich weiß nicht. Das ist so etwas wie ein Treffpunkt oder so ähnlich", sagte Oma nebenbei. Ich fühlte mich unbehaglich und stellte diese Frage nie wieder.

Die Vorhänge wurden zu einer Obsession. Ich konnte meine Augen nicht von ihnen abwenden. Selbst wenn ich quer durch das Zimmer ging, um ein Spielzeug oder ein Buch zu holen, warf ich einen schnellen, gebieterischen Blick auf das Haus gegenüber, aber außer daß Lampen an- und ausgemacht wurden, schien niemals viel zu passieren. Hin und wieder betrat ein Mann den Säuleneingang und verschwand. Minuten später, als bewegte Schatten über die Vorhänge eines der Räume schwebten, versuchte ich verzweifelt, das

Undenkbare zu denken. Ich atmete immer heftiger, und mir begann es in den Ohren zu rauschen. Mein Geist war wie vernebelt. Meine Hände fummelten in meinem Schritt. Wenn man mich fragte, was ich da tun würde oder was ich gern tun möchte, erfand ich Ausreden. „Warum gehst du nicht hinaus zum Spielen? Das Wetter ist so schön", sagte Oma. „Ich sitze gern hier und beobachte die Straße." „Was ist denn da gerade los?" „Zwei lustige Kätzchen. Ein schwarzes und ein weißes."

Manchmal, im eigenen Bett zu Hause vor dem Einschlafen, versuchte ich, mir das Haus im Geiste vorzustellen. Wie viele Stockwerke? Vier. Wie viele Fenster? Zwölf. War der Säuleneingang grün oder blau? Dann erfand ich einen Mann und schickte ihn in ein Zimmer im zweiten Stock. Wenn der Mann hereinkommt, bewegt sich der Lichtrahmen um den Vorhang herum ein wenig. Mit meinem magischen Geist kann ich durch die Vorhänge hindurchsehen oder sogar unsichtbar in einer Zimmerecke stehen. Der Mann sitzt gerade auf dem Bett, und *sie* steht vor ihm. Langsam zieht sie sich aus. Seine Augen sind verbunden. Beiden sind die Augen verbunden. Er streckt den Arm aus, um sie zu berühren. Sie tanzt davon, aus dem Zimmer hinaus. Hinein in meinen Schlaf.

Manchmal, am Vorabend von Schulferien, durfte ich bei Oma übernachten. Das bedeutete, daß ich, während Oma das Frühstück bereitete und die anderen sich geräuschvoll für den Tag vorbereiteten, sich rasierten, wuschen und anzogen, eine Gelegenheit hatte, das Haus gegenüber im kühlen, nüchternen Morgenlicht zu beobachten. Es war dann eine andere

Welt – fest, hart, scharf umrissen. Fenster und Vorhänge standen offen, und Frauen in Morgenröcken häuften Laken und Decken auf Stühle, um die Betten zu lüften. Alle Zimmer schienen mehr oder weniger auf dieselbe bescheidene Art und Weise möbliert zu sein, ganz so wie das Hotel, in dem wir einmal in den Ferien am Meer gewohnt hatten. Bilder an den Wänden, ein kleiner Sessel und ein freistehender Kleiderständer neben der Tür.

Mir direkt gegenüber bürstete gerade eine Frau ihr langes Haar vor einem Spiegel. Sie war kräftig gebaut und hatte volle Brüste. Ich stellte mir ihren Körper unter den sich verschiebenden Falten eines leichten Nachthemds vor. Bis zum späten Nachmittag erfüllte die Szene dann meinen Geist, stürmte durch meinen Körper, brauste mit meinem Blut mit. Danach überkam mich ein Gefühl des Alleinseins, des Mangels. Ein Gefühl des Versagens. Ich war meiner Vorstellungskraft beraubt. Ich war nicht länger ein heimlicher Zeuge. Ein Protagonist.

Ein lustiger kleiner Hund mit kurzen Beinen und einem Schwänzchen wie ein Fragezeichen blieb stehen und pinkelte an die Ecke des Säuleneingangs. Dann rannte er in plötzlicher Verzückung den ganzen Weg zum Kai hinunter und verschwand um die Ecke. Es dauerte nicht lange, bis sich meine Stimmung wieder umstellte. Jetzt verlangte mich danach, hinauszukommen, den breiten Bürgersteig entlangzurennen und mir den Wind um die Nase wehen zu lassen. Ich würde Opa bitten, mich in den Klub mitzunehmen. Ich würde die Kaninchen füttern. Oma kam ins Zimmer mit dem Haferbrei.

Opa strahlte über das ganze Gesicht. „Da ist ja mein großer Junge!" Ich war jetzt hungrig. Frei und glücklich. Ich sollte die Kaninchen füttern.

Es war Frühling, die Zeit, wenn entlang der sandigen Küsten Hollands die Tulpen geschnitten und die Tulpenzwiebeln geerntet werden. An jenem Nachmittag kamen zwei mit Blumen beladene Pferdekarren langsam vom Amstelkai her. Einer war voller Tulpen, eine Farbenorgie. Der andere beförderte einen Berg leuchtendgelber Narzissen. Der Mann, der neben dem Karren mit den Tulpen ging, hob seinen Kopf zu den Fenstern der oberen Stockwerke der Häuser empor und rief: „*Tulpen! Tulpen! Mooie tulpen!*" wie ein Stadtausrufer. Der andere füllte mit einem Singsang „*Narzissen!*" die Pausen dazwischen.

Sie hielten zuerst in der Nähe der Straßenecke an, einer hinter dem anderen, und dann in der Mitte des Wohnblocks. Frauen in Schürzen versammelten sich um sie, füllten ihre Arme mit riesigen Sträußen, verhandelten, zahlten und gingen mit triumphierendem Lächeln davon. Damals waren Blumen so billig wie Gras. Eine der Frauen war aus dem Säuleneingang des Hauses gegenüber herausgekommen. Sie trug einen schwarzen Rock und eine weiße Bluse. Ich erkannte sie, als sie vom Bürgersteig herabstieg. Es war die Frau, der ich vor ein paar Wochen beim Kämmen ihres schwarzen Haars zugesehen hatte. Sie flüsterte dem Mann mit den Narzissen etwas zu und kehrte dann schnell wieder in „das Haus" zurück.

Am Nachmittag kam Mutter, um mit Oma Tee zu trinken

und mich mit nach Hause zu nehmen. Über den Eßtisch gebeugt, unterhielten sie sich lange flüsternd, während ich mit einem Glas Buttermilch in der Hand hier und da einen Satz aufschnappte und die Straße beobachtete. Das Wetter war ungewöhnlich warm – das Fenster stand offen. Ich stellte das leere Glas neben Opas Aschenbecher und lehnte mich über die eiserne Balustrade, um zu sehen, was auf dem Fluß passierte. In diesem Augenblick tauchte ein Mann, der wie Onkel Jan aussah, an der Ecke des Kais auf. Er schien zu zögern und ging dann rasch auf den blauen Säuleneingang zu. Er sah aus, als sei er entschlossen, geradewegs dahin zu gehen. Mein Herz machte einen Satz – es *war* Onkel Jan. Verstohlen blickte er über die Schulter nach unserem Haus. Ich geriet in Panik, zog schnell meinen Kopf ein und ging zum Sessel zurück. Mein Blick erhaschte ihn gerade noch, als er den Säuleneingang betrat, die Treppe hochging und verschwand.

Es vergingen lange Minuten, während die Welt stillstand. Dunkle Wolken hatten sich nach Osten hin zusammengezogen, und es begann zu regnen. Ein sanfter, durchsichtiger Regen. Ich hätte Oma sagen sollen, daß sie das Fenster schließen müßte – ich tat es nicht. Auf der anderen Straßenseite stand einer der Vorhänge im ersten Stock offen. Die Dame mit dem schwarzen Haar kam in das Zimmer und machte eine Lampe an, die auf der Frisierkommode stand. In dem neuen Rechteck aus rotem Licht sah ich jetzt, wie Onkel Jan das Zimmer betrat, sorgfältig die Tür hinter sich schloß und sich auf die Bettkante setzte. Die Frau ging schnell ans Fenster und zog den Vorhang vor. Mir waren die dummen

Ausreden ausgegangen, weshalb ich dasaß und zum Fenster hinausschaute, und ich fühlte mich schuldig. Die Schuld, Augenzeuge gewesen zu sein. Die Anwesenheit meiner Mutter machte mich verlegen. Außerdem konnte ich nicht ewig dasitzen und warten. Widerstrebend ging ich an Onkel Piets Zeichentisch, nahm einen Bleistift aus einer kleinen Schachtel, setzte mich hin, legte den Kopf auf die verschränkten Arme, schloß die Augen und überließ mich dem Bilderstrom meiner Phantasie.

Onkel Jan war der größte, schlankste und blondeste von den Grossouws. Und seine Augen waren die blauesten, ein helles, schimmerndes Blau. Sein Haar, zurückgekämmt, mit Hilfe von Pomade und durch kräftiges Bürsten gebändigt, bestand ganz aus adretten kleinen Wellen, wie ein See an einem windigen Tag. Es verbreitete ein rötliches Leuchten, das sich auf seinen rötlichen Teint auszudehnen schien. Er sah immer so aus, als wäre er gerade einem heißen Duschbad entstiegen. Wahrscheinlich war er der sportlichste von den drei Brüdern – er verbrachte sehr viel mehr Zeit im Klub als die anderen –, aber er schloß sich kaum jemandem an. Und doch mochte ihn jeder. Er war ein sanftmütiger Einzelgänger. Er war ein guter Ruderer. In seiner Freizeit trainierte er mit beharrlicher Entschlossenheit. Zweimal war er bei der Landesmeisterschaft der Ruderer zweiter geworden, und auf dem Schrank im Eßzimmer standen fünf oder sechs funkelnde Trophäen von kleineren Rennen. Bei mir ging er aus sich heraus, war lustig und demonstrativ liebevoll. Er lächelte und lachte leicht, und wenn er ernst wurde, hinterließen seine Grübchen (oh, diese

Grossouwschen Grübchen!) zwei tiefe Falten in seinem Gesicht.

Onkel Jan arbeitete in einer Gemischtwarenhandlung in der Brede Straat. Ich glaube, er schämte sich, mir zu zeigen oder zu erzählen, was er machte – er hatte wahrscheinlich eine deprimierende, untergeordnete Stellung –, weil er mich niemals dahin mitnahm. Doch ebenso wie seine beiden Brüder kleidete er sich sorgfältig. Nach meiner Erinnerung trugen alle drei dunkle Jacketts und gestreifte Hosen, das Symbol einer aufstrebenden Gesellschaft. Die Grossouws waren entschlossen, „es zu etwas zu bringen". Jan war die Ausnahme. Er ahmte seine älteren Brüder nach, aber was er auch anzog, verlor sofort seine Würde und ließ ihn wie einen Landarbeiter am Sonntagmorgen aussehen. Ihm fehlte das starke Selbstgefühl, das die anderen charakterisierte. Sogar Tante Mies, die kaum Ehrgeiz besaß, war sich wenigstens ihrer Schönheit bewußt. Einmal hörte ich zufällig Mutter, die sehr gern jiddische Wörter gebrauchte, sagen: „Jan ist ein guter Kerl, aber er ist ein Schlemihl." Ich glaube, das war an dem Tag, an dem er verkündete, daß er heiraten wollte.

Wie viele Minuten waren vergangen? Vom Zeichentisch aus schaute ich einmal schnell zum Haus auf der anderen Straßenseite hinüber. Es hatte sich nichts verändert. „Willst du zeichnen? Papier liegt direkt vor dir." Ich hatte keine Wahl. Mit einer Stimme, die nicht meine eigene war, sagte ich: „Ich will mal sehen, ob die Kätzchen immer noch da sind." Das Glück war auf meiner Seite: Ich hatte nicht gelogen. Die Kätzchen spielten im Säuleneingang, jagten einander, rannten seitlich mit aufgerichteten Schwänzchen die Treppe hinauf und hinunter und purzelten übereinander. Meine Augen aber waren woanders.

Jetzt waren alle Vorhänge geschlossen, aber nur ein paar Zimmer waren erleuchtet. Welches Fenster war es? Ich erinnerte mich nicht mehr. Dann läutete es an der Tür. Oma sprang auf und lief zum Treppenabsatz. „Das muß Tante Rachel sein", sagte Mutter. Ich ging zurück an den Zeichentisch und versuchte, mich unsichtbar zu machen.

„Warum gibst du denn Tante Rachel keinen Kuß?" Sie war eine kleine, kräftig gebaute Frau. Sie sah aus wie eine von diesen russischen Holzpuppen, in denen noch andere Puppen stecken. Ihr Haar war pechschwarz, und als sie ihren Hut abgenommen hatte, strich sie sich mit den Händen über den Haarknoten und steckte dabei ein paar verirrte Locken streng zurück. Ich haßte die haarige Warze zwischen ihrer Nase und der Oberlippe. Sie war keine richtige Tante, so wie Mies. Vier lange Monate hindurch war sie meine Klavierlehrerin gewesen. Sie hielt viel von strenger Disziplin. „Deine Finger müssen zu zehn kleinen Hämmern werden. Das ist die Hauptsache beim Klavierspielen." Sie ließ mich quälende Übungen machen; nicht ein einziges Mal erlaubte sie mir, eine kleine Melodie zu spielen. „Alles zu seiner Zeit." Vielleicht, wenn es nicht die Warze gegeben hätte, wenn ihre Hände nicht so lächerlich klein und fett gewesen wären und wenn sie ein Deodorant benutzt hätte, wäre ich jetzt fähig, meine Lieblingssonate von Schubert zu spielen. Neulich sah ich Horowitz im Fernsehen. *Seine* zehn Finger sahen nicht aus wie kleine Hämmer.

Küßte Onkel Jan jetzt gerade jene Frau? „Wie wär's mit einem Plätzchen?" sagte Oma. Alles zu seiner Zeit. Da ich nicht wagte, zu meinem Observatorium der Sünde zurückzukehren, ging ich an den Zeichentisch zurück, knabberte an meinem Plätzchen, schnappte mir einen Bleistift und begann, auf einem Blatt Papier herumzukritzeln. Ich zeichnete ein Rechteck. Ich zeichnete es sehr, sehr langsam in der Hoffnung, so die Zeit zurückzuhalten. Oder beschleunigte ich sie? Ist Zeit vor oder hinter uns? Ich gähnte. Eine Benommenheit überkam mich, und die eifrigen Stimmen von Mutter, Oma und Tante Rachel verklangen langsam in der Ferne. Ich zeichnete ein Fenster in die obere rechte Ecke des Blattes, und dann muß ich wohl eingeschlafen sein, weil plötzlich die Tür vom Treppenabsatz laut ins Schloß fiel und ein paar Sekunden später Onkel Jan vor mir stand. Verwirrt versuchte ich mich darauf zu konzentrieren, wie spät es war und wo ich mich befand. Ich sprang vom Stuhl und ließ ihn mich umarmen. Während er mich hochhielt, blickte ich durch das Fenster. Der Himmel war schwarz. Tante Rachel, in Hut und Mantel, kam von der Toilette zurück. „Also, so was! Du hast geschlafen wie ein kleines Kaninchen!" sagte sie.

Mittwochs kam Oma gewöhnlich zu uns zum Mittagessen. Sie blieb bis zum Einbruch der Dunkelheit, und dann brachten wir sie zur Haltestelle der Straßenbahn. Wenn ich von der Schule nach Hause kam, fand ich sie normalerweise an unserem Eßzimmertisch sitzend, das ganze Silberzeug vor ihr auf einer Zeitung ausgebreitet.

Anders als Mutter, die alle Haushaltspflichten nur ärgerlich zu verrichten schien, liebte es Oma, Silber zu polieren. „Das ist meine Patience", sagte sie immer. Mutter saß dann am Flügel im Wohnzimmer und machte ihre Gesangsübungen. Bei anderen Gelegenheiten saßen die beiden und schwatzten bei einer Tasse Kaffee oder Tee. Manchmal erschien Tante Mies gegen Abend, um Oma nach Hause zu holen.

Wenn das Wetter schön war, stürzte ich nach der Schule herein, warf meine Bücher auf den kleinen Tisch im Eingangsflur, verteilte Küßchen und stürzte wieder hinaus. Aber oft lief ich auch die Treppe hoch und verschwand in meinem kleinen Zimmer neben dem Dachboden. Dann setzte ich mich zuerst hin, um meine Schularbeiten zu machen, und sparte mir so mein Vergnügen als Preis für gutes Betragen auf. War Erdkunde in Holland wichtiger, weil das winzige Land von großen und mächtigen Nationen umgeben war? Der Lehrer gab uns unbeschriftete Landkarten von Holland und Europa, auf die wir die Namen von Städten und Flüssen neben den winzigen Pünktchen eintragen mußten. Wenn jemand „Holland" sagt, sehe ich immer noch jene blaßblaue Landkarte vor mir; nur könnte ich jetzt nicht mehr als ein halbes Dutzend Namen richtig einsetzen.

Ich erinnere mich tatsächlich daran, wie die Multiplikationstabellen aussahen, und staune immer noch über die Zahlenstruktur, die sich diagonal durch die Tabelle zog. In Aufsätzen kam ich gleich zum Kern der Sache. „Ein Ausflug zu den Seen. Onkel Piet ruderte die ganze Strecke. Wir versteckten uns im hohen Gras und sahen viele Enten. Wir tranken Buttermilch. Mein Onkel und ich spielten mit der Wippe." Wenn ich meine Hausarbeiten fertig hatte, kümmerte ich mich um meinen kleinen Zoo – fütterte die Frösche und die Stichlinge, erneuerte das Wasser im Aquarium und machte den stinkenden Käfig sauber, während die beiden weißen Mäuse sich wie rasend im Sägemehl einbuddelten.

Nachrichten aus der Welt der Erwachsenen erreichten mich auf geheimnisvolle Weise: durch ein Wort, eine Geste, einen Wink. Durch ein Schweigen am falschen Ort, einander ähnliche Antworten, einen unerklärlichen Wechsel im Ton. Wundersamerweise sammelten sie sich in meinem Geiste an und formten sich zu Vorstellungen von Dingen und Ereignissen, die ich nie selbst erlebt hatte. Und dann gab es natürlich noch die Prahlerei von Schülern aus dem dritten Schuljahr, voller aufgeblasener Wörter und Bedeutungen, die gewöhnlich nicht durch das Sieb der Glaubwürdigkeit hindurchkamen, aber halfen, den einen oder anderen Verdacht plausibel zu machen. „Wer hat dir das gesagt?" „Keiner. Ich weiß es einfach zufällig."

Die Monate vergingen. Durch irgendeine seltsame Osmose hatten frühe Eingebungen, so nebulös und halluzinatorisch sie auch waren, Eingang ins Repertoire meiner Phantasie gefunden und sich dort in gewisser Weise verfestigt. Obwohl niemand jemals mit mir über „das Haus" gesprochen hatte, wußte ich genug darüber, um es als Tabu zu betrachten. Daß Onkel Jan eine Freundin dort hatte, war mein kitzligstes Geheimnis. Dann verkündete Mutter eines Tages, daß wir zu Oma gehen würden, um Onkel Jans Verlobte kennenzulernen. Zur Tarnung vertiefte sie sich dabei in eine Staubwischerei, die gar nicht nötig gewesen wäre. Ich tat so, als wüßte ich von nichts und wäre völlig überrascht. „Er will heiraten?" Als wir später an diesem Nachmittag zur Haltestelle der Straßenbahnlinie zwei gingen, nahm ich meinen ganzen Mut zusammen. „Kennst du sie?" „Nein", sagte Mutter. Fast hätte ich gesagt: „Aber ich."

Obwohl wir noch in ein Blumengeschäft gegangen waren, das eine alte Bekannte aus Mutters Schultagen führte, kamen wir zu früh an. Tante Mies rief ein mädchenhaftes „Juhuh! Ich komme schon!" aus ihrem Zimmer. Oma hatte gerade ihre Schürze abgenommen – sie hielt sie über dem Arm, als sie Mutter und mir einen Begrüßungskuß gab. „Bist du gar nicht aufgeregt?" fragte Mutter. „Ich? Du liebe Güte, nein. Aufgeregt war ich, als ich diesen jüdischen Ehemann von dir kennenlernte", und dann fügte sie hinzu: „Pa wollte pünktlich hier sein. Das wird er natürlich nicht. Garantiert wird er sternhagelvoll sein und nicht vor dem Abendessen auftauchen." Mit einer ihrer besseren Operngesten ließ Mutter sich, noch in Hut und Mantel, schwer auf das Sofa fallen. Auf einer Wolke von Kölnisch Wasser schwebte Tante Mies herein, küßte uns, ließ die Arme herabfallen und erhob die Augen zum Himmel, als wollte sie sagen: „Was braucht man mehr?" Sie blickte im Zimmer umher, und in den nächsten paar Minuten wurde alles, was beweglich war, von den Teetassen bis zu den Stühlen, den Bruchteil eines Zentimeters näher in die perfekte Position geschoben. Niemand sagte ein Wort. Oma war in der Küche und machte ganz überflüssigen Lärm.

Dann klingelte es an der Tür. Von unten rief Onkel Jan, der

einen Schlüssel hatte: „Hallo, alle zusammen!" Mutter sprang vom Sofa hoch, legte Hut und Mantel ab und warf sie auf Opas Sessel. Tante Mies fummelte an ihrem Kleid herum und ging, nachdem sie eine Sekunde gezögert hatte, zum Treppenabsatz. Ich war in Panik. Onkel Jan und diese Dame hatten nicht nur die Grenze zwischen Sünde und Anstand, sondern auch die zwischen meiner Phantasie und der Wirklichkeit überschritten. Plötzlich lag der Augenblick ihres erwarteten und so genau ausgemalten Auftritts nicht weiter als ein Stockwerk entfernt. Ich hörte, wie Onkel Jan lachte. „Mia ist nicht besonders sportlich", rief er. Sie waren auf dem ersten Treppenabsatz. Ich konnte die Frau keuchen hören. „Immer mit der Ruhe!" rief Tante Mies, als sie sich über das Treppengeländer beugte. Genau in diesem Moment glitt ich plötzlich mit wilder Entschlossenheit hinter ihr vorbei und rannte, zwei Stufen auf einmal nehmend, die kurze Treppe zum Dachboden hoch. Das Herz schlug mir bis zum Hals. Was sollte ich tun? Dann hörte ich, wie jemand die Dachbodentreppe heraufkam, und noch bevor ich mich besinnen konnte, stand Onkel Jan vor mir.

„Willst du denn nicht Tante Mia kennenlernen?" sagte er. „Ich bin hochgekommen, um mir die Tauben anzusehen." „Das kannst du später machen", sagte er in einem Ton, den ich noch nie von ihm gehört hatte – einem Ton ruhiger Bestimmtheit. Oder war es Nervosität? „Hat dir deine Mutter erzählt, daß wir heiraten werden?" fragte er, als wir die Treppe hinuntergingen. „Ja." „Du wirst Tante Mia gern haben." Ich fand keine Antwort. Als wir gerade an der Küche vorübergingen, kam Oma mit einem Teetablett heraus. Fast wären wir mit ihr zusammengestoßen. Dann folgten wir ihr ins Wohnzimmer. Onkel Jan ging und half seiner Verlobten vom Sofa herunter. Sie lief herbei, um mich zu umarmen. „Das also ist unser berühmter Leo! Weißt du, Jan hat mir so viel von dir erzählt, daß ich das Gefühl habe, dich schon jahrelang zu kennen." Ich war verlegen. Ich wußte nicht, was ich sagen, was ich tun sollte. Ich stand schlaff da und fühlte mich blöd und war erbärmlich wütend.

Sie war nicht schön, obwohl mir das Wort *schön* in den Sinn kam. Sie trug ein einfaches kastanienbraunes Seidenkleid und einen großen Strohhut, von dem seitlich ein Büschel schwarzer Federn herabhing. Sie war von noch kräftigerer Statur, als ich erwartet hatte, doch hatte ich sie ja auch nur aus beträchtlicher Entfernung gekannt. Sie hatte ein breites Gesicht. Im Schatten der schimmernden Federn war ihr Teint auffallend hell – seine zarte, sanfte Leuchtkraft erinnerte mich an Porträts im Museum. Ihre dunklen Augen waren groß, ihre Nase fast zu klein und plump. Ihre Stimme war klar und „in oberer Lage eingestellt", wie Mutter sagen würde.

Ihr Lachen ging in ein Lächeln über, das auf ihr haftenblieb, als sie zum Sofa neben Mutter zurückkehrte. Glücklicherweise verursachte Oma mit der Teekanne, den Tellern, Tassen und Löffeln genügend Lärm, um die lastende Stille zu übertönen. Dann kam zögerlich eine Unterhaltung über die Topfpflanze zustande, die ich Oma zum Geburtstag geschenkt hatte. Tante Mia überraschte alle damit, daß sie ihren Namen wußte. Onkel Jan blickte zufrieden. Tante Mies schenkte Tee ein und reichte Stückchen von Omas Kirschtorte herum.

Das Geheimnis von Mias Beruf drückte mir schwer auf den Magen. Ich stand von meinem Stuhl auf, ging auf Zehenspitzen ins Bad und saß dort einfach ein paar lange Minuten auf dem hölzernen Thron. In großer Verwirrung wirbelten mir Fragen und Zweifel durch den Kopf. Eins war klar: Mein Abenteuer mit dem Haus gegenüber hatte ein unvorhersehbares Ende gefunden, und mit Ausnahme meines Geheimnisses war nun alles heraus. In gewisser Weise fühlte ich mich befreit und viel, viel älter; denn ich hatte heimlich teilgehabt an Ereignissen, derer ich vielleicht nie Zeuge geworden wäre, wenn nicht das Schicksal mir dabei geholfen hätte. Natürlich war ich noch zu jung, um diese Gefühle in Worte zu fassen, aber mir scheint, ich erinnere mich an das anschwellende Wohlgefühl, das hochkommt, wenn die Qual schwindet. Als ich schließlich ins Wohnzimmer zurückkehrte, sagte Mutter: „Bist du in Ordnung? Du siehst so blaß aus." Verärgert ging ich zu meinem Fenster, machte mich in Opas Lehnstuhl unsichtbar und starrte ins Leere.

Mutter hielt die Konversation aufrecht, indem sie persönliche Fragen stellte. Darin war sie gut. „Wo sind Sie aufgewachsen?" „Oh, da war ja mein Mann stationiert. Was für ein Zufall!" „Ich *liebe* Ihren südlichen Akzent; er ähnelt sosehr dem Hochholländischen. Sind Sie in Maastricht zur Schule gegangen?" Und so weiter und so weiter. Hinterhältig baumelte ein kleiner Haken an jeder unschuldigen Frage, aber Mia biß nicht an.

Dann läutete es an der Tür. In Erwartung von Onkel Piet stürzte ich zum Treppenabsatz. Als ich das Geländer erreichte, stürzte sich Bobby, Onkel Piets Dobermann, auf mich und warf mich fast zu Boden. Erschrocken wich er zurück und sprang dann nur noch leicht an mir hoch und bellte dabei ein paarmal kurz und glücklich, als wollte er sagen: „Tut mir leid, *so* hab ich's gemeint." Onkel Piet erschien. „Sachte, Bobby! Sachte!" Plötzlich war ich wieder in meinem eigenen, einfachen Universum. Ich spürte, wie das Blut mir ins Gesicht zurückkehrte.

Als Onkel Piet ins Wohnzimmer kam, machten alle ein großes Aufheben von ihm. Das war eines seiner Talente, er stand immer schlagartig im Mittelpunkt und strahlte Vitalität und Kraft aus, und all das schien mühelos und heiter. „Zuerst laßt mich mal die Braut küssen!" „Da kommst du ein paar Monate zu früh!" sagte Onkel Jan. „Übrigens", sagte Mutter und blickte ihre zukünftige Schwägerin an, „steht schon ein Termin fest?" Mia sah kurz Onkel Jan an und gab so die Frage an ihn weiter. Er lächelte hintersinnig. „Der einunddreißigste Februar." Auf diesem Niveau bewegte sich sein Humor. „Nun mal im Ernst!" beharrte Mutter. „Sollen wir es ihnen sagen?" fragte Jan, diesmal ernsthaft. Er ging zu seiner zukünftigen Braut und küßte sie. „Mia ist schwanger." Seine Stimme war ein wenig unsicher, aber sein Lächeln triumphierend. Es blieb lange still. Dann klatschte Onkel Piet plötzlich in die Hände. „He! Was ist los mit euch? Das ist ein Grund zum Feiern!" Er umarmte seinen jüngeren Bruder und dann Mia. „Ma, hol die Gläser heraus und den Gin! Falls es keinen Champagner gibt!" Alle lachten. „Ich hole ihn", sagte Tante Mies, glücklich, eine Entschuldigung zu haben, daß sie nichts

Kluges zu sagen fand. Als sie ein Tablett mit Gläsern und die Flasche Jenever auf den Eßtisch stellte, standen wir alle von unseren Stühlen auf. Onkel Piet reichte mir ein Glas. „Untersteh dich!" sagte Mutter scherzhaft. „Er ist jetzt ein großer Junge!" sagte Onkel Piet, während er sorgfältig zwei Tropfen in mein Glas goß. Dann reichte er Tante Mia ein Glas. „Danke. Für mich nicht", sagte sie mit rhetorischer Grazie in Erwartung ihrer Mutterschaft.

Zur Erleichterung aller hatte die Zukunft, strahlend und klar, die peinliche Vergangenheit ausgelöscht, und obwohl neue, unangenehme Fragen sich am Horizont zusammenbrauten, war Mia in den Rang eines Menschen befördert worden.

Ein paar Wochen vor der Hochzeit fragte Onkel Jan seine Eltern, ob sie zu diesem Anlaß nach Maastricht kommen würden. Oma hatte sich zuerst geweigert, aber es hatte keinen schweren Kampf gegeben. Trotz ihrer lebenspraktischen Schlichtheit hatte sie ihre Kinder oft durch plötzliche Ausbrüche von Originalität und feinsinnigem Mut überrascht. „Ja, ich würde sehr gern da hinfahren. Aber Opa?" Das war ein Problem. Es war klar, daß er die ganze Familie blamieren würde. Wie erwartet, hatte er gegen Jans Absicht mit einem reichlichen Repertoire an Flüchen und mit vielen Gläsern Jenever angekämpft, bevor er sich widerstrebend in das Unvermeidliche fügte. Aber was Maastricht betraf?

„Nach Maastricht fahren? Das würde mir nicht im Traum einfallen. Sag ihnen, daß ich krank bin." Damit war die Sache erledigt.

Was man sich vage als unbestimmte Zukunft vorgestellt hatte, war plötzlich zu einer äußerst dringlichen Angelegenheit geworden. Während Woche um Woche verging, nahm Mia immer mehr an Umfang zu. Einmal hatte sie meine Hand genommen und sie behutsam auf ihren Bauch gelegt. „Fühlst du, wie es sich bewegt?" flüsterte sie, als hätte sie Angst, den Zauber zu brechen. „Ich glaube schon", flüsterte ich zurück, kaum hörbar und fürchterlich verlegen. Glücklicherweise bewegte sich das Baby nicht. Hätte es das getan, wäre ich gestorben.

Die Vorbereitungen auf das große Ereignis wurden immer hektischer. Es gab lebhafte Überlegungen in der Familie, wer was beisteuern würde. Da Mutter die einzige war, die sich der Erfahrung rühmen konnte, übernahm sie energisch die Führung und entschied, was ein modernes Baby so alles brauchte. Onkel Piet, der von einem führenden pharmazeutischen Konzern einen Auftrag als Architekt erhalten hatte und sich gut bei Kasse fühlte, bot freiwillig an, einen Kinderwagen wie den in der neuesten Ausgabe von *Foto Week* zu kaufen. Es gab da ein ganzseitiges Foto von der englischen Königin, die anmutig in die Kamera lächelte, während sie den einjährigen Kronprinzen aus seinem Kinderwagen hob. Die Überschrift lautete: „Königlicher Baby-Rolls-Royce." Opa bot in einem nüchternen Moment an, eine Krippe zu bauen – im Klub hatte er die Werkzeuge dazu. Oma hatte in den seltenen Augenblicken, in denen sie Muße fand, schon zu stricken begonnen. Herman machte es sich leicht – er würde den jungen Eltern Geld geben. Mutter wollte für eine Waage sorgen, für einen Babykorb und die Utensilien zum Füttern, die sie im Fenster des eleganten Babygeschäfts in der Kalverstraat gesehen hatte.

Mittlerweile waren Jan und Mia in ihre Wohnung am Schubertplatz eingezogen. Die Vorhänge fehlten noch, aber die wesentlichen Möbel standen schon. Der schicke Kinderwagen war geliefert worden, und das kleine Zimmer stand für den erwarteten Bewohner bereit.

Als nur noch ein paar Wochen blieben, stieg der Pegel vorfreudiger Erregung in der Familie auf selten zuvor erlebte Höhen. Die Grossouw-Kinder hatten sich niemals nahegestanden; nur die beiden ältesten, Mutter und Onkel Piet, schienen sich trotz ihrer häufigen Streitereien miteinander wohl zu fühlen, wenn sie beisammen waren. Da sie in jungen Jahren den Ruf der Leidenschaft erfahren hatten, kannten, teilten und respektierten sie wechselnde und egozentrische Gefühle und jenes, allein zu sein, was all die charakterisiert, die einen starken Drang nach Kreativität besitzen. Sie hielten sich für die einzigen Erwachsenen in der Familie, und sie behandelten die anderen, einschließlich ihrer Eltern, wie eine Gruppe unschuldiger und leicht widerspenstiger Kinder. Meist gingen die jüngeren Brüder und Mies je ihrer eigenen Wege. Ganze Monate lang sahen sie sich nicht, und wenn sie sich dann trafen, hatten ihre Unterhaltungen etwas Unverbindliches und rein Mechanisches.

Die erste Juniwoche war schon vergangen, als Mia an Mutters und Omas wöchentlichem Mittagessen bei uns teilnehmen sollte. Die Aussicht auf dieses Ereignis freute mich überhaupt nicht; ich war mir sicher, daß Schwangerschaft, Geburt und Babypflege die zentralen Gesprächsthemen sein würden, und ich wußte, daß Mutter Sätze mit „Als ich schwanger war..." beginnen würde. Ich fühlte mich gedemütigt bei dem Gedanken, daß ich, wie alle anderen, neun Monate lang im dunklen, glitschigen Innern eines anderen Körpers gelebt hatte. Ganz gleich, wie poetisch Mutter das klingen ließ, wenn sie es erklärte, erfüllte mich schon der Gedanke daran mit Ekel und Beklemmung.

Als sie die Treppe hochkam, mußte Mia dreimal anhalten. „Ich muß für uns beide hochsteigen, wißt ihr", sagte sie mit gezwungenem Lächeln. Als Mutter sie sah, bemerkte sie, daß Mias wunderschöner Teint viel von seiner Leuchtkraft verloren hatte. Während des Mittagessens gab Mia, von ihrer Schwiegermutter dazu gedrängt, zu, daß sie sich Sorgen machte. Sie beklagte sich über Übelkeit, Schwindel, Schwäche und Herzklopfen. Und dann, nach einem langen, tiefen Seufzer, verkündete sie, daß nach ihren Berechnungen das Baby schon eine Woche zu spät dran sei. Mutter verschlug es die Sprache. Es fiel ihr plötzlich ein, daß Mia niemals einen Arzt erwähnt hatte. „Wann bist du zuletzt zu einem Arzt gegangen?" fragte sie besorgt. „Zu einem Arzt? Warum sollte ich zu einem Arzt gehen? Bis jetzt habe ich mich doch gut gefühlt. Vor ein paar Wochen habe ich mit einer Hebamme gesprochen, die man mir in der Apotheke am Schubertplatz empfohlen hat. Sie soll ganz ausgezeichnet sein." Mutter war entsetzt. „Ich gehe jetzt und rufe Dr. Pimentel", sagte sie, als sie von ihrem Stuhl aufsprang und in Vaters Arbeitszimmer lief. Nach ein paar Minuten kam sie zurück. „Er kann dich sofort untersuchen. Komm! Gehn wir!"

Aus dem Wohnzimmerfenster sah ich, wie meine Mutter und Mia um die Ecke der Van Luiken Straat verschwanden. Ob das vielleicht genau der Augenblick gewesen ist, in dem mir der Schmerz anderer bewußt wurde? War dies ein weiterer Schritt auf meinem Weg zum Erwachsensein wie schon zuvor das Erkennen, das In-Besitz-Nehmen, den Dingen einen Namen geben und sich Vorstellungen machen? Oder erlitt ich nur die Qual, allein gelassen zu werden, fühlte bloß, wie schwer es war, meine Tante und meine Mutter entschwinden zu sehen?

Mia wurde schnellstens ins Krankenhaus gebracht – sie war überhaupt nicht schwanger; sie hatte einen Tumor. Ein paar Wochen später, als die Babyspielsachen sorgfältig eingepackt und auf Omas Dachboden versteckt wurden, empfand ich so etwas Ähnliches wie Mitleid – und Verlust, denn das Schicksal hatte mich meines einzigen Cousins beraubt.

Nach einer Rekonvaleszenz, die sich länger hinzog, verbrachten Jan und Mia ein ruhiges Leben mit einfachen Vergnügungen und pflegten ihren kleinen Garten, in dem die hübschen Plastikblumen ewig weiterleben konnten.

Vater brauchte sieben Jahre nach unserem Umzug nach Amsterdam, um sich schließlich darüber klarzuwerden, daß seine Illusionen über eine lukrative Karriere als Wirtschaftsprüfer in einem Meer von Mißgeschicken Schiffbruch erlitten hatten. Zu jener Zeit begann seine Idee, nach Amerika zu gehen und mich (ich war damals zwölf) bei meinen Großeltern Beffie zu lassen, Gestalt anzunehmen.

Mutter, die sich in der Amsterdamer Musikwelt als Konzertsängerin einen Namen gemacht hatte (sie hatte auf dem ersten großen Mahler-Festival den Solosopran in den *Kindertotenliedern* gesungen), war von den Plänen ihres Mannes nicht besonders angetan. Als sie ihr Dilemma ihrem Mentor Willem Mengelberg gegenüber erwähnte, erzählte er ihr, daß er schon seit längerem für den Herbst eine Reihe von Konzerten in Amerika plante, und gab zu verstehen, daß er, falls sie und Vater sich entschließen würden, um diese Zeit abzureisen, alles in seiner Macht Stehende tun und ihr helfen würde, eine amerikanische Karriere in die Wege zu leiten. Wenn es noch irgendwelche Zweifel bei meinen Eltern gegeben haben sollte, so muß wohl Mengelbergs Versprechen, auch wenn es noch so vage war, sie zu ihrer endgültigen Entscheidung veranlaßt haben, das große amerikanische Abenteuer zu wagen. Sie verkauften alles, was sie besaßen, und segelten, zusätzlich mit dem üblichen Darlehen von Oom Elie versehen, im Herbst 1922 nach New York; mich ließen sie in der Obhut meiner Großeltern in Brüssel zurück.

Es erstaunt mich immer wieder, neue Beweise dafür zu entdecken, wie tief die großen revolutionären Ideologien unseres Jahrhunderts – Psychoanalyse, Marxismus, die „Bewegung der Moderne" und der Feminismus – die allgemeine Kultur durchdrungen und unser Gewissen, unsere Psyche, unseren Geschmack und unser Denken verändert haben. Wenn ich nur fünfzig Jahre früher gelebt hätte, vor Freud, hätte ich dann den Mut aufgebracht, meine Erinnerung zu befragen und die Fragen aufzuwerfen, die ich heute stelle? Ganz zu schweigen von den Antworten, die ich nahelege und zu riskieren gewillt bin. Erst vor ganz kurzer Zeit habe ich gewagt, es als möglich zu erachten, daß der Entschluß meiner Eltern, *mich bei meinen Großeltern zurückzulassen*, in dramatischeren Begriffen als *Verlassen ihres einzigen Kindes* übersetzt werden könnte, ein Trauma, stark genug, um bleibende Narben zu hinterlassen.

Ich hatte immer geglaubt, daß meine Kindheit die glücklichste aller Kindheiten gewesen sei, denn alle meine Erinnerungen an die frühen Jahre in Amsterdam drehen sich um fröhliche Ereignisse, durchtränkt vom goldenen Nachmittagslicht eines warmen Sonnentags. Obwohl ich mir sehr bewußt bin, daß solche Tage in Amsterdam fast so selten sind wie Schneestürme in der Sahara, habe ich nie gewagt, meine Erinnerung in Zweifel zu ziehen. Es verlangte mich, und ich war stolz darauf, die Wurzeln allen Glücks im sonnigen Garten meiner Kindheit zu finden. Jetzt argwöhne ich, daß mein Gedächtnis sich in einer seiner sanfteren Stimmungen systematisch geweigert hat, irgendwelche widrigen Wetterverhältnisse zur Speicherung zuzulassen, und mir dadurch die Illusion gegeben hat, den Ungewißheiten des Schicksals und den Umständen gegenüber, die unser aller Leben bestimmen, immun zu sein.

Wie peinlich genau ich auch die verworrenen Bilder meiner Kindheit durchforsche, ich finde nicht eine einzige Szene von meiner Abreise aus Amsterdam, von der Fahrt oder von meiner Ankunft in Brüssel. Sie sind verschwunden im Nebel des Vergessens. Aber es muß ein nebliger, regnerischer Tag gewesen sein, als meine Eltern mir von ihrer geplanten Abreise erzählten. Ich bin mir sicher, daß es geregnet hat, als mich jemand nach Brüssel begleitete, wo ich auf unbestimmte Zeit bleiben sollte. Und auch bei meiner Ankunft muß es geregnet haben. An diesen nassen, scheußlichen Tagen nicht ein Kuß, nicht eine letzte Umarmung, eine winkende Hand, eine Träne. War meine Kindheit zu Ende gegangen?

Oom Elie und Oma Rose wohnten in einem luxuriösen Stadthaus in einem der elegantesten Viertel der belgischen Hauptstadt, am Maria-Louizasquare. In Wirklichkeit war der Platz überhaupt keiner, sondern ein ovaler Teich, fast groß genug, um ein kleiner See genannt zu werden. In der Mitte, auf einer künstlichen Insel mit einem Miniaturberg aus gegossenen Betonfelsen, hatten etwa ein Dutzend weißer Enten ihren Nistplatz.

Der Teich war mein persönlicher Spielplatz. Kaum ein Tag verging ohne ein Zeichen des Zaubers der Natur. Ein Schwarm winziger Stichlinge, der in perfekter Formation in

*Mein Stiefgroßvater und meine
Großmutter, Elie und Rose Beffie*

der Gestalt eines alten Karpfens daherschwamm; kleine Samenpropeller, die von den Zweigen eines Lindenbaums herabsegelten; und, der größte Zauber von allen, zehn lebhafte kleine Enten, wo doch noch gestern das Nest nichts als die statische Geometrie von Eiern umschloß.

Um den Teich herum lag ein immer tadellos gepflegter Rasen, der sich sanft zum Ufer hin neigte und auf dem hier und da ein Fliederbusch stand, eine japanische Magnolie, eine Trauerweide, sämtlich fest in meiner Erinnerung verwurzelt. Ein Fußweg mit leuchtendgrünen Bänken, dem Teich zugewandt, führte in einem Bogen über den Platz, manchmal nahe am Wasser, manchmal näher an der Reihe dichter Bäume, die dieses kleine Paradies vom hektischen Stadtleben abschirmten, zum Wohl seines einzigen Bewohners, des jungen Robinson Crusoe, und das war ich.

Das Haus der Beffies stand etwa in der Mitte der Längsseite vom Teich, gegenüber der einzigen Stelle, an der es keine großen Bäume gab, die die Aussicht behindern konnten. Es war ein elegantes dreistöckiges Stadthaus, das sich von den Nachbarhäusern dadurch unterschied, daß es fast weiß war, eine ungewöhnliche Kombination aus Carrarer Marmor und Sandstein. Typischer Jugendstil waren das Design der Tür – eine gußeiserne Komposition miteinander verschlungener Efeuzweige – sowie das Eisengeländer des kleinen Balkons im Erdgeschoß und die Sandsteinfriese, die die großen senkrechten Fenster umrahmten. Der Boden der Eingangshalle im Erdgeschoß und des Korridors war aus weißem Marmor und ebenso die Treppe, die zum Absatz des Mezzanins hinaufführte, in meine eigene private kleine Etage, auf der mein Zimmer und mein Bad lagen. Dort machte die Treppe eine Wende und führte in einer Holzversion weiter hinauf zum ersten Stock, wo Oma und Oom Elie ihre Schlafgemächer hatten, in hollywoodartigen Proportionen und sehr sinnlich eingerichtet. Apricot in allen nur möglichen Schattierungen und Texturen war die vorherrschende Farbe.

In meiner Erinnerung sieht mein Zimmer formell, schrecklich ordentlich, unpersönlich und leer aus – wie ein Hotelzimmer, bevor man das Gepäck hochgebracht hat. Ein kleines Pult zum Schreiben, zwei Stühle, ein Schrank und mein Bett. Der Entwurf eines Innenausstatters. Eine Bühne zur Mittagszeit.

Ich ging in eine öffentliche Schule nur ein paar Häuserblocks vom Platz entfernt. Zwei Jahre lang! Und dennoch kann ich mir nicht das Gesicht eines einzigen Lehrers, eines einzigen Mitschülers, ein einziges bedeutungsvolles Ereignis ins Gedächtnis zurückrufen. Ich erinnere mich jedoch, daß ich Postkarten, hellblau und sepiafarben bedruckt, von den Meisterwerken im Louvre sammelte und es schaffte, aus Baukastenteilen mein erstes Radio zusammenzusetzen – einen kristallenen Apparat, der aus nicht viel mehr bestand als einem dünnen, um eine Papprolle gewundenen Draht und einem Hörrohr, in dem ich, Kontinente weit weg, alle Sinfonien von Mozart und Beethoven einfangen konnte, die schwermütig klar durch den Äther schwebten.

In diesen beiden Jahren lernte ich nicht nur, mich des Französischen fließend zu bedienen, sondern auch genügend

Englisch, um meinen späteren Wechsel an eine amerikanische Schule schmerzlos zu vollziehen. Französisch war meine dritte Sprache, denn neben Holländisch konnte ich etwas Deutsch – obwohl ich keine Ahnung habe, wann, wo oder warum ich Deutsch gelernt hatte, bevor ich zwölf war. In jenen Jahren war Mutter mehrmals zu Gesangsunterricht bei einem berühmten russischen Lehrer nach Deutschland gefahren und hatte mich mitgenommen. Aber mir ist keine Erinnerung daran in den Sinn gekommen außer, vor ein paar Tagen, der Name Baden-Baden, ein Kurort im Oberrheinischen. Sonst

Meine Eltern und ich in Garmisch, 1922

nichts. Eine dritte ausradierte Stelle. Wer weiß, wie viele Augenblicke der Panik, Verzweiflung, Wut, Angst, Eifersucht und Schuld tief in meinem Unterbewußtsein begraben liegen – um nie ans Licht zu kommen?

Distanzierte Zuneigung bestimmte die Beziehung zu meinen Großeltern. Die beiden Jahre, die ich bei ihnen wohnte, waren wie ein angenehmer, nie endender Familienbesuch, aber in den wenigen Bildern, die vor meinem geistigen Auge erstehen, bin ich eher ein höflicher Beobachter als ein aktiver Teilnehmer, ein Schauspieler in einem russischen Stück, in dem ich von Zeit zu Zeit auf der Veranda erscheine und mir den Schnee von den Schultern abschüttele, um die Zuschauer daran zu erinnern, daß die wirkliche Welt noch existiert.

In meiner wirklichen Brüsseler Welt gab es drei Ereignisse, die nach meiner Erinnerung herausragen: die gelegentlichen Besuche von Willem, Oom Elies jüngstem Bruder, meine Mittwochnachmittage mit Mies und meine erste Liebe, Lilly.

Ein paar Jahre bevor ich mich in ihr Leben drängte, hatten meine Großeltern die Vergnügungen und Vorteile von Sommerferien in dem damals in Mode stehenden tschechischen Kurort Marienbad entdeckt. Und bald nach meiner Ankunft in Brüssel machten sie mir klar, daß sie nicht die Absicht hätten, ihre Ferienpläne zu ändern. Außerdem waren sie überzeugt, daß auch ich mich wunderbar vergnügen würde; es gäbe da jede Menge netter Jungen und Mädchen meines Alters im Heidenhof, und selbst ich würde von den magischen Kräften des Heilwassers profitieren.

Mein schwacher Versuch, die praktischen Vorzüge der nahe liegenden Strände von Ostende und Knokke vorzuschlagen, brachte ihren Entschluß nicht im geringsten ins Wanken. Der Strand war nicht ihre Sache. „Warum sollte man einen aussichtslosen Kampf gegen Sand, Wind und Wasser führen", scherzte Oom Elie und hatte seinen Spaß an seinem eigenen jüdischen Sarkasmus, „wenn man die Natur in einem fürstlichen Dreisterneghetto wie dem Heidenhof genießen kann, der berühmt ist für seine strategisch gelegenen Toiletten und wissenschaftlich geplanten Spazierwege durch die Wälder?"

Er hatte recht; denn es geschah auf einem dieser Spaziergänge, daß ich Lilly kennenlernte. Ich erinnere mich nicht daran, wie das geschah oder woher meine Großeltern die Loewys kannten. Meine Erinnerung scheint immer gerade dann einzusetzen, wenn die Aufführung schon begonnen hat. Vage sehe ich, wie Oom Elie grüßend seinen Hut zieht, als wir uns einem Ehepaar in mittleren Jahren nähern und einem Mädchen meines Alters mit Sommersprossen im Gesicht und langem rotem Haar, das sichtlich verlegen ist und an ihrem Glas Wasser nippt. „Und das ist Lilly", sagt ihre Mutter.

In Amsterdam hatte es Tiene gegeben, die kleine Tochter unserer Nachbarn. Sie war dort meine feste Spielgefährtin gewesen, und ja, sie war meine Freundin, und wir spielten Doktorspiele. Und einmal schrieb ich ihr einen kleinen Brief, adressiert an „Tiene Lionni". Es war nicht das erste Mal, daß ich Liebe mit Heirat gleichsetzen sollte. Noch das letzte Mal. Doch meine erste wirkliche Liebe war Lilly. Ich himmelte ihr lustiges Lächeln an, die winzigen roten Sommersprossen, die hellblauen Iris ihrer Augen, ihren zerbrechlichen Körper, die widerspenstigen Locken ihres langen roten Haars. Ich liebte die Art, wie sie immer außer Atem war, wenn wir uns trafen, und geheimnisvoll still, wenn es Zeit war zu gehen. Und ich liebte ihre langen, schwerelosen Küsse.

Noch zu jung für die Qualen der Leidenschaft, verbrachten wir eine ungezwungene, fröhliche Zeit miteinander. Wir durchlebten eine bizarre Situation, die zwischen Kindheit und Erwachsenwerden. Fast täglich gingen wir zum Nachmittagstee zu einem Café in den Wald, wurden an einen Tisch geleitet, bestellten Tee oder Fruchtsaft, tanzten, durchliefen all die ordnungsgemäßen Riten beim Bezahlen der Rechnung und beim Überreichen des Trinkgelds an den Kellner und verschwanden in den Wald, und das alles ohne die geringste Verlegenheit unsererseits oder Anzeichen des Erstaunens auf

Ich, Lilly, Oma Rose und Oom Elie, Marienbad 1923

Seiten der Erwachsenen. So war das. Als die Ferien zu Ende
gingen, schworen wir einander Treue und umarmten uns zur
stillschweigenden Zufriedenheit von Lillys Eltern und meiner
Großeltern.

Zurück in Brüssel, begann die Routine des Briefeschrei-
bens. Ich schrieb einen schwülstigen Liebesbrief pro Woche,
und soweit ich mich erinnern kann, war die Antwort, die ich
erhielt, immer enttäuschend. Ich erwartete dramatische, lei-
denschaftliche Ergüsse, aber Lillys Briefe waren einfach die
eines zwölfjährigen Schulmädchens, das Angst hat, sich zu offenbaren. Allmählich gewannen die täglichen Ereignisse
immer mehr die Oberhand; die Briefe wurden seltener, und

schließlich, nach vier oder fünf Monaten, hörte unsere Korrespondenz ganz auf. Die einzigen Zeugnisse unserer Romanze waren ein Foto von uns, wie wir nebeneinander gehen und tapfer an unserem Wasser nippen, und Lillys Adresse: Lilly Loewy, Jirassek Platz 1, Moravská Ostrava, die sich mir unauslöschlich ins Gedächtnis geprägt hat.

Jahre vergingen. Ich kam nach Amerika, ging von da nach Italien, studierte in der Schweiz, heiratete. Wir bekamen zwei Kinder. Weitere Jahre gingen ins Land. Ich war Designer in Mailand. Hitler annektierte das Sudetenland. Die ersten Erzählungen von Deportation und Folter begannen unser Bewußtsein auszufüllen, und irgendwie kehrte das Bild des kleinen sommersprossigen jüdischen Mädchens aus Morava mir lebhaft ins Gedächtnis zurück.

Als die Nachrichten langsam anschwollen, wurde sie zu einer Obsession. Die Opfer des Holocaust waren unsichtbar – unvorstellbare Tausende, Millionen. Aber sie war Lilly. Es war Lilly, die man in einen Güterwaggon hineinschob, entkleidete, zur Gaskammer zerrte. Es war Lilly, der man das rote Haar mit roher Gewalt abschnitt. Die man am Ufer der Donau erschoß. Oder in der Nähe der holländischen Grenze. Es war Lilly, die es schaffte, nach Österreich zu fliehen, nur um dort der Wiener Gestapo in die Klauen zu fallen. Und jenes zerbrechliche Skelett, das ich in einem Gemeinschaftsgrab erkannte, war Lilly. Es war immer sie.

Der Krieg ging zu Ende. Nirgendwo erschien Lillys Bild, noch ihr Name. In den grauenvollen Dokumenten über die Überlebenden der Todeslager erkannte ich sie nicht. Und ihr

Ich (in der Mitte der vorderen Reihe) in Marienbad 1923

kleines sommersprossiges Gesicht verlor sich in dem wilden
Strom der Ereignisse, die dem Krieg folgten.

Ich hatte die Kriegsjahre mit meiner Frau und den Kindern
in Philadelphia verbracht. Von dort zogen wir nach Connecticut, und zehn Jahre später kehrten wir zurück nach Europa.
Eine Zeitlang hatten wir einen Bauernhof in der Nähe von
Genua, und 1971 zogen wir in die Toskana. Ein paar Jahre später erhielt ich eines Tages ein Telegramm aus Bratislava mit
der Nachricht, daß man mir für eine meiner Fabeln den Preis
des Goldenen Apfels verliehen hatte. Das Geld war auf meinen Namen in der Staatsbank in Prag hinterlegt worden. Ich

war nicht besonders interessiert daran, in die Tschechoslowakei zu fahren, in der der Kommunismus schon im Scheitern begriffen war. Noch weniger wollte meine Frau Nora hinfahren, aber der Gedanke, daß ich ein Bankkonto in Prag hatte, nagte an mir. Von Zeit zu Zeit versuchte ich herauszufinden, wieviel die Summe, die ich erhalten hatte, wert war. Die Antwort variierte zwischen 50 und 5.000 $. Da die tschechische Krone an der Börse nicht notiert war und Kronen auf Banken außerhalb der Tschechoslowakei nicht erhältlich waren, schien niemand es genau zu wissen.

Schließlich traf ich einen Freund, der gerade aus Prag zurückgekehrt war. Er erzählte mir, daß wir leicht und bequem eine zweiwöchige Reise durch die Tschechoslowakei machen, dabei in guten Hotels übernachten, gut essen, uns wunderbare Architektur und Museen ansehen und mit hübschen Souvenirs für Verwandte und Freunde zurückkehren könnten, und all das, ohne auch nur einen Dollar mehr auszugeben, als ich auf meinem Konto auf der Staatsbank in Prag hatte. Wir entschlossen uns, im nächsten Sommer hinzufahren.

All das taten wir. Wir sahen das glanzvolle Prag, ohne Zweifel eine der schönsten Städte in Europa und, anders als andere europäische Städte, von Gucci/McDonald-Glamour noch unberührt. Wir sahen das Schwarze Theater und aßen in der Ratshalle mit einer Gruppe von Schauspielern zu Mittag. Wir fuhren in die Berge der Tatra dicht an der polnischen Grenze und aßen zu den Klängen von Zigeunergeigen, die sich unmerklich aus langsamer Wehklage zu wahnsinniger Raserei steigerten, Brathähnchen in einem Bungalow-Restaurant, versteckt in einem dichten immergrünen Wald. In der Nähe von Bratislava, auf einem Boot auf der gar nicht so blauen Donau, hatten wir ein elegantes Abendessen mit dem Direktor des Kunstmuseums von Bratislava. Wir verfuhren uns auf dem Weg nach Morava, aßen aber zu Mittag in einer Stadt, die in meiner Erinnerung namenlos ist, jedoch Ostrava gewesen sein könnte. Triumphierend und glücklich über unsere Reise kehrten wir heim nach Porcignano. Überraschenderweise hatte ich nicht mit einem einzigen Gedanken an Lilly gedacht.

Dann, eines Abends im Jahre 1990, geschah es.

Unsere Freunde Natasha und Hansa Fisher waren auf einer kleinen und lebhaften Dinnerparty bei uns zu Hause. Nach Noras viel gerühmtem Dessert aus getrockneten Früchten mit Currysahne erhoben wir uns vom Tisch und gingen in das Wohnzimmer. Mit einem Glas Grappa setzte ich mich neben Hansa auf das Sofa. „Ach, Hansa", sagte ich, „habe ich dir jemals von meiner ersten Liebe erzählt? Sie war eine Tschechin, ganze zwölf Jahre alt, und ich war dreizehn …" Ich erzählte ihm die Geschichte. Hansa war bewegt.

„Woher kam sie?" fragte er. „Aus welcher Stadt?" „Moravská Ostrava", sagte ich und gab dabei mit meinem tschechischen Akzent an. „Aber nein! Das ist ja meine Heimatstadt!" rief Hansa aus. „Meine ganze Familie stammt aus Ostrava!" „Dann sage ich dir noch mehr", sagte ich, während Schauder mir den Nacken hochkrochen. „Nie habe ich ihre Adresse vergessen. Ich erinnere mich daran bis auf den heutigen Tag: Jirassek Platz eins." Hansa sprang auf. „Jirassek Platz eins? Das Haus kenne ich! Das ist Ecke Klassek Straße. Wie hieß das Mädchen?"

„Lilly Loewy." „Lilly Loewy? Soweit ich weiß, ist sie in London." Auch ich sprang auf. Wie viele Schläge hat mein Herz ausgesetzt? „Ich kenne sie nicht gut", fuhr Hansa fort, „aber ein guter Freund kennt sie. Ich rufe ihn morgen an und höre mal, was er mir erzählen kann."

Zwei sehr lange Tage später erhielt ich Hansas Anruf. „Sitzt du auch?" fragte er und fuhr fort mit einer Stimme, die Neuigkeiten versprach. „Lilly Loewy ist nicht mehr in London. Vor zwei Jahren sind sie und ihr Mann nach New York gezogen. Sein Name ist *Leo* – Leo Kronenstein. Sie wohnen in der Neunzehnten Straße West und betreiben ein Bilderrahmengeschäft. Lilly ist wohlauf, aber ihr Mann hat ziemlich schwere Herzprobleme."

Zwei Wochen später fuhren wir, wie jedes Jahr, nach New York, und zu der Zeit formte sich mir der Satz „Ich glaube, ich rufe Lilly einmal an" im Geist. Ich fand die Nummer. Ich wählte. Es läutete zweimal. Die Stimme einer Frau meldete sich. „Hallo!" „Hallo. Könnte ich Mrs. Kronenstein einmal sprechen?" „Das bin ich. Wer spricht denn da?" „Lilly, hier ist wahrscheinlich der älteste Freund, den du hast. Rate mal." Wie haßte ich die dummen, eingeübten Worte. „Ich habe keine Ahnung." „Denk mal zurück… 1923, Marienbad." „Wer sind Sie?" Ich mußte dieses lächerliche Spiel beenden; ich fand meine normale Stimme wieder. „Ich bin Leo. Leo Lionni." „Ich erinnere mich nicht." „Lassen Sie mich versuchen, Sie zu erinnern."

Ich erzählte es ihr. Langsam, und nur das Wesentliche. Sie muß wohl bemerkt haben, daß ich zum Schluß ein bißchen

Schwierigkeiten hatte. Zum Schluß? Mein Herz war leer. Kurze Momente, in denen ich zögerte, hatte sie mit einem schmerzlich geflüsterten „Ich erinnere mich nicht" ausgefüllt. Das Gespräch schloß mit einem freundlichen, aber förmlichen Austausch der Adressen und Telefonnummern, mit beiderseitigem Bedauern und einem vagen Versprechen, irgendwann einmal in der Zukunft miteinander zu Mittag zu essen. Ich ließ den Kopf auf meine verschränkten Arme fallen und weinte, tief enttäuscht. Mir war, als wäre der Boden der Geschichte unter meinen Füßen zusammengebrochen. Von meiner, oder von Lillys, Erinnerung im Stich gelassen, befand ich mich auf einer fremden Insel, allein.

Die nächsten paar Tage waren so vollgepackt mit Telefonaten, dem Umstellen von Möbeln, Bezahlen von Rechnungen, Auffüllen des Kühlschranks, Aufhängen oder Aufstellen der von Europa mitgebrachten Kunstausbeute und damit, sich von den Schwierigkeiten des Zeitunterschieds zu erholen, daß das Gespräch mit Lilly viel von seiner Dramatik verlor. Und als es mir wieder in den Sinn kam, fand ich Entschuldigungen für Lillys fehlende Erinnerung. Hätte ich mich denn an sie erinnert, wenn es nicht dieses Foto von uns gegeben hätte, das alle paar Jahre einmal oben auf den alten Dokumenten und Briefen gelandet war, die eine ganze Schublade füllten? Konnte es überraschen, daß die Erinnerungen an das Ferienerlebnis eines Kindes durch die Qualen einer jungen Jüdin während der Nazijahre in der Tschechoslowakei ausgelöscht worden waren?

Vier Tage später klingelte das Telefon. „Hallo, Leo." Ich erkannte sofort Lillys Akzent, aber ihre Stimme klang dabei anders. Sie war klar, glücklich und erstaunlich jung. „Gestern ist etwas Merkwürdiges passiert. Ich habe mit meiner Schwester in Kalifornien gesprochen. Ich habe ihr von deinem Anruf erzählt, und, stell dir vor, sie erinnerte sich an alles, an jene Ferien in Marienbad und an dich. Sie sagte, daß sie damals sehr eifersüchtig gewesen sei, weil du immer mit mir getanzt hast und nicht ein einziges Mal mit ihr!" „Wann hast du Zeit zu einem Mittagessen mit mir?" fragte ich begeistert. Ich hatte Lilly wieder gefunden.

In der Einundsiebzigsten Straße, zwischen Fünfter und Madison Avenue, gab es die Plejaden, ein französisches Restaurant, in das ich gern Gäste zu besonderen Gelegenheiten führte, wenn Unterhaltung in privater Atmosphäre wichtig war. Ich hatte für halb eins reserviert, und um ganz sicher da zu sein, wenn Lilly einträfe, kam ich ungefähr fünf Minuten früher dort an. In dem leeren Speisesaal waren zwei Kellner gerade dabei, alles detailliert zu überprüfen und hier und da eine Serviette oder ein Glas zurechtzurücken, während sie langsam von einem Tisch zum andern gingen. Ein weiterer Kellner stand in der hinteren Ecke an die Wand gelehnt, mit der Serviette über dem Arm und im Geiste Gott weiß in welchem Pariser Bistro. Noch ein Schritt, und dann saß in einer Ecke, die sich meinem Blick bisher entzogen hatte, an einem Tisch für zwei Personen Lilly da und sah mich direkt an. Es war unverkennbar sie, dieses feingliedrige, zerbrechliche, rothaarige, sommersprossige Wesen. Verlegen lächelten wir

83

einander an. Sie erhob sich von der Bank, auf der sie gesessen hatte, und als ich näher kam, merkte ich, daß sie genau dieselbe Lilly war, nahezu unverändert mit Ausnahme der winzigen Falten, die ihr lächelndes Gesicht überzogen, und des Haars, das dunkelrot gefärbt war. Wir umarmten uns und setzten uns schweigend hin und suchten je in den Augen des anderen nach Bruchstücken der weit zurückliegenden Vergangenheit.

Und bevor wir wußten, wie uns geschah, waren wir fieberhaft am Reden. Lilly erzählte mir ihr Leben und ich ihr das meine. Wir weinten und hielten einander an den Händen, als beinahe siebzig Jahre der Freude und des Schreckens vorüberzogen, entscheidende Jahre, in denen das Schicksal uns durch die wilden Wirbel eines Stroms der Ereignisse gespült hatte, für die es in unserer Kulturgeschichte keinen Vergleich gab. Ich erlebte, wie Gefühle mich überschwemmten, die ich kaum zurückhalten konnte, eine Bewußtseinsdichte, die ich nicht länger ertragen konnte. Es ähnelte sehr dem Zustand, hoffnungslos verliebt zu sein. Und doch merkte ich, daß die Frau, die mir gegenüber am Tisch saß, mir zugeneigt, um nicht ein einziges Wort zu verpassen, mir ganz und gar fremd war.

Es war fast drei, als ich ein Taxi für Lilly herbeiwinkte, und lange hielten wir uns schweigend in den Armen. Ganz benommen ging ich nach Hause und wußte, daß ich Lilly nie wiedersehen würde.

MIES

An einem nebligen Novembertag im Jahre 1991, fünf Monate,
bevor sie ihren hundertsten Geburtstag hätte feiern können,
wurde meine Tante Mies auf dem kleinen Friedhof in der
Nähe des Klosters Coltibuono begraben, fünf Autominuten
von unserem Haus in Porcignano entfernt. Die Brüder
Giorgi, zwei junge Bestatter aus Siena, die in ihren schwarzen
Anzügen wie Schauspieler in einem Stück von Strindberg aus-
sahen, waren jetzt mit dem leeren Leichenwagen auf dem
Heimweg zu ihrem Geschäftssitz; unser Hausmeister Marcello
Vanni, der das Loch in der Erde gegraben hatte, ging gerade
ruhig von einem Grab zum anderen und las die Namen und
Daten auf den Grabsteinen, einige fast unleserlich, andere
schockierend neu mit plastikumhüllten Farbporträts in Reise-
paßgröße. In der westlichen Ecke, neben dem Grab unseres
Sohnes Paolo, lag unsere Grabstelle, der letzte ungepflegte
Fleck Erde, Steine und Unkraut. Sie war groß, wie ein Bett
von hochherrschaftlichem Format – verschwenderisch, dachte
ich, für die zwei kleinen Urnen, die unsere Asche enthalten
würden. Aber wir hatten auch immer auf großem Fuß gelebt.

Meine Gedanken schweiften ab zu anderen Friedhöfen, die
wir rund um den Erdball besucht hatten, den Behältnissen der
Zeit, in denen sich die Gebeine und das Hab und Gut
menschlichen Daseins auf Erden befinden. Ich dachte noch
einmal an die ägyptische Wüste und die kleinen, in Ton
gebrannten Porträts, die mehr als zwei Jahrtausende lang

verborgen waren und vor weniger als einem Jahrhundert auf den Müllplätzen der Friedhöfe von Faijum und Hauwara entdeckt wurden. Ich verspürte ein nostalgisches Verlangen nach meinem weißen Studio in Greenwich, wo diese kleinen Wunder meine sieben Jahre lange Serie imaginärer Porträts ausgelöst hatten. Noch einmal blickte ich auf den langgestreckten kleinen Hügel schwarzer, frisch geharkter Erde, der jetzt Mies' verschrumpelten Körper bedeckte, und suchte vergeblich nach einer Spur von Schmerz oder Zärtlichkeit in meiner Seele. Oder von Liebe. Aber ohne Erfolg. „Gehn wir", sagte ich. Und plötzlich, beim harten Klang meiner Stimme, brach ich in einen unkontrollierbaren Weinkrampf aus.

Im Alter von dreiundneunzig hatte Mies eine Hüftverschiebung erlitten und hatte seitdem im Ricovero della Misericordia gewohnt, einem bescheidenen Altersheim im Gaioletal mit weitem Blick über die Chiantiberge. Da es nur zwanzig Autominuten von Porcignano waren, besuchten wir sie wenigstens einmal in der Woche, aber immer kehrte ich enttäuscht nach Hause zurück. Meine Bemühungen, ihrem verwirrten Geist Bruchstücke ihres Lebens mit René Gaffé und die Geschichten ihrer Liebe und ihrer Scheidung zu entreißen, brachten nie mehr als die Erzählungen hervor, die wir seit der Zeit, als René plötzlich auf und davon ging und sie verließ, wieder und wieder gehört hatten. Aber von jenem Tage an begann ihr Gedächtnis, das schon in ihrer Jugendzeit mangelhaft und streng begrenzt war auf Klatsch über die Modewelt, Filmstars und Königshäuser, langsam nachzulassen. Und in der letzten Zeit wurde selbst ein Name wie Cardin oder Delphine oder Prinz Charles, wenn er ihr Bewußtsein erreichte, mit wenig mehr als einem Aufseufzen und einem schwachen Lächeln zur Kenntnis genommen. Auch ihr Gehör hatte sich so weit verschlechtert, daß man schließlich jedes einzelne Wort mit Gesten begleiten und fünf- oder sechsmal wiederholen mußte.

Ein paar Monate, bevor sie starb, versuchte ich ihr zu sagen, daß Pippos Sohn Luca, unser Urenkel, vier Jahre alt, ein

Tante Mies, mein Vater, ich, René Gaffé, meine Mutter

außerordentlich hübsches Kind sei. Ich sprach dabei holländisch, aber wie sorgfältig ich auch die Wörter mit den Lippen formte oder wie lautstark ich ihr ins Ohr brüllte, ich konnte sie nicht dazu bringen, das Schlüsselwort *mooi* (schön) zu verstehen, sehr zum Entzücken der geistesschwachen Bewohner, die entlang der gegenüberliegenden Wand saßen, meinen Kampf mit großem Interesse verfolgten und meine erfolglosen Grimassen nachahmten. Ich hatte das Wort schon vier- oder fünfmal wiederholt, als sie es allmählich mitzusprechen begannen, zuerst noch befangen flüsternd und dann immer lauter, bis schließlich das Wort wie das Gebrüll einer kosmischen Kuh durch das Gebäude hallte. *Mooi! Mooi! Mooi!*

Madame Lecour, Mies' einzige Freundin aus ihren Brüsseler Jahren, hat uns einmal erzählt, daß Mies schon bald, nachdem sie aus dem luxuriösen Gebäude, in dem sie über zehn Jahre lang die Rolle der betörenden Frau eines der kultiviertesten Intellektuellen von ganz Belgien gespielt hatte, in die bescheidene Einzimmerwohnung ein paar Straßen weiter gezogen war, sich über Taubheit zu beklagen begann. Sie hat uns auch erzählt, daß niemand Mies' Beziehung zu ihrem Mann wirklich verstanden hat. Da es höchst unwahrscheinlich schien, daß ein Mann von so scharfem Geist und Verstand wie René bewußt eine derart ungebildete und naive Frau wie Mies als Lebensgefährtin gewählt haben könnte, verbreitete sich die Legende, daß ihre Ignoranz und Oberflächlichkeit nur klug gespielt wären und sie in Wirklichkeit eine vorzügliche Schauspielerin sei, eine bezaubernde Frau, die sehr genau die heimlichen Akkorde anzuschlagen wußte, die die Professor-Higgins-Neigung ihres kultivierten Mannes reizte. Wahr sei, fügte Madame Lecour hinzu, daß Mies ihr fehlendes Verständnis auf ihre Taubheit und ihre mangelnde Wertschätzung für Kunst auf ihr unzureichendes Sehvermögen zurückführte, aber sie hat niemals erklärt, warum sie an keinem Spiegel vorbeigehen konnte, ohne einen raschen Blick in seine Richtung zu werfen.

Während ihrer letzten Jahre im Ricovero fand man Mies gewöhnlich, eingepackt in eine Sammlung alter Schals, fest in einem Lehnstuhl auf dem Korridor schlafend, der auf den verwahrlosten Hinterhof des Ricovero führte. Sie teilte sich dieses improvisierte Versteck mit drei oder vier Mitbewohnern, die wie sie einsame Langeweile dem lauten Gemeinschaftsleben in dem großen Wohnzimmer vorzogen, wo ein böser Geist, der ewig dröhnende Fernsehapparat, endlose Diskussionen über Themen auslöste, von denen niemand etwas verstand. Italiener beherrschen diese Art von Interaktion sehr gut.

Nicht, daß der Korridor ein Hafen der Glückseligkeit gewesen wäre. Während Mies die größte Zeit ihres Lebens die unschuldige und gutmütige Frau geblieben war, an die ich mich aus meinen Kindheitstagen erinnerte, konnte sie in ihren späteren Jahren unerwartet und ohne die geringste Provokation Zornesausbrüche bekommen, die Nonnen und die Krankenschwestern beleidigen, ihre Gefährten auf dem Korridor mit dem Stock bedrohen und sich überhaupt wie ein störrisches Kind aufführen, bis die Mutter Oberin sie dann in ihr Zimmer brachte. Manchmal, wenn sie erwachte und uns vor sich stehen sah, starrte sie uns an, als wären wir ein beträchtlicher Teil ihrer eigenen Anatomie, den sie noch nie zuvor bemerkt hätte. In der folgenden Woche jedoch begrüßte sie uns mit allen Manierismen der rätselhaften, schönen und eleganten Madame Gaffé. Und wiederum beim nächsten Besuch konnte es geschehen, daß sie in Tränen ausbrach, wenn sie mich sah, meine Hände ergriff, sie an ihre Lippen führte und in jenem ungezwungenen, leicht vulgären Amsterdamer Holländisch, das ihr eigen war, mit der Stimme eines verliebten Teenagers murmelte: „Ach, Leo, ich bin ja so unglücklich."

Obwohl mir jede dieser Seiten ihrer Persönlichkeit schon lange bekannt gewesen war und ich ihren allmählichen Verfall miterlebt hatte, wunderte ich mich immer über die Art, wie sie von einer Rolle in die andere stolperte. Mies war der unvollendete Entwurf einer Frau, niemals ganz fertig, aber wenn man sie nur flüchtig ansah, wirkte sie insgesamt wie eine Frau von seltener Eleganz. Sie war in der Lage, ihre wenigen Kleider und ihren Mantel mit nur ein paar Stichen und einigen Nadeln modern zu halten, und wenn man die Art und Weise beurteilte, wie sie sie im Spiegel überprüfte, dann wußte man, daß sie ein Profi gewesen war. Alles andere im Leben – Leute, Liebe, Geld, Arbeit, Kunst, Politik – verwirrte und langweilte sie.

Ich wünschte, ich könnte jene Mies aus meinem Gedächtnis löschen, die ich ein paar Wochen, bevor sie starb, sah, als sie sich ohne irgendeinen Grund plötzlich aus ihrem Sessel erhob, auf Holländisch Geschmacklosigkeiten schrie und dabei ihren verängstigten Gefährten mit dem Stock unter der

Nase herumfuchtelte. Ich konnte einfach nicht glauben, daß dies die sanftmütige, fügsame neunundneunzigjährige Dame war, die ich nur eine Woche zuvor gesehen hatte. Damals noch auf wunderbare Weise gesegnet mit einer Schönheit, die hin und wieder aufblitzte, hatte sie sich jetzt plötzlich in eine zornige Hexe verwandelt, die wenigen ihr verbliebenen Locken, die bisher durch obsessives Bürsten fast ein Jahrhundert lang erbarmungslos gebändigt worden waren, in wilder Unordnung; ihr Gesicht, ehedem von tausend Spiegeln bis zur Perfektion diszipliniert, war jetzt in rasender Wut verzerrt.

In meiner Erinnerung altern Leute nicht, sie leben wie Mumien, in der Zeit schwebend. Enge Freunde oder Verwandte haben vielleicht zwei oder drei Alter oder noch mehr, je nachdem, wie alt sie bei der jeweils letzten Begegnung waren. Ich würde Mies gern als die prächtige junge Frau in Erinnerung behalten, die sie einst war – frei, noch unberührt von den Verzerrungen der Zeit und der Verhältnisse, ein Engel in einem nachtblauen, paillettenübersäten Himmel.

Obwohl ich ein Einzelkind war, hatte ich eine Vielzahl von Tanten – junge und alte, jüdische und christliche, holländische und ausländische, nette und schreckliche. Tante Fre, Tante Flossie, Tante Rachel und Tante Cato sind nur ein paar von ihnen, an die ich mich erinnere. Keine dieser Tanten war eine Verwandte – ihr Status als Tante leitete sich lediglich aus Verlegenheit ab. Wie sonst sollten kleine Jungen oder Mädchen die Freundinnen ihrer Eltern anreden? Mies war die einzige Ausnahme. Nicht nur, weil sie die jüngste von den Geschwistern meiner Mutter war, sondern auch, weil sie länger als ihre Brüder und ihre Schwester dazu brauchte, erwachsen zu werden. Und außerdem war sie die einzige wirkliche Tante, die ich je gehabt habe, und meine liebste Spielgefährtin. Und sie war schön. Aus all diesen Gründen nannte ich sie Mies. Sie war größer als Mutter und schlanker, mit der modischen Figur jener Zeit. Mit blondem, lockigem Haar, hellen stahlblauen Augen und einem klaren Teint war sie der Prototyp nordischer Schönheit. Mit achtzehn begann sie, freiberuflich als Modemodel zu arbeiten, und fünf Jahre später wurde sie von Maison Hirsch, dem elegantesten Geschäft in Amsterdam, als erstes Model angestellt. Aber auf sie wartete eine bedeutendere Karriere.

An einem späten Nachmittag im Jahre 1916 betrat ein belgischer Offizier mit einer lebhaften jungen Frau, die sich glücklich bei ihm eingehakt hatte, das Geschäft. Er bat, sich das dunkelblaue, von Pailletten schimmernde Abendkleid ansehen zu dürfen, das im Schaufenster gegenüber dem Stadttheater ausgestellt war. Vollendet kokett führte Mies das Kleid vor, und zu allseitiger Freude wurde der Handel geschlossen, das Kleid angepaßt, und der Offizier versprach, es am nächsten Tag abzuholen. Als das Paar gegangen war, fragte Frau Hirsch Mies: „Wissen Sie, wer diese Frau war?" „Nein", sagte Mies. „Das war Mata Hari!" Am nächsten Tag, kurz vor der Mittagszeit, holte der belgische Offizier das Kleid ab und führte Mies zu Mittag in das Trianon aus, und drei Monate später waren die beiden verheiratet.

Mies hat mir einmal erzählt, daß sie in René nicht wirklich verliebt war. Sie fühlte sich geschmeichelt und war beeindruckt von seiner Zuvorkommenheit, aber sie sagte: „Er war zuviel für mich." René Gaffé war zehn Jahre älter als Mies, zweimal geschieden und führte erfolgreich Handel mit Parfum. Er war ein glänzender Unterhalter, ein geistreicher Journalist, und als Kunstkritiker war er weit und breit dafür bekannt, daß er sich leidenschaftlich für die moderne Kunst einsetzte.

Da René außer einer alten Tante keine Verwandten hatte, wurde die Hochzeit in Amsterdam im Café Schiller am Rembrandt Plein gefeiert, wo Piet eine berühmte Persönlichkeit war. In ihren Flitterwochen waren die Frischvermählten Gäste des Sultans von Marokko, und als sie nach Brüssel zurückkehrten, wo René seine elegante Wohnung in der Nähe des Palais de Justice hatte, entdeckte Mies, daß ihr eklektischer Gatte eine der größten, lebendigsten und haarsträubendst modernen Kunstsammlungen der Welt zusammengetragen hatte. Unwissend und naiv, wie sie war, war sie doch klug genug, keine Fragen zu stellen und keine Bemerkungen zu machen über die seltsamen, häßlichen Gemälde, die jeden Quadratzentimeter Wandfläche bedeckten. Inzwischen wußte sie, daß die Welt voller Geheimnisse steckte, die ihr Begriffsvermögen überstiegen. Kunst sei eines davon, hatte René ihr erklärt und hinzugefügt, daß sie selbst ein noch unerforschtes Universum und eben das die Eigenschaft sei, die ihn so zu ihr hingezogen hätte.

Während der beiden Jahre, die ich in Brüssel war, verbrachte ich jeden Mittwochnachmittag mit Mies, und Oom René leistete uns oft zum Mittagessen Gesellschaft. Während

Mies

mein vertrautes Verhältnis zur modernen Kunst ihre Wurzeln in Amsterdam hatte, gaben mir meine Unterhaltungen mit Onkel René und vor allem die vielen Stunden, die ich allein mit seinen Meisterwerken verbrachte, die einzigartige Gelegenheit, gründlich und direkt mit dieser geheimnisvollen Welt Bekanntschaft zu schließen und dabei die Vorträge, die Bücher und die Kritik zu übergehen, die nicht ein einziges Mal darauf aufmerksam machen, daß die einzig mögliche Erklärung für so vieles einfach die ist, daß es existiert. Ich bin überzeugt, daß Renés fragwürdige, aber scharfe Dialektik, seine so typisch französische Vorliebe für das Absurde und sein geschicktes Spiel mit der Einbildungskraft, so als wäre alles aus handfester Materie, ein wichtiger Faktor in meiner späteren Entwicklung als Künstler gewesen sein müssen. Obwohl ich zu jener Zeit noch zu jung und unwissend war, um die Qualität von Gemälden beurteilen zu können, bedeutet doch die Tatsache, daß ich mich mit kaum vorstellbarer Genauigkeit an die Details fast jedes Gemäldes erinnere, das an Onkel Renés Wänden hing, daß ich sie mit leidenschaftlicher Gründlichkeit studierte.

Ich wußte, daß man diese Sammlung, wie auch die von Onkel Willem, für ihre Kohärenz pries, was in jenen frühen Jahren des Rebellierens und Experimentierens bedeutete, daß sie ganz und gar „modern" war.

Sechs kubistische Porträts von Picasso hingen an einer Wand im Wohnzimmer einem der schönsten von De Chiricos *Piazze d'Italia*-Gemälden gegenüber. Daneben, vom Boden bis zur Decke, hing Mirós *Chien qui aboie à la lune*. Da gab es Mirós frühere Serie kleiner bäuerlicher Landschaften, *La terre labourée*, die sich jetzt im Museum of Modern Art befindet. Einen großen, geheimnisvollen Delvaux, ein grauer Alptraum einer verlassenen Bahnstation mit Nackten in mittlerem Alter, uralten Lokomotiven und einer Uhr. Gemälde hingen entlang der Wände des Korridors und der anderen Zimmer.

Von all diesen Bildern gab es zwei, die ich auf eine ganz besondere Weise liebte. Das eine war Modiglianis *Petite laitière*, ein zartes romantisches, feinfühlig gemaltes Bild von einer ganz jungen Frau, deren Unterkleid über einer Brust offensteht, und das andere eine Landschaft von Max Ernst mit roten Klippen unter einem übergroßen Vollmond an einem dunkelblauen Himmel, flach wie die auslaufende Zeit.

Außergewöhnlich an den sechs Beffie-Brüdern war, wie viele Gemeinsamkeiten sie hatten: die Liebe zur Sprache, die Manierismen beim Reden, den überschäumenden Sinn für Humor, die Vorliebe für geistreiche Plauderei. Ihre Neugier war allumfassend. Während nur zwei das College absolviert hatten und die anderen vier in der einen oder anderen Funktion im Diamantenhandel tätig gewesen waren, besaßen sie doch alle gleichermaßen ein enzyklopädisches Wissen von der Welt, das gierige Lektüre und endlose Diskussionen gewissenhaft auf dem neuesten Stand und lebendig erhalten hatten. Da sie sich der Risiken von Dogmatismus und Glauben wohlbewußt waren, besaßen die Brüder die Weisheit und Selbstironie jener, die mit mehr Zweifeln als Gewißheit, mit mehr Fragen als Antworten erwachsen werden. Schon früh in ihrem Leben hatten sie den jüdischen Glauben von sich gewiesen; aber obwohl sie ausgesprochene Agnostiker waren, anerkannten sie doch, daß in ihrem Judentum eine verschwenderische Quelle der Weisheit und des Humors lag.

Außer Philip, der ein paar Jahre nach Abschluß seines Medizinstudiums geheiratet hatte, und Oom Elie, der meine Großmutter acht Jahre nach dem Tod ihres ersten Mannes heiratete, hatten die Beffie-Brüder die meiste Zeit ihres Lebens gemeinsam in dem geräumigen, bequemen Familienhaus am Gruenburgwal gewohnt, einem der stattlichen Kanäle im historischen Zentrum von Amsterdam, nicht weit von dem Haus entfernt, in dem Rembrandt gelebt hatte.

Es war ein einfaches, schnörkelloses Backsteingebäude, ziemlich elegant in seiner strengen Symmetrie und seinen Proportionen. Die Fassade mit ihren großen, weißgerahmten Fenstern und der grünen Eingangstür mit schimmernden Messingverzierungen war typisch für die Amsterdamer Patrizierhäuser des achtzehnten Jahrhunderts. Flankiert von zwei kleineren, früher gebauten Häusern, machte das Beffie-Haus den Eindruck, an dem von Bäumen gesäumten Kai trotzig allein zu stehen. Tatsächlich sprachen die Brüder von ihm einfach als dem „Burgwal".

Von Zeit zu Zeit nahmen Vater oder Oom Elie mich auf einer ihrer Wallfahrten zum Burgwal mit. Nicht ein einziges Mal bin ich mit Mutter oder Oma dorthin gegangen. Es war strikt eine Männerwelt, warm und lebendig durch eine fortwährende Unordnung aus tiefen Ledersesseln, Büchern, Aschenbechern, Zeitungen, grüngeschirmten Leselampen und Perserteppichen. Und an den Wänden Gemälde in allen Größen, mit oder ohne Rahmen, mit oder ohne erkennbares Sujet, aber allen gemeinsam war eine undefinierbare Aura, von Bedeutung zu sein.

Selbst als ich noch ein kleiner Junge war, war ich mir des Privilegs voll bewußt, ein Juniormitglied jenes exklusiven Klubs zu sein, in Erwägung gezogen und aufgenommen worden zu sein nicht nur sozusagen als Mann, sondern als eine Art Beffie. Während Vater oder Oom Elie sich an den Diskussionen beteiligten, saß ich dann stolz in einer dunklen Ecke des

Wohnzimmers, manchmal einen ganzen Nachmittag über, gebannt vom endlosen Austausch von Gedanken, Wortspielen, Geschichten, Metaphern, Zitaten und Hypothesen, die mit der Geschwindigkeit, Eleganz und Leichtigkeit von Pingpongbällen durch die Luft flogen.

Die Entdeckung dieser exotischen Arena, wo intellektuelle Auseinandersetzungen ganz genau so spektakulär waren wie die Ruderrennen auf der Amstel, müssen für einen sensiblen Zehnjährigen auf der unsicheren Schwelle zum Selbstbewußtsein eine dramatische Erfahrung gewesen sein. Ganz zu schweigen von der Entdeckung des Gedankens als einem Instrument des Vergnügens.

Wenn ich versuche, mich an die sechs Beffie-Brüder zu erinnern, erscheinen sie auf der Bühne meines Gedächtnisses gewöhnlich miteinander verschmolzen zu einer vage geformten Person, der ein starker Geruch von Zeitungspapier und Tabak nachfolgt, und hinter dieser Person sehe ich einen großen, schwacherleuchteten Raum voller brauner Ledersessel, von denen jeder in eine andere Richtung gewandt ist. Vielleicht ist das eine Szene aus einem Kindheitstraum, vielleicht eine unbewußte Metapher für sechs Brüder, die sich so nahe stehen und doch so stark gekennzeichnet sind durch ihre je persönliche Einzigartigkeit.

Salomon war ein großer Mann von massigem Körperbau, der immer geschäftig dabei war, seine Brüder zusammenzubringen zu Fahrten, Spielen, Abendessen und besonderen Ereignissen in einem der kleinen Avantgardetheater oder Kabaretts.

Jakob, unter seinen geselligen Brüdern ein verschlossener

Einzelgänger, schien sich der Kunst zu widmen, das Wesentliche vom Unwesentlichen zu unterscheiden. Als geschickter Diamantenhändler wußte er, wie wichtig es war, etwas „in der Hinterhand zu haben", und wie heiß auch die Debatte sein mochte, war er in der Lage, seine Bemerkungen bis zum günstigsten Moment zurückzuhalten. Niemals verfehlten seine ironischen Kommentare mit ihrer verdrehten Wortwahl und Gestik, einen Ausbruch unbezähmbaren Gelächters zu provozieren.

An Bernard erinnere ich mich nicht, denn als er den Burgwal verließ, um sich mit seiner Frau in einer völlig normalen kleinen Villa nicht weit vom Rijksmuseum niederzulassen, war ich noch nicht geboren. Vielleicht bin ich ihm nie begegnet, aber ich erinnere mich wohl, daß ich mehr als einmal, wenn ich mit Mutter oder Vater auf dem Gang zum Museum an seinem Haus vorüberkam, sie nach der Bedeutung des Schildes auf dem Rasen vor dem Haus fragte, auf dem zu lesen stand: „Dr. Bernard Wolff Beffie – Urologe – Venerische Erkrankungen."

Und dann gab es da noch Onkel Willem und Oom Elie, die am Burgwal unter dem gemeinsamen Namen „*kleintjes*", die Kleinen, bekannt waren. Die Bezeichnung bezog sich jedoch nicht auf ihr Alter, wie es in Holland üblich wäre, da Oom Elie der älteste und Onkel Willem der jüngste von den Brüdern war. Sie war eindeutig im physischen Sinn des Wortes gemeint, denn während die anderen alle eine gewisse kräftige Statur besaßen, waren Willem und Elie klein und von schmächtigem Körperbau.

Oft waren die *kleintjes* die Zielscheibe für die sarkastischen Bemerkungen ihrer Brüder über ihren steuerfreien Status, ihre Reisen und ihr Dandytum. Aber das alles geschah mit gutmütigem Humor, war Teil der verbalen Balgerei, der unschuldigen Rhetorik, die ihren Schlagabtausch charakterisierte. Mit der Warnung groß geworden, daß man Gefühle haben, sie aber nicht zeigen sollte, empfanden die Brüder Sarkasmus und Ironie als leichte und schmerzlose Art, das Unaussprechliche auszudrücken: ihre tiefe Zuneigung zu Onkel Willem und Oom Elie und ihren heimlichen Neid auf die eine Qualität, die sie selbst nicht besaßen, „Stil". Ihnen eignete eine gewisse Schwerfälligkeit, eine provinzielle Unbeholfenheit, die durch die Anzüge, die sie trugen, noch hervorgehoben wurde: Sie waren ein bißchen zu groß oder zu klein, hätten oft ziemlich geändert und stets gebügelt werden müssen. Wahrscheinlich hätten sie es besser regeln können, machten sich aber einfach nichts daraus.

Die *kleintjes* besaßen Stil. Ihre Gesten und ihre Haltung, ihre Art zu reden, ihre Kleidung, selbst ihre Manieren und Marotten waren gesegnet mit einer leichten, natürlichen Anmut, einer stillen Schlichtheit, die frei von überflüssigem Zierat war.

Wie sein älterer Bruder Elie brachte Onkel Willem es fertig, die Reichweite der habgierigen holländischen Finanzbehörden zu meiden, indem er nicht einen Tag länger als sechs Monate in jedem Kalenderjahr in Holland verbrachte; während der übrigen Monate stellte er sich jenseits der holländischen Grenze tot. Aber anstatt dem Beispiel seines Bruders zu folgen und Holland endgültig zu verlassen, zog er es vor, sechs Monate lang um die Welt zu reisen und sich vorübergehend hier und da niederzulassen. Gelegentlich besuchte er Freunde oder Mitglieder der Familie in Antwerpen oder Brüssel; näher der Heimat kam er während der Monate seines Versteckspiels nicht, und das waren dann die Gelegenheiten, bei denen ich ihn im Laufe meiner beiden Jahre am Maria-Louizasquare sah. In dem Augenblick, in dem die sechs Monate freiwilligen Exils zu Ende gingen, nahm er den ersten erreichbaren Zug nach Amsterdam, wo er sich sofort zu seinen Burgwal-Brüdern zu einer Runde Bridge begab. Erst nach Abschluß des Spiels zog dann der ganze Clan geräuschvoll in die Bibliothek, um Willems Rückkehr zu feiern, und oft war es erst tief in der Nacht, daß er von seinem Zimmer wieder Besitz ergriff.

Abgesehen davon, daß er die Idiosynkrasien aller Beffies voll und ganz teilte, besaß Onkel Willem einige ganz eigene bemerkenswerte Besonderheiten. Während seiner langen, einsamen Reisen hatte er drei ernsthafte Hobbys entwickelt, die einen großen Teil seiner Energie und seines Geldes verschlangen: Fechten, Tanzen und, mehr eine Leidenschaft als ein Hobby, das Sammeln moderner Kunst. In den Fechtklubs, den Tanzsälen und Kunstgalerien der großen europäischen Städte war er als sanftmütiger, großzügiger Exzentriker bekannt. Wenn er in einem Hotel ankam, suchte er unweigerlich zuerst die Telefonistin auf. Erst wenn er seine Verabredungen auf seinen drei Interessengebieten getroffen hatte, sprach er mit der Rezeption und schrieb sich im Hotel ein.

Ich mochte Onkel Willem. Er gehörte zu den ganz wenigen

Leuten, die mit mir sprachen, als wäre ich ein normales menschliches Wesen. Die Tatsache, daß ich erst dreizehn war, veranlaßte ihn nicht, den Ton seiner Stimme, den Ausdruck in seinem Gesicht oder die Wahl seiner Worte zu ändern; er wechselte nicht einmal das Thema. Wenn ich ihn nach seinen jüngsten Abenteuern auf seiner Suche nach Bildern fragte, erzählte er sie mir in derselben Art wie seinen Brüdern.

Mit wenigen Ausnahmen waren die Gemälde, die Onkel Willem sammelte, die Arbeiten junger Künstler, die sich dafür einsetzten, nicht nur die traditionellen Werte des Kunstestablishments herauszufordern, sondern – wie im Futurismus, Dadaismus und Surrealismus – die Grundlagen bürgerlicher Traditionen und Institutionen selbst. Die Sammlung erstreckte sich über den gesamten Bereich moderner Malerei, vom Expressionismus bis zur abstrakten Kunst, und schloß dabei viele Namen mit ein, die weniger als ein halbes Jahrhundert später Statussymbole von enormem Wert sein sollten – Chagall, Klee, Kokoschka, Kandinsky, Mondriaan, Marc. Bis ich nach Brüssel kam, waren mir die Werke dieser Maler so vertraut wie die von Rembrandt, Hals oder Vermeer, und ich konnte sie auf einen Blick erkennen. Ich sprach ihre Namen gern so aus, wie Onkel Willem sie mir sagte. „Kandinsky“ bereitete mir ein geradezu physisches Vergnügen; der Name schmeckte nach gesalzenen Lakritzen. „Chagall“ war ein Hund. „Hierher, Chagall!“ „Kokoschka“ eine Nachspeise. „Nehmen Sie doch noch einen Kokoschka.“ „Marc?“ Nichts.

Hätte es nicht einen banalen Widerstreit von Fahrplänen gegeben, so wäre Picasso (ein Kraftausdruck?) bestimmt mit

Onkel Willem

dabei gewesen. Bekannte in Paris hatten Onkel Willem von dem jungen spanischen Maler erzählt, von dem ganz Montmartre sprach. Onkel Willem versuchte, in Paris mit ihm in Verbindung zu treten, doch sagte man ihm, daß Monsieur Picasso gerade an die französische Riviera abgereist sei. Hartnäckig fuhr Onkel Willem nach Nizza, mußte dort aber erfahren, daß Señor Picasso gerade nach Spanien abgereist war. Entmutigt fuhr er nach Bern, um dort Paul Klee zu treffen, von dem er drei vorzügliche Aquarelle und zwei Zeichnungen kaufte, die ich viele Jahre später von ihm für die jetzt lächerliche Summe von 1.500 \$ erwarb.

Die Beffie-Sammlung, die heute wahrscheinlich als eklektisch gelten würde, weil sie solche untereinander sehr verschiedenen Maler wie Kandinsky, Mondriaan und Klee mit umfaßte, wurde in jenen frühen Jahren der neuen Kunst wegen der Kohärenz der ihr zugrundeliegenden Ideologie gepriesen; denn wenn auch die in ihr vertretenen Künstler ihre formalen Differenzen anerkannten, so verband sie doch ein wichtiges gemeinsames Ziel, die Revolution der Moderne. Seit die Kubisten den virtuellen Raum aus der Malerei herausgenommen hatten, befand sich die Kunstwelt in wildem Aufruhr. Die Metaphorik, gleich welcher Art, aus illusorischer Tiefe an die Oberfläche der Leinwand zu holen, war vielleicht der wichtigste Bruch mit der Tradition in der ganzen Geschichte der westlichen Kunst. Es lag ein Fieber in der Luft, ein revolutionärer Eifer, der nach radikalem Wandel aller Werte verlangte. Von dieser stürmischen Warte aus und in Anbetracht jener Zeiten war Onkel Willems Sammlung nicht nur bemerkenswert, sondern auch „politisch korrekt".

Darüber hinaus, in einem subtileren Sinne, trug sie das vereinheitlichende Zeichen von Onkel Willems Geschmack. Obwohl die Gemälde, die er auswählte, in Inhalt und Form polemisch waren, reflektierten sie auch die sanfte Seite seines Charakters. Trotz all ihres Sturms und Drangs waren sie im allgemeinen doch zurückhaltend, und während sie ihrem Wesen nach offensichtlich experimentell waren, schienen sie noch vielen der traditionellen Normen zu gehorchen. So wie ich jetzt diese Bilder in meiner Erinnerung sehe, verglichen mit den wilden, kaleidoskopischen Gemälden der späteren Jahrzehnte und mit den erst neulichen Zusammenbrüchen der wenigen damals verbliebenen traditionellen Werte, enthüllt der Gesamtcharakter von Onkel Willems Sammlung die vergleichsweise schlichten, sanften Wege und Visionen der Impressionisten und Post-Impressionisten. In den warmen, anheimelnden holländischen Wohnstuben der Freunde und Verwandten von Onkel Willem benahmen sich seine revolutionären Bilder wie ordentlich gekleidete, wohlerzogene Gäste, und mit ihrem dominanten traditionellen Braun, Ocker und Siena und sorgfältig arrangierten Farbtönen paßten sie sich in die allgemeine Gemütlichkeit ein.

Die Epoche, in der „alles passierte" – die zehn Jahre, die die Kunst erschütterten – lag damals noch zu nahe und war von Ismen überfüllt, um die subtilen Differenzierungen zu erlauben, die wir heutzutage verlangen. Es gab einen vereinheitlichenden Ismus: *Modernismus*, ein Begriff, wohl geeignet, die wachsende populäre Feindseligkeit gegen die Revolution zu besänftigen. Niemand hätte damals voraussagen können, daß die Kunst, die die kurze Zeitspanne meiner frühen Jugend ausfüllte, schon der wackelige Sockel für all die Ismen unseres turbulenten Jahrhunderts gewesen sein würde. Die bildende Kunst definierte ihre Ziele, erhob Anspruch auf ihre Unabhängigkeit und gestaltete dann die neue, durcheinandergebrachte, aber unter Strom gesetzte Landkarte des Kontinents aller anderen Künste.

Onkel Willem hatte keinen eigenen Platz, um die vielen Bilder aufzuhängen oder aufzubewahren, die er auf seinen Reisen um die Welt erworben hatte. Nachdem er die Wände des Burgwals mit ihnen bedeckt hatte, begann er in dem Verständnis, daß die Werke unbefristete Leihgaben bleiben würden, die in den Häusern seiner Freunde und Verwandten zu füllen. Aber viele von den Empfängern aus dieser großzügigen Goldgrube der Kunst reagierten mit Angst und Schrecken, wenn sie in ihrem Briefkasten schon wieder eine Nachricht von einem Reeder fanden, die die Auslieferung von Kunstwerken ankündigte, vor allem, da sich Onkel Willem über die Größe keine besonderen Gedanken machte. Einige, die sich zu sehr genierten, Bilder auf ihren Dachböden oder in Schränken zu verstecken, die „mein Vierjähriger besser malen könnte", hingen sie in den dunkelsten Ecken ihrer Häuser oder Wohnungen auf. Andere brachten die am wenigsten Anstoß erregenden im Kinderzimmer unter und behaupteten, sie wären gut für die Kunsterziehung der Kinder. Vater, den alles, was neu und provokativ war, faszinierte, war einer der wenigen Verwandten, die bereit waren, Onkel Willems Bilder im ganzen Haus aufzuhängen. Er gab offen zu, daß er, obwohl er sie nicht verstand, willens war, sie nach dem Reiz ihrer Farben und Formen, nach ihren „abstrakten Qualitäten" ebenso wie mit Respekt für den Geschmack, die Intelligenz und den Sachverstand seines Onkels zu bewerten.

An jeder einzelnen Wand unseres Hauses hing wenigstens ein Bild aus Onkel Willems Sammlung. Vater bevorzugte die großen, üppigen Aquarelle von Le Fauconnier, einem französischen Maler, mit dem Onkel Willem eine enge persönliche Beziehung geknüpft hatte – so eng, daß Onkel Willem, als Le Fauconnier zu Beginn des Krieges nach Holland floh, um sich der Einberufung in die französische Armee zu entziehen, seinen Aufenthalt und den seiner Frau bis zum Kriegsende finanzierte. Ich habe keine Ahnung, wie diese seltsame Freundschaft zustande gekommen war, denn was sein persönliches Leben betraf, war Onkel Willem sehr verschlossen, und seine Handlungen waren oft unvorhersehbar. Le Fauconnier, dessen langer roter Bart und leicht erregbares Gemüt ihn zu einer der

Touristenattraktionen von Montmartre gemacht hatten, war in avantgardistischen Pariser Kunstkreisen als ein sehr begabter, aber ehrgeiziger, arroganter und leicht korrupter Bohemien bekannt, dessen Werk hin und wieder an erstaunliche Höhen ebenso wie an klägliche Niederungen rührte.

In seinem Testament schrieb Onkel Willem, daß seine Bilder, ungeachtet ihres Wertes, den Personen gehören sollten, in deren Haus sie sich zur Zeit seines Todes befanden. Nora und ich besitzen etwa ein Dutzend Le Fauconniers, die meisten von meinen Eltern und Großeltern geerbt. Als wir 1960 zurück nach Italien zogen, kamen sie zusammen mit unserer anderen Habe an, und gute zehn Jahre später fanden sie einen Platz in meinem Lagerraum in Radda, ohne daß sie jemals aus ihren Kisten genommen worden waren. Vor etwa einem Jahr, während wir uns in Italien befanden, erhielt ich von meinem Freund Walter Bareiß einen Katalog zusammen mit ein paar Zeilen, in denen er mir mitteilte, daß die Galerie Salander and O'Reilly in New York eine Sammlung von Le Fauconnier-Bildern gezeigt habe. Der Katalog enthielt ein paar Schwarzweißfotografien und einen langen Aufsatz, den ich mit hingebungsvoller Konzentration las.

Da ich mir sicher gewesen war, daß in Amerika niemand irgendein Interesse an Le Fauconnier hätte, erregte diese unerwartete Nachricht meine Neugier, und ich beschloß, mir die Bilder neu anzusehen, die ich jetzt besaß. Wir öffneten die Kisten, nahmen die Bilder aus ihrer Verpackung und stellten sie rundherum an die getünchten Wände des Lagerraums. Ich traute meinen Augen nicht … Nicht nur, daß ich mich in all diesen Jahren geändert hatte, auch mein Gedächtnis hatte, pervers entschlossen, meinem Vorurteil in die Hände zu spielen, meine Erinnerung an die Bilder allmählich dermaßen verzerrt, daß ich sie jetzt kaum wiedererkennen konnte. Ich hatte vergessen, daß sich unter ihnen mehrere fast kubistische Ölgemälde befanden, mit dickem Impasto und in rasanter, schwungvoller Pinselführung gemalt. Von diesen beeindruckte mich besonders eine Winterlandschaft so sehr, daß ich sie zum Haus trug und sie an der Wand im Wohnzimmer gegenüber meinem persönlichen Sessel aufhängte, wo sie immer noch hängt. Ich muß erst noch verstehen, warum sie mich so fasziniert, und den Schlüssel zu ihrem Geheimnis finden. Ohne Zweifel ist es ein wunderschönes und profundes Werk, und es hat mich gezwungen, alle anderen Bilder von Le Fauconnier einschließlich der vielgescholtenen Aquarelle noch einmal zu prüfen und neu zu bewerten.

Von all den Gemälden, die Onkel Willem in unserem Haus „aufbewahrt" hatte, war der Chagall, den ich den *Fiedler auf dem Dach* nenne, mein Lieblingsbild. Unglücklicherweise verkaufte er dieses Gemälde ein paar Jahre vor seinem Tod. Es ist eines von vier oder fünf Varianten, die jetzt in Museen in Europa und Amerika hängen. Aber, wie ich schon erwähnte, als ich sechs oder sieben Jahre alt war, hing das Bild im obersten Flur unseres Amsterdamer Hauses zwischen der Tür zum Dachboden und der zu meinem Zimmer. Ich glaube nicht, daß Vater es dort zu meinem erzieherischen Nutzen plaziert hatte; ich kann mir leicht vorstellen, daß das Gemälde für ihn zu schwungvoll, zu folkloristisch und farblich zu roh war, um ihm einen offiziellen Platz in der eigentlichen Wohnung zuzuweisen. Ich liebte es. Obwohl ich wußte, daß es, mit allem sakralen Anstrich, den diese Begriffe implizierten, zur Erwachsenenwelt der Künste und des Intellekts gehörte, stellte ich, wenn es in jener Niemandszeit zwischen Wachen und Einschlafen vor meinem Geist erschien, immer wieder seine Komponenten um, arrangierte die Farben und die Komposition neu, setzte die Personen in Bewegung und erfand Geschichten über Muschiks und Musik, über Esel und Kühe, Gewitter und Schnee und einen singenden Mond – zweifellos die Vorfahren all der Fabeln, die ich fünfzig und mehr Jahre danach träumen, schreiben und illustrieren sollte. Natürlich ist *Fiedler auf dem Dach*, obwohl dies das Bild genau beschreibt, nicht der richtige Titel. Ich entlieh ihn vor einigen Jahren, als das Musical sich durch eine merkwürdige Kette von Umständen in mein Leben verstrickte. Ein unsichtbarer silberner Faden sollte unsere beiden Geschicke für immer miteinander verbunden halten.

Eines Tages Ende der vierziger Jahre rief mich mein Freund Ben Shahn an und lud Nora und mich zu einer Lesung der dramatisierten Fassung einer Reihe von Sholem-Aleichem-Erzählungen mit dem Arbeitstitel „Tevje und seine Töchter" in New York ein. Der Entwurf des Stückes sollte von Howard de Silva gelesen werden, einem Hollywood-Schauspieler, der berühmt war für seine Darstellungen jüdischer Charaktere. Wir gingen hin und hatten unsere Freude an den Leuten, die da waren, und wir mochten die Sholem-Aleichem-Erzählungen, aber ich konnte sie mir nicht als ein selbständiges Stück vorstellen. Am Ende des Abends wurden die Gäste gebeten, in die Produktion zu investieren. Es war das erste Mal, daß Nora und ich bei einer Lesung gewesen waren; nie zuvor hatten wir auch nur gehört, daß dieses Wort in solchem Sinne gebraucht wurde. Überrascht und leicht verlegen schrieb ich mit großzügiger Geste einen Scheck über vierhundert Dollar aus, viel Geld für den unterbezahlten Angestellten einer konservativen Werbeagentur in Philadelphia.

Ein paar Monate später erhielten wir eine von Ben entworfene und illustrierte Einladung zur Premiere von „Tevje". Die Inszenierung war reizend, aber, wie wir schon vorausgesehen hatten, das Stück, zu zart für das harte, lärmende New Yorker Zentrum, hielt sich nur zwei Vorstellungen lang, und Ben sagte mir, daß ich die vierhundert Dollar als geschäftlichen Verlust von meinen Steuern abziehen könnte.

Die Jahre vergingen, und „Tevje" lag vergraben in einer dunklen Ecke meines Gedächtnisses, als ich eines Tages einen Brief von einer New Yorker Rechtsanwaltskanzlei erhielt, in dem man mir mitteilte, daß die Rechte an dem Stück verkauft worden seien. Es würde gerade in ein Musical mit dem Arbeitstitel „Fiedler auf dem Dach" umgeschrieben, und unser Anteil betrüge 0,15 Prozent. Wir dachten, daß das wahrscheinlich eine gute Nachricht sei, hatten aber keine Ahnung, daß „unser" Musical eines der erfolgreichsten Broadway-Hits aller Zeiten werden sollte. Etwa ein Jahr später sahen wir eine triumphale Aufführung des *Fiedlers auf dem Dach* in New York, mit Zero Mostel als Tevje.

Ich habe mich oft gefragt, wie Onkel Willem dazu kam, seine Aufmerksamkeit mit derart intensivem, leidenschaftlichem Eifer auf die abstrusen Erzeugnisse der revolutionären Avantgarde der Malerei zu richten, entstammte er doch einer Familie, die es fast gänzlich mit der Wort- und Gedankenwelt zu tun hatte und den visuellen Künsten zweifellos indifferent gegenüberstand. Was für ein magisches Zusammentreffen von Genen und äußeren Umständen hatten ihm die Neigung verliehen und Augen, die so genau auf die Malerei ausgerichtet waren – eine Kunst, deren innere Geheimnisse normalerweise ausschließlich für jene, die sie hervorragend ausüben, in den seltenen Momenten der Intuition reserviert sind?

Nicht, daß Onkel Willem darin einzigartig war. Dieselbe Frage habe ich mir gestellt nach Begegnungen mit Kritikern, Kunsthistorikern, Händlern, Sammlern und Museumskuratoren, die „keine gerade Linie ziehen konnten", vom Malen ganz zu schweigen, und doch jene besondere Sensibilität besaßen, von der ich immer geglaubt hatte, daß sie das ausschließliche Privileg eines Malers wäre, und die allein, wie ich dachte, einem das Recht gab, die Arbeit eines Malers zu bewerten und zu beurteilen.

Ich liebe Musik leidenschaftlich, ich bin ihr ausgesetzt gewesen, seit ich ein kleines Kind war, ich habe die besten Orchester der Welt gehört, ich kenne die Musikgeschichte, ich habe das absolute Gehör. Genügt das schon, mich als Musikkritiker zu qualifizieren, als Musikdirektor eines Opernhauses oder einer Konzerthalle, als Professor an einer Musikschule? Ist nicht die Identifikation mit dem Schöpfungsprozeß einer

Kunst die wesentliche Voraussetzung dafür, sie vollkommen zu verstehen? Wenn ich niemals einen Pinsel in der Hand gehalten, einer weißen Leinwand gegenübergestanden, den Geruch von venezianischem Terpentin gerochen und zwischen zwei Marken von Marsgelb gewählt habe, kann ich dann wissen, worum es bei der Malerei überhaupt geht? Und dabei habe ich den Akt des Malens selbst noch gar nicht erwähnt. Noch die endlosen Selbstgespräche, die ihn begleiten.

Eines Abends in den fünfziger Jahren, als wir in Greenwich wohnten, luden Walter Bareiss, ein leidenschaftlicher und vortrefflicher Sammler moderner Kunst, und seine Frau Molly uns zum Abendessen ein. Als wir ankamen, sagte uns die deutsche Haushälterin, die uns gut kannte, daß die Frau des Hauses angerufen habe und ausrichten ließ, sie seien aufgehalten worden und würden uns zu einem Drink einladen, während wir im östlichen Wohnzimmer auf sie warteten – in dem kleinen modernen Flügel, der kürzlich an die große Villa der Bareissens angebaut worden war. Dieser scheinbar extravagante Anbau an ein für die beiden viel zu groß gewordenes Haus war dazu gedacht, ihre sich erweiternde Sammlung moderner Malerei und Bildhauerei unterzubringen.

Wir waren gerade in das Sofa gegenüber dem Kamin gesunken, als mir auffiel, daß eines meiner Lieblingsbilder aus der Sammlung, der herrliche senkrechte Bonnard, der sich nach meiner Erinnerung im großen Schlafzimmer befunden hatte, an die Wand neben unserem Sitzplatz umgehängt worden war. Nora blätterte in einem Buch über Mantegna; das war eine einzigartige Gelegenheit für mich, wenigstens eine halbe Stunde mit dem großen Gemälde von Bonnard allein zu sein und meine Gedanken und Sinne frei über das Bild gleiten zu lassen. Ich stand auf, nahm mir einen Stuhl und setzte mich direkt vor die große Leinwand. Aus der Nähe betrachtet war die Intuition hinsichtlich der farblichen Gestaltung, die die Hand des Malers dazu geführt hatte, die gewöhnlichsten Dinge und Räume in einem leichten Dunst des Geheimnisses und der Schönheit aufzulösen, schiere Magie. Man hatte den halluzinatorischen Eindruck, daß die Farbpigmente, anstatt an der Leinwand festzusitzen, manchmal leicht vor und manchmal hinter ihrer körnigen Oberfläche lagen.

Ich folgte den Pinselstrichen vom hellen, luftigen oberen Ende der Leinwand bis zu den dunkleren Farbtönen und vollzog so den Malprozeß nach, als wäre ich der Künstler. Ich schloß die Augen und sah die leere Leinwand vor mir. Ich rief mir das Gemälde, das ich gerade betrachtet hatte, vor mein geistiges Auge und nahm dann einen imaginären Pinsel vom Tisch neben mir, der voller Flaschen mit Terpentin, Leinöl und Lack aus Dammarharz und kleinerer Töpfe mit Farbpulver stand. Ich tauchte meinen Pinsel in den kleinen Behälter mit Terpentin, der an der Palette festgeklammert war, und berührte die Leinwand mit der Pinselspitze hier und da gerade genug, um auf dem weißen Leinen Gedächtnisstützen für die kritischen Stellen zu hinterlassen, wo die Formen zusammentrafen. Dann fing ich an, oben auf die Leinwand Tupfer heller, terpentinfeuchter Farbe zu setzen, ließ meinen Pinsel von dort allmählich nach unten tanzen und wechselte dabei, während ich den trägen Kurven, den ansteigenden

Schrägen und plötzlichen Akzenten folgte, die Farben und Schattierungen. Jetzt malte ich, aber die Worte, die alle schöpferischen Akte begleiten, wurden rasch leiser und leiser. Mir des Raums, der Zeit und der Umstände nicht länger bewußt, malte und malte ich, in Verzückung versunken. Die ganze Leinwand war jetzt bemalt, und ich wollte gerade einen Schritt zurücktreten, um sie mit dem Bildnis zu vergleichen, das immer noch bewegungslos vor meinem geistigen Auge hing, als plötzlich Stimmen aufeinanderprallten und mich daran erinnerten, wo ich mich befand. Ich hatte keine Ahnung, wieviel Zeit vergangen war. Molly und Nora umarmten sich gerade liebevoll, und ein lächelnder Walter kam mit ausgestreckten Armen auf mich zu und sagte Wörter, die ich nicht verstand.

In jener Nacht konnte ich nicht schlafen. Als Maler konnte ich in meinem Geist Bonnards tatsächlichen Malprozeß einigermaßen angemessen rekonstruieren und ihn mit seinem wahrscheinlichen inneren Monolog begleiten, mit der einsamen Dialektik, die immer parallel zum physischen Schöpfungsakt verläuft. Ich versuchte mir vorzustellen, daß ich ein Gemälde betrachtete, ohne mich auf diese Erfahrung zu beziehen. Das war natürlich absurd – indem ich die Erinnerung an den Akt des Malens herausnahm, hörte ich auf, ein Maler zu sein. Was blieb übrig? Die Ästhetik des Themas? Eine Frau, die an einem Küchentisch sitzt? Das Bild einer Frau, die in einer alten Badewanne liegt? Die historische Bedeutung des Gemäldes? Wenn man dem Thema keinen immanenten Wert beimaß, war es bedeutungslos.

Nachdem ich mir all die verschiedenen Möglichkeiten phantasievoll im Geiste vorgestellt und sie hinterfragt hatte, wurde eine These immer überzeugender: Es muß menschliche Wesen geben, die Mallarmés Würfel des Schicksals mit einer außergewöhnlichen, unbegreiflichen Gabe bedacht hat – der Möglichkeit, Signale zu empfangen und zu deuten, die andere nicht wahrnehmen. Ganz so wie jene Signale, die einen Frosch zu einem entfernten Wasserloch führen. Vielleicht gibt es Möglichkeiten der Kunstbetrachtung, die nur wenigen Auserwählten zugänglich oder verständlich sind. Bestimmt muß Onkel Willem einer von diesen gewesen sein.

„Willem Beffie, ein bekannter Diamantenhändler und Kunstsammler, ein holländischer Bürger, starb an einem schweren Herzanfall beim Tanzen im Tanzsaal Roseland in New York. Er war siebzig Jahre alt."

NACH AMERIKA

Meine sogenannten blühenden Jugendjahre in Brüssel hätten eigentlich ein Erlebnis mit Pauken und Trompeten gewesen sein sollen, das tiefe Spuren in meinem Gedächtnis hinterlassen würde. Ich war bei Van Kampens mitternächtlichem Sieg im Sechstagerennen dabei gewesen, hatte in einem Anglerwettbewerb am Teich des Maria-Louizasquare einen großen Karpfen an Land gezogen und war von meinem aufgeschlossenen Großvater ins Musical *Pas sur la bouche* mitgenommen worden. Ansonsten finde ich nichts bis zu jenem Tag, an dem Mutter ihren dramatischen Auftritt hatte, um mich abzuholen und nach Amerika mitzunehmen. Indem sie sowohl die Schwierigkeiten ausnutzte, die sie mit dem geschriebenen Wort hatte, als auch ihre Vertrautheit mit der Bühne, kam sie ohne irgendeine Vorankündigung hinter der japanischen Magnolie im Park hervor und rief: „Überraschung! Überraschung!"

Ich erinnere mich, daß es ein für Brüssel außergewöhnlich milder Junitag war. Der frisch gemähte Rasen um den Teich herum war übersät mit winzigen Gänseblümchen, Löwenzahn und Vergißmeinnicht. Drei Enten, gefolgt von einer Flottille tennisballgroßer Küken, die auf dem Wasser auf und ab hopsten, paddelten friedlich um ihre kleine Betoninsel herum. Beim Klang von Mutters donnernder Stimme stoben sie in alle Himmelsrichtungen davon, jagten einander hysterisch und schnatterten wie verrückt. Im kürzesten Akt ihrer

117

Bühnenkarriere, weit unter ihren gefühlsmäßigen Möglichkeiten, brach Mutter sofort in Tränen aus, als sie mich in die Arme schloß. „Ach, mein Liebling, wie groß du geworden bist! Ein Mann!" sagte sie und hielt mich eine Armlänge von sich.

Es ist klar, daß für mich das Ereignis sehr gewichtig gewesen sein muß, denn es bedeutete nicht nur, daß ich zu meiner wenn auch nur kleinen Familie zurückkehrte, sondern auch, daß mein Leben einen neuen, vollkommen anderen Gang einlegen und mich dahin bringen würde, was das Vaterland meiner Zukunft werden sollte. Es war wie ein kosmischer Salto; die Welt hatte eine volle Umdrehung um ihre Achse gemacht. Ich war im Begriff, nach Amerika zu fahren.

Eine ganze Gruppe von Bildern steigt an die Oberfläche meines Gedächtnisses. Ich erinnere mich daran, wie ich auf dem Deck unseres Schiffes umherspaziere, und ich sehe ein sehr großes amerikanisches Mädchen, aus Kalamazoo. Wir tanzten Wange an Wange, und als wir später Hand in Hand auf dem obersten Deck standen, von der kalten, salzigen Gischt vereint, tauschten wir Versprechungen für eine verschwommene und wahrscheinlich gar nicht existierende Zukunft aus. Ich hatte erwartet, daß ich in der Statue, an der wir vorübertrieben, ein Symbol echter Freiheit sehen würde; aber statt dessen scheine ich mich an ein starkes, melancholisches Unbehagen zu erinnern. War es der Nebel, der über dem Hafen von New York hing, oder eine Eingebung, daß die Statue leere Rhetorik war, durchtränkt von den Tränen der Millionen, die sich in ihrem Unwissen ein Bild von Amerika gemacht haben?

Wie benommen, nur halb bei Bewußtsein, fühlte ich mich matt in der Umarmung meines Vaters, nicht anders, als ich auf Mutters Pantomime am Rand des Teichs reagiert hatte, und als wir die Einwanderungsbehörden hinter uns hatten und ich mit dem Kofferträger zum Taxistand vorausgelaufen war, rief Vater mir nach: „Das ganze Fett werden wir los, du mußt eine Menge Sport treiben. Amerika wird dir guttun!" Die einzige Verteidigung, die ich hatte, war, daß ich gerade einen europäischen Anzug trug, in dem sich ein amerikanischer Junge, der wohl dächte, daß Knickerbocker eine Hausaufgabe des Geschichtslehrers wären, auf den Tod nicht hätte blicken lassen!

In meinem Gedächtnis treiben Bruchstücke von einem viel späteren Anlaß empor. Mir wurden die Entbehrungen meiner Eltern in ihrem ersten Jahr in Amerika zu Bewußtsein gebracht, als sie mir voll Stolz, als handelte es sich um den Buckingham-Palast, das seltsame Mietshaus in Philadelphia zeigten, das mein neues Heim werden sollte. Ich konnte es bestenfalls als interessante, leicht verrückte Spielerei werten, typisch amerikanisch.

Natürlich war ich glücklich, bei Mutter und Vater zu sein, aber alles war so merkwürdig, angefangen mit der Straße, in der wir wohnten – in einem Industriegebiet, das sich eilig in ein Wohngebiet verwandelt hatte. Die Fassade unseres Hauses war, wie die der meisten Häuser in Amsterdam, aus Ziegelsteinen. Der Eingang sah aus wie der eines Bürogebäudes, aber es gab keinen Fahrstuhl. Das Haus links von uns war grau gestrichen. Das auf unserer rechten Seite war aus Beton, aber die Fassade hatte man bis hinauf zum obersten Stock mit weißgestrichenen Stahlsäulen versehen, die ein wenig wie die Säulen des Parthenons aussahen.

Nach dem „Säulenhaus", wie wir es nannten, gab es ein unbebautes Grundstück, das ein hoher, lückenlos mit kleinen Plakaten bedeckter Zaun umschloß. Ein größtenteils versteckter Apfelbaum schwenkte ein paar Zweige im kalten Wind. Ein Zweig bog sich über den Zaun und bot den wenigen Spaziergängern drei leuchtendrote Äpfel an. Sie hingen dort unberührt. In Amsterdam hätten sie keine Chance gehabt, aber hier schien niemand sich um sie zu kümmern.

Am Ende des Zauns stand noch ein Gebäude, an der Ecke der Dreiundzwanzigsten Straße, wo die Straßenbahn fuhr. Der Lärm erinnerte mich an die Hoofd Straat, und in meinen Tagträumen ging ich manchmal zu der Haltestelle auf dem Weg zu Omas Haus in der Jan van der Heyden Straat. Unsere Adresse war 2210 Walnut Street. Das lag zwischen der Zweiundzwanzigsten und der Dreiundzwanzigsten Straße.

Es war eine Dreizimmerwohnung im ersten Stock. Darin gab es einen dunklen, fensterlosen Eingangsflur, der Licht durch die Glastüren erhielt, die sich zu einem geräumigen Wohnzimmer hin öffneten. Die erste Kuriosität, die mir vorgestellt wurde, war ein großer flacher Holzkasten, der im Eingangsflur an der Wand lehnte. „Das", sagte Vater, der die Tür geöffnet und mich hineingeschoben hatte, „ist dein Bett. Schau mal." Er drückte auf einen Knopf, und langsam schwenkte der Kasten nach unten und ließ sich mit einem kurzen Rütteln auf dem Boden als ordentlich gemachtes Bett nieder. „Willkommen in Amerika", sagte Vater.

An der gegenüberliegenden Wand stand ein Klavier und daneben ein kleiner Couchtisch und ein Stuhl. Während wir die Zeremonie mit dem Bett beobachteten, hatte Mutter sich vom Couchtisch einen Porzellantopf mit einem Kaktus geschnappt, der offensichtlich an Licht- und Wassermangel eingegangen war. „Tut mir leid", sagte Vater, als er es bemerkte. „Ich vergaß zu gießen, während du weg warst."

Mir gefiel das Wohnzimmer, das die Bezeichnung „wohnlich" voll und ganz verdiente, aber kaum ein Zimmer genannt werden konnte. Es war so lang wie das Wohnzimmer bei Oma Grossouw, aber Vater und ich konnten niemals herausfinden, warum die Wand, an der der Herd, die Spüle und der Kühlschrank standen – die „Küche" –, gut einen Meter schmaler war als die am anderen Ende. Möbel mit normalen Proportionen dort unterzubringen war unmöglich. In dem ganzen Jahr, in dem wir dort wohnten, verging keine Woche, ohne daß Vater und ich nicht einen anderen Platz für den großen Tisch ausprobierten, um den sich unser tägliches Leben drehte. Am späten Nachmittag, wenn Vater und ich nach Hause gekommen waren, setzten wir drei uns gewöhnlich um den Tisch herum, und während Vater die Zeitung las und Mutter ihr Kochbuch zu Rate zog, machte ich, halb versteckt hinter meiner Schultasche, meine Hausaufgaben. Vielleicht lag es daran, daß das Zimmer so komisch geformt war und die Küche in ihrer Unregelmäßigkeit mit einschloß, daß dem Ort etwas Warmes, Ungezwungenes eignete, das ich niemals zuvor erlebt hatte. Ob es zu früheren Zeiten vielleicht ein Ausbeuterbetrieb gewesen war? Diese romantische Idee reizte mich, und der Ort gab einem wirklich das Gefühl hastiger und erbarmungsloser Improvisation, die so echt amerikanisch war. Ich schwor, daß ich es herausfinden würde, aber ich fand es nie heraus.

Bald entdeckte ich, daß Philadelphia, so wie Rom, überreich war an historischen Gebäuden. Penn Charter, die von William Penn gegründete Quäkerschule, die Vater für mich gewählt hatte, erstreckte sich über einen halben Block in der Elften Straße, direkt in der Stadtmitte. Sie war an das alte Versammlungshaus der Quäker angebaut, in das unsere Lehrer uns jeden Mittwochnachmittag brachten, um, ganz im Quäkerstil, religiöse und ethische Fragen zu diskutieren. Das war das letzte Jahr dieser Schule, weil der Bau einer nagelneuen im noblen Vorort Queen Lane schon fast beendet war. Noch vor ihrer Eröffnung waren die neue Sporthalle und alle Sportstätten unter freiem Himmel fertig, und so fuhr uns ein Bus jeden Nachmittag nach Queen Lane. Ich erinnere mich nicht, wie man herausgefunden hat, daß ich eine natürliche Veranlagung für das Basketballspiel hatte, denn unser Arzt in Amsterdam hatte einen Brief an „wen auch immer es anging" geschrieben mit der Bitte, mich von Gymnastik und Leichtathletik in jeglicher Form wegen „Wasser im Knie" freizustellen. Wundersamerweise hat man Dr. Pimentels Diagnose während meiner ganzen Schulkarriere respektiert, von den allerersten Jahren in der Amsterdamer Vondel-Schule bis zum kompromißlosen Istituto Tecnico in Genua. Aber das hinderte mich nicht daran, Basketball zu spielen, und bevor ich mich besann, nahm ich als stolzes Mitglied der Penn-Charter-

Basketballmannschaft am regelmäßigen Training teil. (Nur ein einziges weiteres Mal mißachtete ich Dr. Pimentels Warnung. Nach meiner Hüfterneuerung 1975 in Zürich mußte ich trainieren, mit oder ohne Krücken Treppen hinauf- und hinunterzugehen und in eine vollbesetzte Straßenbahn zu steigen. Aber zu jener Zeit betrachtete man mich als Erwachsenen mit natürlich geformtem Körper von über einem Meter achtzig, und in all diesen Jahren verspürte ich nicht ein einziges Mal den Drang, auch nur einen Liegestütz zu machen.)

Die Schule nahm den größten Teil meiner Zeit in Anspruch. In Englisch machte ich rasche Fortschritte und, wie es der Schulleiter in meinem Zeugnis attestierte, „noch ein paar Monate, dann spricht er wahrscheinlich wie ein Amerikaner." An den Tagen, an denen es kein Basketballtraining gab, verbrachte ich den Nachmittag zu Hause. Ich genoß es, da zu sein, wenn Mutter ihre Lieder einstudierte. Ohne daß es mir bewußt war, lernte ich die Texte einiger der Sachen, die sie sang, und diese sind mir im Gedächtnis geblieben. Sie reichen von lieblichen französischen Schäferliedern aus dem siebzehnten Jahrhundert bis zu den Arien von Mozarts Königin der Nacht. Mutters erstes Jahr ihres amerikanischen Abenteuers war erfolgreicher gewesen als Vaters. Ich fand einen Zeitungsausschnitt, der berichtete, daß sie die Mozartarie „Mia Speranza adorata" in einer Aufführung mit dem Philadelphia Orchestra gesungen habe. Vater selbst kam im folgenden Jahr auf die Beine, als er in der Auslandsabteilung der Atlantic Refining Company angestellt wurde. Und all das, während mein Geist noch erfüllt war von dem triumphalen Moment im furiosen Basketballspiel tags zuvor gegen die Germantown Highschool, als ich am Ende einer wahnsinnigen Jagd, die mich fast direkt unter den Korb gebracht hatte, rutschenderweise scharf in den Stand kam und den Ball einfach hineinwuchtete.

Ich war ein Jahr in Philadelphia, als Vater verkündete, daß er vom Direktor der Firma gebeten worden sei, das Management ihrer italienischen Filiale in Genua zu übernehmen. Sowohl Mutter als auch er gerieten in Ekstase bei dem Gedanken, nach Europa zurückzukehren, und das mit verdoppeltem Gehalt.

Ich verbrachte einen guten Teil jener Nacht damit, alles über Italien, Genua und die ligurische Region in einer alten *Encyclopaedia Britannica* zu lesen, die Vater gekauft hatte. Ich hatte noch nie von Genua gehört und war überrascht zu erfahren, daß die Stadt über eine halbe Million Einwohner hatte, der drittwichtigste Hafen Europas war und mehrere großartige Museen, elegante Hotels, einen außergewöhnlichen, für seine Marmorskulpturen berühmten Friedhof, eine frühgotische Kathedrale und ein erstklassiges Opernhaus besaß. Aber was auch immer ich über Genua las, im Geiste sah ich ein Sammelsurium von Fotografien aus Neapel: enge Elendsgassen mit Unmengen von Wäsche, die zwischen den Häusern flatterte, schwitzende Familien, die unter der Pergola einer Straßentrattoria mit ihren Spaghetti kämpften, einen barfüßigen alten Fischer, der auf einem Haufen Fischernetze schlief, und ein paar hilflose amerikanische Touristen, über die eine Herde halbnackter *scugnizzi* herfällt.

Was einige amerikanische und europäische Kritiker
über MADAME BETTY LIONNI gesagt haben:

Philadelphia Public Ledger, January 30, 1924 (Fullerton L. Waldo):

"Mme. Lionni, a discovery of Willem Mengelberg, gave Mozart's 'Mia Speranza Adorata' with lyrics of Strauss and others. She is a singer who makes her gifts effectual because she commands acquired and natural resources of her art in its technical as well as its spiritual phases. Insight and moral earnestness combine to enforce the appeal .... quality and are forcefully projected. Her ...

Philadelphia North American, January ...

"Mme. Lionni, the soprano, featured in ... Club in the ball-room of the Bellevue-Strat ... reputation that preceded her when she d ... completely under control. Her first num ... Adorata' by Mozart, that furnished her ... flexibility and range of her voice. She cam ...

Philadelphia Record, January 30, 1924:

" 'Hitch your wagon to a star' used t ... who aspired, and it would appear to be ... Musical Club when giving its fortnightly ... figured in the program of yesterday's conce ... Lionni, Dutch soprano, was the bright sta ...

Philadelphia Evening Bulletin, January ...

"Mme. Betty Lionni, the Dutch sopra ... artist with the Matinee Musical Club at ... Bellevue-Stratford yesterday afternoon, ar ... was enthusiastically applauded for her art ... 'Mia Speranza Adorata' and a group of s ... and Doret."

Het Vaderland, The Hague:

"Madame Betty Lionni sang the solos ... soprano I may welcome an addition of t ... life of the Netherlands. She has gifts of ... liant vocal material, and her singing gives ... which brings out that splendid material to ... talent which will add to the national musi ... singer, after all, constituted for me the p ...

Nieuwe Rotterdamsche Courant, Rotter ...

"Madame Betty Lionni, soprano, cha ... fairylike quality of timbre which is too ... enunciation, too, are remarkably fine."

MADAME BETTY LIONNI

"The Eminent Dutch Soprano"
—Public Ledger

Studio: 2210 WALNUT STREET, PHILADELPHIA
TELEPHONE: LOCUST 5558

Mme. Lionni is available for appearance in Concert, Oratorio and Opera

Telegraaf, Amsterdam:

"Madame Betty Lionni has a sensitive voice of beautifully tender quality, which is particularly adapted to the songs of the modern French repertoire (the songs of Roussel at this concert, for instance)."

Algemeen Handelsblad, Amsterdam:

"Madame Betty Lionni possesses beautiful and voluminous vocal material which has been trained excellently. The voice sounds round, brilliant and free. In her interpretation she reveals an especial talent for the characteristic, the roguish and humorous. The Wolf songs were given splendidly."

Nieuwe Arnhemsche Courant, Arnhem:

"Mengelberg gave evidence of being thoroughly satisfied with Madame Betty Lionni, the soprano soloist, and no wonder. She delighted the audience with an interpretation which made Mahler a blessed benefactor to the spiritually inclined listener. She seemed to inspire the orchestra, the chorus and all around her."

Natürlich würden wir Italienisch lernen müssen. Das würden wir drei gemeinsam machen. „Meine fünfte Sprache!" rief ich begeistert. Mutter erhob sich von ihrem Stuhl und umarmte Vater und mich.

So ging das zweite Kapitel meines Lebens als Durchreisender abrupt, aber glücklich zu Ende. Vielleicht stimmt es, daß ich mich nur deshalb an so wenig aus meinen Jahren in Brüssel erinnere, weil meine Eltern mich in einem kritischen Moment meines Heranwachsens verlassen hatten, aber das erklärt nicht, warum dem amerikanischen Jahr, das ein glückliches war, dasselbe Geschick widerfuhr. Vielleicht war die Tatsache, daß ich kein eigenes Zimmer hatte, für mich bedeutender, als es den Anschein hat. Die Wohnung in der Walnut Street war nicht angenehm. An ihr war alles – die Räumlichkeiten, die Farben, das Licht, die Möbel – häßlich, schäbig und furchtbar unpersönlich. Es gelang ihr nicht, mir zu geben, was ich so dringend brauchte – das Gefühl, ein dauerhaftes Heim zu haben, einen sicheren Bezugspunkt. Für einen jungen Heranwachsenden in einer Phase, in der jeden Augenblick eine dramatische existentielle Krise erwartet werden konnte, war sie keine wünschenswerte Bleibe.

Und doch war 1925 unter anderen Gesichtspunkten ein fruchtbares Jahr gewesen. Ohne große Anstrengung hatte ich es geschafft, meine vierte Sprache zu vervollkommnen. Das bedeutete, daß ich jetzt einen echten multilingualen Wortschatz besaß, der es mir erlaubte, sprachliche Vergleiche anzustellen und Querverweisen nachzugehen und dabei Bedeutungsschattierungen abzuwägen und nützliche Verallgemeinerungen zu formulieren. Es war die Vorarbeit geleistet für die Sprachfähigkeit, die ich brauchen würde, um den analytischen inneren Monolog zu entwickeln, der mein ganzes übriges Leben lang meine schöpferische Arbeit begleiten und leiten sollte.

GENUA

Genua war eine prächtige, exotische Stadt, wie ein riesiges, steiles Amphitheater gebaut, das den Hafen umschließt. Die nüchterne Eleganz seiner alten Paläste und Kirchen legte Zeugnis ab von einer reichen Vergangenheit. In den ersten Wochen nach unserer Ankunft wohnten wir im Miramare, einem Luxushotel, großartig gelegen auf einem Hügel inmitten von Terrassen und Gärten, mit Panoramablick auf die Altstadt. Es hatte eine große beeindruckende Eingangshalle, gemütliche Leseräume, eine extravagante amerikanische Bar und ein Dreisternerestaurant, ganz zu schweigen von solchen Annehmlichkeiten wie einem Billardraum und drei richtigen Spielautomaten in der Eingangshalle. Die meisten Gäste im Miramare waren Geschäftsleute, manche auf einer letzten Zwischenstation auf ihrer Reise in den Orient, andere hergekommen, um sich mit ortsansässigen Händlern zu treffen. Genua hatte eine jahrhundertelange Tradition im internationalen Handel. Tagsüber, wenn das Erdgeschoß des Hotels verlassen dalag und Mutter und ich allein in der Eingangshalle und den angrenzenden Fluren waren, jagten wir einander manchmal in einem plötzlichen Ausbruch von Albernheit wie wild um die Sofas, Lehnstühle und eingetopften Palmen herum. Diese ersten Monate in Italien ragen in meiner Erinnerung heraus als die glücklichste Zeit, die ich je mit Mutter allein verbracht habe. Ausnahmsweise einmal hatte sie keine Angst, ihre Haltung zu verlieren, sich gehenzulassen, ihre

Würde aufs Spiel zu setzen. Ihre Stimmung spiegelte Vaters Begeisterung wider, als er entdeckte, daß seine Aufgabe sich als weit stärkere Herausforderung und von größerer Bedeutung erwies, als er vorauszusehen gewagt hatte.

Die Atlantic Refining Company of Italy hatte ihre Zentrale in der Via Balbi, einer der elegantesten Straßen im historischen Zentrum von Genua, in einer fast ununterbrochenen Reihe von Palazzi aus dem siebzehnten und achtzehnten Jahrhundert. Vaters Büro, das vor seiner Ernennung zum Geschäftsführer der *salon d'accueil* der Firma gewesen war, war ein riesiger Raum im Hochparterre mit einem barocken weißen Marmorbalkon, der auf die Straße hinausging. Er hatte eine über vier Meter fünfzig hohe Decke mit einem

Das Büro meines Vaters in Genua

Fresko im Tiepolo-Stil, von dem herab ein Dutzend paus-
bäckige Amoretten, mit Pfeil und Bogen bewaffnet, über das
Durcheinander von Kunst, Geschäft und Liebe nachzusinnen
schienen. Als ich meinen Vater das erste Mal in seinem neuen
Arbeitsquartier besuchte, traf ich ihn an, wie er zu meiner
Begrüßung seinen Hals hinter einem Ungetüm von Schreibtisch hervorreckte – zweifellos ein bedeutendes antikes Stück,
aber so hoch, daß es meinen Vater, der kein großgewachsener
Mann war, wie einen Liliputaner aussehen ließ. Als ich ihm
das sagte, begannen wir beide zu kichern, und Vater ergriff
die Gelegenheit, rief seinen Assistenten und bat ihn, einen
gewöhnlichen grauen amerikanischen Stahlschreibtisch zu besorgen, der gleich am nächsten Tag geliefert wurde.

Bei dieser Gelegenheit begegnete ich zum ersten Mal Ra-
gionier Boni, einem intelligenten, reizenden jungen Mann,
der so aussah wie jemand, der genau wußte, daß er gerade
eine erfolgreiche Karriere startete. Nicht nur, daß er Vater
dabei half, sich seinen Weg durch die verworrenen Possen-
spiele in italienischen Büros und Amtsstuben zu bahnen und
für uns *die* ideale Wohnung in Genua zu finden, er war auch
behilflich, mir einen Privatlehrer zu besorgen, dem ich zum
größten Teil meine Beherrschung des Italienischen verdanke.

L'appartamento ideale lag in der Via Maragliano, einer ruhigen Wohnstraße im Stadtzentrum, zwei Blocks von der Via
Venti Settembre entfernt, der betriebsamen Durchgangs-
straße, berühmt für ihre Säulengänge, Mosaikbürgersteige
und eleganten Geschäfte. Uns gefiel die Straße, in der wir
wohnten. Sie besaß eine stille, schlichte Würde, die einem

selbst in der belebten Innenstadt ein Gefühl der Leichtigkeit und Klarheit gab. Unser Haus, Nummer zehn, war das letzte des Wohnblocks. Von dort zog sich die Via Maragliano in einer Kurve nach links und folgte der Kontur des ansteigenden Geländes des höher gelegenen Teils der Stadt, den man zu Fuß über eine Reihe von Treppen erreichen konnte, die direkt vor der Nummer zehn begannen. Da die Treppen von Grün und ab und zu einer Palme gesäumt waren, hatten die vorderen Räume in unserem Gebäude einen erfreulichen Ausblick, dessen sich kein anderes Gebäude in der Straße rühmen konnte.

Das erste Mal, als Boni uns hinbrachte, um die Wohnung zu besichtigen, blickten wir uns besorgt an, als der Pförtner eine Tür im zweiten Stock öffnete und das Licht im Eingangsflur einschaltete. Boni bemerkte es und beruhigte uns sofort. „Keine Sorge", sagte er. „Ich weiß, daß es düster aussieht, weil die Vorhänge und Fensterläden geschlossen sind und die Tapete dunkel ist und es keine guten Lampen gibt. Aber sehen Sie sich bloß an, wie groß die Räume sind."

Er hatte recht. Das Wohnzimmer, obgleich überfüllt mit zu vielen Sofas, Lehnstühlen und kleinen Tischen, war riesig. Boni versuchte, eines der Fenster zu öffnen, aber der Mechanismus klemmte, und weder er noch der Pförtner konnten den Griff bewegen. „Schon gut", sagte Vater. „Bemühen Sie sich nicht." Wir gingen weiter in das Eckzimmer. „Dieses Zimmer blickt auf jene Treppen hinaus", sagte Boni. „Gut", sagte Vater, der in einer seiner einsilbigen Stimmungen zu sein schien, was darauf hindeutete, daß er im Geiste klar und

in seinen Reaktionen schnell war und es ihm darum ging, eine
bedeutende Entscheidung ohne Rücksicht auf die Risiken zu
treffen, die sie mit sich brachte.

Das nächste Zimmer war ein wenig kleiner und hatte eine
Tür, die auf den Eingangsflur führte. Als ich hineinging,
spürte ich, wie mir etwas das Herz zusammenpreßte. „Könnte
ich einmal versuchen, dieses Fenster zu öffnen?" fragte ich mit
halber Stimme. „Nur zu", sagte Vater. Das Fenster ließ sich
leicht öffnen, aber wie sehr ich auch schob und zog, ich
konnte die Fensterläden nicht bewegen. Noch einmal zog ich
mit aller Kraft, und plötzlich strömte eine Flut von Licht ins
Zimmer hinein. Ich hatte noch mehr dunkle Wände und
schwarze Möbel erwartet; statt dessen schien alles in einem
leuchtenden gelblichpinkfarbenen Gemisch zu schwimmen.
Ich erkannte die Farbe wieder – Apricot, wie das Schlafzimmer von Oma Rose. „Dies ist der *salottino*", sagte Boni. Dann
erklärte er, daß der *salottino* das Zimmer ist, in dem man Gäste
empfängt, bevor man in das Eß- oder Wohnzimmer geht, und
in dem Tee serviert wird. „Die meisten *salottini* in Italien
sehen nie das Tageslicht, denn die Tapete und die Möbel sind
empfindlicher und teurer als die der anderen Räume, und für
Wände und Möbel ist die Sonne der Feind Nummer eins." Ich
war schrecklich aufgeregt. Ich wußte, daß der *salottino* mir
gehören würde. Mein Studio.

Wir durchquerten den Flur und setzten den Besichtigungs-
gang auf der anderen Seite fort, wo ein paar von den Fensterläden halb offen standen. Wir sahen das große Schlafzimmer
und das Bad, das Dienstmädchenzimmer und die Küche und

das Eßzimmer, in dem Vater aus dem Fenster blickte und sagte: „Boni, Sie sind ein Teufelskerl." Boni zwang sich verschämt ein Lächeln ab. Diese Seite des Hauses sah auf einen leeren Platz hinaus, auf dem ein paar Autos parkten, und da war auch eine kleine Tankstelle mit den ganzen Atlantic-Produkten im Schaufenster. „Bereiten Sie den Mietvertrag vor", sagte Vater.

Ich hatte nie bedacht, daß eines Tages die Zeit kommen würde, daß ich wieder mein eigenes Zimmer hätte. Das einzige Zimmer, das wirklich mir gehört hatte, war mein Zimmer in Amsterdam gewesen, aber das lag schon fast vier Jahre zurück. Ein Jahrhundert. Damals war ich noch ein Kind gewesen. Und jetzt sollte der *salottino* mir gehören, und meine Eltern wollten mir erlauben, meine eigenen Möbel auszuwählen. Wie fängt man da an? Ein Bett? Nein, einfach eine Matratze auf dem Boden und eine Ansammlung von Koffern. Ein Tisch? Vier Beine und eine Auflage – der schwarze Tisch, den Onkel Piet mir in Amsterdam zu meinem neunten Geburtstag geschenkt hatte. Eine Staffelei sollte da sein, ja, eine richtige Staffelei mit einer Kurbel, damit man Bilder auf und ab bewegen konnte. Würde nicht so das Zimmer eines Malers aussehen? Im Bett an jenem Abend, gerade bevor ich in Schlaf versank, sah ich mich vor einer Staffelei stehen und kritisch das Bild mustern, das ich gerade eben gemalt hatte. Fest entschlossen, ein Maler zu werden, muß ich gestehen, daß ich noch nie gemalt hatte. Aber jetzt würde ich es tun.

Eines Nachmittags spazierte ich zur Ecke der Via Venti Settembre und dann mit der Menge unter den *portici* und hügelauf zur Piazza de Ferrari, dem eigentlichen Stadtzentrum. Hier war die Endhaltestelle der meisten Straßenbahnen, hier hatten sowohl die Pferdekutschen als auch die sogenannten Autodroschken ihren Standort, und hier, rund um den Platz herum, lagen die Oper, der Palazzo Ducale, die Börse, das Postamt, die öffentliche Bibliothek und, in einer Ecke unter den *portici*, das Caffè Grand Italia, wo derzeit gerade eine fünfköpfige, aus lauter Frauen bestehende Jazzband sich einen der neuesten Foxtrotts vornahm, der über den noch halbwegs öden italienischen Äther ging. Ich beschleunigte meinen Schritt, überquerte den Platz, wobei ich zweimal die Reiterstatue von Garibaldi umrundete, bog links ab, entlang des Palazzo Ducale, und begann, den Straßenbahnschienen nachgehend, den Abstieg zum Hafen, bis ich mit offenem Mund und tief bewegt vor Genuas prächtigstem Baudenkmal stand, der Kathedrale.

Dann drehte ich mich um und ging über die Straße. Dort an der Ecke war eine Ladenfront mit einer gläsernen Eingangstür, völlig überklebt mit ausgerissenen Seiten aus einem Katalog für Künstlerbedarf, und mit einem kleinen, staubigen Schaufenster, das übervoll war mit Farbtuben, Papiermustern, Radiergummis, Bleistiften, Bleistiftspitzern, Reißschienen, Dreiecken, Paletten, Flaschen – großen und kleinen mit Etiketten, auf denen Dammarlack, Terpentin und Venezianisches Terpentin stand – und, aus drei großen Schalen ragend, Dutzenden von Pinseln verschiedener Größen und Farben. Und mitten in diesem ganzen Durcheinander stand aufrecht und stabil, fest auf ihren vier schwarzen Stahlrollen, eine professio-

nelle Staffelei aus Kiefernholz, komplett mit Kurbelmechanis-
mus und zwei praktischen Schubladen für Kohlestifte oder anderen besonderen Gebrauch.

Ein paar Minuten lang stand ich da, und dann, bevor ich
mich noch weiter besinnen konnte, war ich in dem Laden,
zeigte auf die Staffelei und fragte mit unnatürlich hoher
Stimme und kaum hörbar: „Wieviel kostet die?" Der ältere
Herr im grauen Kittel sah mich amüsiert und leicht verblüfft
an. „Für dich?" fragte er. Ich nickte. „Hör mal, wir haben viele
andere Staffeleien, ebenso gut wie die im Fenster, preiswerter
und praktischer für dich…" und so weiter und so weiter in
schnellem Italienisch. Als er schließlich innehielt, schaffte ich es
zu sagen: „Ich verstehe sehr wenig Italienisch. Wieviel kostet
die?" Der Mann ging zum Ladentisch, zog ein paar Papiere aus
einer Schublade und reichte mir ein Blatt mit einer Abbildung
der Staffelei und einem deutschen Text darunter. „Der Listen-
preis ist achtundzwanzig Lire, aber ich gebe dir einen Preis-
nachlaß." Dann zog er einen Bleistift aus seiner Tasche, strich
den Preis in deutscher Reichsmark aus und schrieb: 25 Lire. Ich
murmelte ein rasches „Grazie", nahm das Blatt und rannte den
ganzen Weg nach Hause.

Ich war der Sohn eines bedeutenden ausländischen Indu-
striellen, ich hatte ein Alter erreicht, das mich zu eigenen Meinungen berechtigte, und jetzt hatte ich ein wunderschönes
eigenes Zimmer mit Renaissancemöbeln und einer richtigen
deutschen Staffelei. Ich war eindeutig nicht länger ein Durchreisender. Dies war mein Heim, und es schien alles so zusammenzukommen, daß ich mich sicher und glücklich fühlte.

Aber im entscheidenden Augenblick, als man von mir erwartete, daß ich meine Ausbildungsrichtung wählte, mußte ich plötzlich mit schulischen Notwendigkeiten ringen, die die Möglichkeiten meiner Wahl auf eine Karriere hin begrenzten, für die ich weder das Talent noch das geringste Interesse besaß. Wäre ich in Holland, Belgien oder Amerika gewesen, hätte mir die allgemeine Schule Zugang zu einer uneingeschränkten Wahl möglicher College-Laufbahnen verschafft; in Italien waren die Dinge unglücklicherweise komplizierter.

Es gab damals drei Typen von weiterführenden Schulen in Italien: die Magistrale, deren Diplom dazu berechtigte, in Grundschulen zu unterrichten, aber keine College-Türen öffnete; das Istituto Tecnico, das letztendlich zu einem Universitätsabschluß in Betriebswirtschaft und Geschäftsverwaltung führte, und das Liceo Classico, die einzige Schule, die alle Optionen offenhielt. Meine Wahl wäre selbstverständlich auf die letzte gefallen, doch ihre Aufnahmebedingungen stellten sich als unmöglich heraus. Nicht nur, daß ich in meinen Aufnahmeprüfungen mit den Fächern Mathematik, Physik, Chemie, Italienische Geschichte, Italienische Literatur, Latein und Griechisch konfrontiert worden wäre, sondern man erwartete natürlich auch, daß ich die italienische Sprache perfekt beherrschte. Die einzige Möglichkeit, die übrigblieb, war das Istituto Tecnico, dessen Aufnahmebedingungen zwar nicht ganz so anspruchsvoll waren, aber immer noch eine kräftige Dosis Latein und, natürlich, all die italienischen Fächer mit einbezogen, vom Italienischen selbst ganz zu schweigen.

Es lief darauf hinaus, daß ich zehn Monate lang einen Privatlehrer haben sollte, um mich auf die Prüfungen und einen
Beruf vorzubereiten, der, trotz Vaters glänzendem Beispiel,
eine Welt repräsentierte, die mir abweisend fremd und in
mancher Hinsicht ausgesprochen feindselig vorkam. Und
doch war es kein unglückliches Jahr. Boni hatte einen Haus-
lehrer besorgt, der sich überraschend gut in allen erforderli-
chen Fächern auskannte.

Professor De Amicis war ein kleiner, sanftmütiger Mann,
stets in einen schwarzen, schlecht sitzenden, abgetragenen
Anzug gekleidet. Kurzsichtig, trug er eine kleine Brille mit
Silberrahmen, die er ständig auf der Nasenspitze balancierte,
und wenn er den Kopf aus einem Buch herausstreckte, in dem
er gerade las, um meine Fragen zu beantworten, pflegte er
seine Augenbrauen so hoch wie möglich zu ziehen und mich
mit seinen vorstehenden Augen mit den langen Wimpern so
anzuschauen, als hätte er mich noch nie im Leben gesehen. Er
war ein Enkel von Edmondo De Amicis, der in der italienischen Literaturgeschichte berühmt war als Autor von *Cuore*,
einer sentimentalen, moralisierenden Erzählung über einen
kleinen Jungen.

Trotz solch vornehmer Abstammung war *il professore*
ein scheuer, bescheidener Intellektueller, und wenn er „bedeutenden" Persönlichkeiten gegenüberstand, wurde er gewöhnlich, wie viele Italiener einfacher Herkunft, devot und
übertrieben förmlich. In Gegenwart von Leuten wie Vater,
der in seinen Augen ein bedeutender amerikanischer Ölmag-
nat war und dem er Achtung und Respekt schuldete, fiel er

normalerweise einem Anfall fragwürdiger italienischer Rhetorik zum Opfer, und die einfachsten Worte und Gesten wurden banal, pompös und unterwürfig. Nichtsdestoweniger stellte sich *il professore* als außergewöhnlicher Privatlehrer heraus. Als ein überaus kultivierter Mann mit feinem Sinn für Literatur gab er mir viel mehr als nur die richtigen Antworten für die Aufnahmeprüfungen des Istituto Tecnico. Indem er meine Liebe zur italienischen Literatur und Kunst entfachte, öffnete er mir die Augen für eine Welt, die schon bald meine eigene sein würde.

Mit einem ganztägigen Lernprogramm, Ferien in Holland und der Schweiz und einer Mitgliedschaft im Internationalen Club, in dem ich andere junge Ausländer traf, verflog die Zeit nur so. Und dann, dank *il professore* und der Nachsicht einiger der prüfenden Professoren, wurde ich zum Vierjahreskurs am Istituto Tecnico Superiore Vittorio Emanuele Terzo zugelassen mit der Aussicht, in vier Jahren, wenn alles gutging, ein staatlich geprüfter Geschäftsadministrator zu werden, was ein Euphemismus für Buchhalter war.

ADDA

Meine ersten Tage in der Schule hätten kein schlimmerer Kulturschock sein können, wenn ich in Libyen oder Thailand gewesen wäre. Anders als meine drei vorherigen Schulen war die Vittorio Emanuele nicht nur eine gemischte Schule, sondern die Mädchen waren auch noch in der Mehrheit. Die Disziplin war streng, die Mädchen mußten schwarze Uniformen tragen, und alle sogenannten Exzesse vertraulichen Umgangs mit dem anderen Geschlecht, wie Arm in Arm gehen oder sich sogar an den Händen halten, waren streng verboten. Es war uns nicht erlaubt, die Mädchen mit dem vertraulichen Du oder auch nur mit dem Vornamen anzusprechen. Viele Schüler und Schülerinnen trugen die Uniform der Faschisten, und der faschistische Gruß an den Duce war die tägliche Eröffnungszeremonie. Gott sei Dank war ich als Ausländer von beidem freigestellt. Die ersten beiden Wochen waren keine Vergnügungsfahrt. Ich fühlte mich – wie man im Holländischen sagen würde – wie eine Katze in einem fremden Lagerhaus, und hätte es nicht ein völlig unvorhergesehenes Ereignis gegeben, dann hätte ich die Schule wahrscheinlich verlassen.

Adda Maffi erschien eine Woche nach dem Beginn des Unterrichts in der Schule, und ihr wurde eine Bank nicht weit von meiner zugewiesen. Sie war ziemlich groß und wirkte in ihren Bewegungen langsam und unbeholfen, und sie wagte kaum, den Kopf zu heben. Während bei den Mädchen damals gerade die Ponyfrisur à la Colleen Moore in Mode war, trug

Meine Eltern und ich in Venedig, 1928

sie ihr dunkles Haar in langen Zöpfen, doch schien sie sehr viel reifer zu sein als ihre kichernden, unruhigen Schulkameradinnen. Sie hatte etwas Geheimnisvolles an sich, und obwohl ich von hinten nicht mehr als ihren Rücken und ihr kastanienfarbenes Haar sehen konnte, konnte ich meine Augen nicht von ihr abwenden.

Als der Unterricht zu Ende war, beging ich etwas, was zu jener Zeit in Italien als unerhörter Verstoß gegen die guten Sitten erachtet wurde. Als wir aus dem Klassenzimmer hinausgingen, bahnte ich mir einen Weg zu ihr und fragte sie, ob ich sie nach Hause bringen könnte. Das Mädchen warf mir einen überraschten und ein wenig ironischen Blick zu. „Sicher, wenn es Ihnen nichts ausmacht, den ganzen Weg bis zur Circonvallazione zu gehen." Zu verlegen, um noch etwas zu sagen, gingen wir in Richtung der *funicolare*, die uns in die höher gelegenen Stadtteile bringen sollte. Als wir gerade in den langen Eingangstunnel hineingehen wollten, hielt ich sie an und fragte unvermittelt: „Warum sehen Sie so traurig aus?" Sie schaute mir herausfordernd in die Augen und sagte: „Weil meine Mutter vor ein paar Wochen gestorben ist und …" Sie zögerte einen Augenblick, und dann fügte sie hinzu: „Und weil mein Vater im Gefängnis ist." Tränen traten ihr in die Augen.

Es war ein warmer Herbstnachmittag. Wir redeten und redeten. Von einer Bank in der Nähe der *funicolare*-Station gingen wir in ein Café auf der Rotonda, einem Aussichtspunkt, der wie ein Adlernest über der weißen Stadt thronte. Ihr Vater, ein bekannter Arzt, Kommunist und Mitglied des Parlaments, war zusammen mit den anderen kommunistischen und sozialistischen Parlamentariern von den Faschisten verhaftet worden, als Mussolini die Regierung übernahm. Da er im Gefängnis von Genua auf seine Verhandlung wartete, waren sie, ihr Bruder und ihre beiden Schwestern von Rom nach Genua gezogen, um ihn einmal in der Woche besuchen zu können. Sie wohnten in einer Pension an der Circonvallazione, der breiten Eukalyptusallee, die dem Bogen des höher gelegenen Teils der Stadt folgt.

Ich war zutiefst erschüttert und schämte mich fast, der jungen Frau von meinem eigenen Leben zu erzählen, das plötzlich vergleichsweise unbedeutend und banal erschien. Aber ich tat mein Bestes, meine Geschichte zu dramatisieren, und beschrieb genüßlich einige meiner exzentrischen Tanten und Onkel und mein Jahr in Amerika.

Der Schein der untergehenden Sonne war schon verblaßt, als ich sie an der Tür des Hauses verließ, in dem sie wohnte, und obwohl die Via Maragliano auf der anderen Seite der Stadt lag, ging ich den ganzen Weg zu Fuß nach Hause und versuchte dabei, jedes Wort, das gesprochen worden war, zu wiederholen und mir zu merken. Ein paar Tage nach der Begegnung mit Adda lernte ich ihren älteren Bruder Mario, ein Jahr älter als ich und Schüler am Liceo Classico, und ihre jüngere Schwester Nora kennen. Bruna, die älteste der vier, arbeitete in Mailand und kam gelegentlich an Wochenenden nach Genua herunter. Ich schloß sofort Freundschaft mit ihnen allen. Oft ging ich zu ihrer Pension, um meine Schularbeiten zu machen oder mit ihnen zusammen zu essen.

In den Wochen und Monaten, die diesem schicksalsschweren Tag im Oktober folgten, an dem Adda und ich einander das Herz geöffnet hatten, wurden wir unzertrennlich und verursachten einen endlosen Skandal in der Schule. Mein Leben hatte einen drastisch anderen Rhythmus und Stil angenommen. Bis zu jenem Augenblick hatte ich, verwöhnt von den Privilegien meines Status als Einzelkind und von üppiger Phantasie, passiv und bequem in einem wohlbehüteten Vakuum gelebt und hatte kein Bedürfnis nach dauerhaften Beziehungen über jene hinaus verspürt, mit denen ich bei meiner Geburt bedacht worden war.

Ich glaube, es war an einem Sonnabendnachmittag, als ich, nachdem ich mehrere Stunden in der Bibliothek an der Piazza de Ferrari gesessen hatte, die Via Venti Settembre entlang nach Hause ging. Unterwegs war ich kurz auf einen Espresso in die Bar unter der Carignano-Brücke gegangen und wollte jetzt gerade in die Via Maragliano einbiegen, als ich eine kleine Menschenmenge bemerkte, die sich an der Ecke angesammelt hatte. Ich beschloß, mir einen Weg zwischen den Leuten hindurch zu bahnen, um zu sehen, was sie so intensiv beobachteten, als jemand ihnen mit strenger Stimme befahl, weiterzugehen. „*Avanti! Muovetevi!*" Gehorsam begannen sie, über die Straße zu gehen. Ich dagegen wollte um die Ecke biegen, als ein junger Mann in Faschistenuniform mich packte und etwas brüllte, was ich nicht ganz verstand. „Ich wohne dort", wagte ich zu sagen und zeigte dabei mit dem Finger in die Richtung unseres Hauses. Der Mann ließ mich los und sagte: „Also, gehen Sie weiter, aber machen Sie schnell."

Mitten auf der Straße lag ein großer Haufen Abfall, der in einer dichten, langsam emporsteigenden Rauchwolke schwelte. Und als meine Augen ihr nach oben folgten, sah ich drei oder vier junge Männer auf einem Balkon im zweiten Stock stehen. Einer beugte sich über die Balustrade und rief einer ähnlichen Gruppe in der Nähe des brennenden Haufens durch seine zu einem Trichter geformten Hände etwas zu. Sie trugen alle dieselbe Faschistenuniform wie der junge Mann, der mich gerade angehalten hatte, außer zweien oder dreien, die die lange spitze Mütze aufhatten, die der studentischen Kopfbedeckung der Renaissance nachempfunden und die offizielle Mütze italienischer Universitätsstudenten war, je nach Fakultät in anderer Farbe. Ihre Mützen waren grau, die Farbe der wirtschaftswissenschaftlichen Fakultät, ironischerweise genau der, die später für mich bestimmt war.

Als ich allmählich auf unser Haus zuging und dabei ganz dicht an den Wänden der Gebäude entlangschlich, um mich so unsichtbar wie möglich zu machen, wurde mir mehr und mehr klar, daß das, was da brannte, überhaupt kein Abfall war, sondern Bücher, unter denen sich viele große mit steifem Einband befanden, die mit kleinen tänzelnden Flammen an den Kanten entlangbrannten.

Jetzt befand ich mich gleich neben dem Lebensmittelladen, dem einzigen Geschäft in unserer Straße. Instinktiv sprang ich in den Eingang hinein, wo schon drei Leute, zwei Frauen und ein älterer Mann, Zuflucht gesucht hatten. „Komm!" sagten

*Klassenbild: Ich bin der Große in der hinteren Reihe;
Adda steht direkt vor mir*

sie, als sie mich dichter an sich heranzogen. „Was geht da
vor?" fragte ich. „Ach, Signorino", sagte der ältere Mann mit
unsicherer, heiserer Stimme, „es ist schrecklich. Da wohnt ein
Rechtsanwalt, ein Sozialist."

Aus der Richtung unseres Hauses war ein Lastwagen in die
Straße gefahren mit ungefähr einem Dutzend Studenten oben-
drauf, die zum Klang der „Giovinezza", die sie aus voller
Kehle sangen, wie hysterisch Knüppel gegen eingebildete

145

Feinde schwangen. Er hielt in der Mitte der Straße gerade hinter der kleinen Gruppe von Schwarzhemden, die schon da stand. Die Studenten sprangen vom Lastwagen herunter, und ein paar improvisierten einen wilden Tanz um das Feuer herum.

„Schämt euch", murmelte der alte Mann hinter mir. Die ältere der beiden Frauen, weißhaarig, brachte ihn zum Schweigen. „Sei doch still!" Dann setzte eine tiefe, geheimnisvolle Stille ein, nur ab und zu unterbrochen vom Kreischen der Straßenbahnen in der Via Venti Settembre, wenn sie mühsam zur Piazza de Ferrari bergauf fuhren.

Ich beugte mich hinaus, um zu sehen, was vor sich ging. Alle Augen waren jetzt auf den Balkon gerichtet, wo zwei Studenten gerade versuchten, einen riesigen schwarzen Kasten auf die Marmorbalustrade zu hieven, während andere, im Dunkeln des Hauses drinnen halb versteckt, zu schieben schienen. Einen endlosen Augenblick lang schien der Kasten immer größer zu werden, als er sich nach vorn neigte, bis er seine Balance fand, und dann schien er plötzlich umzukippen, segelte in einer kreiselnden Bewegung herab und krachte auf die Bordsteinkante, wo er explodierte mit einem monströsen, chorischen Lärm von zersplitterndem Holz und zerreißenden Metallbändern, dem ein obszön rhythmisches „Eja eja alala" folgte, der offizielle Beifallsruf der Faschisten.

Die Frau hinter mir fing an zu weinen. Und der alte Mann wiederholte immer wieder dieselben Worte: „Barbaren! Barbaren! Barbaren!" Ich begann am ganzen Körper zu zittern und sprang plötzlich auf die Straße hinaus und rannte nach

Hause, ohne auch nur einmal langsamer zu werden oder stehenzubleiben. Stefano, unser Portier, stand an der Tür. „Stefano!" rief ich. „Die Faschisten haben ein Klavier aus dem zweiten Stock geworfen! Ein Klavier!" Stefano sah mich mit ausdruckslosem Gesicht an, zuckte mit den Schultern und sagte: „Eh, Signorino, das verstehen Sie eben nicht. Sie kommen aus einer anderen Welt." Ein paar Monate später sagte man mir, daß die meisten Portiers Informanten der Polizei waren.

Obwohl ich so ungefähr wußte, was der Faschismus war, hatte ich mir nicht vorgestellt, wie die Politik das Schicksal der real lebenden Menschen beeinflussen und sie in ihrem alltäglichen Geschick im Würgegriff halten konnte. Mein Privatlehrer, leicht antifaschistisch eingestellt, hatte mir die Bedeutung des Wortes *Ideologie* erklärt, aber ich hatte seine unvermeidliche Umsetzung in die Tat mißachtet.

Das plötzliche Bewußtsein, Mitverantwortung für eine Welt zu tragen, die skandalöserweise bis dahin von mir unbeachtet geblieben war, verlangte einen radikalen Wandel meiner Werte. Ich sehnte mich danach, Bestätigung zu finden für die neuen Ideen, die meinen Geist bestürmten. Fieberhaft verschlang ich Tolstoi, Puschkin, Gogol, Turgenjew und die anderen großen russischen Schriftsteller, von denen ich viele, da sie von den Faschisten als kommunistische Propaganda verboten waren, in einem Antiquariat in der Nähe des Hafens gekauft hatte.

Im Handumdrehen entwickelte ich eine Liebe für die arbeitende Klasse, Haß auf alle bürgerlichen Werte und, noch bedeutender, eine Leidenschaft für das geschriebene Wort. Selbstverständlich bekannte ich mich als Kommunist, und als angehender Künstler war ich bereit, mich den Futuristen anzuschließen, und sei es auch nur wegen ihrer Verachtung bürgerlicher Einrichtungen. In den wenigen Kunstgalerien in der Stadt traf ich andere rebellische junge Künstler, die sich Marinettis futuristischer Bewegung angeschlossen hatten. Einer von ihnen war Gaudenzi, dessen Witwe immer noch eine der besten Galerien in Genua führt, in der 1993 von mir eine Retrospektive von Zeichnungen und anderen Arbeiten auf Papier gezeigt wurde.

Meine Lektüre regte alle Arten mit ihr zusammenhängender Nebeninteressen an, und so erwarb ich mir, während ich mich der Form halber der Aufgabe widmete, Buchhaltung und Statistik, Geschäftsschreiben und Bankpraktiken zu studieren, in Wirklichkeit eine moderne humanistische Bildung. Auf die russische Periode folgte die bedeutsame Entdeckung von *A la recherche du temps perdu* und von Werken anderer zeitgenössischer französischer Autoren. Ich war ein regelmäßiger Besucher der öffentlichen Bibliothek an der Piazza de Ferrari geworden. Meistens ging ich dorthin, um Bücher zu Rate zu ziehen, die vergriffen oder zum Kaufen zu teuer waren, aber ich konnte auch nicht der Versuchung widerstehen, schwere, pergamentgebundene Bände mit seltsamen Holzschnitten und verrückt ausgestalteten Initialen durchzublättern, womit ich die Grundlage für meine Bibliophilie schuf.

Die Welt der Bücher und Ideen reizte und begeisterte mich, aber in meiner schulischen Karriere verlief nicht alles reibungslos. Am Ende des ersten Jahres ließ unser Lehrer im Fach Italienische Literatur mich durchfallen, nicht sosehr wegen meiner offensichtlichen Schwächen in der Beherrschung der Sprache, sondern weil ich mich weigerte, das schwarze Hemd der Faschisten zu tragen und meinen Arm zum faschistischen Gruß zu erheben, wenn er unser Klassenzimmer betrat. Als ich zum ersten Mal gescholten wurde, erklärte ich höflich und, wie ich meinte, diplomatisch, daß ich als Ausländer davon freigestellt werden sollte, einem fremden Herrschaftssystem gegenüber aktiv meine Treue zu bezeugen. Er antwortete verärgert, daß ich eben das tun sollte, um meine Dankbarkeit gegenüber der Nation, deren Gast ich war, und meine Solidarität mit meinen Schulgefährten zum Ausdruck zu bringen. Zu jener Zeit war wohlbekannt, daß Professor Bergamini ein begeisterter Faschist war, ein temperamentvoller Hitzkopf, der wußte, daß ich der Tochter eines roten Revolutionärs den Hof machte.

Da ich in den Herbstprüfungen in Italienischer Literatur bestehen mußte, bereitete ich mich nicht nur gründlich auf die spezifischen Prüfungsanforderungen vor, sondern ging mit unnötiger Leidenschaft weit darüber hinaus. Meine Lektüre umfaßte das vollständige Werk von Dichtern, die ich liebte, wie Papini und Leopardi, ebenso wie kritische Werke auf Universitätsniveau.

Obwohl meine Diskussionen mit meinem ehemaligen Privatlehrer Zeugnis darüber hätten ablegen können, daß meine Kenntnisse auf diesem Gebiet weit über denen eines durchschnittlichen zukünftigen Buchhalters lagen, ließ

149

Bergamini mich erneut durchfallen, und so war ich gezwungen, das erste Jahr zu wiederholen. Vielleicht geschah es aus Wut, daß ich mich entschloß zu versuchen, zu den Kursen des dritten Jahres zugelassen zu werden. Bei dieser Gelegenheit rief der Direktor der Schule, ein pedantischer, autoritärer, aber vernünftiger Mann, mich eine Woche vor den Prüfungen in sein Büro und informierte mich darüber, daß er angeordnet hätte, ich sollte meine Prüfungen bei einem anderen Professor machen.

Diesmal bestand ich mit Leichtigkeit und konnte zu meinen ursprünglichen Schulgefährten zurückkehren. Durch die Ergebnisse ermutigt, beschloß ich zu versuchen, mich während des dritten Jahres auf die Abschlußprüfungen vorzubereiten; das würde mich dazu berechtigen, die Kurse des vierten Jahres zu überspringen und in die Scuola Superiore di Commercio einzutreten. Ich bestand alle Tests glänzend, aber noch einmal nahm mein Lebensweg eine scharfe Wende. Nach zwei übersprungenen Jahren war ich übertrieben selbstbewußt geworden, und nachdem ich gehört hatte, daß man sich an der Züricher Universität sogar ohne ordentliche Eingangsprüfungen als *Auditor mit Überstunden* einschreiben und sich die Kurse und jeweiligen Prüfungen später, nach der ordentlichen Zulassung zur Universität, anrechnen lassen konnte, überredete ich meinen Vater, mich mein Glück in Zürich versuchen zu lassen.

War schon meine schulische Karriere einer verwickelten Bahn gefolgt und oft schwierig, sogar schmerzhaft, aber dann auch wieder aufregend und manchmal lohnend gewesen, so war die Landkarte meines Gefühlslebens während dieser ersten Jahre in Italien kaum weniger kompliziert. Meine Liebesaffäre mit Adda war intensiv, aber kurzlebig gewesen. Sie war eine außergewöhnliche junge Frau, intelligent, von starkem Naturell, romantisch, und für ihr Alter – sie war ein Jahr jünger als ich – konnten ihre Einsichten erstaunlich tiefsinnig sein. Sie teilte meine plötzliche Leidenschaft fürs Lesen, und ein Gutteil unseres Vergnügens miteinander lag darin, zu diskutieren, was wir gelesen und welche Ideen und Gefühle das hervorgerufen hatte.

Adda war in einer Familie groß geworden, die das Spiel der dialektischen Konfrontation wie eine Sucht betrieb, und auch sie, in gewisser Hinsicht ständig auf der Durchreise, hatte eine bewegte Schulkarriere gehabt. Keiner von uns beiden hatte die geringste Neigung, Buchhalter zu werden, aber leider hatte das System uns auf genau diese Bahn gelenkt, und da uns klar war, daß es keine vernünftigen Alternativen gab, kämpften wir uns in der Schule widerspruchslos durch den langweiligen fachlichen Stoff im Bewußtsein, daß wir schließlich unsere wahre Bildung durch begieriges Lesen erlangen würden.

Ich verbrachte den größten Teil meiner Freizeit bei Adda in der Pension, wo wir gewöhnlich faul quer über den Betten lagen und lasen oder uns Geschichten aus unserer Kindheit erzählten.

Manchmal besuchten sie und ihre jüngere Schwester Nora mich in meinem Zimmer in der Via Maragliano, wo ich ihnen bei den Schulaufgaben half, Porträts von ihnen malte oder englische Jazzplatten auf meinem tragbaren Victrola-Grammophon vorspielte. Nora verführte mich dann gewöhnlich dazu, mit ihr zu tanzen, während Adda, körperlich träge und ein wenig ungelenk, sich ein Buch schnappte, rücklings auf meine Couch fallen ließ und so tat, als wäre sie tief in die Lektüre versunken.

Nora war physisch ganz anders als Adda und ihr Bruder Mario, die beide feingliedrig und groß gewachsen waren. Wie eine Skulptur von Maillol, besaß sie eine elementare Schönheit; sie stand auf kräftigen Beinen, und ihr Körper war ebenmäßig und fest. Dem Intellektuellen weniger zugeneigt als ihre übrige Familie, war sie gesellig und kontaktfreudig, immer darauf aus, gefällig und hilfsbereit zu sein. Während Adda ständig bemüht war, ihre langen Zöpfe an Ort und Stelle zu halten, flatterte Noras wagemutig kurz frisiertes Haar mit den Ponyfransen im Wind. Im Gegensatz zu ihrer übrigen Familie, die sich wie besessen Ursachen und Ideen und der rebellischen Ablehnung aller aktuellen Werte verpflichtet fühlte, verkörperte sie unbewußt das populäre Bild eines Mädchens der zwanziger Jahre. Sie las lieber Zeitschriften als Bücher und erklärte entwaffnend ehrlich, was sie mochte und was nicht. Wenn die Diskussionen am Mittagstisch hitzig wurden, wie es oft geschah, lief sie weinend aus dem Eßzimmer. Sie hatte gern Spaß, je alberner, desto besser. Ich war verzaubert von ihrer Direktheit, von der Klarheit und Schlichtheit ihres Wesens. Wir tanzten Charleston und redeten dummes Zeug. Und eines Tages entdeckten wir, daß wir uns ineinander verliebt hatten.

Diese neue Lage brachte schmerzliche Komplikationen in unser Leben. Eine Zeitlang achteten Nora und ich sorgsam darauf, unsere Gefühle nicht zu zeigen. Wegen der Bande der

Freundschaft, der gemeinsamen Ideen und meiner Liebe zu Adda, die unter der Asche noch schwelte, war ich gründlich verwirrt und zögerte, diese Wende der Ereignisse ernst zu nehmen. Schon früher war die Vielschichtigkeit meines Charakters herausgefordert worden, aber diesmal war sie mit dem Glück und dem Schmerz anderer verbunden.

Meine Gefühle für Nora unterschieden sich so sehr von denen für ihre Schwester, wie sich die beiden jungen Frauen voneinander unterschieden. Während Adda bei mir die Saiten der Hingabe und der Leidenschaft anschlug, regte Nora in den hohen, synkopischen Tönen ihrer wesenhaften, elementaren Vitalität meine natürliche Lebenslust an. Aber so sehr ich mir auch die Theorie einzureden versuchte, daß die beiden sich gegenseitig zu einer moralisch akzeptablen Einheit ergänzten, wurde doch bald offenkundig, daß eine Krise unvermeidlich war.

Wären Nora und ich von einem *coup de foudre* getroffen worden, hätten wir vielleicht eine geringere Tragödie riskiert. Aber obwohl uns unsere Liebe wie in einer plötzlichen Offenbarung bewußt wurde, hatten sich meine tieferen Gefühle für sie erst allmählich entwickelt und in dem Maße an Stärke und Klarheit gewonnen, in dem die für ihre Schwester langsam ihr ursprüngliches Feuer verloren. Insgesamt vollzog sich der Übergang sehr zivilisiert, und trotz gelegentlicher Eifersuchtsszenen und einiger sarkastischer Bemerkungen verlor das tiefgehende Gefühl der Solidarität, das uns miteinander verbunden hatte, nicht seinen Einfluß auf uns. Adda war die ganze Zeit über heldenmütig, Nora leicht verwirrt und

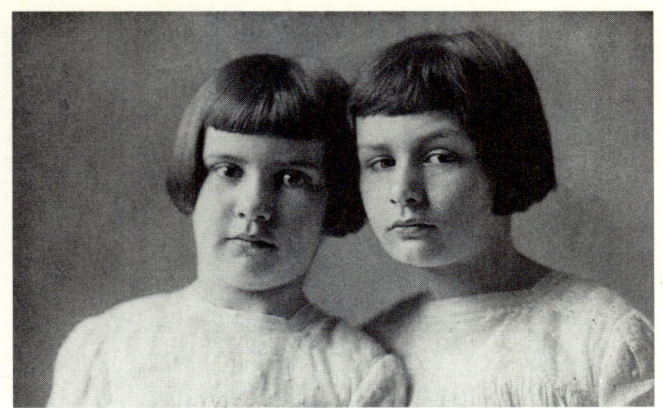

Nora und Adda

zurückhaltend, Mario und Bruna waren sarkastisch, aber tolerant. Ich war am Anfang verzweifelt, aber dann, als ich in vollem Ernst schwor, daß meine Liebe für Nora für immer und ewig sein würde, spürte ich, daß ich mit meinem Gewissen ins reine gekommen war. Immer noch verloren Adda und ich uns in den zwölf Bänden der NRF-Ausgabe von Prousts *Recherche*, während Nora und ich bald entdeckten, wie wir uns in der buschigen Vegetation der Berge gerade über der Stadt, nicht weit von der Endhaltestelle der *funicolare*, verlieren konnten. Wir kannten die kahlen engen Pfade, die sich wie die Schlangen eines Labyrinths durch das Gesträuch wanden. In jenem Jahr verzichtete der Winter nur langsam auf seine Vorrechte, aber eingewickelt in unsere wollenen Schals wußten wir, wie wir die graue, erst vom Schnee gewaschene und dann sonnenüberflutete Bank finden konnten, in die schon die Namen anderer Liebender eingeritzt worden waren.

Die Tatsache, daß die Maffis und ich uns in einem Augenblick kennenlernten, als keiner von uns, wenn auch aus Gründen, die nichts miteinander zu tun hatten, auch nur einen einzigen Freund besaß, war wahrscheinlich der Grund für die Begeisterung, mit der ich in ihrer Mitte aufgenommen wurde. Zum einen war ich ein Ausländer, und das befreite sie von dem stets gegenwärtigen Argwohn, daß eine enge Beziehung politisch vielleicht hätte gefährlich sein können. Und außerdem gab es die Tatsache, daß wir gemeinsam das Gefühl hatten, nicht dazuzugehören. Da ich in den vorangegangenen Jahren das Land, die Schule und die Sprache dreimal gewechselt hatte, war es mir bisher noch nie möglich gewesen, dauerhafte Freundschaften zu schließen. Und auch nicht, irgendeine kontinuierliche Ausbildung zu genießen. Während es sich bei Brüssel und Philadelphia jeweils um wenig mehr als einen vorübergehenden Wohnsitz gehandelt hatte, war das Amsterdam meiner Kindheit immer noch die Heimbase und damit das Ziel meiner ganzen Nostalgie. Jetzt hatte ich neue Symbole der Dauerhaftigkeit gefunden. Bei einer eleganten Wohnung, bei Vaters bedeutendem Posten und bei Freunden, die ich auf immer und ewig zu lieben schwor, sollte diese Dauerhaftigkeit mir wohl erhalten bleiben. Und bloß für den Fall ... Amsterdam lag auf derselben Landkarte wie Genua, nur fünfzehn Zentimeter weit weg.

Nachdem ich alle vier Maffis – Adda, Bruna, Nora und Mario – kennengelernt hatte, verging kaum ein Tag, an dem wir uns nicht entweder paarweise oder zu mehreren trafen. Unter anderen Umständen hätte die Tatsache, daß ich zwei Schwestern gleichzeitig den Hof machte, zu einer Explosion geführt und einen unüberbrückbaren Abgrund hinterlassen. Mit den Schmerzen, den Gefühlen der Eifersucht oder dem Groll, die sie vielleicht auslöste, wurde jeder von uns ganz mit sich allein fertig. Zuzulassen, daß sich all dies auf unsere grundsätzliche gemeinsame Freundschaft auswirkte, wäre als unmoralisch angesehen worden.

Eines Tages spät im April sagte man mir, daß man Vater Maffi (Papà) gegen Ende Mai nach Mailand verlegen würde. Ich war am Boden zerstört. Jedes Mal, wenn Nora und ich jetzt an der Endhaltestelle aus der *funicolare* ausstiegen, spürte ich mit Entsetzen, daß wir gerade in die dunkle Leere eines letzten Mals hineinschritten. Als der Frühling kam, entdeckte Nora die ersten zarten wildwachsenden Narzissen, und wieder und wieder staunte sie darüber, wie sehr sie winzigen Tassen und Untertellern glichen. Ich meinte, ihr helles, klares Lachen halle durch die Berge und die Stadt zu unseren Füßen, und als ich es sanft auf das golden wogende Meer weit unter uns hinausgleiten sah, betete ich, daß die ganze Welt es hören würde, denn ich kannte und fürchtete die Zerbrechlichkeit einer Liebe aus der Entfernung.

157

Anders, als ich erwartet hatte, wollte Papà Maffi nicht, daß Mario und seine Schwestern vor dem Herbst nach Mailand zogen. Sie würden den Sommer wie immer in Cavi verbringen, in dem pinkfarbenen Landhaus, das ursprünglich der Großvater als Sommersitz gekauft hatte.

Damals war Cavi bloß eine zweitrangige Eisenbahnstation und hatte sich als Bade- und Erholungsort noch keinen Namen gemacht. Nur etwa zwanzig Bauern- und Fischerfamilien wohnten dort das ganze Jahr über. Auf dem engen, hügeligen Gelände, das sich von der Bahnstation bis zu den Felsen von Sant'Anna zwischen der Bahnlinie und der Landstraße erstreckt, gab es ein halbes Dutzend Häuser, versteckt im Immergrün, zwischen Pittosporumbüschen und hohen Palmen. Mit Ausnahme des Maffischen Hauses, dem ersten nach der Bahnstation, und dem letzten, der Villa Spinola, in der der Baccan, der exzentrische Onkel der Maffis, wohnte, waren diese Landhäuser während der Wintermonate abgeschlossen. Bei den Felsen von Sant'Anna verschwanden sowohl die Eisenbahn als auch die Landstraße in ihrem jeweiligen Tunnel, um bei Sestri Levante wieder aufzutauchen, einer reizenden kleinen Hafenstadt mit einem richtigen Bahnhof, einer Bootswerft, einer kleinen Fischerflotte, drei Restaurants und zwei als international geltenden Hotels.

Mein ursprüngliches Bild von Papà Maffi war, und ist noch heute, eine Überblendung zweier Schnappschüsse, die mir

Adda gezeigt hatte, als wir uns zum ersten Mal trafen. Auf dem einen steht Papà Maffi in einem langen Nachtgewand auf dem Balkon des Hauses in Cavi. Auf dem anderen ist er im Garten vor der halbgeöffneten Jalousie, die wahrscheinlich eine der gläsernen Eßzimmertüren gegen die heiße südliche Sonne abschirmt. Mit zurückgeworfenem Kopf, so daß sein Adamsapfel im Schatten seines Bartes zu sehen ist, scheint er gerade herzhaft zu lachen. Oder vielleicht singt er auch gerade, denn er hält eine Gitarre, und seine rechte Hand scheint bereit, in die Saiten zu greifen.

Die Sommer in Cavi zählen zu den sorglosesten und glücklichsten, an die ich mich erinnern kann. Besonders an Wochentagen gehörte der Strand praktisch uns allein. Es ist schwer zu glauben, daß es dort, wo jetzt eine fast geschlossene Reihe lärmender, häßlicher Badeanstalten steht und Tausende von Mailänder und Parmaer Körpern im grauen Sand schmoren und wo Tausende von Autos mit Nummernschildern aus jeder italienischen Provinz dicht an dicht entlang der ganzen Landstraße parken, die neben den Bahngleisen und dem Strand verläuft, und wo Hunderte von Cafés und Bars unentwegt ihre jeweils eigene Sorte Rock and Roll plärren, daß es dort einmal, und vor noch gar nicht so langer Zeit, einen acht Kilometer langen Streifen freundlicher Wüste gab, wo sich mitten im Sommer nur ein paar Familiengruppen zum Schwimmen, Spielen, Reden oder Lieben trafen.

Der Sommer schien endlos. Mit Ausnahme eines Urlaubs in Sils Maria mit meinen Eltern und der Zeit, in der ich in der Bibliothek für meine Prüfungen lernte, verbrachte ich die meisten

Tage am Strand zwischen Cavi und Lavagna. Oft blieb ich über Nacht, und abends nach dem Essen wurden wir von Freunden mitgenommen, die ein Auto hatten, und fuhren nach Santa Margherita, wo wir in einem der Strandklubs oder Hotels tanzten. Später fuhren wir meist in die Berge und labten uns an Wein und *focaccia*. Die *focaccia* hatte einer dunkelhäutigen, gekrümmten alten Frau, bekannt als *la sporcacciona*, Ruhm eingetragen, die allein in einer baufälligen, im Wald versteckten Scheune lebte und die wir gewöhnlich aufweckten, indem wir an das Tor schlugen, bis sie, grunzend wie ein verärgertes Schwein, öffnete, zum Ofen ging, das Feuer anmachte und, ohne ein einziges Wort zu sagen, jene *focaccia* zubereitete, die zweifellos die köstlichste an der ganzen ligurischen Küste war.

Das waren glückliche Zeiten. Wenn man von einer Familie aus Freunden als vollwertiger naher Verwandter angenommen wird, ist das sicherlich eines der großartigsten, freudigsten Gefühle, auf die sich hoffen läßt. Die Tatsache, daß ich auf Dauer einen Platz und meinen eigenen silbernen Serviettenring am Eßtisch der Maffis „besaß", gab mir ein Gefühl äußersten Wohlbehagens. Es war die zeremonielle Bestätigung dafür, daß diejenigen, mit denen gemeinsam ich meine Mahlzeiten einnahm, mehr waren als nur enge Freunde oder gute Bekannte; infolge gegenseitiger Wahl und nicht durch offiziell sanktionierte Umstände, die nicht in unserer Hand gelegen hätten, waren sie Brüder und Schwestern. Ich war frei, mein Leben neu zu erfinden, und doch war ich umgeben von Zuneigung und einer menschlichen Umwelt mit einer Struktur, die meiner Freiheit Grenzen setzte.

Obwohl Papà Maffi in diesem ersten Sommer in Cavi nicht bei uns war, spürten wir stark seine Präsenz – oder, wie man vielleicht genauer sagen könnte, seine Abwesenheit war beinahe sichtbar. Und wenn ich so an jene ersten Jahre in Cavi zurückdenke, kommen mir die Male, als er, unter Hausarrest, da war, am lebhaftesten in Erinnerung. Es waren die schönsten Augenblicke in Cavi, wenn Papà, anstatt in seinem Arbeitszimmer im zweiten Stock zu essen, wie er das meistens tat, herunterkam und sich zu uns ins Eßzimmer setzte. Es überraschte immer wieder, wie sehr er – der schließlich ein Intellektueller war, ein Politiker im Exil, ein Doktor der Medizin, ein Mann von Bedeutung – sein ausgesprochenes Vergnügen an allem zu haben schien, was um ihn herum vorging, einschließlich der Banalitäten einer bloß oberflächlichen Konversation. Darin ähnelten wir uns sehr, und instinktiv wußten wir das. Doch hin und wieder spürte ich etwas Künstliches in seinem scheinbar herzlichen Lachen, wenn er, wie auf Addas Schnappschuß, den Kopf zurückwarf und dann plötzlich seine Würde wiedererlangte, sein Bewußtsein, daß er eine Person des öffentlichen Lebens war. Hatte er, wie ich, einen heimlichen Beobachter bei sich, einen „dritten Mann", der ständig über ihn wachte?

Manchmal, wenn keine Patienten auf ihn warteten oder erwartet wurden und das Licht sanft über den silbergrünen Olivenhainen lag, die sich über die Hügel erstreckten, sagte er zu seinem Diener: „Paolo, bring mir meinen Malkasten et cetera." Paolo wußte, was die et cetera waren: ein Klappstuhl, eine neue Leinwand, ein Sonnenschirm und die von Papà selbst erfundene Kombination aus Staffelei und Malkasten. Hastig verkündete Paolo dann der Köchin oder wer auch immer sich im Küchenteil des Hauses befand: „Wir gehen malen." Wenn Papà einen Platz mit einer besonders schwierigen Perspektive im Sinn hatte, sagte er Paolo, daß er den „Gitterrahmen" bringen sollte, einen leichten Metallrahmen, in dem dünne Kupferdrähte in beide Richtungen und im gleichen Abstand zueinander gespannt waren, um so ein Gitter zu bilden, das von einem festen Blickpunkt aus den Maler dabei leiten konnte, eine Landschaft auf eine Leinwand zu übertragen, in die ein gleichartiges Gitter schon eingezeichnet war.

Trotz dieser amateurhaften Erfindungen war Papà ein mehr als durchschnittlicher Sonntagsmaler mit einem bemerkenswerten Sinn für Farben und Kompositionen. Das Endresultat seiner Ausflüge waren oft Bilder, wohl wert, gerahmt zu werden, in denen eine glückliche Verbindung aus Talent und schlechtem Sehvermögen einige wahrlich vergnügliche, beschwörende Impressionen vom Tigullischen Golf schuf, wie er sich von seiner diesigsten, träumerischsten Seite zeigte.

Manchmal blieb Papà nach dem Mittagessen bei uns, um uns von einem besonders interessanten medizinischen Fall zu erzählen oder auf seiner Gitarre zu spielen und uns etwas vorzusingen. Er hatte ein gutes musikalisches Gehör und eine kräftige Stimme, und obwohl er wenig mehr als die Grundakkorde auf der Gitarre beherrschte, wußte er sich ihrer gut zu bedienen. Die Lieder waren zum größten Teil Arbeiterlieder, die meisten aus dem Bezirk in Piemont, der während seiner frühen Zeiten in der Abgeordnetenkammer sein Wahlkreis gewesen war. Die Reisfelder von Piemont, wo er seine ersten bedeutenden parlamentarischen Schlachten im Interesse der *mondine* schlug, der Frauen, die auf den Reisfeldern arbeiteten, waren schamlos und tragisch vernachlässigte Brutstätten für Malaria und Tuberkulose. Hin und wieder erlaubte sein „dritter Mann" Papà, in seinen manchmal komischen und manchmal tragischen Liedern ein paar echte Gefühle zu zeigen. In diesen seltenen Augenblicken, besonders, als er schon ziemlich alt, seine Stimme rauh geworden und sein Stimmumfang begrenzt war, brachen seine Gefühle mit großer Intensität aus ihm hervor. Wenn dieser Moment kam, hörten wir mit Tränen in den Augen zu. Papà hat wahrscheinlich nie gewußt, daß unsere Tränen nicht der Schönheit des Liedes galten, sondern unserer Vorausahnung, daß wir uns dereinst nach ihm und nach dem Glück, das wir damals miteinander teilten, zurücksehnen würden.

Die für das Leben am Strand typische Freiheit und Verantwortungslosigkeit linderten meine Verzweiflung darüber, daß die Maffis Genua voraussichtlich verlassen würden, und in der Glut der Sommersonne verdampfte das zwanghafte Bild, wie Nora gerade in einen Zug nach Mailand einsteigt, und mit ihm meine Qual. Aber eines Tages kam wie aus heiterem Himmel der Herbst. Glücklicherweise fiel Noras Abreise in die Zeit, als ich das große Zittern vor den Prüfungen bekam. In dem Durcheinander von Gefühlen und Ängsten und bei der allgemeinen Aufgeregtheit, die junge Menschen solchen Anlässen entgegenbringen, hatte das Ereignis sogar etwas Festliches an sich, und erst Stunden später, nachdem Noras

Taschentuch längst hinter einer Schienenkurve verschwunden war, ergriff mich mit ganzer Macht, was in Wirklichkeit geschehen war. Bis in den frühen Morgen hinein saß ich an meinem Tisch und schrieb einen langen und verzweifelten Liebesbrief. Die Antwort kam eine Woche später. Es waren ein paar hastig geschriebene Zeilen, die kommentarlos den Empfang meines Briefes bestätigten. Die Sätze waren kurz, aber in ihnen klang Noras fröhliche Vitalität auf. Sie schrieb etwas über die Schule und beklagte sich über Langeweile. Sie erwähnte das Wetter und schrieb, daß sie Sehnsucht nach Cavi hätte. Sie fragte nach meinen Prüfungen und schloß mit dem Wort *abbracci*, das sie mehrdeutig-unpersönlich gebrauchte.

Der Brief stürzte mich in Panik. Ich las ihn und las ihn wieder und hoffte, einen Schlüssel für einen Geheimcode zu finden, aber es gab nicht die leiseste Andeutung einer zweiten Sprachebene; ihre Worte waren so klar, wie wenn sie redete. Statt dessen erkannte ich in ihrer unsicheren, großen Handschrift ihre Eigenheiten wieder, den Klang ihrer Stimme, wenn sie verlegen war, jene nervöse, gerade ein wenig zu wagemutige und laute Fröhlichkeit. Ich hatte erwartet, einen leidenschaftlichen Erguß zu lesen, von ihrer Beschwörung unserer ewigen Liebe, ihrer Verzweiflung über unsere Trennung und Worte der Sehnsucht und der Hoffnung. Nichts von alledem.

Und so blieben auch unsere Briefe, meine lang und leidenschaftlich, ihre so, als würde irgendein geheimnisvolles zensorisches Organ, im Dunkel ihres Körpers versteckt, aus dem, was sie schrieb, alles herausstreichen, was sich auf ihre Gefühle

Duellierende Bärte: Noras und Addas Vater und Onkel,
Fabrizio und Fabio Maffi

bezog. Ein paar Monate später, als ich meinte, daß ihre Briefe
weniger regelmäßig eintrafen, versuchte ich einmal, sie anzurufen. Ferngespräche waren damals in Italien immer noch ein
besonderes Ereignis. Man mußte zur Telefonzentrale an der
Piazza de Ferrari gehen und den Anruf bestellen. Manchmal
betrug die Wartezeit für einen Anruf nach Mailand bis zu
zwei Stunden. In der Pension, in der sie wohnte, gab es kein
Telefon, aber ich hatte ihr ein Telegramm geschickt mit der
Nachricht, daß ich sie zu bestimmter Stunde an einem bestimmten Tag im Haus ihres Onkels Attilio anrufen würde. Jedoch, als ich durchkam, klang ihr Onkel feindselig und sagte,
er wüßte nichts von dem Anruf.

So also taumelte unsere Korrespondenz in wechselnden Stimmungen und Rhythmen dahin, bis ich etwa drei Monate nach ihrer Abreise keine Antwort auf meine Briefe mehr erhielt. Nach ein paar Wochen des Elends entschloß ich mich, nach Mailand zu fahren, und eines Tages in den frühen Morgenstunden bestieg ich voller dunkler Vorahnungen den Lombardei-Schnellzug. Als der Zug schließlich in den großen Mailänder Hauptbahnhof mit der Glaskuppel einrollte, konnten mich die Beine kaum tragen. Ich schwankte zu einem Taxi und stieg fünfzehn Minuten später vor einem grauen, nicht sehr gepflegten sechsstöckigen Gebäude aus, dessen Eingang inmitten einer Reihe von Billiggeschäften mit überfüllten Schaufenstern kaum erkennbar war.

Ich stand auf dem Bürgersteig und sammelte noch meine Gedanken und meinen Mut, als ich Nora, frisch wie eine wildwachsende Blume im Frühling, erblickte, wie sie gerade aus dem Gebäude herauskam und fast in mich hineinlief. Ich packte sie bei den Schultern und blickte ihr, unfähig, auch nur ein einziges Wort zu sagen, direkt in die Augen. Sie senkte die ihren und murmelte, während sie meinen Griff abschüttelte, ein kaum hörbares „Tut mir leid". Dann warf sie einen ängstlichen Blick in Richtung eines großen, hübschen jungen Mannes, der sich an ein protziges Auto lehnte. Ohne auch nur einen Abschiedsblick auf mich lief sie auf ihn zu, die beiden setzten sich in den Wagen, und mit schrill kreischenden Reifen fädelte er sich in den Verkehr ein und verschwand.

Ich weiß nicht, wie lange ich dastand, gelähmt, völlig niedergeschlagen und verwirrt. Dann kam Mario heraus und hielt mich lange umarmt. Langsam führte er mich in die Eingangshalle des Gebäudes, und dort setzten wir uns auf eine Bank. „Was ist passiert?" „Du wirst es nicht glauben", sagte Mario, „aber sie schwärmt für diesen Idioten, der in Addas Klasse geht. Du weißt, wie wild sie ist auf schicke Autos. Na ja", fügte er nach einer langen Pause hinzu, „du weißt ja, wie sie ist."

Da Vater darauf bestand, schrieb ich mich in der Scuola Superiore di Commercio in Genua ein, obwohl ich mir sicher war, daß ich niemals meinen Fuß in das Gebäude setzen würde. In der darauffolgenden Woche, im Alter von neunzehn Jahren, fuhr ich nach Zürich ab.

ZÜRICH

Es war einer dieser strahlenden Herbsttage in Zürich, an denen man, wo auch immer man war, den Eindruck hatte, daß die Berge und der See der Stadt ein wenig näher gerückt waren. Ich erinnere mich nicht, wer mir den Namen der Pension Doberli in der Bussinger Straße genannt hatte, wo ich an diesem Morgen gerade hinging. Die Pension war im ersten Stock eines vierstöckigen Hauses, das halb versteckt zwischen den Bäumen und Büschen eines vernachlässigten Gartens lag – ein undurchdringliches Stück Regenwald. Dieses wilde Stückchen Natur hatte inmitten der zwanghaften Ordentlichkeit einer schweizerischen Stadt einen gewissen Charme.

Ich mußte viermal klingeln, bevor ich eingelassen wurde. Einen Augenblick lang hatte ich befürchtet, daß es an diesem Ort mit allem so gegangen war wie mit dem Garten, aber in dem Moment, als ich in den kleinen Eingangsflur der Pension Doberli trat, wußte ich, daß ich falsch lag. Der Geruch nach Bohnerwachs und der Glanz auf dem Türgriff sagten mir, daß ich mich durchaus in der Schweiz befand. Und ebenso Frau Doberli selbst in ihrer makellos weißen Schürze, mit ihren hellblauen, tief in ihre runzelige, sonnengebräunte Haut eingesunkenen Augen und ihrem grauen Haar, das sie eindrucksvoll zu einem festen Knoten im Nacken zusammengefaßt hatte. In dem kräftigen Auf und Nieder ihres Händeschüttelns lag etwas Komisches, und ihr Lächeln erinnerte mich sofort daran, daß mir die Zahncreme ausgegangen war.

„Mußten Sie lange klingeln?" fragte sie in perfektem Deutsch. „Ich war gerade dabei, einem reizenden italienischen Studenten die beiden Zimmer zu zeigen, die noch nicht vermietet sind. Verzeihen Sie mir bitte." „Nun, in gewisser Weise bin auch ich ein italienischer Student", sagte ich, als wir in das gemütliche, sonnenbeschienene Wohnzimmer mit einfachen hellen Möbeln und einer Menge gerahmter Fotos an den Wänden hineingingen.

Ein junger Mann erhob sich unbeholfen vom Sofa. Er zwang sich zu einem Lächeln. „*Buon giorno.* Habe ich richtig gehört, daß wir beide Italiener sind? Was für ein Zufall!" Ich wußte nicht, ob in seiner Stimme Ironie lag oder nicht. Während wir uns die Hände schüttelten, stellte er sich als „Giorgio Cacciapuoti, Politechnikum, Schiffbau, drittes Semester" vor. Nachdem er sich aufgerichtet hatte, war er der größte Italiener, den ich je gesehen hatte. „Ich habe Probleme mit meinem Rücken", fügte er hinzu. „Ich hatte einen schweren Sturz in Gstaad."

„Mein Name ist Leo Lionni, Universität, Volkswirtschaft, erstes Semester." Es war das erste Mal, daß ich mich so vorgestellt hatte. „Nun ja", fügte ich verlegen hinzu, „ganz so ist es nicht, aber ich werde das später erklären."

Frau Doberli, die während unserer seltsamen Vorstellung gewartet hatte, sagte: „Meine Herren, lassen Sie mich Herrn Linni die Zimmer zeigen. Vielleicht können Sie sich untereinander einigen."

„Lionni", stellte ich richtig.

„Ach ja, Lionni. Was für ein hübscher italienischer Name!"

„Na ja, eigentlich…“, und plötzlich bemerkte ich, daß in Hinblick auf meine Person alles kompliziert war. Es war ein widerliches Gefühl.

„Kommen Sie“, sagte Frau Doberli plötzlich ungeduldig, „kommen Sie mit mir.“

Giorgio, der die Besichtigungsrunde vor meiner Ankunft gemacht hatte, kam trotzdem mit.

Das erste Zimmer hatte eine ungewöhnliche Form. Es war sehr lang und sehr schmal; mit seinem weißen Metallbett und dem weißgestrichenen Kleiderschrank und Tisch sah es aus wie ein Krankenhauszimmer.

„Wo würde ich eine Staffelei aufstellen?“ war mein erster Gedanke. Und zum ersten Mal merkte ich, wie absurd das war. Ich hatte die Staffelei, die ich in Genua so dringend gewollt hatte, kaum benutzt. Sie war nur wenig mehr als eine Dekoration und ein peinliches Konversationsthema gewesen. War mein Leben nicht schon vieldeutig genug?

Das andere Zimmer war viel größer und von normalen Proportionen, und mit seinen hellen Möbeln stellte es eine kleine Version des Wohnzimmers dar, in dem Giorgio und ich uns kennengelernt hatten. Es besaß einen geräumigen Balkon, der auf den Regenwald hinausging. Ein Vogelnest.

„Ich habe eine Idee“, sagte Giorgio. „Wenn es Ihnen nichts ausmacht, das Schlafzimmer mit mir zu teilen, könnten wir gemeinsam die beiden Zimmer bewohnen. Wir könnten noch ein Bett in das lange Zimmer stellen und dies hier als Arbeitszimmer benutzen und“ – er zwinkerte mit den Augen – „ein paar junge Damen zum Tee hierher einladen.“

„Das gehört sich aber nicht", sagte Frau Doberli lachend. „Doch mir wäre es recht, wenn Sie das so wollen."

Ich war in die Enge getrieben. „Also, von mir aus gern." Und so geschah es, daß Giorgio Cacciapuoti und ich zu lebenslangen Freunden wurden, beinahe zu Schwägern, und daß ich süchtig wurde nach französischer Lyrik. Eine Zeitlang.

Es war ein merkwürdiges Jahr. Zum ersten Mal in meinem Leben kostete ich das unbeschwerte, berauschende Vergnügen, frei und unabhängig zu sein, obwohl mich meine Gleichgültigkeit hin und wieder überraschte. Ich hatte erwartet, daß mich der Verlust meiner ersten großen Liebe quälend verfolgen würde, aber nur in seltenen Momenten der Einsamkeit streifte das Gespenst der Eifersucht und der Sehnsucht durch meine Nächte.

Ich wußte, daß ich mich auf einem Weg befand, der mich irgendwohin führen würde – wohin, konnte noch niemand wissen. Ich nahm an, daß Vater es wußte, oder dachte, er wüßte es, und er muß wohl geglaubt haben, daß ich es wüßte. Ich spielte meine Rolle als Student der Wirtschaftswissenschaft an einer Universität, an der ich formal noch nicht einmal zugelassen worden war. Mein Modus Vivendi mit Giorgio war der einzige befriedigende Aspekt dieses neuerlichen Aufgusses früherer Fehlschläge. Unsere anfängliche gegenseitige Sympathie entwickelte sich zu einer festen Freundschaft. Giorgio stellte sich als freundlicher, sogar lieber Gefährte heraus, der seinen Zimmergenossen als leicht verrückten Intellektuellen betrachtete, als reizenden, harmlosen Träumer, der einen Mittelsmann zwischen sich und der harten, praktischen, langweiligen Welt brauchte, um mit den endlosen kleinen Eventualitäten fertig zu werden, denen sich leider alle menschlichen Wesen stellen müssen.

In den Betten vor dem Einschlafen redeten und redeten wir über seine und meine Kindheit, die Mädchen, die wir geliebt hatten, unsere Ambitionen, unsere Überzeugungen und unsere Zweifel. Während ich als Einzelkind ihm wenig über meine Familie erzählen konnte und, egozentrisch, wie ich war, es vorzog, von meinen eigenen Problemen zu sprechen, und dabei eine Identität für mich selbst definierte, schien Giorgio immer unbedingt über seine Mutter reden zu wollen und über seine beiden Schwestern und seine Tante, die ein *pensionnat de jeunes filles* an dem See nicht weit von Lausanne führte, und er schlug vor, daß ich ihn in den Weihnachtsferien begleiten sollte. Wie die meisten jungen Männer in ähnlichen Situationen hoffte er, daß sich sein bester Freund in seine Schwester verlieben und sie schließlich heiraten würde. Das wäre nicht nur eine Garantie gegen die bedrohliche Möglichkeit, daß irgendein dummer, pickliger unbekannter Fremdling seine geliebte Colette bezaubern und sie davontragen würde, sondern es würde auch unsere Freundschaft für alle Zeiten sichern.

Als Giorgio das letzte Novemberblatt von seinem Kalender abriß, näherte sich seine Erregung über unsere nahenden Ferien allmählich ihrem Siedepunkt. Er zeigte mir Fotos von den verschiedenen Familienmitgliedern, besonders von Colette, wobei seine Lieblingsbilder postkartengroße Aufnahmen von ihr waren, auf denen sie gerade auf den flachen dunklen Felsen eines Urlaubshotels an der französischen Riviera saß oder stand oder lag. Mit der Besorgnis und Intensität eines indischen Heiratsvermittlers, der befürchtete, daß ihm das

Geschäft seines Lebens durch die Finger gleiten könnte, legte er mir Fotos von Colette in einem knappen Badeanzug vor und machte ohne das geringste Zeichen von Verlegenheit auf ihre hervorstechendsten Merkmale aufmerksam und ließ sich lang und breit über ihre Schönheit, Intelligenz und Klugheit aus. Obwohl ich zu jener Zeit noch fest an die Objektivität der Fotografie glaubte, war ich skeptisch. Wenn Colette ganz so war, wie Giorgio sie beschrieb, warum sollte sie dann an der Tür stehen und auf mich warten? Warum sollte sie nicht einen Galan haben?

Gerade als der Weihnachtstaumel in Zürich fast unerträglich wurde, fuhren wir nach Lausanne ab. Mit Ausnahme von Cavi, das mir ein zweites Zuhause geworden war, hatte ich niemals mehr als eine gelegentliche Nacht im Haus von Freunden verbracht. Ich war aufgeregt und ein wenig ängstlich. Was würde geschehen, wenn das ganze Projekt scheitern würde und ich kein einziges Mitglied von Giorgios Familie ausstehen könnte, was würde ich dann tun? Was machte ich hier in diesem Zug und brauste dahin, um Leute zu besuchen, die ich nicht wirklich kennenlernen wollte? Was war das für eine Liebesaffäre mit einem Mädchen, das ich nicht kannte? Wie sollte ich da nur herauskommen und einen Zug nach Genua, nach Hause nehmen, ohne meinen besten Freund zu beleidigen? Ob Nora wohl gerade in einem ähnlichen Zug saß und in ein ähnliches Nirgendwohin fuhr?

Am Bahnhof wurden wir von Giorgios jüngerer Schwester Yolanda und einer jungen Frau namens Natasha abgeholt, die man mir als „unseren russischen Gast" vorstellte. Yolanda sah

Ich als junger Student

ganz anders aus als die, die ich von Fotos her kannte. Sie war größer und dünner, als ich erwartet hatte, und viel geselliger, als Giorgio sie beschrieben hatte. Ich wußte, daß sie nahezu taub war, aber darauf trainiert, wie ich von der Taubheit meines Vaters her war, hatte ich keine Schwierigkeiten, mich mit ihr zu unterhalten. Ihr langes Gesicht, ihr heller Teint, ihre großen, weit auseinander stehenden Augen und ihr langes, offenes blondes Haar kamen mir merkwürdig vertraut vor: Sie erinnerten mich an die Aquarellillustrationen in einem schwedischen Kinderbuch, das ich einmal besessen haben mußte. Yolanda war zwei Jahre jünger als ich, im selben Alter wie Nora, aber sie sah aus und verhielt sich wie ein sehr redseliges, aber viel jüngeres Mädchen. Natasha war gut über zwanzig. Ich erinnere mich an sie als klein und ein wenig pummelig in der Cacciapuoti-Welt der Riesen, eine ruhige junge Frau, die leise sprach, mit einem harten russischen RRRRRR, immer in große wollene Schals gehüllt.

Zu meiner Enttäuschung gab es kein Anzeichen von Colette, als wir in den Garten der Cacciapuotis hineinfuhren. Statt dessen sah ich eine eher kleine, rothaarige Frau, die aus der Tür auf uns zugelaufen kam. Es war unmöglich, sie sich als Giorgios Mutter vorzustellen, und doch wußte ich, daß sie eben diese war. Außer den kobaltblauen Augen, die man selbst aus der Entfernung erkennen konnte, hatte sie nichts an sich, was auch nur leise den Zügen ähnelte, die Giorgio und Yolanda gemeinsam waren. Nachdem sie Giorgio umarmt hatte, umarmte sie mich, als hätte sie mich schon immer gekannt.

Kaum hatten wir uns im großen Wohnzimmer niedergelassen, als Colette hereingestürzt kam. Mit einem Freudenschrei sprang sie auf Giorgios Schoß, küßte ihn, sprang wieder hoch, um bewegungslos vor mir stehenzubleiben, und sagte mit tiefernster Miene und im melodramatisch halb geflüsterten Ton der Femme fatale: „Und wer ist dieses bezaubernde Geschöpf?" Worauf ich mit gleicher Ironie antwortete: „Der Mann, den du liebst, Darling." „Achte gar nicht auf sie", sagte Giorgio, „*e un po' matta.*" Dann gingen wir alle die Treppe hinauf, und sie zeigte mir mein Zimmer.

Während mir bis dahin alles sehr anders vorkam als auf den Bildern in meinem Kopf, die ich mir nach Giorgios Beschreibungen gemacht hatte, entsprach Colette fast genau meiner Vorstellung. Völlig unerwartet jedoch war die Macht ihrer

Gegenwart, die außergewöhnliche Art, wie sie beanspruchte, im Mittelpunkt des Interesses zu stehen. Und Giorgio hatte recht gehabt – sie war ziemlich überwältigend. Aber ihre Schönheit widersetzte sich der Erklärung und Beschreibung. Man hätte vielleicht sagen können, daß ihre Nase zu stark hervorsprang und sie sich zu steif hielt, doch niemand hätte in Abrede gestellt, daß sie außergewöhnlich schön war.

Beim Abendessen konnte ich meine Augen nicht von ihr abwenden, aber das war in Ordnung, da sie gelassen die Unterhaltung während des ganzes Mahls bestimmte und erreichte, daß ich mich wie zu Hause fühlte. Offensichtlich betete sie ihren Bruder an, selbst wenn sie nicht mit Ironie sparte, wann immer er eine Meinung oder ein Gefühl ausdrückte. Trotz seiner Größe behandelte sie ihn so, als ob er nicht ganz erwachsen wäre, und wollte deutlich machen, daß sie eben dies an ihm liebte. Aber während des Essens brachten ihn ihre raschen Wortgefechte mehr als einmal in Verlegenheit, wenn er, offenbar zu meinem Vorteil, das Opfer ihres spitzen Humors geworden war. Wenn sie das bemerkte, bot sie ihren ganzen Charme auf, um den vorübergehenden Schaden, den sie angerichtet hatte, wiedergutzumachen und ihm ihre Liebe zu offenbaren.

Während dieses ersten Abendessens redete Mutter Cacciapuoti nicht viel. Sie überließ den jungen Leuten die Bühne und wußte dabei mit uraltem Instinkt, daß ihr Augenblick schon noch kommen würde, wann immer sie beschloß, Anspruch darauf zu erheben. Nach dem Essen zogen wir ins Wohnzimmer, wo Natasha, deren Position im Haushalt nie ganz klar war, gerade die Möbel umstellte. Als ich Colette fragte, was da vor sich ginge, flüsterte sie: „Heute ist Mutters großer Abend. Ihnen zu Ehren kriegen wir eine besondere Darbietung." „Eine Darbietung wovon?" fragte ich verblüfft. „Weiß ich nicht. Manchmal ist es Theater, manchmal ihre eigene, persönliche Philosophie, und manchmal sind es Gedichte. Maman ist schon etwas Besonderes." Plötzlich bemerkte ich, daß wir französisch sprachen. Und daß das gutturale R, das bei Giorgio eine Affektiertheit seiner Gesellschaftsklasse zu sein schien, in Wirklichkeit ein leichter französischer Akzent in dem sonst perfekten Italienisch war, das sie alle sprachen.

Colette setzte sich auf das Sofa, das man an die Wand geschoben hatte, und winkte mir, mich neben sie zu setzen. Sie plazierte Yolanda auf die andere Seite neben mich. Giorgio war in einen der beiden Sessel in der Ecke in der Nähe des Fensters gesunken und las in einer Zeitschrift. Mutter Cacciapuoti hatte sich in dem anderen Sessel niedergelassen, direkt uns zugewandt. Sie blätterte in einem Buch; neben ihr, auf einem kleinen Tisch, lagen noch mehr Bücher, und ein großer silberner Aschenbecher stand auch da. Natasha hantierte am Arm einer Wandlampe mit einem kleinen roten Seidenschirm herum. Sie richtete sie aus, und als sie eingeschaltet wurde, tauchte ihr Licht Mutter C. in eine rote Glut.

Niemand sagte ein Wort. Da ich nicht die geringste Ahnung hatte, was gleich passieren würde, fühlte ich mich unbehaglich und wußte nicht, wo ich hinsehen sollte. Lief das auf eine Séance hinaus? Ich haßte jede Situation, in der ich die

Kontrolle verlieren könnte – Hypnose und so weiter. Colettes Hand lag unter meinem Arm, und fast unmerklich trommelte sie mit den Fingern, als ob sie gerade an einen schnellen Marsch dachte. Plötzlich erloschen alle Lichter außer der kleinen roten Lampe.

In der Beinahe-Dunkelheit wirkte Mutter C.'s Haar wie eine flammende Fackel. „Es geht los", flüsterte mir Colette ins Ohr. Und dann erhob Mutter C. sich aus ihrem Sessel, trat langsam einen Schritt nach vorn und kündigte mit leicht schüchterner und unsicherer Stimme an, daß sie ein Gedicht von Albert Samain rezitieren wolle, einem wenig bekannten französischen Dichter, einem Zeitgenossen von Baudelaire und, wie sie glaube, ebenso großartig. Sie trat noch einen Schritt vor, und dann, mitten im Zimmer, unmittelbar vor mir, mit ihren großen blauen Augen direkt in meine blickend, begann sie mit sicherer dramatischer Stimme ein Gedicht zu deklamieren, das erste, das mir von Anfang bis Ende ein kaltes Schaudern den Rücken herunterlaufen ließ.

J'ai secoué du rêve avec ma chevelure. Un long frisson
me suivant
comme un bruit de feuilles dans le vent
et ma beauté jetait des feux comme une armure…

Es war ein langes Gedicht, und als das letzte Wort im Schweigen erstarb, wollte ich applaudieren, konnte aber meine Hände nicht erheben. Ein kaum hörbares „*Incroyable*" war alles, was ich zustande brachte. Zum ersten Mal hatte ich wirklich Lyrik gehört. Mutter Cacciapuoti wußte es. Mit einem glücklichen Lächeln und geschlossenen Augen ließ sie sich in den Sessel zurückfallen. Dann, nach ein paar Augenblicken, sagte sie mit normaler Stimme, die plötzlich wie aus einer anderen Welt zu kommen schien: „Jetzt würde ich euch gern ein paar kurze Gedichte von Samain vorlesen und euch ein bißchen über sein Leben erzählen."

Dieser magische Abend fand vor mehr als sechzig Jahren statt. Ich habe den Anfang von Samains Gedicht aus dem Gedächtnis niedergeschrieben, obwohl mein Gedächtnis mir vielleicht nicht perfekt dienlich ist. Ich weiß, daß es bessere Gedichte auf der Welt gibt, aber dieses führte mich in Bereiche meines Geistes und meines Herzens, die ich noch nie durchstreift hatte.

KRISE

Ich kann nicht erklären, was mich bewog, den Brief zu schreiben, den ich Vater weniger als einen Monat nach meiner Rückkehr aus Lausanne schrieb. Es muß einen besonderen Anstoß für die plötzliche Erkenntnis gegeben haben, daß mein Leben überhaupt keinen Sinn machte. Die groteske Vorstellung, daß ich, wie beabsichtigt, in einem einzigen Jahr den ganzen Lernstoff des Liceo Classico beherrschen könnte, während ich gleichzeitig Wirtschaftswissenschaft und Verfassungsrecht an der Universität Zürich studierte, war reine Torheit. Ich hätte es wissen sollen, als ich das Buch über organische Chemie nach dem zweiten Kapitel „vorübergehend" beiseite gelegt hatte. Ich hätte es wissen sollen, als meine Griechischkenntnisse in einem ganzen Jahr nicht viel weiter gediehen waren als bis zum Genitiv von *anthropos*. Es gelang mir meisterlich, jegliche kritische Einschätzung, jegliche Gegenüberstellung von Zielen und dem, was ich geleistet hatte, zu vermeiden. Ich lebte in der Illusion, daß ich dabei sei, das Ziel zu erreichen, als ob *erreichen* ein intransitives Verb wäre.

Und in gewisser Weise stimmte das natürlich. Nicht die ganze Zeit war verschwendet: Ich lernte viele Dinge, die sich nicht lehren lassen. Auf lange Sicht war die Entdeckung der französischen Dichtung für mich wahrscheinlich bedeutender als drei Jahre griechische Grammatik. Allein leben zu lernen war wahrscheinlich nützlicher als zwei Jahre organische Chemie. Nora zu verlieren und eine junge Frau wie Colette zu kennen hatte mich letztlich reifer gemacht als ein Kurs in Weltgeschichte. Und dann hatte ich ja durchaus gut gelebt. Ich hatte *Rösti* und Weißwurst gekostet; ich hatte getanzt zur Musik von Jack Hylton, meine Hand durch den bläulichen Glanz gleiten lassen, der im Haar einer Frau flimmerte, mich treiben lassen im Duft blühender Linden. Ich hatte gesehen, wie sich die Wände einer Bierhalle, die so riesig war wie der Mailänder Bahnhof, zum Klirren der Krüge krümmten und bogen, und ich hatte meine Stimme hinaufgeworfen bis zur höchsten Alp im Engadin ...

Der *Brief*, wie er danach immer nur genannt wurde, war für mich, als ich ihn beendet hatte, eine ebenso große Überraschung, wie er es für Mutter und Vater gewesen sein muß. Denn das Schreiben hatte, wie das oft geschieht, mich gezwungen, das konfuse Bild meines konfusen Geistes, hin und her gerissen zwischen Treuepflicht und Eigeninteresse, zwischen Leidenschaft und Vernunft, zwischen Utopia und dem morgigen Frühstück, zu strukturieren. Das Ergebnis war ein alter Kompromiß, der schon in Wartestellung gelegen hatte seit meiner Freundschaft mit Claude Martin, einem verrückten Schweizer Cineasten, der mich in die Werke von Viking Eggeling, René Clair und Walter Ruttmann eingeführt hatte. Jetzt endlich erlebte dieser Kompromiß seinen kurzen Augenblick des Triumphs in der Rhetorik eines Vorschlags, der, wenn er angenommen worden wäre, meinen Lebensweg vielleicht in völlig andere Bahnen gelenkt hätte.

Mein Vorschlag gegenüber meinem Vater war, daß ich die Idee, mich auf die Abschlußprüfung am Liceo vorzubereiten, aufgeben und Zürich verlassen sollte, aber anstatt mich kopfüber in die Unsicherheiten einer Karriere als Maler zu stürzen, was Vater gewiß mißbilligt hätte, sollte ich versuchen, am Centro Sperimentale di Cinematografia in Rom zu einem dreijährigen Lehrgang für Filmregie zugelassen zu werden. Mein wesentliches Argument war, daß die Hauptsache bei einer erfolgreichen Karriere als Filmregisseur die Kombination einer großen Vielfalt von Interessen sei, wohingegen einige meiner vielen Talente verschwendet wären, wenn ich einen spezialisierten Beruf wie etwa Architektur wählen würde. Ich hatte diplomatisch, wie ich meinte, die Malerei überhaupt nicht erwähnt. Eine Woche, nachdem ich den *Brief* abgeschickt hatte, erhielt ich von Vater ein Telegramm mit der Nachricht, daß er am nächsten Morgen in Zürich ankommen und zwei Tage dableiben würde, um „die Situation zu besprechen".

Von dem Moment an, als wir uns auf Bahnsteig vier des Züricher Hauptbahnhofs umarmten, wußte ich, daß alles in Ordnung gehen würde. Ich wußte es, als ich mit einem raschen Blick Vater ins Auge sah, das so klar war und so genau wie das vergrößerte Foto eines Auges in einer wissenschaftlichen Zeitschrift. Nie werde ich die absolute Perfektion der Iris vergessen, die leuchtende Schönheit der graublauen Strahlen, die von außen nach innen auf das Tiefschwarz der Pupille zuliefen. Das war ganz und gar Vater, die Klarheit und Schärfe seines Geistes, die Eleganz seiner Logik, die ruhige Selbstsicherheit, sein bedächtiges Wesen und sein sicherer Geschmack.

Vater sah überraschend sanftmütig aus, und er entspannte sich, als er das Thema anschnitt, gleich nachdem wir uns in unsere Sessel in der Eingangshalle des Hotels Baur au Lac niedergelassen hatten, wo er übernachtete. Was er sagte, war im wesentlichen dies: Schau mal, es ist dein Leben, über das wir reden wollen, ich bin nur als Ratgeber gekommen, als Finanzier und, nicht zuletzt, weil ich dein Vater bin. Ich denke, ich weiß, was du wirklich machen willst, wir haben das schon in der Vergangenheit besprochen. Es wird dir niemals Ruhe lassen. Andererseits zwingt einem das Leben oft seine eigenen Notwendigkeiten auf, und deswegen, glaube ich, wäre es weiser, anstatt sich in eine Situation wie die Sache dort in Rom hineinzustürzen, wo du dich auf drei Jahre verpflichten müßtest, drei deiner kostbarsten Jahre, wenn du dir die Tatsache zunutze machen würdest, daß du einen Platz zu Hause hast, der es dir bequem erlauben würde, die Dinge in Ruhe zu überlegen, und wenn du etwa im Herbst immer noch so empfindest wie jetzt, dann fahr hinunter nach Rom und schau dir die Verhältnisse da mal an. Bis dahin könntest du ein wenig Zeit mit Malen verbringen und mit deinen Freunden und vielleicht ein bißchen lesen und reisen.

Ich war erstaunt und buchstäblich sprachlos. Mein Gefühl der Erleichterung läßt sich nur damit vergleichen, wie ich mich fühlte, als ich vor ein paar Jahren nach meiner Magenoperation das Bewußtsein wiedererlangte und plötzlich aus dem längsten, verwickeltsten und furchterregendsten Alptraum, den ich je erlebt hatte, erwachte und dabei in die gesunden, lächelnden, beruhigenden Gesichter Noras und

Mein Vater und ich – zwei Holländer im Ausland

unserer Enkelin Annie blickte, die mich von oben her an-
sahen.

Es war eine Ironie, daß es Vater sein sollte, der etwas vorschlug, was ich mich nie getraut hatte, in Erwägung zu ziehen,
da ich mir sicher gewesen war, Vater würde sich heftig wider-
setzen, daß ich keine formale Ausbildung irgendeiner Art,
egal welcher, abschloß. Später erklärte er mir, warum ihn eine
cinematografische Karriere nicht begeisterte. Da das Filme-
machen so viel Kapital erfordert und so stark von privaten In-
vestoren abhängt, gab es einen fürchterlichen Wettbewerb auf
allen Ebenen dieser Industrie.

Erst als der Gotthard-Expreß mit Vater den Züricher Bahnhof verlassen hatte und in Richtung Genua dampfte, hatte ich

plötzlich das Gefühl, als hätte Vater meine ganze Anspannung in seiner neuen, schweinsledernen Aktentasche mitgenommen. Ich stand ziemlich lange auf dem Bahnsteig, starrte auf die leeren Gleise und fragte mich, ob es menschenmöglich wäre, an gar nichts zu denken. Und dann fand ich mich wieder, wie ich an einem kleinen runden Tisch bei Rumpelmayer saß, mit einem gewaltigen Coupe Dänemark vor mir. Aber erst als ich am nächsten Morgen erwachte, war ich in der Lage einzuschätzen, was die Entscheidung alles implizierte, und die Dinge nach Vorrang und Bedeutung zu ordnen, die jetzt zu tun waren.

Ich hatte Vater gesagt, daß ich ungefähr eine Woche brauchen würde, meine Angelegenheiten zu regeln. Das glaubte ich. Und doch war ich gleich am nächsten Tag schon lange vor dem Abendessen abfahrbereit. Ich hatte es wundersamerweise geschafft, mittags in der Kronenhalle mit Giorgio ein improvisiertes Abschiedsessen einzunehmen, meine Verhältnisse an der Universität zu regeln, Frau Doberli zu bezahlen, mein Konto beim Schweizer Bankverein aufzulösen, meine Koffer zu packen, meine Fahrkarte zu kaufen und mich fertigzumachen, um mich um acht mit Giorgio und einigen unserer Freunde in der Basler Bierhalle zu treffen. Daran, daß dies möglich gewesen war, ließ sich das Maß sowohl meiner Aufregung als auch schweizerischer Effizienz ablesen. In Italien hätte ein ähnliches Unterfangen zwei Wochen gedauert.

Am nächsten Morgen, als mich das Taxi am Bahnhof absetzte, hatte es gerade zu schneien begonnen. Auf der anderen Seite des Bahnhofsplatzes wurde der Nebelschleier, der leicht vor den grauen Bürogebäuden und den Cafés in der Bahnhofstraße gehangen hatte, jetzt zu einer schimmernden Leuchtwand, auf der die vielen Neonreklamelichter sich unmerklich in bloße gelbe, grüne und rote Flecken verwandelten. Ich stieg in den Zug und fand einen Sitzplatz, und als ein leichter Ruck mir anzeigte, daß wir abfuhren, wischte ich mit der Handkante rasch eine Ecke des beschlagenen Fensters frei. Ich wollte einen letzten Blick auf die Stadt werfen, aber ich konnte nichts als eine leere weiße Wand sehen. Ich versteckte mein Gesicht in meinen hohlen Händen, die noch kalt und naß waren vom beschlagenen Fenster. Die Tränen fühlten sich weich und wohltuend warm auf meiner Haut an.

Ich erwachte, als der Zug aus dem Gotthardtunnel heraus- und in einen tiefkobaltblauen Mittelmeerhimmel hineinbrauste. Die grünen Bäume, die gepflegten Gärten am Rand der kleinen Städte, die Cafés, Reparaturwerkstätten, Geschäfte und Fabrikparkplätze glitten sanft vorüber. Es sah alles überraschend wirklich aus. Hinter Chiasso und Como fingen ein paar Mitreisende an, Zeitungen in ihre Aktentaschen zu stecken, Koffer aus dem Gepäcknetz herunterzuholen, für eine hastige Zigarettenlänge auf den Korridor zu verschwinden, in Fahrplänen nachzuschauen, sich das Haar zu kämmen oder einfach ihre Gesichtszüge zurechtzulegen. Wir näherten uns Mailand. Als die ersten Wohnblockreihen an uns vorübersausten, machte mein Herz einen Sprung. Und wenn ich nun in Mailand aussteigen, mir ein Taxi zur Viale Monza nehmen und mich plötzlich an der Tür vorstellen würde? „Ist Signorina Maffi zu Hause?" „Signorina Adda oder Signorina

Nora?" „Signorina Nora." „Wer, soll ich sagen, wünscht sie zu sprechen?" „Sagen Sie ihr…" Das alles war natürlich ganz albern, aber warum zitterte ich dann plötzlich?

Zwei Stunden später fuhren wir in Genuas Stazione Principe ein. Ich winkte eine Kutsche statt eines Taxis herbei, eine sowohl liebevolle als auch trotzige Geste. Kutschen waren ein bißchen teurer und natürlich viel langsamer. „*Via Maragliano dieci, per favore.*" Ich summte ein altes holländisches Lied, das zu dem Klipp-Klapp-Rhythmus der Pferdehufe paßte. „*Ik heb mijn wagen volgeladen…*" Ich erkannte die matte Spätnachmittagssonne wieder und die plötzliche Stille, als wir an der Ecke der Via Venti Settembre in „unsere" Straße einbogen.

Ich vertat ein paar Tage damit, Freunde zu besuchen, ein paar Einkäufe zu machen und mich nur einfach so herumzutreiben, mich dabei auf den plötzlich veränderten Lebensstil einzustellen und an die ständige Gegenwart meiner Eltern und schließlich an den Gedanken zu gewöhnen, daß ich diesmal keine Entschuldigung dafür hatte, nicht die Ärmel hochzukrempeln, ein paar Leinwände zu kaufen und mich ernsthaft an die Arbeit zu machen. Hinten aus meinem Wandschrank, wo alle meine Sachen aufbewahrt worden waren, zog ich meinen schweren Malkasten hervor, fast zu Boden gedrückt von dem ganzen Sortiment Windsor-and-Newton-Ölfarben von „Qualität für den professionellen Künstler", von denen nur Weiß, Schwarz und Blau schon angebrochen waren, und ebenso die Flaschen mit Terpentin und Leinöl, die Holzpalette, ein Päckchen mit meinen Pinseln und *Kriegsstürme*, das einzige richtige Ölgemälde, das ich je gemalt hatte.

Ich erinnerte mich daran, daß ich mir zu einem bestimmten Zeitpunkt eingeredet hatte, es wäre unmoralisch zu versuchen, über ein so häßliches Thema wie den Krieg ein schönes Bild zu malen. Aber bald nachdem ich angefangen hatte, die Idee in einem ersten groben Entwurf festzuhalten, war mir klargeworden, daß ich mich nicht nur ohne das geringste Wissen über Techniken in meine Malkarriere gestürzt, sondern auch unwissentlich in einem der dornigsten Probleme der Kunst verfangen hatte: die vieldeutige Beziehung zwischen den Möglichkeiten und dem Ausdruck, zwischen Thema und Form.

In den frühen vierziger Jahren brachte Saul Steinberg dieses Problem zur Sprache, als er, aus Südamerika kommend, uns kurz nach seiner Ankunft in den Vereinigten Staaten für ein paar Tage in Philadelphia besuchte. Ich hatte ihn damit beauftragt, eine Zeichnung für einen Kunden anzufertigen, den ich damals als Art-director betreute, und er mußte auch ein paar Schafe für eine Zeitschrift zeichnen. In den Vereinigten Staaten noch unbekannt – dies waren die ersten Zeichnungen, zu denen man ihn aufgefordert hatte –, war er ein bißchen nervös und klagte darüber, daß er nicht fähig wäre, sich genügend von dem Syndrom „unschuldig-süßes Schaf" zu lösen und Schafe, die er seinen Worten nach haßte, so zu zeichnen, wie er für sie empfand. Mit jedem Versuch wurden seine Zeichnungen anmutiger und niedlicher, bis er schließlich zu dem Schluß kam, daß es unmöglich sei, eine absichtlich häßliche Zeichnung anzufertigen.

Kriegsstürme widerlegte diese Theorie. An der Oberfläche war es ein häßliches, schmieriges, glitschiges Durcheinander von grauschwarzen Farben, die Ausscheidungen eines vom Teufel Besessenen. Das Gemälde war derart abstoßend, daß niemand, der bei klaren Sinnen war, es lange genug ansehen wollte, um eine Bedeutung oder Motivation in ihm zu entdecken. Unsicher und verwirrt, wie ich war, hatte ich nicht den Mut, *Kriegsstürme* zu vernichten, und legte es wieder zurück in die hinterste Ecke meines begehbaren Einbauschranks. Aus irgendeinem geheimnisvollen Grund verschwand das Gemälde, aber ein Foto von ihm überlebte den Krieg, unsere Umzüge von einem Kontinent zum andern und das Chaos in meiner Fotokartei. Von Zeit zu Zeit taucht es wieder auf, wahrscheinlich um mich daran zu erinnern, daß unschöne Kunst keine Botschaft hinterläßt.

Ich war jetzt bereit zu einem zweiten, weniger ehrgeizigen Anfang. Und in den Wochen, die meiner Heimkehr folgten, vertiefte ich mich derart in die Malerei und darin, über sie nachzudenken, zu lesen, zu reden und zu schreiben, daß ich jegliches Zeitgefühl verlor; ich nahm nicht einmal die sich mehrenden Zeichen zur Kenntnis, daß es Frühling geworden war und auf Ostern zuging.

In den Schaufenstern von Bars, Cafés und Süßwarengeschäften türmten sich spektakuläre Eier aller Art, in allen Größen und Farben. Sie durchliefen die ganze Skala vom riesigen Schokoladenei, das ein ganzes Schaufenster des Caffè Kleinguti an der Ecke der Via Roma und der Piazza Corvetto ausfüllte und mit seinen farbigen Zuckergußumrissen der sieben Kontinente offensichtlich den zerbrechlichen Zustand unseres Erdballs kommentierte, bis zu den Schnüren mit gefärbten

ausgeblasenen Hühnereiern, die das Podium des Caffè Grand
Italia dekorierten, wo jeden Nachmittag in deutlicher Mißach-
tung des Befehls des Duce, jeden Bezug zu britischer und amerikanischer Kultur zu vermeiden, der „five o'clock tea" zur
Musik der „Wiener Women Jazz Band" serviert wurde.

Was diese ganze extravagante Werbekampagne für Ostern
nicht erreichen konnte, gelang der besonderen Qualität der
ersten linden Lüfte, plötzlich erfüllt von den Gerüchen des
Wachsens und Vergehens, die dem Blumen- und Gemüse-
markt entströmten, drei Straßen entfernt auf jenem breiteren
Abschnitt der Via Venti Settembre, der sich von der Via Galata
zur Via Maragliano erstreckte. Sie rief köstliche Erinnerungen
an Tage und Ereignisse ins Gedächtnis zurück, die im frostig
kalten Winter verblaßt zu sein schienen: an die endlose,
schachbrettartige Blumendecke aus Tulpen und Narzissen und
all dem Rot und Gelb und Grün und Weiß, die jetzt den
ganzen östlichen Teil von Holland überzog, dessen Namen
von Dörfern und Blumen längst vergessen waren; an den
Bloemenman und seinen mit Narzissen hoch und voll gepackten Handkarren, aus dem er mit chaplinesker Eleganz romantische Sträuße herauszupfte für nur einen Florin fünfundzwanzig, *meneer*. An die zehn kleinen gelben Daunenbälle, die
um das große weiße Schiff der Mutter Ente herum in dem
flaschengrünen Wasser des Teichs am Maria-Louizasquare in
Brüssel tauchten und auf und ab hüpften; an die erste Baby-
schildkröte, die ich in meinem Leben sah und die, nicht
größer als ein Silberdollar, furchtlos ihren harten kleinen Kopf
ins Licht eines wolkenlosen Morgenhimmels in der Nähe des

schlammigen Ufers des Wissahickon Creeks hob, direkt in der Innenstadt von Philadelphia, Pennsylvania. Und schließlich an den leeren grauen Strand und das flache graue Meer, das beim Anbruch des Tages langsam an Substanz und Farbe und Bewegung gewann, nicht weil hohe Wellen heranrollten und sich auf dem steinharten Sand brachen, sondern weil das Wasser behutsam an dem Band aus Algen nippte, das sich von den schwarzen Schieferfelsen von Lavagna bis hinüber zu denen von Sant'Anna erstreckte, wo wir, nachdem wir von der Decke, die uns während der langen, verzauberten Nacht warm eingehüllt hatte, und von deinem Rock und Pullover den nassen Sand abgeschüttelt hatten, Hand in Hand gingen. Schweigend.

„Was ist los mit dir, *Jongen*? Ich habe dich kein Wort sagen hören." „Mutter, ich habe gerade daran gedacht, daß ich am Donnerstag oder Freitag nach Cavi fahre. Das letzte Mal, daß ich die Maffis gesehen habe, war vor zwei Jahren. Jetzt, wo ich wieder hier bin, vermisse ich sie. Sie sollten zu den Osterferien eigentlich da sein." „Könntest du nicht ihren Onkel anrufen und es herausfinden?" „Ach, ich kann genausogut einfach hinfahren, und wenn sie nicht da sind, dann übernachte ich in der Villa Spinola."

HEIRATE MICH

Ich nahm den Drei-Uhr-Nahverkehrszug nach Sestri Levante vom Bahnhof Brignole aus, der nur zehn Minuten zu Fuß von unserem Haus entfernt lag, und um Viertel nach vier stieg ich hinunter auf den Bahnsteig vor der kleinen Station in Cavi. „*Buona Pasqua, Capo*", rief ich gegen den Lärm des abfahrenden Zuges an, als ich sah, wie der Stationsvorsteher seine grüne Flagge schwenkte. Er stand am Ende des Bahnsteigs, zu weit weg, um mich zu hören oder wiederzuerkennen. Ich wußte das, aber ich verspürte ein ununterdrückbares Bedürfnis, formell neu zu bestätigen, daß dieser Ort, der in so vieler Hinsicht auch mein Ort gewesen war, zu mir gehörte.

„Also so was", sagte der Capo, als er mir die Hand schüttelte. „Wir haben Sie schon eine ganze Weile nicht mehr gesehen. Wo sind Sie gewesen? Wieder in Amerika?" „O nein! Ich war zum Studium in Zürich. Sagen Sie mir doch" – ich war zu besorgt, um mich auf ein langes Gespräch einzulassen – „sind die Maffis hier?" „Das wußten Sie nicht? Sogar der *professore*! Mit einer ganzen Armee! Sie sind alle da."

Hätte ich nicht gewusst, daß man Gefühle, anders als Bilder und Worte, nicht aus dem Gedächtnis zurückholen kann, dann hätte es mich schockiert zu entdecken, daß ich, soweit ich mich erinnere, die hundert Meter oder so zum Landhaus der Maffis ohne die geringste Gefühlsregung ging – wie ein Automat. Aber mein Gedächtnis, so faul und ungenau es ist, weiß auch, daß die richtigen Worte mit der notwendigen erfinderischen Unterstützung für die groben Bilder, die es hervorbringt, schon immer da sein werden. Natürlich wurden, als ich mich dem Haus näherte, meine Schritte schneller und ein wenig unsicher und stockte mir der Atem, und als ich die Treppe zum Eingang hochstieg, klopfte mir das Herz wie rasend.

Die Haustür war geschlossen. Auf der Steinbank unter den beiden riesigen Palmen saßen schläfrig schweigend zwei Carabinieri, und während ich um das Haus herum Richtung Küche ging, bemerkte ich, als ich an einem Raum vorbeikam, den man mir als Papà Maffis Wartezimmer beschrieben hatte, daß drinnen zwei oder drei Leute waren. Aber die Küchentür war abgeschlossen. Obwohl es fast fünf war, drang aus dem Haus kein Lebenszeichen. Schließlich entschloß ich mich zu klingeln. Ich hörte, wie eine Jalousie langsam geöffnet wurde, und als ich hochschaute, gab es einen lauten Aufschrei, und dann kam jemand die Treppe heruntergelaufen. Es war Adda. Wir umarmten uns lange. „*Quanto tempo!*" Dann kamen Bruna und Mario herunter. Jetzt war es sofort eine *festa*. Wir gingen vom Flur ins Wohnzimmer. „Weißt du, Vater wurde entlassen und ist jetzt hier unter Hausarrest. Wir sind schon etwas über zwei Wochen hier." Jeder von uns wollte unbedingt etwas erzählen – über Mailand oder die Schule oder Pläne oder über *il Papà*. Es war eine typische Cavi-Zusammenkunft.

„Und Nora?" wagte ich schließlich zu fragen. „Ich glaube, sie ist in ihrem Zimmer", sagte Mario. „Da ist auch meine deutsche Freundin Kathe", sagte Bruna. „Wir haben verabredet, daß Goffredo und Canepin uns um halb sechs mit ihren Autos abholen. Für sechs Uhr haben wir einen Tisch im Savoy in Santa Margherita. Die haben da eine gute kleine englische Band." Brunas Freundin Kathe kam ins Zimmer. Sie war sehr groß und schwer und schien eine ganze Reihe von Jahren älter zu sein als irgend jemand von uns. Unglücklicherweise wollte sie, als sie hörte, daß ich Deutsch sprach, mich nicht mehr loslassen.

Dann läutete es an der Tür, und die beiden motorisierten Freunde kamen herein, und es gab noch mehr Umarmungen. Und schließlich, als wir alle zur Abfahrt bereit im Flur standen, kam Nora langsam, mit gesenktem Kopf, die Treppe herunter. Als sie an mir vorbeiging, warf sie mir einen schnellen, verstohlenen Blick zu und flüsterte: „*Ciao.*" „O Gott", dachte ich, „wie gut ich dich kenne", als mir ein Schauder über den Rücken lief. Nicht ohne Schwierigkeit gelang es auch mir, „*Ciao*" zu sagen. Glücklicherweise ging dieser peinliche Austausch im allgemeinen freudigen Lärm unter.

Adda und Nora stiegen in Goffredos Coupé, Bruna, Kathe und ich kletterten in Canepins Kabrio, und ab ging's nach Santa Margherita. Als wir den großen, hellerleuchteten Galaraum des Savoy betraten, warteten da schon zwei weitere alte Freunde und noch mehr feierliche Umarmungen auf uns. Nora war jetzt strahlend schön.

Wir hatten zwei Tische. Nora saß mit dem Rücken zu mir am anderen Tisch. Kathe rechts neben mir redete und redete auf Deutsch, aber ihre Fragen konnte ich nur höchst vage beantworten. Aus der Ecke hinter mir erklangen die ersten Töne einer aus den Staaten eingeführten Melodie, die damals populär war: „You Are My Lucky Star." Hier und da standen Paare auf und fingen an zu tanzen. Aus unserer Gruppe erhob sich niemand – in der Aufregung dieser ersten Zusammenkunft nach den trüben Wintermonaten schienen sie alle gleichzeitig zu reden.

Und dann geschah es. Plötzlich bar jeden Willens und jeder Geistesregung, stand ich auf wackligen Füßen vor Nora und muß wohl, kaum hörbar, so etwas wie „Laß uns tanzen" gemurmelt haben. Sie stand von ihrem Stuhl auf, kam auf mich zu, ich legte meinen Arm um sie, und wir tanzten. Wir waren immer ein gutes Tanzpaar gewesen, auf natürliche Weise aufeinander eingestellt. Ohne auch nur ein einziges Wort zu sagen, hatten wir schon zweimal das Parkett umrundet, als ich meine Lippen nahe an ihr Ohr brachte und flüsterte: „Willst du mich heiraten?" Nora richtete sich auf, blickte mir schnell in die Augen und sagte ohne Zögern, wie ein schlichtes Echo auf meine schlichte Frage: „Ja." Dann lehnte sie ihren Kopf an meine Schulter, und so tanzten wir bis zum Ende der Musik, als wir, gefühlsmäßig erschöpft, uns beide in die Kissen unserer weißen Korbsessel fallenließen, absurderweise jeder allein.

Wir wurden vom Bürgermeister von Lavagna am 23. Dezember getraut. Das war 1931. Gemeinsam, wie Nora oft sagte, waren wir vierzig Jahre alt.

ZWEITER TEIL

1931 – 1948

Am Tag unserer Hochzeit fuhren wir nach dem festlichen, von Annetta, der langjährigen Köchin der Maffis, zubereiteten Mittagessen, das mit den traditionell von Annetta selbst gemachten Ravioli angefangen und mit einer reichlichen Reisdusche auf dem Bahnhof von Cavi geendet hatte, mit dem Rom-Expreß nach Florenz. Es war ein wunderschöner, aber kalter Wintertag. Der Himmel war dunkelblau, und jenseits der dahingleitenden Landschaft lag, schimmernd wie mattiertes Glas, ein perlgraues Mittelmeer. Wir sahen aus und fühlten uns wie zwei Mannequins, die gerade einem Ausstellungsfenster des Rinascente entsprungen waren. Von meinem Haarschnitt bis zu Noras Schuhen war alles nagelneu. Und wir auch.

Unsere Ankunft im Dreisternehotel Baglioni wurde zu einem peinlichen Ereignis. Nach einem leisen Gespräch mit dem Portier in seiner prächtigen Uniform rief der Angestellte an der Rezeption seinen Vorgesetzten, der wiederum den Direktor rief, der uns um unsere Pässe bat, uns kritisch von Kopf bis Fuß musterte und nach einer weiteren Beratung schließlich dem „boy" befahl, unsere Koffer zu nehmen und uns auf unsere Zimmer zu führen. Aus Angst vor russischen Agenten, umstürzlerischen Terroristen und Leuten, die gegen den „*buon-costume*"-Kodex verstießen, hatten die Faschisten alle Hotels gezwungen, eine rigorose Kontrolle ihrer Gäste vorzunehmen. Diese beiden italienischen Teenager mit ihren einwandfreien, druckfrischen holländischen Pässen und ihrer frisch aus dem Kaufhausregal kommenden Kleidung hätten ja alles mögliche sein können, nur nicht gewöhnliche ausländische Touristen.

Wie Filmstars ließen wir uns das Abendessen auf unser Zimmer bringen, und wie richtige Frischvermählte wagten wir uns erst am späten Nachmittag des nächsten Tages hinaus. Während ich in der Eingangshalle auf Nora wartete, entdeckte ich ein dekoratives Fresko, eine Landkarte von Italien, an einer der Wände, und plötzlich ging mir der Name Viterbo – auf halbem Weg zwischen Florenz und Rom – immer wieder durch den Kopf. War es nicht in Viterbo, wo Noras Cousin Bruno eingekerkert war? Man hatte Bruno im April 1931 in Mailand verhaftet, weil er einen Koffer voller subversiver Flugblätter in seinem Zimmer versteckt hatte, und nach einem groß an die Öffentlichkeit gebrachten Prozeß vor dem Tribunale Speciale zu einer Gefängnisstrafe von zwei Jahren verurteilt. Als Nora, überwältigend anzusehen, schließlich die weiße Marmortreppe herunterkam, war mein Plan gefaßt. „Wie wär's, wenn wir morgen nach Viterbo fahren würden, um Bruno zu besuchen?"

Es gab keinen Zug nach Viterbo. Am Schalter sagte man uns, daß die einzige Möglichkeit, die Stadt zu erreichen, die wäre, bis Orte den Nahverkehrszug nach Rom und von dort ein Taxi nach Viterbo zu nehmen. Und das taten wir dann auch.

In Orte war kein Taxi zu sehen, aber der Stationsvorsteher, den das elegante Teenagerpaar neugierig gemacht hatte, rief telefonisch eins herbei, und endlich fuhr ein klappriger alter Lancia vor dem Bahnhof vor. Der Fahrer, der mehr nach einem Schweinezüchter als nach einem Taxichauffeur aussah, fragte uns, ob es uns etwas ausmachen würde, wenn er seinen Bruder mitnähme. Natürlich hatten wir nichts dagegen. Daraufhin legte der Mann seine Hände trichterförmig an den Mund, und kaum hatte er „Daniele" gerufen, kam auch schon ein graubärtiger Franziskanermönch, rundlich wie ein Rotkehlchen im Winter, in seinem braunen Gewand, das hinter ihm herflatterte, auf uns zugelaufen. Keuchend und schnaufend kletterte er auf den Sitz neben dem Fahrer und drehte sich, als er sich mit einem langen, tiefen Seufzer niederließ, zu uns um, lächelte und sagte in einem Atemzug: „Möge der gute Jesus Sie segnen; Sie haben nicht vielleicht eine Zigarette für einen armen Mönch, oder?"

Eine Stunde später läuteten wir am Tor des Gefängnisses von Viterbo, einem riesigen, fensterlosen Bau und Teil eines uralten Klosters. Erst, nachdem wir es drei- oder viermal versucht und an die Tür geschlagen hatten, fragte jemand mit mürrischer Stimme, was wir wollten. Als wir es ihm sagten, öffnete sich das Tor, und ein uniformierter Wärter ließ uns ein. „Den *permesso?*" fragte er und streckte seine Hand aus. Als ich ihm sagte, daß wir keinen Erlaubnisschein hätten, auf unserer Hochzeitsreise nur gerade einmal vorbeikämen und unseren Cousin besuchen wollten, sah er uns an, als wären wir soeben in einem Raumschiff gelandet. „Sie müssen auf einem offiziellen Antragsformular, das einhundert Lire kostet, ein Gesuch stellen", sagte er, „und es mit den nötigen Angaben über sich selbst und Ihren Cousin und die Gründe für Ihr Gesuch an das Justizministerium in Rom schicken. Wenn ihm stattgegeben wird, werden Sie von dem Leiter des Gefängnisses von Viterbo benachrichtigt, ob und wann Ihnen innerhalb der üblichen Zeitgrenzen an einem bestimmten Tag und zu einer bestimmten Stunde ein zehnminütiger Besuch gewährt wird."

Als wir das hörten, sank uns das Herz, und Nora zog ein Taschentuch aus ihrer Handtasche und fing an zu weinen. Der Mann blickte sie verlegen an und sagte: „Warten Sie mal. Ich bin gleich wieder da." Fünf Minuten später kehrte er mit einem triumphierenden Lächeln zurück. „Ich habe mit dem Anstaltsleiter gesprochen. Sie können den *professore* um zwei Uhr sehen." Trotz allem war Italien doch nicht Deutschland.

Um zwei waren wir am Gefängnistor. Diesmal begrüßte uns der Wärter als alte Freunde. „Es ist schon alles arrangiert", sagte er, als er uns stolz zu einem kleinen Wartezimmer führte. „Sie haben eine halbe Stunde zur Verfügung."

Von dort, wo wir saßen, konnten wir einen langen, breiten Korridor entlangsehen bis zu einer Tür am Ende. Wir vermuteten, daß Bruno von daher kommen würde, und starrten ständig bang in diese Richtung. Eine Minute lang? Zehn Minuten lang? Die Zeit hatte einen anderen Gang eingelegt. Dann öffnete sich plötzlich die Tür, und da waren sie und kamen Arm in Arm auf uns zu: Bruno in einem graugestreiften Gefängnispyjama, zwei Nummern zu groß, den Kopf kahlgeschoren, und ein breitgrinsender Wärter. „Hier ist er, unser geliebter *professore*!" sagte der Wärter.

Mit der großen runden Uhr über uns, die die Zeit verstreichen ließ, redeten und redeten wir. Bruno überraschte uns mit seinem Gefängnisbericht. „Mein Leben ist gar nicht so anders als das, das ich in der Stadt führe", sagte er. „Ich schaffe es, die Bücher zu bekommen, die ich brauche. Ich werde meine Dissertation wahrscheinlich zu Ende schreiben, und außerdem",

Nora und ich,
1931

fügte er hinzu, „gibt es hier noch mehrere andere *politici* außer mir. Wir haben eine Art Miniuniversität organisiert, an der jeder von uns das unterrichtet, was er am besten kann. Ich habe mich schließlich entschlossen, Russisch zu studieren. Die Tage sind zu kurz für alles."

Niemand kann sich vorstellen, was für eine glückliche halbe Stunde das war. Unser Lachen muß durch die Korridore gehallt haben, und hin und wieder blickte ein Wärter herein, um zu sehen, was da vor sich ging. Nach etwa vierzig Minuten kehrte der Wärter, der Bruno hergebracht hatte, zurück, um ihn in seine Zelle zu bringen. Unser Abschied war so fröhlich wie unser Treffen. „Die Zeit wird wie im Flug vergehen", sagten wir voller optimistischer Überzeugung, als wir uns lange umarmten. Draußen wartete der Lancia auf uns. „Was ist mit Ihrem Bruder?" fragte ich. „Ach", sagte der Fahrer lächelnd, „der findet den Heimweg schon."

„Weißt du", sagte Nora, als wir uns Orte näherten, „in dieser Gegend hat das alles angefangen", und als sie meinen verblüfften Blick bemerkte, fügte sie seufzend hinzu: „Der Marsch auf Rom." Ich hatte plötzlich ein Gefühl der Leere im Magen, eine dumpfe Übelkeit. Ich war immer noch ein Fremder, ein Durchreisender. Ein Außenseiter.

Die ersten Monate nach unserer Hochzeit wären idyllisch gewesen, hätte es da nicht das Versprechen gegeben, das Papà Maffi mir abgerungen hatte, als ich ihn um die Hand seiner Tochter bat: das Versprechen, daß ich mir eine „richtige" Arbeit besorgen würde. Er muß sich wohl Sorgen gemacht haben um den Jungen, der um seine Tochter warb und den er selten mehr als eine Badehose tragen sah. Er hat niemals genau erklärt, was er mit Arbeit meinte, und ich bin mir sicher, daß seine Vorstellungen verworrener waren als meine, aber ich hatte seine Bedingung akzeptiert als einen zeitlich begrenzten Übergang von der Enthaltsamkeit hin zur Karriere eines freischaffenden Künstlers.

Obwohl Papà Maffi aus bescheidenen Verhältnissen stammte, wo Geld immer der direkte Gegenwert der Arbeit oder der Dinge war, die man geleistet oder hergestellt hatte – so wie Brot oder Holzschuhe –, hatte er selbst sich niemals mit den ordinären Umständen wirklichen Geldes befassen müssen. Von der Schule bis hin zur Universität hatte er seine Lern- und Studienzeit durch Stipendien und mit Hilfe seines älteren Bruders finanziert, und nach seiner Heirat mit Milly Baldini, die damals Krankenschwester in dem Sanatorium war, das er gegründet hatte, bezahlten die Verwalter, Rechtsanwälte und Banker die Rechnungen. So völlig engagiert in seinem Beruf und den Angelegenheiten der Kommunistischen Partei, wie er war, konnte man von ihm kaum erwarten, daß er verstand, wie ein gesunder junger Mann Tage und Monate lang seine Zeit allein oder in Gesellschaft von Mädchen am Strand vergeuden und dabei über abstrakte Kunst, Kino oder amerikanische Tanzmusik reden konnte.

Ich glaube, was Papà mit „wirklicher" Arbeit meinte, war eine, die dafür sorgte, daß man morgens aus dem Haus ging und zum Abendessen wieder zurückkam und die Lebensmittel bezahlt wurden. Die inneren Abläufe bei einer wohlhabenden protestantischen Bürgerfamilie wie den Baldinis, deren Umgang mit Geld immer geheimnisvoll indirekt war, waren ihm unverständlich. Tatsächlich war es seine Frau, Milly, die sich um die finanziellen Angelegenheiten kümmerte.

Von Boni, dem Assistenten meines Vaters, wärmstens empfohlen, hatte ich keine Schwierigkeiten, eine Anstellung bei der Società Foltzer, einem italienischen Petroleumkonzern mit Hauptsitz in Genua, zu finden mit einem Gehalt von achthundert Lire im Monat – damals ein „wirkliches" Gehalt und eine beträchtliche Summe für einen Anfänger, dessen Geist sich meistens auf Urlaub auf irgendeinem anderen Kontinent befand. Von der „wirklichen" Arbeit während der fünf Monate, die ich als Hilfskassierer am Hauptsitz von Foltzer leistete, sind mir nur noch die mechanische Rechenmaschine mit ihrem langen, rotierenden Mahagonigriff, ein mittelalterlicher Apparat, der auf jede Eingabe hin das triumphierende Geräusch einer Kaffeemühle von sich gab, und die drei riesengroßen Bücher in Erinnerung geblieben, in die ich mit feiner Schönschreibfeder alle eingehenden Zahlungen eintragen mußte.

1932 war nicht nur das erste Jahr meiner Ehe, das Jahr meiner ersten richtigen Anstellung, meiner ersten abstrakten Gemälde und meiner Entdeckung des Streichquartetts opus 135 von Beethoven, sondern es war auch das Jahr, in dem Claude Martin, mein Schweizer Freund und Mentor, den ich seit 1928 nicht mehr gesehen hatte, wiederauftauchte. Claude war ein sensibler und wohlinformierter Beobachter der sich schnell verändernden Kunstszene. Da er ein geborener Aktivist war, konnte man ihn gewöhnlich auf der Seite der Rebellen finden, die den Status quo zu erschüttern drohten. Als brillanter und wagemutiger Polemiker, der einen erstaunlichen Informationsreichtum im kleinen Finger parat hatte, gab er mir das Gefühl, ein provinzieller Dilettant zu sein. Aber er achtete meine Begeisterung und Neugier und genoß seine Rolle als Mentor.

Als Claude ein paar Monate, nachdem Nora und ich geheiratet hatten, in unserer Wohnung erschien, war seine Leidenschaft das Kino – er hatte jeden jemals gedrehten Avantgardefilm gesehen und viele von den Leuten getroffen, die sich in Paris und Berlin auf diesem Gebiet engagierten. Von ihm erfuhr ich genug über das Werk von Ruttmann, Eggeling und Len Lye und lernte genügend Kinofachjargon, um mich in endlosen Diskussionen in Cafés zu behaupten und für den *Giornale di Genova* eine Serie von vier Artikeln über den deutschen Avantgardefilm zu schreiben, ohne je einen einzigen der großen Filme gesehen zu haben, von denen Claude sprach. Aber bei Foltzer, hinter meinen gargantuesken Buchführungsbänden versteckt, schrieb ich in einer Handschrift, die kleiner war als meine gegenwärtige Parkinson-Schrift, Abhandlungen über den surrealen Film auf die Rückseite alter Schecks. Ich hatte das Gefühl, endlich mein Medium gefunden zu haben, und während ich völlig vergaß, daß ich eigentlich Maler, Student der Ökonomie und nicht zuletzt ein verheirateter Mann sein sollte, der bald Vater werden würde, versuchte ich, wann immer möglich, Informationen über Roms Centro Sperimentale di Cinematografia zu sammeln in

*Eine Versammlung von Futuristen. Die Gestalt in der Mitte
mit Fliege und Schnurrbart ist Filippo Tommaso Marinetti.
Ich bin der vierte links von ihm*

der Überzeugung, daß Schicksal und Leidenschaft mich früher oder später dort hinführen würden.

Aber das Schicksal war kein amateurhafter Glücksspieler. Nachdem es so stark in meine Zukunft als Maler investiert hatte, manipulierte es die Umstände derart schlau, daß Claude eines schönen Tages Marinetti, den „Vater des Futurismus", in unsere Wohnung mitbrachte, um ihm meine Gemälde zu zeigen. Ich erinnere mich an Claudes selbstgefälliges Das-habeich-Ihnen-doch-gesagt-Lächeln, als Marinetti ausrief: „Aber dieser junge Mann ist ja ein großer Futurist!" Marinetti muß wohl gemeint haben, was er sagte, denn ein paar Tage später erhielt ich eine Einladung, sechs meiner Gemälde auf einer Ausstellung von „aeropittura" in Savona zu zeigen, einer malerischen Industriestadt an der Küste westlich von Genua, in der Nähe von Albisola, wo ich hin und wieder immer noch meine Keramiken fertige.

Bei der offiziellen Eröffnung der Ausstellung las Marinetti einige seiner neuen „Aerogedichte" und erklärte, daß sich unsere Wahrnehmung der Welt, seit die Menschheit fliegen gelernt hat, radikal verändert habe. Er beschrieb mich als den typischen jungen Künstler, der entschlossen sei, für die neue Sichtweise zu kämpfen, und stellte mich schließlich als einen „aeropittore" vor. Für mich, der ich niemals in einem Flugzeug gesessen hatte und den der bloße Gedanke, auf einem Küchenstuhl zu stehen, in Panik versetzte, war das ein Augenblick großer Verlegenheit.

Ich dachte kurz daran, mein Eintreten für die reine Abstraktion und die Sprache der Cinematographie darzulegen, aber ich widerstand der Versuchung. Ich besaß großen Respekt für Marinettis Genius als Provokateur, Promotor und Poet. Mindestens zwei Jahre lang war ich in den Gruppen junger Futuristen in Turin und Genua aktiv gewesen; Fillia, einer der führenden futuristischen Maler, war ein enger Freund von mir geworden. Jetzt zu widersprechen würde nur meine eigenen Ungereimtheiten aufzeigen. Was mich zu der Sache der Futuristen hingezogen hatte, war nicht meine Begeisterung gewesen, Wolken zu malen, sondern vielmehr, daß ich ihre Verachtung bürgerlicher Mentalität teilte. Ein Futurist zu sein bedeutete für mich einfach, sich für die permanente Freiheit einzusetzen, immer aufs neue schöpferisch zu sein.

Nach einem geräuschvollen Abendessen, zu dem die Stadt Savona eingeladen hatte, wurden wir, die ausstellenden Künstler, gebeten, in der Halle des Hotels, in dem Marinetti wohnte, wieder zusammenzukommen, um uns mit ihm zu einer Diskussion einiger dringender Probleme zu treffen, die unsere deutschen Kollegen angingen. An eben jenem Nachmittag hatte Marinetti ein Telegramm von Mies van der Rohe, dem damaligen Direktor des Bauhauses in Weimar, erhalten, das ihn über den Beschluß der Nazis unterrichtete, das Bauhaus zu schließen, und uns bat, öffentlich unsere Bestürzung und unsere Solidarität kundzutun. Nach einer erregten Diskussion waren wir uns einig, einem Kollegen vom Bauhaus unsere Gastfreundschaft anzubieten, wobei ich heimlich hoffte, daß vielleicht Klee, Kandinsky oder Schlemmer zu uns nach Cavi kommen würde; aber leider hat niemand in unserer Gruppe jemals eine Antwort auf unsere Einladung erhalten.

MANNIE

Das Baby wurde für etwa Mitte November erwartet, aber obwohl wir das die ganze Zeit über gewußt hatten, gerieten wir in Panik, als wir plötzlich entdeckten, daß es nur noch eine Woche bis zu dem Ereignis war. Da schlugen meine Eltern vor, daß wir für ein paar Tage zu ihnen ziehen sollten, zumal sich das Entbindungsheim von der Via Maragliano aus zu Fuß erreichen ließ. Und es war gut, daß wir das taten, weil ich, als der Termin immer näher kam, zu einem Nervenbündel und unfähig wurde, die einfachsten Entscheidungen zu fällen. Bruna gesellte sich ein paar Tage später zu uns.

Um das Risiko eines Notfalls zu vermeiden, hatte Nora es so eingerichtet, daß sie und Mutter vom zehnten an in der Klinik schliefen. Und von da ab verließen dann die beiden Frauen mit ihrem kleinen Koffer nach dem Abendessen das Haus, nur um am nächsten Morgen in allgemeiner Heiterkeit zurückzukehren. Ich stürzte in eine meiner typischen Reaktionen auf eine drohende Krise, indem ich fast ununterbrochen zwei volle Tage hindurch schlief, bis ich genau am vorausgesagten Termin durch einen Telefonanruf von Mutter geweckt wurde, die uns mit zittriger Stimme benachrichtigte, daß Nora in den Wehen liege und das Baby jeden Augenblick geboren würde. Vater, Bruna und ich warfen uns in ein Taxi und waren in ein paar Minuten in der Klinik, wo uns eine Nonne in ein Wartezimmer führte. Dort sagte sie uns, daß wir uns in Geduld fassen sollten, daß alles gut verlaufe und es nur

noch eine Frage von einer Stunde sei, mehr nicht. Unbeholfen saßen wir in den kleinen Sesseln, bewegungslos und in
schwer lastendem Schweigen, bis ungefähr eine halbe Stunde
später die Tür energisch aufgerissen wurde und lächelnd eine
Krankenschwester vor uns stand, die verkündete, daß ein
wunderschöner, gesunder kleiner Junge geboren worden sei
und daß der Vater mit ihr nach oben kommen könne. Wir
sprangen auf die Füße, und automatisch trat ich einen Schritt
zurück, um Vater hochgehen zu lassen.

Mit Mannies Ankunft in unserem Leben lösten sich alle
Träume ins Nichts auf und alle Pläne, die wir für die nähere
und fernere Zukunft vielleicht hätten schmieden können. Und
als Vater ein paar Monate später verkündete, daß die Atlantic
Refining Company verkauft worden sei und er und Mutter
deren Angebot einer Stelle in Jakarta abgelehnt und beschlossen hätten, nach Amsterdam zu ziehen, sah ich deutlich vor
mir, daß unsere unsichere kleine Welt dem Zusammenbruch
nahe war. Nora und ich merkten, daß wir tatenlos in eine
prekäre Lage geschliddert waren, ohne eine substantielle Zukunft in Sicht. Ich war aber unfähig, mutige, dramatische
Schritte in Richtung auf eine drastische Änderung vorzunehmen, und da der Sommer kam und mit ihm die Versuchung
eines behüteten Lebens am warmen Strand von Cavi, wurden
die Zukunftsprobleme vorübergehend aufgeschoben. Und für
den Augenblick beschloß ich – wieder einmal –, mich ganz
der Malerei zu widmen, und ich kündigte bei Foltzer.

Wie viele seiner Vorgänger verlor sich dieser Entschluß in
den Zerstreuungen einer bequemen, faulen Sommersaison

211

mit Mannie, den ein ganzer Schwarm wirklicher und bloß er-
nannter Tanten und Omas verwöhnten, und mit Nora, weich,
dunkelhäutig und heiter, bis mich eines Tages quälende
Schuldgefühle und Ruhelosigkeit einholten. Da mir nichts anderes einfiel, gelangte ich zu der bequemen Lösung, die schon
Tausende von verwirrten und entmutigten jungen Männern
vor mir ersonnen hatten; ich würde, *coûte que coûte*, meine
Universitätsstudien zum Abschluß bringen, und dann würden
wir weitersehen. Dieses eine Mal hätte ich meine Versprechungen bestimmt gehalten, wenn ich nicht unvorhergesehen
von unerwarteter Seite unter Druck gesetzt worden wäre.

Aus Amsterdam kamen verzückte Briefe über die gemütliche zweistöckige Wohnung, die meine Eltern schließlich nach
dreimonatigem Aufenthalt im American Hotel gemietet hatten. Vater erging sich über die moderne Architektur in dem
Stadtteil, in dem sie jetzt wohnten, während Mutter die
Fahne des Vondelparks schwenkte und von den Konzerten im
nahe gelegenen Concertgebouw schwärmte und beiläufig die
Amsterdamer Filmgesellschaft erwähnte. Nach und nach begann ich zu phantasieren, daß eine Auswanderung nach
Holland uns vielleicht eine einzigartige Gelegenheit bieten
würde, ganz von vorne anzufangen und unser Leben in einer
völlig neuen Umgebung und unter neuen Umständen neu zu
erfinden.

Das war eine dieser Ideen, die einem erst einmal hin und
wieder in den Sinn kommen und sich dann unmerklich
immer mehr festsetzen, und im Frühling des nächsten Jahres
begannen wir uns auf unseren Aufbruch vorzubereiten. Zur

selben Zeit stellte ich mir ein Studienprogramm zusammen, das es mir ermöglichen würde, einen Universitätsabschluß zu erlangen, ohne an die Universität gehen zu müssen. Gegen Ende August 1933 brachen wir zu unserem holländischen Abenteuer auf.

Die Hacquartstraat lag in der nagelneuen Wohnsiedlung Amsterdam-Süd, die sich hinter der Konzerthalle bis hin zu den umliegenden Poldern erstreckte. Dieser ganze Teil von Amsterdam war eine wahre Kollektion moderner, von jungen holländischen Architekten entworfener Reihenhäuserprojekte. Noch heute, nach sechzig Jahren, sieht er neu und gepflegt aus.

In den ersten Wochen war ich wie verzaubert. Die großen Fenster, das sorgfältige Mauerwerk, die polierten Messinggriffe, die makellos sauberen Bürgersteige, die langen weißen Schürzen der Haushälterinnen, die Fischhändler in ihren Holzschuhen, selbst die langhaarigen Raupen auf den Lindenbäumen … all das war da, als hätte es auf meine Rückkehr nur gewartet. Auf langen Spaziergängen versuchte ich, während ich Mannies Kinderwagen schob, Nora die Schwingungen meiner frühen Jugendjahre nachempfinden zu lassen. Ich zeigte ihr mein Zimmer, das immer noch über die daneben liegenden Häuser hinausragte, die Vondel-Schule, die Museen und natürlich Natura, meine bevorzugte Zoohandlung. Und abends kümmerte ich mich dann oft um Mannie, während Mutter und Nora in ein Konzert gingen, eine Gelegenheit für Vater und mich, eine dieser verrückten, sehr schnellen Schachpartien zu spielen, die für uns beide immer mit starken Kopfschmerzen endeten. Aber als die Erregung, meine geliebte Stadt wieder zu entdecken und Nora herumzuführen, erst einmal zu schwinden begann, tauchte das alte Problem wieder auf: Was nun? Ich versuchte zu studieren, fühlte mich aber in der ganz und gar holländischen Umgebung fehl am Platze. Italienisch schien so weit weg wie Sanskrit.

Dann schaute eines Abends Alfred Beffie, ein Neffe von Oom Beffie, zu einem Höflichkeitsbesuch bei uns herein. Als tatkräftiger junger Mann ohne besondere Qualifikationen oder Talente vermittelte er den Eindruck, alles, was er anpackte, unabwendbar zustande zu bringen, was seinen raschen Erfolg mit einer Schreibwaren-Großhandlung erklärte, die er vor kurzem erworben hatte. Nachdem er mit sieben Verkäufern für Nordholland und Brabant auf seiner Gehaltsliste angefangen hatte, standen jetzt, nur sechs Monate später, zwölf auf ihr, die ganz Holland bereisten. Noch bevor der Abend vorbei war, gab es dreizehn.

Ich war jetzt Handelsreisender. So stand es auf meiner Visitenkarte. Jeden Morgen gegen sieben Uhr dreißig konnte man mich, die Augen noch geschlossen, den schwarzledernen Musterkoffer zwischen den Beinen, auf dem Hauptbahnhof stehen und auf den Zug warten sehen, der mich in irgendeine Kleinstadt mit einem unaussprechlichen Namen beförderte. Dort suchte ich dann die zwei oder drei Schreibwarengeschäfte auf, wartete geduldig, bis keine Kunden mehr im Laden waren, verwickelte den Inhaber in ein Gespräch und öffnete im strategisch günstigsten Augenblick meinen Musterkoffer, um das Neueste an Bleistiften, Füllfederhaltern und Schreibtischsets zu präsentieren und welche Novitäten sonst noch Alfred aus China oder Japan oder irgendeinem unterentwickelten Land zu importieren fertiggebracht hatte. Gewöhnlich zeigte ich die Artikel, nahm langsam meinen Notizblock heraus und wartete auf die Bestellung. Manchmal schaffte ich es, ein interessantes Gespräch anzufangen, das dann vielleicht mit einer Tasse Kaffee zu Ende ging, aber im allgemeinen waren die Leute, die ich traf, kurz angebunden, mißtrauisch und engstirnig.

Hin und wieder begann ich auf irgendeinem Kleinstadtbahnhof ein Gespräch mit einem Kollegen und erfand dann, ganz in der Rolle eines Handelsreisenden, schockierende Klatschgeschichten über die gemeinsamen Kunden. Ich wäre bestimmt ein Profi geworden, wenn mich nicht eines glücklichen Tages jemand nach meinem militärischen Status gefragt hätte. Eins führte zum andern, und ich fand heraus, daß man mich, wenn ich noch zwei Wochen länger in Holland geblieben wäre, in die holländische Armee einberufen hätte. Das hatte mir noch gefehlt. Dreizehn Tage später saß ich wieder im Zug nach Mailand und ließ Nora und den kleinen Mannie in Amsterdam zurück.

MAILAND

Da mein Beruf noch nicht feststand und unser Aufenthaltsort nur ein Notbehelf und vorläufig war, folgte unser Leben den gewundenen Bahnen der Improvisation und des Experiments. Meine Erinnerungen an diese Zeit sind wie ein futuristisches Gemälde, ein Gewirr aus sich überschneidenden Bruchstücken von Gesichtern, Gegenständen, Landschaften, Gebäuden und Wörtern, die sich weigern, sich wieder zu einem verständlichen Bild zusammensetzen zu lassen. Vor dem Hintergrund eines Europas im Aufruhr, über das die Torheit und Raserei neuer, im Zorn genährter Ideologien herfiel, erprobten die Künste fieberhaft die neuen Grenzen und die neuen Bündnisse, die die Generation vor uns ins Auge gefaßt und ausgekundschaftet, aber kaum genutzt hatte.

Obwohl mir Nora und Mannie fehlten, begeisterte es mich, in Mailand zu sein, das trotz der faschistischen Rhetorik einer der energiegeladensten Vorposten der europäischen Avantgarde war. Wo immer ich hinging, traf ich Menschen an, junge und alte, die die Glut der Freiheit wohl zu bewahren wußten. Man konnte sich sicher sein, daß man jeden Abend nach neun eine improvisierte Versammlung von Künstlern und Intellektuellen im Caffè Savini vorfand, dem beliebtesten unter den vielen Cafés in der Galleria Vittorio Emanuele, der unter einem hohen Gewölbe kreuzförmig gestalteten Geschäftsarkade, die auch heute noch der Mittelpunkt der Stadt ist. Da waren Maler, Bildhauer, Architekten, Dichter, Schriftsteller, die sich alle offensichtlich aus keinem anderen Grund zusammenfanden als dem, daß sie ihr Vergnügen daran hatten, im Kreis verwandter Seelen zu sein und sich an Gesprächen und Diskussionen zu beteiligen, die nur sie allein verstehen und mit Leidenschaft führen konnten. Die meisten wohnten in Mailand, aber es gab immer ein oder zwei, die gerade aus den verschiedensten Orten in Italien oder aus anderen Ländern angekommen waren. Einige von uns, und zu denen sollte ich gezählt werden, kamen fast jeden Abend. Der Kellner kannte uns beim Namen. Während die Unterhaltungen meistens auf Italienisch geführt wurden, gab es immer ein paar, die in einer Ecke die Köpfe zusammensteckten und Deutsch oder Französisch sprachen. Englisch hörte man in jenen Tagen selten.

Kurz nach meiner Ankunft in Mailand 1934 freundete ich mich mit Edoardo Persico an, dem Herausgeber von *Casabella*, einer monatlich erscheinenden Architekturzeitschrift, die hohes Ansehen genoß. Persico war eine brillante und faszinierende Persönlichkeit mit einer enormen Begabung sowohl für Worte als auch für Bilder. Er gab nicht nur *Casabella* ohne fremde Hilfe heraus, sondern war auch in der Lage, aktiven Kontakt mit den Architekten der freien Welt aufrechtzuerhalten, deren Arbeiten er trotz der Proteste der herrschenden Partei veröffentlichte und besprach. Er war es, der mir die ersten Schreibaufträge gab, und nach und nach wurde er mein Freund, Mentor und moralische Stütze.

Persicos antifaschistischer Internationalismus muß, wenn nicht den örtlichen Behörden, so doch der OVRA, der faschistischen Geheimpolizei, bekannt gewesen und sorgfältig beobachtet worden sein. Es war leicht, Beweise dafür zu finden, daß die Zeitschrift unter dem Vorwand, sich mit weltweiten Nachrichten über Architektur zu befassen, offensichtlich voller versteckter Andeutungen war, mit denen sie ihre Leser daran erinnerte, daß einzig und allein in einer freien Welt die Künste blühen könnten. Als ich Persico meinen ersten Artikel für *Casabella* überreichte, las er ihn und sagte nach einem langen, qualvollen Schweigen: „Er ist gut, aber ans Ende sollten Sie immer ein bedeutendes, sich aufschwingendes Wort wie ‚Freiheit‘ oder ‚Frieden‘ oder ‚Menschlichkeit‘ oder ‚Demokratie‘ stellen." Er glaubte an die Macht des Wortes. Er war schließlich ein Herausgeber, ein Neapolitaner und ein Katholik.

Edoardo Persico starb 1936 an einem Herzanfall; er war noch keine vierzig Jahre alt. Ich erinnere mich, wie ich auf dem Bürgersteig, der um den riesigen städtischen Friedhof Mailands herumführt, neben seinem Sarg stand. Vier oder fünf von uns standen da. Ich erinnere mich nicht, was passiert war oder warum wir dort warteten. Ich weinte nicht, aber ich fühlte mich auf tragische und verzweifelte Weise allein gelassen. Um dieses Kapitel meines Lebens abzuschließen, konnte ich keine Worte finden, die bedeutend genug gewesen wären.

Zu sagen, daß meine Mailänder Jahre, soweit es mich betraf, meine Universität waren, ist nicht bloß eine wagemutige Metapher. Dieses Privatinstitut höherer Gelehrsamkeit, das seine Zentrale um einen kleinen Tisch herum im Caffè Savini hatte, verfügte wohl nicht über die geräumigen Vorlesungssäle von Harvard oder der University of California in Los Angeles, noch besaß es deren Glanz, aber die intellektuellen Maßstäbe des Lehrkörpers waren die höchsten, die man in Italien finden konnte, mit einigen der angesehensten Namen aus der italienischen Literatur, Philosophie und Kunst – eine Gruppe eindringlicher und unterschiedlichster Künstler und Intellektueller, von denen man erwarten konnte, daß sie sich leidenschaftlich über die jüngsten, kontroversesten Entwicklungen ausließen. Zu der Gruppe – meine Lehrer und meine Freunde –, die an den meisten Abenden im Caffè Savini erwartet werden konnte, gehörten die Dichter Leonardo Sinisgalli, Alfonso Gatto, Raffaele Carrieri und sogar der Nobelpreisträger Salvatore Quasimodo; die Maler Domenico Cantatore, Renato Birolli, Aligi Sassu und, wenn er in der Stadt war, Renato Guttuso; und die Bildhauer Marino Marini und Lucio Fontana, der dafür berühmt wurde, daß er in seine Leinwände Löcher hineinriß und -stach; ebenso wie eine Reihe von Kunstsammlern, *appassionatos* und Historiker-Enthusiasten.

Es geschah während einer der üblichen abendlichen Zusammenkünfte im Savini, daß ich Walter Cohrssen kennenlernte, einen Juden, der vor dem Hitler-Regime geflüchtet war. Soeben aus Berlin angekommen, beherrschte er gerade genug Italienisch, um sich eine Tasse Kaffee zu bestellen, und im Sturm der italienischen Worte, der über die Terrasse des Savini fegte, sah er fürchterlich verloren aus. Ich war der einzige von den Anwesenden, der Deutsch sprach, und binnen kurzem waren wir in ein Gespräch vertieft. Er zeigte sich überrascht darüber, wieviel Freiheit das faschistische Regime Italiens tolerierte im Vergleich zu Deutschland, wo niemand es wagen würde, in einer Versammlung von mehr als drei oder vier Personen offen zu reden, in der Gewißheit, daß einer von ihnen bestimmt ein Nazi-Informant sein würde. Er gab mir eine lange, detaillierte Erklärung, woher sein Name kam, und erzählte mir, daß er sein Studium als Komponist und Dirigent an der Berliner Musikakademie vor kurzem abgeschlossen, sich seinen Lebensunterhalt aber als Industriefotograf verdient hätte. Seine Eltern wohnten im Rheinland und waren, wie so viele deutsche Juden, entschlossen, im Vaterland zu bleiben in der Illusion, daß sie als gute, patriotische Bürger bestimmt nicht verfolgt werden würden. Außerdem, wie er mir anvertraute, hatte seine Schwester ein Verhältnis mit einem untergeordneten *Gauleiter*, der schon dafür sorgen würde, daß ihrer Familie nichts passierte.

Walter war ein paar Jahre älter als ich. Er hatte ein feines, durchgeistigtes Gesicht mit großen, hellblauen Augen, ein scheues, sanftes Lächeln und die pedantischen Eigenheiten eines Schullehrers. Später, auf unserem Weg zur Pension, in der ich wohnte, erzählte Walter mir noch mehr über seine schwierige Lage als mittelloser Neuankömmling in Italien, der die Sprache nicht beherrschte und dabei einen Beruf ausübte, der ihm wenig mehr Befriedigung bot als das Vergnügen einer bloß oberflächlichen Konversation über Musik. Mit dem Versprechen, uns am nächsten Tag zu treffen, gingen wir auseinander, aber als ich allein in meinem Zimmer war, verspürte ich bei der Aussicht, ihn wieder zu treffen, trotz des starken Gefühls, einen Freund gefunden zu haben, ein leichtes Unbehagen. Ich mochte Walter und fand ihn interessant, aber er hatte etwas Freudloses an sich; er war wie jemand, der sich ständig davor fürchtet, einfach dafür, daß er er selbst ist, bestraft zu werden.

Plötzlich klärten sich meine Gedanken, und ich erinnerte mich, daß Walter mir gesagt hatte, er habe Fotografien für eine Architekturzeitschrift in Berlin gemacht und besitze eine Kamera mit einem Objektiv, das sich auf verschiedene Perspektiven einstellen ließ. Vielleicht, dachte ich, könnten wir Persico dazu überreden, ihn Fotos für die Zeitschrift und für die Architekten machen zu lassen, die ich kennengelernt hatte. Ich wußte, daß Persico meinem Urteil und Geschmack vertraute, und obwohl ich nur unsystematisch erworbene und intuitive Architekturkenntnisse besaß, war ich zuversichtlich, daß ich einen guten Techniker, wie Walter es wahrscheinlich war, schon anleiten könnte, Fotos zu machen, die, wie passende Adjektive, die charakteristischen Elemente eines Bauwerks definieren würden. In der Gewißheit, das Überlebensproblem für uns beide gelöst zu haben, stellte ich mir schon den Entwurf unseres Briefpapiers und unserer Visitenkarten vor: Lionni und Cohrssen, Architekturfotografie. Ich stand auf und fertigte ein paar Skizzen an; ich konnte nicht bis zu unserem Treffen am nächsten Tag warten. Dies war der Beginn einer seltsamen, schwierigen, oft ärgerlichen Partnerschaft und doch auch treuen Freundschaft, die, mit mehreren langen Unterbrechungen, bis zu Walters Tod im Jahre 1978 dauern sollte.

Walters Launen waren unvorhersehbar. Nur wenn das Thema der Unterhaltung die Musik war, konnte man von ihm jene Lebhaftigkeit, Begeisterung und Einsatzfreude erwarten, die Künstler gewöhnlich in ihre Diskussionen einbringen. Dann war er beredt und glücklich, die Fakten der Musikgeschichte aufzufüllen mit pikanten, in seinem erstaunlichen Gedächtnis gespeicherten Anekdoten über verschiedene Persönlichkeiten. Oft veranschaulichte er seine Kommentare zu den Werken von Komponisten durch relevante Phrasen oder ganze Notenseiten, die er dann in perfekter Stimmlage summte oder ansatzweise auf dem Klavier zitierte. Wenn ich sie wiedererkannte, wie es manchmal geschah, summten wir gemeinsam, und wenn es sich um eine Oper handelte, sangen wir laut mit verteilten Rollen. Das waren Momente einzigartiger Freude; sie hielten unsere schwierige Freundschaft, die oft am Rande des Zusammenbruchs stand, am Leben. In jenen inspirierten Augenblicken strahlte Walter unerwartete Wärme und Charme aus. Wir teilten miteinander dieselbe Leidenschaft für die Sinfonien, Trios und Quartette von Beethoven und Schubert und für alles von Mozart und Bach. Aber als ich das erste Mal das Violinkonzert von Brahms erwähnte, das ich so liebte, blickte Walter mich mißbilligend an. „Den Schund magst du?" Wenn wir uns Musik anhörten und ich mich fragte, ob das, was wir gerade hörten, Brahms oder Beethoven war, sagte Walter immer: „Sieh mal, wenn du im Zweifel bist, kannst du sicher sein, daß es Brahms ist." Das ließ mich Brahms auf eine neue Weise erkennen, aber nach und nach, fasziniert von Walters weiteren Ausführungen über die Schwächen von Brahms, begann auch ich nach Phrasen zu suchen, die direkt von Beethoven abgeschrieben zu sein schienen. „Du hast recht", sagte ich dann, stolz, ein Fachgeheimnis erfahren zu haben, „es ist reine Imitation, es hat kein Rückgrat, es bewegt sich in dünner Luft. Das ist kraftlose Musik." Ich vermied es, wann immer möglich, mir Brahms anzuhören. Die Brahms-Platten, die ich besaß, landeten auf dem Müll. Ich gehörte jetzt zur Elite der Musikliebhaber.

Diese Auszeichnung hätte wohl mein ganzes Leben lang vorgehalten, wäre da nicht ein Abend auf dem Marktplatz von Cennina gewesen, einem malerischen kleinen Dorf auf einem Hügel in der Toskana, wo eine kleine Gruppe fortgeschrittener Studenten des Musikkonservatoriums von Siena ein Kammermusikkonzert gab. Es war eine herrliche Nacht im Sommer 1978. Die Stille war beinahe vollkommen, die Sterne zitterten in einer samtschwarzen Unermeßlichkeit, die jungen Künstler saßen in gespannter Erwartung, ihre Bögen schwebten in der Luft. Bei einem Kopfnicken des ersten Geigers setzte die Musik ein – rein, herrlich, pulsierend lebendig –, und als sich der Raum der Musik langsam mit erstaunlichen verschlungenen Variationen füllte, die mich an Beethovens letzte Quartette erinnerten, schossen mir Tränen in die Augen. Nora neben mir hielt unser einziges Programm. „Was ist das?" flüsterte ich ihr ins Ohr. „Brahms." Dort und dann war mir, als erwachte ich aus einem jahrzehntelangen Schlaf. Als die letzten Noten gespielt waren und die Zuhörer sich zu stürmischem Beifall erhoben, hörte ich mich rufen: „Bravo! Bravo!"

Le Tre Vacche war unsere private Bezeichnung für das Café an der Ecke der Piazza Piola, dessen Besitzerinnen drei dralle unverheiratete Schwestern waren. Die Hauptattraktion war ein französischer Billardtisch. Dort, glaube ich, habe ich Saul Steinberg kennengelernt, der damals Architekturstudent an der Mailänder Universität war. Weder Saul noch ich waren besonders begabt für ein Spiel, das tägliches Üben verlangt, aber wir schätzten unseren Status als Amateure, weil wir das, was uns an Fertigkeiten fehlte, dadurch wettmachten, daß wir zufällig sich ergebende Chancen nutzten. Als wir uns nach zehn oder fünfzehn Jahren um der alten Zeiten willen erneut zu einem Billardspiel trafen, nahmen wir es tatsächlich genau wieder dort auf, wo wir abgebrochen hatten. Unser ganzes Leben hindurch ist unser Punktestand praktisch unverändert geblieben.

Billard war nicht die einzige Attraktion des Tre Vacche. Gegenüber dem Café lag das Gebäude, in dem sich die Büros von *Le Grandi Firme* befanden, Pittigrinis erotischem Skandalmagazin, dessen stellvertretender Herausgeber Cesare Zavattini war. Oft, wenn es uns zum Halse heraushing, daß wir bei unserem Spiel keinerlei Fortschritte machten, gingen wir hinüber und zerrten Za heraus, damit er uns bei einem versöhnenden Espresso Gesellschaft leistete.

Während Saul und ich gleich alt waren, vierundzwanzig, war Zavattini zehn Jahre älter. Aber er schien noch älter zu sein. Er sah aus und bewegte sich wie ein grober Bauer aus dem Tal des Po, und so kleidete er sich auch. Der durchgescheuerte Tweedanzug, den er trug, war zwei Nummern zu klein für ihn und hatte es immer dringend nötig, ausgebessert und gebügelt zu werden. Zavattini war stämmig und hatte einen großen Kopf, aber wenn ich ihn aus dem Gedächtnis malen müßte, würde ein kleinerer Kopf herauskommen, eine etwas kleinere Version seines Körpers, denn so erinnere ich mich an ihn.

Er sprach mit dem öligen Akzent des Dialekts, der auf dem Lande in der Nähe von Mantua gesprochen wird, wo er herkam. Er stotterte nicht, aber am Anfang jedes Satzes oder kurzen Abschnitts wiederholte er gewöhnlich, wie ein Zimmermann, der mit seinem Hammer vor dem tatsächlichen Schlag auf den Nagel drei oder vier Versuchsschläge in der Luft ausführt, ein paarmal die erste Silbe mit einer qualvollen Grimasse im Gesicht, als wäre der Denkprozeß physisch schmerzlich. Aber dann, wenn er erst einmal angefangen hatte, mit einer verschwenderischen Fülle von *non è vero* und *vero*, ließen die Originalität der Gedanken, die Brillanz, mit der sie vorgebracht wurden, der feine Humor und der grenzenlose Erfindungsreichtum seine Zuhörer sprachlos.

Za war immer ungeheuer hektisch und in Eile, denn Herausgeberjobs brachten sehr wenig ein, und seine vier Kinder und ihre Mutter und Verwandte aus beiden Familien, die bei ihren Ausflügen nach Mailand gewöhnlich auf Feldbetten im Flur der Wohnung von Zavattini schliefen, sorgten alle zusammen für einen lebhaften und chaotischen Haushalt, der ein festes Einkommen verlangte, das für die meisten italienischen Intellektuellen unerreichbar war. Deshalb schrieb er zusätzlich zu seiner Arbeit als Herausgeber Erzählungen und Bücher

und Abhandlungen über Filme und verrichtete Gelegenheits-
arbeiten für verschiedene Verlage.

Immer erregt, begeistert und erschöpft, aber nie entmutigt,
hielt er sich auch eine Geliebte, die in Monza wohnte, einem
überfüllten Arbeitervorort von Mailand. Er hatte nur eine
Stunde Mittagspause, aber egal, wie das Wetter war, stürzte er
Schlag zwölf aus dem Gebäude, schnappte sich ein Sandwich
im Tre Vacche, sprang auf sein Motorrad, raste, während er
sein Sandwich aß, nach Monza, machte seine Aufwartung und
saß eine Stunde nach seinem Abgang wieder an seinem
Schreibtisch. Niemand, der ihn gut kannte, war überrascht, als
er ein paar Jahre später als Ideologe und vor allem als der Kopf,
der hinter Vittorio De Sicas Filmen steckte, zum großen Er-
neuerer des italienischen Kinos wurde.

Einen Tag, nachdem Walter und ich unser Gemeinschafts-
unternehmen als Industriefotografen angekündigt hatten, bat
mich der Architekt Gian Carlo Palanti, einen von ihm ent-
worfenen Wohnblock zu fotografieren, der gerade fertiggestellt wurde. Bei dieser Gelegenheit sah ich zum ersten Mal
unsere Wohnung.

Via Pacini Nummer 23, in der Nähe der Universität, war
auf aggressive Weise das modernste Gebäude in Mailand. Die
Fassade bildete ein weißes Betonrechteck aus zwölf Balkonen
in sechs Zweierreihen, das tief in einen Rahmen aus blauen
Fliesen eingelassen war. Ich war aufgeregt, als ich das Haus
zum ersten Mal sah, fast fertig und frei von Holzgerüsten,
aber noch verkrustet von Verputz- und Betonflecken und
noch ohne Glaßcheiben in den Fenstern. Inmitten seiner für

*Via Pacini
Nummer 23,
Mailand*

Mailand typischen, schwerfälligen Mittelklasse-Nachbarschaft
hatte es etwas Jungfräuliches und Spielerisches an sich. Ein
Haus, wie von Kinderhand in der Schule gebaut und heimge-
bracht. Ich reservierte eine der Wohnungen im dritten Stock
und begann mit den Mietformalitäten, aber Palanti sagte mir,
daß es noch wenigstens drei Monate dauern würde, bevor
eine Freigabe zum Einzug erwartet werden konnte.

In der Zwischenzeit hatte Nora, da sich unser ganzes Hab und Gut in der Wohnung meiner Eltern in Amsterdam befand, wo das Leben angenehm und bequem war, sich entschlossen, dort mit Mannie das Ende des Winters abzuwarten – im Frühling würde es leichter sein, nach Italien zurückzuziehen. Und da das Geschäft mit den Fotografien nicht florierte, ging ich nach Cavi, um mich auf meine Erstjahres-Prüfungen im Juni an der Scuola Superiore di Commercio vorzubereiten. Ich bestand in den Fächern Wirtschaft, Wirtschaftsgeographie, Zivilrecht, Öffentliches Recht und Englisch. Obwohl ich mich immer noch nicht als möglicher Buchhalter oder Geschäftsmanager sehen konnte, muß ich gestehen, daß ich ausnahmsweise einmal ein gutes Gefühl dabei hatte, mich in einer normalen Situation zu befinden. War ich auf dem Wege, ein „richtiger" Mensch zu werden?

Zwei Jahre nach unserer Hochzeit ließ Noras Onkel Rezia – ein städtischer Ingenieur und Notar und ein enger Freund der Familie Baldini, deren Besitztum er verwaltete – uns zu sich kommen, um Noras Anteil am Erbe ihrer Mutter zu besprechen. Jetzt, da alle drei Schwestern verheiratet waren, meinte er, daß es nicht viel Sinn machte, das Erbe als ein einziges Besitztum zu betrachten, dessen Einkünfte an jedem Jahresende in vier gleiche Teile für sie und ihren Bruder aufgeteilt werden mußten. Obwohl er uns auch weiterhin beraten und uns helfen würde, dachte er, daß es Zeit sei, daß wir die volle Verantwortung für unsere Investitionen übernähmen.

Weder Nora noch ich hatten die geringste Ahnung, was wir vorschlagen sollten. Seit Nora volljährig geworden war, hatte sie Monat für Monat einen Scheck von Zio Rezia bekommen – es war dieser Scheck, der uns selbst in den Zeiten, in denen ich keinen einzigen Centesimo verdiente, über Wasser gehalten hatte. Vielleicht aus einem Schuldgefühl gegenüber ihrer Mutter, die gestorben war, als Nora zwölf Jahre alt war, vielleicht auch aus Furcht oder Faulheit oder sogar, weil die Welt der Finanzen nicht gerade unsere Sympathie genoß, hatten wir die Quellen eines Einkommens, das, wie ein Wunder, pünktlich jeden Monat eintraf, einfach ignoriert.

Aber als wir hörten, daß Onkel Guido Baldini beschlossen hatte, das an den Garten seines Landhauses in Cavi angrenzende hügelige Grundstück zu verkaufen, ein herrliches Gelände, das man leicht in Parzellen von ungefähr einem Morgen, alle mit direktem Blick aufs Meer, aufteilen konnte, verspürte ich plötzlich einen unwiderstehlichen Drang, mich am Entwurf einer Gruppe kleiner Häuser zu versuchen. Wegen der Artikel, die ich für *Casabella* geschrieben hatte, und meines Verhältnisses und der Freundschaft zu den Mailänder Architekten betrachtete ich mich als aktiven Verfechter der Sache der modernen Bewegung. Und außerdem, hatten nicht Frank Lloyd Wright und Corbu auch ohne Universitätsabschluß gearbeitet? Aus einem dunklen Winkel meines Gedächtnisses tauchte Onkel Piets Zeichenbrett mit seinen vier Anordnungen von Nadellöchern in den Ecken auf. Ich konnte es riechen und fühlen, als ich die ersten groben Skizzen zeichnete, und schon bald zeigten sich auf jedem leeren Quadratzentimeter Papier im Haus sechs rechteckige, zwischen Pinien verstreute Kästen. Wie im Rausch holte ich alle meine früheren Ausgaben von *Casabella* und *Domus* hervor und las die Anzeigen für Materialien zum Dachdecken, für Böden, Türen und Fenster, Jalousien, Badezimmervorrichtungen und Küchenausrüstung. Ich maß das Gelände aus und fertigte aus zusammengeknülltem Zeitungspapier und Gips ein annähernd maßstabgetreues Modell an, und ich traf mich mehrmals mit Onkel Rezia, der Bauzeichnungen anfertigen wollte, die dann vom Stadtarchitekten genehmigt werden sollten. Wieder einmal spielte ich – in großem Maßstab. Bis zum Frühling des folgenden Jahres waren die sechs kleinen Landhäuser – drei für Nora und drei für Bruna, die bei dem Unternehmen mitgemacht hatte –, bezugsfertig. Sie entsprachen so sehr der „modernen Bewegung", daß man sie im Dorf die Hühnerställe nannte.

Im Herbst ergriff ich formal Besitz von der Wohnung in Mailand, und ein paar Wochen später, als die Möbel aus Amsterdam ankamen, zog ich ein. Da Walter nicht nur keine Wohnung, sondern auch keinen einzigen Pfennig hatte, schlug ich vor, daß er bei mir wohnen könnte, solange Nora und Mannie in Cavi blieben. Ich war nur zu glücklich, jemanden zu haben, der mir half, und nun hatten wir auch einen Ort, an dem wir Filme entwickeln konnten. Als Fotograf stellte Walter sich als kompromißlos, pedantisch und äußerst langsam heraus. Bei den wenigen Aufträgen, die wir erhielten, mußte ich stundenlang herumstehen und warten, bis er die Objektive und die Beleuchtung eingestellt, die

Entfernungen abgemessen, die Kamera hierhin und dorthin gestellt und die Belichtungsmesser abgelesen und überprüft hatte. Bis er so weit war, ein Bild zu machen, hatte ich vergessen, warum wir aus diesem besonderen Winkel fotografierten oder jenes besondere Detail aufnahmen, und die Bilder, die wir produzierten, waren technisch perfekt, aber tot.

L&C überlebte unsere ersten Auseinandersetzungen nicht, und unsere Wohngemeinschaft dauerte nur ein paar Monate, bis eines Tages Carla, Walters Verlobte, aus Deutschland ankam. Carla stammte aus einer norddeutschen christlichen Familie, und wenn die deutsche Polizei von ihrer Beziehung zu einem Juden gewußt hätte, wären die Folgen für beide tragisch gewesen. Das sei der Grund, wie Walter mir erklärte, warum er sie mir gegenüber nie erwähnt habe und warum ihr Verhalten vielleicht geheimnistuerisch erscheine. Manchmal verschwand sie für ein paar Tage, ohne uns zu sagen, wohin sie ging. Ihre Anwesenheit, etwas mütterlich streng, warf ein ganz neues Licht auf Walter und unsere Freundschaft. Ich bewunderte Carla, aber oft fühlte ich mich ihretwegen ein wenig verlegen, so als wäre ich der schwierige, anspruchsvolle Gast bei mir zu Hause. Als Walter und Carla eines Tages vorübergehend in ein anderes geheimes Versteck zogen, genoß ich es aus tiefstem Herzen — so schwer mir auch der Verlust der guten Seiten von Walters Wesensart fiel: sein Sinn für Humor, seine Intelligenz und vor allem seine Musikkenntnisse —, meine Wohnung endlich allein in Besitz zu nehmen, und meine gefühlsmäßige Reaktion war das typische „Nie wieder". Aber als Noras Cousin Bruno, der kurz zuvor

entlassen worden war, nachdem er seine zweijährige Gefängnisstrafe in Viterbo abgesessen hatte, mich fragte, ob er bei mir
wohnen könnte, bis Nora käme, war ich hocherfreut. Mit
Bruno zusammen zu sein war eine ganz andere Aussicht. In
den Jahren, über einen längeren Zeitraum hinweg, als es für
zwei so junge Männer möglich schien, waren wir enge
Freunde geworden. Die Monate, die folgten, gehörten zu den
glücklichsten, an die ich mich erinnere.

Durch Persico lernte ich Dino Villani kennen, den Leiter
der Werbeabteilung von Motta, dem bedeutendsten Süßwa-
renhersteller Italiens, dessen *panettone,* das traditionelle
Mailänder Weihnachtsbrot, in der ganzen Welt berühmt war,
zum Teil durch Mottas großartige Plakate. Und ein paar Monate später bot Villani mir das an, was ich meine erste echte
„wirkliche Anstellung" nennen würde. Als sein Assistent hatte
ich die Gelegenheit, viele der Designer und Illustratoren kennenzulernen, die in den frühen Nachkriegsjahren die Welt
mit dem „italienischen Wunder", bei dem Design eine so bedeutende Rolle spielte, in Erstaunen versetzen sollten.

Eine meiner ersten Erinnerungen an diese Stelle besteht
darin, daß ich mit Cassandre an dem neuen Poster für Mottas
Colomba Pasquale arbeitete. Ich erinnere mich, die Ankunft des
Künstlers in seinem Rolls-Royce, dem ein Taxi voranfuhr, auf
dem Motta-Fabrikgelände mit eigenen Augen gesehen zu
haben. Er erklärte mir, daß er, wenn er in den Vororten einer
Stadt ankam, sich immer von einem Taxi zu seinem Ziel leiten ließ.

Die Hühnerställe
von Cavi

Bei Motta war ich direkt verantwortlich für die Schau-
fensterauslagen der Motta-Geschäfte und -Cafés und für Mottas beeindruckenden Pavillon auf der jährlichen Mailänder
Messe. Als ich anfing, mit Villani zu arbeiten, näherte sich
schon der Termin, bis zu dem der Pavillon fertig sein mußte,
und immer noch hatte man keine Entscheidung gefällt, ob ein
neuer gebaut oder der alte mit geringen Veränderungen auf-
poliert werden sollte. Als diese typisch italienische Krisen-
situation explodierte, bat Cavaliere Motta, der Inhaber der
Firma, mich persönlich um Ideen. Ich schlug vor, daß wir
unser Problem ausnutzen sollten, indem wir den Pavillon so
ließen, wie er war – daß wir etwa ein Dutzend realistische, le-
bensgroße Puppen anfertigen lassen, sie in Overalls stecken
und hier und da im ganzen Pavillon in Arbeitsposen, sägend,
hämmernd und auf Trittleitern verschiedener Länge malend,
aufstellen sollten. Als die Messe eröffnet wurde, war der „un-
fertige" Motta-Pavillon fertig. Er war ein riesiger Erfolg und
der am meisten fotografierte Bau der Messe. „Fein", dachte
ich in einem selbstgefälligen Augenblick, „aber wenn das kein
graphisches Design und auch nicht Architektur ist, und ganz
bestimmt ist das nicht KUNST, in Großbuchstaben geschrieben, was ist das dann?"

Eines frühen Morgens im Mai 1935 wurde ich durch die
Ankunft von Gianna, der jüngsten Tochter von Brunos Nachbarn, aus dem Schlaf gerissen. „Sie müssen Mailand sofort
verlassen", sagte sie. „Bruno ist verhaftet worden. Sie durch-
suchen gerade die Wohnung. Bei uns im Haus sind überall

Polizisten und OVRA-Agenten, die Leute befragen, ihre Papiere überprüfen und jeden fotografieren, der den Hof betritt. Sie kommen als nächstes hierher und holen Sie. Sie verschwinden am besten, so lange Sie noch können." Nachdem Gianna gegangen war, setzte ich mich an den Küchentisch, um zu überlegen.

Das Szenario einer dramatischen Flucht, die, was auch immer man mir vorwerfen könnte, ein eindeutiges Eingeständnis von Schuld bedeuten würde, schloß ich aus. Die verbleibenden Optionen waren: (1) wieder zu Bett zu gehen, als ob nichts geschehen sei, und die Entwicklung abzuwarten; (2) Zio Fabio, Brunos Vater, anzurufen und ihn unter irgendeinem banalen Vorwand zu bitten, mich mit Bruno sprechen zu lassen; (3) eine Weile zu warten und, wenn nichts geschah, mich anzuziehen, hinauszugehen und zu sehen, ob ich Birolli auffinden könnte, einen befreundeten Künstler, und ihn um Rat zu fragen; (4) mich auf die Macht meines holländischen Passes zu verlassen, in die Via Bronzetti hinüberzugehen und ganz naiv die Polizei und dann Zio Fabio zu fragen, was passiert war. Diese letzte Option schien die natürlichste zu sein, und ich entschloß mich, es so zu machen. Ich zog mich ruhig an und ging in Richtung Via Bronzetti. Als ich zur Nummer 37 kam, sah ich sofort, daß Gianna alles genau beschrieben hatte. Ein Polizeiwagen parkte auf dem Bürgersteig neben dem Eingang des Gebäudes, und obwohl ich nur einen Polizisten sah, der in der Nähe des Eingangs gerade mit einer alten Frau sprach, war da ein Mann mittleren Alters in Zivil, der eine kleine Kamera auf mich richtete.

Die Wohnung trug sichtbar die Zeichen einer polizeilichen Durchsuchung. „Ich sollte dieses Durcheinander aufräumen", sagte Signora Gioconda, die weißhaarige Haushälterin, in ihrem breiten Dialekt aus der Poebene, während ihr Tränen in die Augen traten, „aber ich fühle mich wie gelähmt. Ich weiß nicht, wo ich anfangen soll." Zio Fabio, der nervös an seinem Bart herumfummelte, um seine Wut zu verbergen, unternahm eine heroische Anstrengung, die Bedeutung des Ereignisses herunterzuspielen. „Vielleicht ist es bloß eine Routineüberprüfung." Ich fragte ihn, ob er irgendeine Ahnung habe, wohin die Polizei Bruno vielleicht gebracht hätte. „Ich vermute, sie haben ihn an denselben Ort gebracht wie letztes Mal, zum OVRA-Hauptquartier an der Piazza Belgioioso." Das brachte mich auf eine Idee. Ich erinnerte mich an den geheimnisvollen Signore Rotesi, der in derselben Pension gewohnt hatte wie ich, als ich darauf wartete, unsere Wohnung in Besitz zu nehmen. Es hatte sich herausgestellt, daß Signore Rotesi ein Offizier der OVRA war. Ich sah auf meine Uhr, umarmte die Signora Gioconda und Zio Fabio und nahm mir ein paar Augenblicke später ein Taxi zur Piazza Belgioioso.

Als ich nach Capitano Rotesi fragte, sagte mir eine Sekretärin, daß *il capitano* äußerst beschäftigt sei und nicht gestört werden dürfe. Aber jetzt war ich so in die Affäre verstrickt, daß ich mehr wissen mußte. Indem ich zur Option drei wechselte, nahm ich einen Bus zu Birollis Studio, fand die Tür aber verschlossen. Ein tieftrauriges Gefühl überkam mich. Ich fühlte mich einsam und ohnmächtig und vage schuldig, ein freier Mann zu sein. Zwei Tage später rief Zio Fabio mich an und erzählte mir, daß man Bruno in das Mailänder Gefängnis San Vittorio überführt hätte. Dort wurde er, zusammen mit einer Gruppe Turiner Freunde, unter ihnen Cesare Pavese, wegen „Verschwörung" verurteilt. Das Urteil lautete auf drei Jahre Gefängnis in Bagnara Calabra, einer kleinen Stadt im Süden Italiens, aber er wurde Mitte Juli 1936 aus der Haft entlassen.

Frühe Versuche auf dem Feld der Werbung: ein Beispiel aus einer Serie von Werbegraphiken für Motta-panettone und ein grobes Layout für eine Werbung für Campari, die niemals das Tageslicht erblickt hat (Gott sei Dank!)

Brunos Festnahme war nicht das einzige Mal in meinen Jahren in Mailand, daß ich Zeuge faschistischer Verfolgung von Künstlern und Intellektuellen wurde. Im Jahre 1936, in

einer stürmischen Winternacht, wurden die meisten meiner
Freunde aus Savini, unter ihnen auch Birolli, Sassu und Cantatore, abgeholt, ins OVRA-Hauptquartier gebracht, verhört
und am nächsten Tag nach einem Kreuzverhör wieder freigelassen. Als mir Birolli erzählte, was passiert war, tat es mir leid,
daß ich nicht unter ihnen gewesen war. Für dieses Ereignis
hatten sie gut eingeübt, was sie sagen wollten, und hatten ihre
Antworten parat; sie würden sich nur auf die Geschichte der
Kunst beziehen und keinesfalls auf die Politik. Wörtlich erinnere ich mich an Birollis Version seiner Befragung durch
einen jungen OVRA-Offizier, wie er sie mir an dem Tag, an
dem er wieder freigelassen worden war, in einem kleinen
Café in der Nähe der Piazzale Baracca erzählte.

OVRA-Offizier: Wenn ihr Jungs von Revolution redet,
auf was für eine Art Revolution bezieht ihr euch da?
Birolli: Das kommt darauf an. Ich würde sagen, daß wir
uns meistens auf Paul Cézanne beziehen, dessen revolutionäre Idee war, daß das Bild vom einem Berg, zum Beispiel
vom Mont-Sainte-Victoire, der für ihn ein Thema war, das
ihm sehr am Herzen lag, etwas von den wirklichen Bergen,
von jenen, die wir besteigen oder in die wir Tunnel bauen,
völlig Unabhängiges ist. Ein Vorwand, würde ich sagen – ein
Vorstoß zu Ideen, die, wie Objekte oder Dinge in einem
vorübergehenden Schwebezustand, vielleicht revolutionäre
Wirklichkeit werden könnten. Wissen Sie, was ich meine? Als
revolutionäre Künstler müssen wir, auf die Gefahr hin, sogar
für uns selbst unverständlich zu werden, ihre Befreier sein,

die Abbilder der Dinge von den Dingen selbst befreien. Das muß Leute wie Sie verwirren, denn es ist genau diese Unverständlichkeit, die die revolutionäre Phase ausmacht und definiert, in der wir uns gerade befinden. Verstehen Sie?

OVRA-Offizier: Ja, aber was hat das mit Marxismus zu tun?

Birolli: Nichts! Darum geht's ja gerade! Das eine ist ein Berg und das andere ein menschliches Wesen. Sehen Sie das nicht?

Und so ging das weiter und weiter. Jeder Maler wurde einzeln in einer anderen Ecke eines großen, leeren Raums verhört, und da Birolli von Anfang an laut gesprochen hatte, schlossen die anderen sich an, und bald war das Ganze gerade so wie eine Diskussion während eines Streiks an der Akademie der Schönen Künste.

Im Jahre 1936, als ich mich entschloß, die Firma Motta zu verlassen und ein kleines Design-Studio zu eröffnen, erreichte diese Neuigkeit auf irgendeine Weise den Präsidenten der Nationalen Stiftung für Unfallverhütung. Signore De Michelis gehörte jener kleinen, geheimnisvollen Kaste von Überlebenskünstlern an, deren besondere Qualifikationen oder obskuren Verbindungen es ihnen ermöglichte, schmerzlos und unbeachtet, mit ungeschmälerten Privilegien und unangetasteter Würde, in die neue Ordnung hineinzugleiten. Manche hatten sich genügend Macht und Einfluß bewahrt, um in der Lage zu sein, alten Freunden dabei zu helfen, eine Anstellung

Zwischen Ismen

zu finden oder die Erlaubnis zur Auswanderung zu erhalten,
und sogar im Falle faschistischer Verfolgung in ihrem Interesse
zu intervenieren. Ehemals der für Auswanderung zuständige
Minister, freundlich und großzügig, schien De Michelis gelassen über den Mühen und Nöten des gewöhnlichen täglichen Lebens zu schweben.

Ich hatte ihn im Jahr davor kennengelernt, als ich eine Serie
von Plakaten über häusliche Unfallverhütung vorgeschlagen
hatte, aber trotz der Tatsache, daß er während der Jahre der
Maffis in Rom im selben Haus über ihnen gewohnt hatte und
ein enger persönlicher Freund von ihnen gewesen war – ein
Umstand, der in Italien, und besonders in der Hauptstadt, von
beträchtlichem Gewicht sein konnte –, war daraus nichts geworden. Meine Ideen waren für seinen Geschmack wahrscheinlich zu modern, und seitdem hatte ich ihn nicht mehr

gesehen. Und deshalb waren meine ersten Gedanken, als De Michelis Sekretärin mich einen Monat, nachdem ich mich mit meinen Design-Utensilien in zwei Zimmern unserer neuen Wohnung in der Via Santo Spirito eingerichtet hatte, anrief und mir sagte, Seine Exzellenz wünsche mich zu sehen, daß er es sich in Hinblick auf die Plakate vielleicht anders überlegt haben könnte. Mit dieser glücklichen Illusion also suchte ich ihn in seiner beeindruckenden Büroflucht in der Via Manzoni auf. Er empfing mich mit großer Herzlichkeit, indem er sich nach Nora und ihrer Familie erkundigte, aber sobald er begann, zur Sache zu kommen, merkte ich, daß das Thema Plakate gestorben war und er etwas völlig anderes im Sinn hatte.

Er erzählte mir, daß das Bildungsministerium gerade einen bedeutenden internationalen Kongreß über Fragen der Erziehung und Bildung plante, der im Frühjahr in Rom stattfinden sollte. Im Mittelpunkt der Pläne stand die Konstruktion eines beeindruckenden ultramodernen Komplexes, der Schulen, Bürogebäude und eine Konferenzhalle umfassen würde. Bulldozer beseitigten gerade eins der am dichtesten bewohnten Slumviertel der Hauptstadt, um Platz zu schaffen.

De Michelis erklärte, das Hauptinteresse der Stiftung sei zur Zeit eine nationale Kampagne zur Verhütung von Unfällen zu Hause und in der Schule. Deshalb sei es für die Stiftung unbedingt erforderlich, auf dem Kongreß stark präsent zu sein. Mein Herz setzte ein paar Schläge aus, während mir schon Visionen von Pavillons, Plakaten und Filmen – Visionen großer Werke – vorschwebten. „Also, was wir brauchen", fuhr De Michelis mit entsprechend veränderter Stimme und in neuem

Rhythmus fort, „ist ein wohldurchdachtes, gut recherchiertes, intelligentes Referat über die Gefahren von Unfällen im Klassenzimmer. Und deshalb habe ich sofort an Sie gedacht, *caro* Lionni. Unter diesen Umständen könnten Sie uns von wirklichem Nutzen sein. Sie könnten für die Stiftung einen bedeutenden Beitrag leisten." Ein Referat? Klassenzimmer? Ich war verwundert. Ich konnte nichts anderes tun als ein kaum hörbares *grazie* murmeln.

Noch am selben Abend suchte ich Bruno auf, und da ich nicht die leiseste Ahnung hatte, wie ich mit dieser Situation fertig werden könnte, bat ich ihn inständig, mir zu helfen. Und einen Monat später erschien ich wieder bei der Stiftung und reichte unser gemeinsames Werk ein. „Warum lesen Sie es mir nicht vor?" sagte der *presidente*, lehnte sich in seinem Sessel zurück und legte den Kopf auf seine gefalteten Hände. Ich las. Ich las über rutschige Flure, Pulte mit scharfen Ecken, schlecht entworfene Sitze. Über lose Fenster, pendelnde Tafeln, ungeschützte elektrische Leitungen. Ich zeigte Statistiken, und ich las und las. De Michelis war entzückt. „*Meraviglioso!*" rief er aus. „Ich möchte, daß Sie die Stiftung auf dem Kongreß vertreten und persönlich das Referat halten."

Gegen Mitte April erhielt ich einen langen Brief von De Michelis, der mich davon unterrichtete, daß ein ganzer Tag (der 13. Mai) für die Diskussion von Problemen zum Thema „Sicherheit und das Kind" reserviert worden sei und daß mein Referat in diesem Zusammenhang gehalten werden sollte. Obwohl das Referat fertig in einem Ordner lag und es bis zum 13. Mai noch drei Wochen waren, geriet ich in Panik.

Nie zuvor hatte ich in der Öffentlichkeit gesprochen, und schon gar nicht über ein Thema, das mich nicht im Geringsten interessierte und über das ich nichts wußte. Eine Welle der Übelkeit schwappte über mich. In einem ruhigeren Augenblick dachte ich: „Alles, was ich tun muß, ist dieses Referat halten, eine Angelegenheit von zehn Minuten. Danach bin ich ein freier Mann und habe in Rom zwei Tage Zeit."

Am zwölften nahm ich den Lombardei-Expreß, aß im Speisewagen luxuriös zu Mittag und kam am späten Nachmittag in Rom an. Nachdem ich meine Sachen ins Hotel gebracht hatte, machte ich einen gemächlichen Spaziergang zur Piazza di Spagna und dann durch die Via Babuino zum Piazza del Popolo. Ich war eine Zeitlang nicht in Rom gewesen, und was mir, wie schon früher, besonders auffiel, war das unverkrampfte Verhältnis bescheidener Menschen zu den ehrwürdigsten Monumenten der Architektur und Bildhauerkunst der westlichen Zivilisation, wie Leute hier und da verstreut in kleinen Gruppen saßen und sich gegen die elegante Symmetrie der Spanischen Treppe behaupteten, wie Kinder auf die Sockel von zweitausend Jahre alten Denkmälern kletterten, im Wasser des Bernini-Springbrunnens wateten und hinter den Säulen der heiligsten der Kirchen Verstecken spielten. Was die Schönheit Roms so einzigartig macht, sind nicht die uralten Denkmäler oder verschwenderischen *palazzi,* sondern es ist die geschmeidige Wechselwirkung von Körper und Raum, die unschuldige Allianz zwischen dem Geist und den Dingen, die Leichtigkeit zu leben. Zu Abend aß ich in einer kleinen Trattoria in der Via Ripetta und war unterwegs zum nahe gelegenen Caffè Rosati, als mich ohne ersichtlichen Grund eine neue Welle der Panik ergriff. Morgen Vormittag! Von jetzt an noch fünfzehn Stunden!

Ich schnappte mir ein Taxi, und zehn Minuten später war ich in meinem Hotelzimmer und blätterte nervös in meinem Referat herum. Als ich merkte, wie absurd das war, was ich da tat, beschloß ich, Nora anzurufen, weil ich es nötig hatte, ihre leichte, frohe Stimme zu hören.

Auf wundersame Weise entspannt wachte ich am nächsten Morgen auf und ging zur Piazza Colonna, von wo aus ich den Bus zum Kongreß nehmen wollte. Weil ich fast eine halbe Stunde warten mußte, setzte ich mich in das Café an der Ecke und trank meinen dritten Capuccino. Auf dem Corso erwachte die Galleria gerade langsam zum Leben, während die Abgeordnetenkammer auf der anderen Seite noch in tiefen Schlummer gehüllt lag. Trotz meiner früheren Ängste war ich jetzt hellwach, und mit kühlem Kopf war mir bewußt, wo ich mich befand und warum. Ich stieg in den Bus zusammen mit einer Gruppe sechsjähriger Faschisten in Miniaturuniform, mit zu sehr geglättetem Haar, mit zu rosigen Wangen, und nach einer kurzen Fahrt zum Stadtrand stand ich dem Palazzo dei Congressi gegenüber, einem weißen, vielleicht sieben Meter hohen Kasten mit einer einzigen riesengroßen Glaswand.

Ich war zu früh da, und die endlosen Reihen von Sitzen waren noch leer. Ich entdeckte, daß auf jedem Sitz ein kleiner Stapel Bekanntmachungen und Informationsblätter lag und obendrauf, in einem leuchtendgelben Einband, ein

Exemplar meines Referats. Als ich es sah, wurden mir die Knie weich. Längs der riesigen Wand gegenüber dem Publikum befand sich eine etwa ein Meter hohe Bühne. Das Podium war ein langer, schmaler, mit leuchtendgrünem Tuch bedeckter Tisch. An ihm standen fünfzehn Stühle, und für jeden Teilnehmer gab es eine Flasche San Pellegrino, ein Glas und einen Aschenbecher. Eine kleine Gruppe von Mikrophonen, die ich zuerst für einen Strauß schwarzer Tulpen gehalten hatte, drängte sich in der Mitte zusammen. Da ich annahm, daß ich mein Referat vom Podium aus halten sollte, näherte ich mich einer jungen Frau, die mir so etwas wie eine Platzanweiserin zu sein schien, und fragte sie, ob sie wüßte, wo ich mich hinsetzen sollte. „Wo immer Sie wollen", sagte sie und zeigte auf das Meer leerer Sitze. Ich setzte mich auf den letzten Platz in der dritten Reihe. In dem Augenblick bemerkte ich hoch oben an der riesigen Wand direkt über der Mitte des Podiums einen kleinen Balkon mit einem Dutzend Mikrophonen. Ein Arbeiter in einem blauen Kittel testete gerade jedes einzelne mit einem „*pronto pronto uno due tre, pronto pronto uno due tre*", das wie ein Schwarm Vögel durch den riesigen Raum flog.

Endlich begann der Kongreß. Es gab ein Geschlurfe und hier und da ein Hüsteln, dann erschallte mein Name wie ein Donnerschlag, und alle Augen erhoben sich zu dem leeren Balkon. Es folgte eine lange, tiefe Stille, und erneut wurde mein Name aufgerufen. Bis dahin hatte ich mich von der Wirklichkeit der Szene völlig ausgeschlossen. Von panischer Angst ergriffen, versuchte ich mit wild trommelndem Her-

zen, im Kopf ganz leer, aufzustehen, aber mein Körper war
wie an den Sessel angefroren. Als mein Name wieder aufgerufen wurde, hörte ich ihn, als käme er aus dem Weltall. Ich
fühlte mich wie ohnmächtig, und nach einer zeitlosen Leere
drangen mir seltsame Worte ins Bewußtsein, und ich meinte,
eine mütterliche Stimme zu erkennen, die dicht an meinem
Ohr flüsterte: „Fühlst du dich krank?" „Mir geht's gut", antwortete ich. „Es muß wohl irgendwas sein, was ich gegessen
habe." Die Welt der Wirklichkeit war zurückgekehrt; ich
brachte es nicht fertig. Mich als Experte auszugeben, eine Organisation zu repräsentieren, die die bequeme Bestechlichkeit
und die Unmoral der Zeit widerspiegelte, war plötzlich mehr,
als ich vertragen konnte, und schnell verließ ich die Halle.
Eine heroische Rebellion war nicht meine Sache, bloß eine
Übelkeit erregende Erkenntnis der Hybris. Dennoch, ich
nehme Zuflucht zu der Erinnerung an die gedruckte Rede,
die an jenem Tag im Palazzo dei Congressi auf jedem Stuhl-
sitz lag.

Ich weiß nicht, was mich veranlaßte, jene elegante Mansar-
denwohnung in der Via Santo Spirito gleich neben dem Hotel
Manzoni zu mieten. Hatte ich das Bedürfnis, mich zu meiner
neu entdeckten, noch zerbrechlichen Identität als Graphikdesigner zu bekennen, indem ich sie derart erweiterte, daß sie
mein Privatleben einschloß? Oder sollte das die Bühne sein
für einen Akt mehr in meinem niemals endenden Ein-Mann-
Schauspiel? Oder war das einfach ein weiteres Symbol für
meine Angst, mich den Tatsachen meines Traums zu stellen,

Maler zu sein? Vielleicht geschieht es aus all diesen Gründen, daß in meinem Gedächtnis das Bild der Wohnung kaum sichtbar aufscheint. Obwohl sie komplett mit Möbeln ausgestattet war, habe ich das Gefühl, daß wir nie dort wohnten. Das einzige Bild, das ich von mir bei der Arbeit in dem kleinen Studio hervorbringen kann, enthält wenig mehr als den oberen Teil eines Zeichenbretts und das Fenster, durch das meine Augen über die Dächer mitten in Mailand bis hin zum alles überragenden Dom wandern können. Ich kann mich nicht einmal daran erinnern, wie mein Assistent hieß, der einzige, den ich jemals angestellt habe, ein adretter junger Mann mit hellgrauen Augen und glatt zurückgekämmtem Haar. War er lebendig oder ein Teil der Möbel?

Nur eine einzige Szene hat klar und fest in meinem Bewußtsein überlebt, und wenn sie erscheint, lastet ihre qualvolle Präsenz auf meinem Herzen wie eine schleimige Chimäre.

Es ist lange nach Mitternacht. Ich sitze an einem kleinen Schreibtisch mit nichts drauf außer einigen Blättern Papier, einem Füllfederhalter und einem tragbaren Radiogerät. Eine vertraute Stimme hat das Ende der italienischen Abendsendungen verkündet, und obwohl die letzten Trommeltöne der „Giovinezza", der faschistischen Hymne, schon aufgegangen sind im sanften Summen eines sternenlosen Himmels, höre ich sie immer noch als bedrohlichen Hintergrund für die einzigen Worte, die – hart, glatt und schwarz – noch heute den Bildschirm meines Gedächtnisses ausfüllen.

Hitlers Truppen marschieren ins Sudetenland ein

Nora war in Cavi. Wenn es heute wäre, hätte ich das Telefon
geholt und sie angerufen, aber was mir im Kopf herumwir-
belte, war zu wichtig, zu komplex, zu schwer zu formulieren,
zu qualvoll gefühlsbeladen, um es einem Gespräch aus dem
Stegreif anzuvertrauen. Ich habe in meinen alten Akten nach-
gesucht, in Noras Tagebüchern, in allen Verstecken, in denen
der Brief, den ich in jener Nacht vor fast sechzig Jahren
schrieb, möglicherweise gelandet sein könnte. Umsonst. Nora
hat ein ziemlich scharfes Gedächtnis. Sie regte sich schrecklich
auf, als sie ihn las, und war überzeugt, daß ich gerade irgendeine Art Zusammenbruch hätte. Sie schickte den Brief an
meinen Vater in Holland weiter, der ebenso schockiert war.
Nur Papà Maffi hielt meine Entscheidung für richtig, Europa
zu verlassen. Als ich am nächsten Wochenende in sein
Arbeitszimmer trat, um mit ihm über den Brief zu sprechen,
faßte er mich mit ausgestreckten Armen bei den Schultern,
sah mich mit traurigem Lächeln an und sagte: „Ich verstehe,
daß du nach Amerika gehen willst. Ich glaube, du hast recht.
Hier in Europa wird wohl die Hölle ausbrechen. Geht! Je
früher, desto besser!"

Glaubte ich an Parapsychologie, hätte ich wahrscheinlich
keine Schwierigkeit, die Genauigkeit zu erklären, mit der ich
die dramatischen Ereignisse vorausgesehen hatte, die die Welt
in den kommenden Jahren erschüttern sollten. Das war

bestimmt keine Leistung normaler Intelligenz oder Logik. War es Furcht? Ich kann mir keine andere Möglichkeit denken, die erklären könnte, wie ich, der nie anerkannt hatte, wie wichtig es ist, Zeitungen zu lesen, Radio zu hören oder die laufenden politischen Ereignisse zu diskutieren, den Mut aufgebracht hatte, auf der wackeligen Grundlage einer Schlagzeile aus sechs Worten über das Schicksal meiner Familie zu entscheiden. Standhaft in meinem Beschluß, machte ich mich daran, mein Leben neu zu organisieren. Das war keine leichte Aufgabe, und hätte es nicht eine plötzliche Inspiration gegeben, dann hätten wir es vielleicht niemals geschafft.

Es geschah eines Morgens, als ich zur Feier alter Zeiten gerade Kaffee trank mit Za, der, unterbrochen von Telefonanrufen und unerwarteten Besuchen, mir stückchenweise erzählte, was in seinem Leben so vor sich ging. Seine Beziehung zu dem Regisseur Vittorio De Sica, dessen Filmskripte zu schreiben er sich vertraglich verpflichtet hatte, war an einem Punkt angelangt, an dem es keinen Sinn mehr machte, in Mailand zu bleiben. Rom war die Stadt, in der die italienische Filmindustrie Wurzeln geschlagen hatte. „Ich weiß nicht, was ich mit dem ganzen Gerümpel tun soll, das ich hier in Mailand habe. Es gibt keinen einzigen richtigen Stuhl im Haus, auf dem man sitzen kann, noch eine Schublade, die sich öffnen oder schließen läßt. Das Zeug nach Rom mitzunehmen wäre so, als würde man seinen täglichen Müll auf den Domplatz tragen. Ich brauche mehr Raum." Ich lachte und sagte: „Ich brauche *weniger* Raum", und plötzlich kam mir eine Idee. „Ich will dir mal was sagen", sagte ich halb im Ernst, „warum nimmst du

nicht die Möbel aus meiner Wohnung – sauber, elegant, stil-
voll –, verfrachtest sie nach Rom und wirfst dein eigenes
Gerümpel auf den städtischen Müllplatz? Das würde den perfekten Rahmen für deine neue Rolle in der römischen Film-
welt abgeben." Za murmelte irgend etwas Unverständliches
und biß wütend auf die Kippe seiner Toscano. „Meinst du das
ernst?" Ich nickte. „Wieviel würdest du dafür haben wollen?"
Blitzartig sah ich Zas römische Wohnung vor mir. Leute mit
Martinis in den Händen gingen langsam umher, betrachteten
Bilder, lachten über Scherze. In einer Ecke konnte ich De Sica
sehen, umringt von vier oder fünf Starlets. Za lief gerade mit
dem für jeden gleichen Lächeln eines römischen Gastgebers
herum. „Ich sag dir was: Wenn du alles, was in unserer Wohnung ist, innerhalb einer Woche herausholen kannst, einschließlich Töpfe und Pfannen, mit Ausnahme der Staffelei,
will ich zur Feier unserer Freundschaft nicht mehr als die sym-
bolische Summe von eintausend Lire." „Meinst du das im
Ernst?" „Ganz und gar."

PAOLO

In den ersten Dezembertagen 1938, als das Ende von Noras
zweiter Schwangerschaft in Sicht war, beschlossen sie und ich,
daß es klug wäre, das Baby in der Schweiz zur Welt kommen
zu lassen. Ein Faktor war dabei natürlich die Wahrscheinlich-
keit eines Krieges, aber der Hauptgrund lag darin, daß die
Auswanderung in die Vereinigten Staaten auf einem Quoten-
system beruhte, das die kleineren Nationen stark bevorteilte.
Für Italiener lag die Wartezeit für ein Visum bei fast sechs
Monaten, während Bewerber aus Holland oder der Schweiz
es in einem Tag erhalten konnten. Aber es gab noch andere,
persönlichere Gründe.

Es war eine nervenaufreibende Zeit für uns beide. Nora
hatte, wie so viele Europäer vor dem Anbruch der Kommuni-
kationsära, nur eine äußerst vage Ahnung vom Leben in Amerika. Hollywood hatte eine Vorstellung von den Vereinigten
Staaten befördert, in der Haß, Gewalt und, der Depression
wegen, Elend die vorherrschenden Elemente waren. Für eine
junge Mutter war dies kein hübscher Rahmen für die romantischen Visionen einer sorglosen, glücklichen Zukunft, die
ihre Phantasie während ihrer Jugendjahre und der frühen Zeit
ihres Erwachsenseins sich ausgemalt hatte. Ganz zu schweigen
von den Schrecken eines drohenden Krieges, der ja schließlich
der Hauptgrund war, warum wir Europa verließen. Besorgt,
wie ich war, über meine eigene Abreise, unsere lange Trennung und Unsicherheiten in Bezug auf meine Fähigkeit, Geld

zu verdienen, war ich mir ihrer Qualen wahrscheinlich gar nicht bewußt.

In diesem Zusammenhang erschien die Schweiz wie eine verzauberte Insel der Liebe, des Friedens und des Wohlstands, was sie im Rückblick auch gewesen ist. In Ambri, einem Alpendorf im Tal unterhalb des Gotthardts, wohnte Papà Maffis jüngster Bruder Giotto, ein Gynäkologe, mit seiner Frau und drei Kindern, die alle ein paar Jahre älter waren als ich. Zio Giotto war wie Papà Maffi zur Jahrhundertwende aus politischen Gründen in die Schweiz eingewandert, aber anders als sein Bruder hatte er sich entschlossen, dort zu bleiben und schließlich Schweizer Bürger zu werden.

Die Ambri-Maffis wohnten am Rande des Dorfes in einem Landhaus – ein schlichter, aber bequemer würfelförmiger Bau am unteren Ende ansteigender Wiesen, auf denen grasende Kühe und Ziegen ihre Glocken baumeln ließen und hin und wieder, plötzlich von Raserei ergriffen, in wilden Galopp fielen und genauso plötzlich wieder anhielten und friedlich weitergrasten, als ob nichts geschehen sei. Bei früheren Besuchen waren diese Wiesen Mannies persönliches Paradies gewesen. Nunmehr mit ein Meter hohem Schnee bedeckt, hielten sie andere Attraktionen bereit, wie der riesige Schneemann bezeugte, den er unter kollektiver Mithilfe der anderen männlichen Familienmitglieder baute.

In dem nahe gelegenen Dorf Faido, an der Straße in Richtung italienische Grenze, lag ein kleines, aber gut ausgestattetes Krankenhaus, in dem Zio Giotto eine Praxis hatte. Dahin brachten er und ich, indem wir Mannie in den ihn verwöhnenden Händen der übrigen Familie zurückließen, Nora, als die Wehenschmerzen bei ihr einsetzten – die in dem Augenblick wieder aufhörten, als wir das Krankenhaus betraten.

In wenigen Minuten hatte sie sich, bemuttert von einem Trio kichernder junger rotwangiger Krankenschwestern, in einem sonnenüberfluteten Zimmer mit Buchenholzmöbeln, leuchtendblauen Bettbezügen und funkelnder Technologie eingerichtet. Alles war ganz und gar schweizerisch, sehr beruhigend und durch und durch eine Frauenwelt. Ich fühlte mich wie ein Eindringling, überflüssig und nutzlos. Nora, völlig beherrscht, schlug vor, daß Zio Giotto und ich einen Spaziergang machen sollten, und wir widersprachen nicht. Langsam gingen wir auf das Dorf zu und atmeten tief die trunken machende Luft ein. Hin und wieder ertönten aus Pferdeschlitten laute Grüße, die ich nicht verstand, aber mit einem italienischen „Buon Natale" erwiderte. Im Dorf kehrten wir auf eine Tasse heiße Schokolade in die Kongli-Stube ein. Als der Besitzer hörte, warum ich im Ort war, verwandelte sich die heiße Schokolade sofort in feierlich ausgeschenkten Schnaps. Und dann hatte ich plötzlich das Gefühl, daß das, was wir da feierten, tatsächlich in wenigen Minuten geschehen könnte, und ich wäre zum Krankenhaus zurückgestürzt, hätte Zio Giotto nicht beruhigend auf mich eingesprochen. Also machten wir uns erst nach einem längeren Abschied auf den Rückweg und plauderten dabei über dies und das.

Als wir das Krankenhaus betraten, sah es wie verlassen aus, aber als wir in den Flur bogen, auf dem Noras Zimmer lag, wurden wir von einer lautstarken Gruppe von Krankenschwestern begrüßt, die sich vor der Tür versammelt hatte. „Herzlichen Glückwunsch, es ist ein wunderschöner kleiner Junge!" Ich stürzte in das Zimmer, und da lag Nora und sah ein wenig müde aus, strahlte aber übers ganze Gesicht. „Na", sagte sie, „wie war der Kaffee?" Dann zeigte sie auf ein Kinderbett. Und da war er. Ein kleines Faltenbündel. Ein Kind. Das normale Wunder, wieder einmal.

In wenigen Tagen hatte das kleine Wunder seine Falten geglättet, war aber immer noch ohne Namen. Darüber zu diskutieren war zu einem entspannenden Spiel geworden, aber jetzt, vom örtlichen Standesbeamten dazu gedrängt, mußten wir entscheiden. Immer wieder gingen wir die Liste der jeweils noch überlebenden Kandidaten durch, bis schließlich wie aus dem Nichts der Name Paolo auftauchte. Einfach, fest, strahlend. Paolo. Eine Person.

NEW YORK, 1939

Um vor meiner Abreise in die Vereinigten Staaten ein paar
Tage bei meinen Eltern in Amsterdam zu verbringen, hatte
ich beschlossen, von Rotterdam aus mit der Holland-Amerika-
Linie zu fahren. In Amsterdam wartete eine Überraschung auf
mich. Vater hatte sich entschlossen, mich nach New York zu
begleiten. Die offizielle Erklärung war, daß er dachte, er
könnte mir durch seine Beziehungen in Philadelphia dabei
helfen, eine Stelle zu finden. Er hatte schon alles arrangiert.
Auf der *SS Rotterdam* hatte er eine Kabine neben meiner ge-
bucht und für uns beide im Hotel Wellington auf der Westseite von New York Zimmer reservieren lassen.

Ich gestehe, daß ich, obwohl mich Vaters Entscheidung
rührte, leicht enttäuscht war. Meine Emigration, die zuvor
den Anstrich eines wagemutigen und klugen Unternehmens
gehabt hatte, war plötzlich auf die Ebene eines Familienaus-
flugs gesunken. Außerdem hatte sich meine romantische
Natur irgendein aufregendes Abenteuer auf meiner Soloreise
vorgestellt. Aber von meinen persönlichen Gefühlen einmal
abgesehen, glaubte ich, Vater sollte Mutter zu einer Zeit, in
der die internationale Lage so prekär war, daß leicht ohne
Vorwarnung irgend etwas passieren könnte, nicht allein in
Amsterdam zurücklassen. Hatte ich denn nicht vor, Europa
aus genau diesem Grund zu verlassen? Mit Hitlers Truppen an
der Grenze war Holland, wie ich dachte, in einer besonders
riskanten Lage, und obwohl die holländische Nazi-Partei nach

der Zahl ihrer Mitglieder unbedeutend zu sein schien, konnte man die Möglichkeit eines Staatsstreichs nicht außer acht lassen. Vereinzelt hatte es schon Hakenkreuzschmierereien an den Türen von Juden gegeben. Wenn man alles zusammen bedachte, wäre es nicht besser, Mutter käme auch mit? Aber Vater wollte von seinem ursprünglichen Plan nicht abweichen. Er war fest davon überzeugt, daß Holland neutral bleiben würde. „Du kennst die Holländer nicht!" sagte er.

Und so winkten wir an einem nebligen Morgen im März 1939, während die *SS Rotterdam* zu den einsamen Klagetönen von Nebelhörnern und den schwungvollen Klängen von „Happy Days Are Here Again" von ihrem Pier wegglitt, Mutter zum Abschied zu. Und von den ersten kleinen Schlingerbewegungen auf dem offenen Meer an lag Vater seekrank in seiner Kabine. Wiederum zeigte er sich von der sanften Seite seiner unerschütterlichen Veranlagung, indem er weder seinen Sinn für Humor verlor noch anderen in seinem Elend zur Last fallen wollte. „Mach dir keine Sorgen um mich", sagte er mit einem bissigen Lächeln, „ich habe schon schlimmere Höhen und Tiefen als diese überlebt." Vaters ausgeglichenes Wesen, sein hartnäckiges Streben nach Objektivität und seine ruhige, feste Natur hatten ein undurchdringliches Schutzschild geschmiedet, hinter dem er in zurückhaltender Einsamkeit an den zerbrechlichen Strukturen einer Welt festhielt, die er nicht länger hören konnte.

Er war nicht immer so gewesen. Bis zur Zeit seiner Einberufung zur Armee während des ersten Weltkriegs kannte man ihn als extrovertierten, höchst geselligen, schneidigen jungen

Mann. Was genau während jener wenigen Monate des Militärdienstes an der deutschen Grenze passierte, ist ein ungelüftetes Geheimnis geblieben. Alles, was ich weiß, ist, daß, obwohl sein Gehör zur Zeit seiner Einberufung normal gewesen war, seine plötzliche ehrenhafte Entlassung vier Monate später wegen seiner Taubheit erfolgte, die, wie ich oft hörte, dem Umstand zugeschrieben wurde, daß er Kanonenschüssen ausgesetzt gewesen war. Wären nicht immer kleinere und wirkungsvollere Hörhilfen entwickelt worden, hätte er überhaupt nichts hören können.

Während der ersten Jahre seiner Ehe hatte Vater anscheinend mehrere Nervenzusammenbrüche und litt unter heftigen Migräneanfällen. Aber er machte auch tiefgreifende Charakterveränderungen durch und war wie durch ein Wunder fähig, mit seiner Behinderung fertig zu werden und für sich einen Stil des Daseins zu erfinden, der es ihm erlaubte, eine Karriere erfolgreich abzuschließen und ein ruhiges, relativ glückliches Leben zu genießen.

Wahrscheinlich geschah es wegen seiner Taubheit, daß sich Vater immer mehr auf seinen feinsinnigen Humor und den Charme seines ungezwungenen Lächelns verließ. Die Kunst, die Beschädigung seines Gehörs zu verbergen, hatte er so sehr verfeinert, daß Leute oft überzeugt waren, ein vergnügliches, interessantes Gespräch mit ihm gehabt zu haben, wenn er in Wirklichkeit von dem, was gesagt worden war, nicht ein einziges Wort verstanden hatte. Er hatte einen Gesichtsausdruck weisen Verstehens entwickelt, was in den meisten Fällen weit mehr war, als die Unterhaltung verdiente.

Trotz der rauhen See und der Ungewißheit unserer Lage hatte ich eine vergnügliche Fahrt quer über den Atlantik. Es machte mir Spaß, mich mit anderen Leuten zu unterhalten, egal, auf welchem hohen oder niedrigen intellektuellen oder sozialen Niveau das gerade geschah. Ich mußte mich nicht im Geringsten bemühen, meine Stimmung und meine Verhaltensweisen jeweils darauf einzustellen; wie ein guter Absolvent einer Schauspielschule steckte ich immer sofort und tief in meiner Rolle, die der Augenblick gebot. Tanzen, Trinken und endloses Pingpongspielen verlangten keine Anstrengung, und ich war bei jeder organisierten Spaß-und-Spiel-Versammlung zu finden, ob es sich nun um einen Shuffleboard-Wettbewerb, einen albernen Hut-Wettstreit oder um spätabendliche Dummheiten an der Bar handelte, wo ich meine Jacke auszog und verkitschten Jazz auf dem Klavier improvisierte.

Während unserer ersten Woche in New York verbrachte ich die Vormittage damit, den Kunstabteilungen der wichtigsten Arbeitsvermittlungsagenturen meine Aktenmappe zu zeigen, aber ich merkte bald, daß die Art Design, die ich vorzeigte, wenig, wenn überhaupt, gefragt war. Der Grund dafür wurde mir klar, als ich mir eines Morgens die jährliche Ausstellung des New Yorker Art-directors-Klubs ansah. In Mailand hatte ich diese jährlichen Extravaganzen der Werbeindustrie mit jener herablassenden Ironie verfolgt, die italienische Designer der Arbeit ihrer amerikanischen Kollegen gern zuteil werden ließen. Ich war überrascht zu entdecken, daß, auch wenn diesen Meistern von der Madison Avenue ein Teil unserer ungezähmten mediterranen Vitalität, unseres Wagemuts und unserer modernistischen Könnerschaft fehlte, die ausgestellten Arbeiten – in ihren ursprünglich beabsichtigten Dimensionen und in ihrer natürlichen Umgebung betrachtet – einen Grad der Professionalität und ein Bemühen um technische Perfektion zu erkennen gaben, die in Italien unbekannt waren.

Der Kontrast, so wie er mir erschien, zwischen diesen Arbeiten und meinen eigenen freudigen Experimenten war schockierend. „Ich werde nie fähig sein, den Übergang zu schaffen", dachte ich – ohne zu wissen, daß es eines Tages eben diese meine Unfähigkeit, mich anzupassen, sein würde, die meiner Arbeit Originalität verlieh. Aber es überraschte nicht, daß man zu jener Zeit in Amerika meine Arbeit sehr wohl als unverantwortlich und „eher in der Art dieses modernen Zeugs" auffassen konnte. Obwohl die meisten Leute, die ich traf, höflich waren, befürchtete ich allmählich, daß ich meine bereits prekäre Situation drastisch überdenken müßte.

Über meine Fehlschläge besorgt und enttäuscht, wie ich war, hatte ich auf Vater nicht besonders achtgegeben, der die meisten seiner Vormittage und einen Teil seiner Nachmittage in der Merrill-Lynch-Zentrale mitten in der Stadt damit verbrachte, sich die Notierungen gewisser Aktien, die auf der großen Anzeigetafel erschienen, in *cijfertjes* (kleinen Zahlen), wie er sie liebevoll nannte, aufzuschreiben. In sein Hotelzimmer zurückgekehrt, übertrug er sie dann in ein großes Ringbuch, das für statistische Analysen und die Interpretation der Aktienbörse besonders hergerichtet war. Als Vater mir seine Arbeitspapiere zeigte, konnte ich kaum glauben, was ich sah. Jedes einzelne Blatt in dem Buch war ausgefüllt mit sechs

Reihen winziger Zahlen und Gruppen kleiner Tabellen. „Du hast deine Kunst, ich habe meine", sagte er lächelnd, als er die Seiten langsam durch die Finger gleiten ließ. „Aber warum tust du das alles?" fragte ich. „Das erkläre ich dir an einem dieser Tage."

Erkärt hat Vater es mir nie, aber sein Motiv war offensichtlich. Er glaubte, daß er ein System erfunden habe, mit dem man „das Spiel schlagen" könne, wie er das nannte. „Schau mal", sagte er und zeigte auf die letzten kleinen Tabellen, die schlaff herunterhingen wie Gras bei Dauerregen. „Im Augenblick sieht es ziemlich schlecht aus, aber es gibt Anzeichen eines selektiven Aufschwungs." Dann schlug er vor, daß wir für ein paar Tage nach Philadelphia gehen und dort unser Glück versuchen sollten. Er rief Mr. Anderson an, seinen früheren Chef bei der Atlantic Refining Company, und sie verabredeten ein Treffen. Und zu meiner Überraschung ließ er ein Zimmer im luxuriösesten Hotel Philadelphias reservieren, dem Bellevue Stratford.

Diesmal schien Vater in anderer Stimmung zu sein. Er war aufgeregt, mich, nun ein Erwachsener, dorthin zu bringen, wo er seine spektakuläre Karriere gemacht hatte. Wir hatten ein Eckzimmer so groß wie Oma Roses apricotfarbenes Boudoir, und vom Fenster aus konnte man, Wanamakers Kaufhaus überragend, den Turm mit dem Standbild von William Penn sehen, das Werk von Alexander Calders Großvater. Und zwischen dem Hotel und der Musikakademie, dem Reich Leopold Stokowskis und Bruno Walters, stand das saubere, nüchterne Gebäude der Atlantic Refining Company.

Wir waren am späten Sonnabendnachmittag angekommen, zu spät, um noch irgend etwas von dem zu tun, was ich geplant hatte. Ich brannte darauf, mit den Augen eines Erwachsenen den Ort wieder aufzusuchen, wo ich in der Chestnut Street gewohnt hatte, und den Wissahickon, wo eine fünfzehn Zentimeter lange Forelle dreißig Zentimeter lang war, und ich wollte sehen, was mit Penn Charter passiert war, meiner Schule in der Elften Straße, die man im Jahr, nachdem ich nach Italien gegangen war, nach Queen Lane, einem eleganten Vorort von Philadelphia, verlegt hatte. Was war wohl mit dem angrenzenden Versammlungshaus der Quäker geschehen? Ich war aufgeregt. Und wie hieß doch noch mein einziger Freund? Und wie hieß die Straße, in der er damals wohnte?

Ich erwachte in einem riesengroßen Bett um zehn Uhr vormittags. Vaters Bett war leer. Ich fand ihn in der Eingangshalle in einem tiefen Sessel schlafend. Wir tranken heiße Schokolade und aßen Pfannkuchen im Valley Green Inn. Es hatte sich nichts verändert. Ich ging zum Ufer des Baches, rollte meine Ärmel auf, schob meine Hand unter einen großen Stein und erkannte das glitschige Moos wieder. Keine kleine Schildkröte. Sonst gingen wir nirgendwohin. Wir hielten lange Mittagsschlaf und nahmen in aller Ruhe zwei Mahlzeiten im Hotel ein, aber so sehr ich auch versuchte, die letzten Stunden und Erinnerungen und alles, was aus einer fernen Vergangenheit widerhallte, mit Vater zu genießen, die Szenarien für das morgige Ereignis ergriffen doch voll Besitz von meinem Bewußtsein. Bevor ich zu Bett ging, öffnete ich meine Kunstmappe und sah mir noch einmal die Arbeitsproben an. Es war das erste Mal, daß ich zu denken wagte, daß sie wirklich schön seien. Das Treffen sollte am nächsten Morgen um elf stattfinden. Ich war übertrieben euphorisch. Ich konnte gar nicht warten. Ich hatte beschlossen: Komme, was da wolle, ich würde jedenfalls in Philadelphia bleiben. Die Stadt entsprach meiner eigenen Gangart.

Ich hatte Mr. Anderson vor gut zehn Jahren kennengelernt, als er, als geschäftsführender Vizepräsident der Atlantic Refining Company verantwortlich für Auslandsgeschäfte, Genua besuchte. Ich erinnerte mich an ihn als einen gutaussehenden Herrn, so ganz hochrangiger amerikanischer Manager, seiner Rolle perfekt angepaßt. Entspannt und freundlich, mit eigenen Worten sparsam und ein guter Zuhörer, mochte und vertraute Mr. Anderson Vater, der ihm in vieler Hinsicht ähnelte. Und sowohl er als auch seine Frau waren ungeheuer beeindruckt davon, daß ich mit sechzehn Jahren fünf Sprachen fließend sprach. Dieser Umstand war der Grund für einen von Mutters großartigen und unvergeßlichen Fauxpas gewesen. Passiert war die Sache damals, als man Vater zu einer wichtigen unternehmenspolitischen Besprechung nach Philadelphia gerufen und Mr. Anderson ihm zu Ehren ein Mittagessen arrangiert hatte. Mutter war auch eingeladen. Bei ähnlichen Gelegenheiten übernahm sie, wegen der Behinderung ihres Mannes angespannt und in Angst, daß er vielleicht nichts hören könnte, gewöhnlich mutig (und nicht ohne Vergnügen) die Rolle der Primadonna und riß, wann immer möglich, die Unterhaltung an sich.

Als er Mutter und Vater den anderen Gästen vorstellte, erwähnte Mr. Anderson, daß ihr Sohn, sechzehn Jahre alt, fünf Sprachen perfekt beherrsche! An diesem Punkt verspürte Mutter das dringende Bedürfnis, das Ausmaß meiner Leistung noch zu vergrößern, und unterbrach Mr. Anderson mit der folgenden Untertreibung: „Und wissen Sie, das Komische daran ist, daß er Holländisch in Amsterdam gelernt hat, wo man das schlechteste Holländisch spricht; Französisch in Brüssel, wo man das schlechteste Französisch spricht; Deutsch in der Schweiz, wo man das schlechteste Deutsch spricht; Italienisch in Genua, wo man das schlechteste Italienisch spricht; und Englisch in Philadelphia.“

An diesen Vorfall mußte Mr. Anderson sich wohl erinnert haben, weil er mich, als Vater und ich am Montagmorgen in sein Büro traten, mit den Worten begrüßte: „Und wie geht es unserem Polyglotten?“

Als er hörte, warum ich in Philadelphia war, erzählte er uns sofort, daß die Gesellschaft ihre Werbeabteilung umstrukturiert und die direkte Verantwortung auf die Filialen übertragen hatte. Übriggeblieben waren Öffentlichkeitsarbeit und gelegentliche Publicity-Ereignisse. Es war klar, daß es bei Atlantic keine Stelle für mich gab, aber Mr. Anderson hatte noch eine Idee. „Verbinden Sie mich bitte mit Harry Batton." – „Harry ist ein guter Freund von mir", erklärte er später. „Er ist der Besitzer und Präsident von N. W. Ayer, einer der besten und größten Werbeagenturen im Lande. Sie sind schon seit vielen Jahren unsere Agentur."

Als wir wieder gingen, hatte ich noch für denselben Nachmittag eine Verabredung mit Charles Coiner, dem Art-director bei Ayer. Es war das erste Mal, daß ich meinen Fuß in die beeindruckende Zentrale einer großen amerikanischen Werbeagentur setzte. Ayers dreizehnstöckiges Gebäude aus Indiana-Kalkstein war in den späten Zwanzigern erbaut und nur zaghaft durch Jugendstilelemente bereichert worden. Es stand auf der Westseite des Washington Square, eines friedlichen Parks im historischen Zentrum von Philadelphia, nur ein paar Schritte weit weg vom Independence Square und der Kongreßhalle. Wahrlich einen ganzen Kontinent von New Yorks Madison Avenue entfernt. Die Kunstabteilung lag im achten Stock, und als ich aus dem Fahrstuhl stieg, wartete Coiners Sekretärin dort schon, um mich zu einem geräumigen, von Sonnenlicht durchfluteten Büro zu führen. Charles Coiner kam mit einem breiten Lächeln auf mich zu. Ich muß wohl vor Angst gezittert haben, als ich dem berühmtesten und fortschrittlichsten Art-director in Amerika gegenüberstand, dem Mann, der die Macht besaß, damals an Ort und Stelle über mein Schicksal zu entscheiden, und das in gewisser Weise auch tat.

Charley Coiner war ein gutaussehender, sehr großer Kalifornier. Er lachte leicht und herzlich, aber er war auch zu feiner Ironie fähig. Er war vertraut mit dem Werk jedes Malers und Illustrators in den Staaten und darüber hinaus, und ich war erstaunt, wie fundiert seine Anmerkungen waren. Als ich ihm schließlich meine Arbeiten zeigte, lachte er. „Ich muß Ihnen ein Geständnis machen", sagte er. „Als mich Henry Batten bat, mir die Arbeit von einem Sohn eines ihrer leitenden Angestellten anzusehen, kriegte ich Zustände. Ich habe so etwas schon viele Male durchgemacht. Diesmal bin ich froh, daß er es getan hat. Die Sachen hier sind gut und interessant. Das Problem ist nur, daß ich im Augenblick keine freie Stelle habe. Gerade vor zwei Wochen habe ich jemanden angestellt."

Mir sank das Herz. Wieder einmal sollte sich nichts ergeben. Dann fuhr Coiner plötzlich auf und sagte: „Warten Sie mal! Ich habe eine Idee. Können Sie sich ein paar Tage lang selbst beschäftigen? Ich rufe Sie dann an. Drücken Sie die Daumen."

Vater fuhr zurück nach New York. An jenem Morgen begleitete ich ihn zum Bahnhof, und wir weinten beide, als wir uns lange umarmt hielten und uns gegenseitig dumme und nutzlose kleine Ratschläge gaben. Sei vorsichtig. Schreib, sobald du etwas weißt. Sieh zu, daß du genug Schlaf kriegst. Umarme Nora und Mannie und Paolo für uns, wenn du ihnen schreibst. Sag Mutter, daß ich sie liebe. Ich drücke die

Daumen für dich. Als ich ins Hotel zurückkehrte, einsam und niedergeschlagen, überreichte der Empfangschef mir einen kleinen Umschlag. Es war eine Nachricht: „Sie können jetzt aufhören mit Daumendrücken. Herzlichen Glückwunsch. Rufen Sie mich an. Chas Coiner."

N. W. Ayer

Ich lernte Leon Karp in Charley Coiners Büro an dem Tag
kennen, als Charley mich anstellte. Sonst ist mir nicht viel von
jenem Tag in Erinnerung geblieben. Meine Gefühlswelt in
der ersten Woche in Philadelphia war so, daß ich bloß im
Strom der Ereignisse dahintrieb, ohne mir völlig bewußt zu
sein, was gerade geschah. Aber an das beruhigende Lächeln
Leons, als er mich zu seinem Büro führte, erinnere ich mich.
Obwohl das nicht offiziell erklärt worden war, hatte man mich
als seinen Assistenten angestellt.

Leons Büro war eine in einer Reihe von sechs identischen
Kabinen, die durch ein Meter fünfzig hohe Holztafeln voneinander abgetrennt waren, und nicht viel größer als
unser Badezimmer in der Via Pacini. Die einzigen richtigen
Büros auf dem Stockwerk waren das von Charley und die viel
kleineren der drei „Kunsteinkäufer". Nichts in Leons Büro
war so, wie ich es von dem eines bedeutenden amerikanischen
Art-directors erwartet hatte. In der Mitte stand ein kleiner,
stark verschrammter hölzerner Büroschreibtisch mit drei
Stühlen und in einer Ecke ein kleiner Zeichentisch, ein ein-
beiniges Gestell, wie ich es sonst noch nirgendwo gesehen
hatte. Leon blickte amüsiert. „Ich weiß, wie Sie sich fühlen.
Das alles muß Ihnen sehr seltsam vorkommen. Das erinnert
mich an meine ersten Tage in Paris an der Academie Roncard,
nachdem ich die Philadelphia Academy abgeschlossen hatte.

Ich habe Tage gebraucht, zu verstehen, wie man die Staffeleien zusammensteckte."

Ein junger Mann kam durch die Pendeltür herein und warf ein kleines Blatt Papier auf den Schreibtisch. Leon ergriff es und las. „Ach, zum Teufel noch mal", sagte er, „immer so überstürzt. Tut mir leid, aber ich muß mich um einen dringenden Auftrag für De Beers kümmern."

„Die Diamantenfirma De Beers?"

„Ja, die ist eine unserer Kunden." Ich lachte. „Mein Großvater hatte einen Sitz in der Londoner Diamantenbörse gleich neben den De Beers." Leon wandte sich mir zu und nahm langsam seine Lesebrille ab. Und dann, geheimnisvoll lächelnd, flüsterte er: „Wissen Sie, ich war der einzige Jude in diesem ganzen verdammten Bau. Jetzt gibt es hier zwei von uns. Sie können sagen, was Sie wollen, aber das ist ein Fortschritt." Dann drehte er sich zum Zeichenbrett um, das nur wenig größer war als der große Block Papier, der daran festgeheftet war, nahm einen Zimmermannsbleistift mit einer einen halben Zentimeter breiten Mine, schnappte sich eine Reißschiene und gab dann die außerordentlichste Vorführung zeichnerischen Könnens, die ich je erlebt habe. In weniger als fünf Minuten hatte er grob, aber vollkommen verständlich das Wesentliche einer Illustration für eine ganzseitige Anzeige skizziert, die ein junges Paar in einer romantischen tropischen Umgebung darstellte, eine Überschrift – „Ein Diamant ist für die Ewigkeit" – in eleganten Buchstaben vorgeschlagen und die wenigen Linien eingezeichnet, die für einen ganz kurzen Text standen. Dann hob er den Telefonhörer ab, wählte und sagte mit herausfordernder Lässigkeit: „OK, mein Junge, komm rüber und hol's dir."

Nach den ersten zwei oder drei Wochen hatte eine gewisse Routine meine Arbeitstage zu beherrschen begonnen. Ich verbrachte die meiste Zeit damit, Leon bei praktischen Aspekten der Arbeit behilflich zu sein, wie Fotoabzüge in Auftrag zu geben, den Größenfaktor für die Reproduktion von Bildmaterial festzulegen und die Schrifttype genau zu bestimmen, und begann so, die handwerklichen Tricks zu lernen. Es war das erste Mal, daß ich Tag für Tag mit jemand anderem zusammenarbeitete, und schon nach kurzer Zeit hatten Leon und ich eine Vertrautheit miteinander entwickelt, die ich noch nie erfahren hatte. Alle beide redeten wir leidenschaftlich gern, und es gab kaum eine menschliche Erfahrung, der einer von uns nicht ausgesetzt gewesen war. Von jedem Thema, das zufällig aufkam, wie banal es auch sein mochte, konnte man erwarten, daß es einen Strom von Anekdoten, Bemerkungen, Erinnerungen und Bekenntnissen auslöste. Leons leichter, weitläufiger Sinn für Humor und seine liebenswürdige Veranlagung und mein Eifer, zu lernen und meine jungen, verletzten Wurzeln in den fruchtbaren und freigebigen amerikanischen Boden zu senken, schufen die idealen Bedingungen für ein glückliches, ungezwungenes Verhältnis. Mehrmals lud er mich zum Abendessen in sein Haus ein. Dann fuhr er, anstatt mit dem Zug in die Stadt zu kommen, mit dem Auto und nach der Arbeit auf Umwegen zurück, um mir die Schönheit der bewaldeten Landschaft zu zeigen, die jetzt in Frühlingstaumel ausbrach.

Die Karps wohnten in Norristown, am Rande der Stadt, in einem großen, weißgestrichenen Haus aus dem achtzehnten Jahrhundert, von riesigen Bäumen umgeben. Der Zufahrtsweg führte in Kurven durch einen natürlich angelegten, dicht bepflanzten Garten, bekannt für die Größe seiner weißen Pfingstrosen, und endete auf einem freien Platz hinter dem Haus, wo eine Scheune stand, die in eine Garage und Werkstatt umgebaut worden war. Mich rührte die unverkennbar amerikanische Stimmung an, die liebenswürdige, unverkrampfte Unordnung des Ortes. Er brachte vage Erinnerungen an den schattigen Hinterhof des Valley Green Inns am Wissahickon zurück, auf dem fortwährend ein Berg Kisten und Kästen stand und ein großer leerer Käfig, der einmal, wie man mir gesagt hatte, die Behausung eines schwarzen Tanzbären gewesen war.

Als ich das erste Mal bei den Karps zum Essen war, zeigte Leon mir sein Studio. Es war eine große Dachkammer mit einem riesigen Dachfenster, abgedunkelt durch eine Art waagerechten Vorhang, der mich an jene denken ließ, die ich als Kind in Amsterdam und Brüssel in den Studios von Fotografen gesehen hatte. An den Wänden lehnten Dutzende von Gemälden in allen Größen und Proportionen. Es gab zwei Staffeleien, eine Modellbühne, mehrere alte Sessel und ein Sofa gegenüber einem freistehenden runden schwarzen Ofen. Auf einer der Staffeleien stand ein großes Gemälde, offensichtlich noch nicht ganz fertig, aber klar erkennbar ein Porträt seines Sohnes David, wie er in einem Mimenkostüm neben einem mit einem grauen Tuch bedeckten Tisch steht.

Auf dem Tuch lag ein unregelmäßiger Stapel Bücher, gegen den ein größeres Buch weit aufgeschlagen lehnte mit einem angedeuteten Text auf der einen Buchseite und der Zeichnung eines jungen Mimen, vermutlich wiederum David, auf der anderen. Die Bücher verdeckten teilweise eine große Kristallvase mit einem Strauß weißer Pfingstrosen, die ihre dunklen Blätter über den größten Teil des oberen Drittels des Gemäldes ausbreiteten.

„Sind Sie schockiert?" fragte Leon mit unsicherer Stimme, als ich dastand und das Porträt anstarrte. „Schockiert wovon?" Ich bemerkte seine Verlegenheit. „Nun ja… Sie finden dies hier wahrscheinlich sehr altmodisch." „Altmodisch? O nein, das habe ich überhaupt nicht gedacht. Ich bin überrascht. Ich bin nicht mehr an *richtige* Gemälde gewöhnt. Dies ist ein richtiges Gemälde. Damit meine ich, es sieht gemalt aus", sagte ich mit der Betonung auf *gemalt* und war mir dabei bewußt, daß das nicht gerade viel Sinn ergab.

Ich drehte mich um und sah mir die anderen Gemälde an, die an den Wänden aufgereiht waren. Es waren meistens Stillleben, viele mit Blumen; andere waren Porträts, ein oder zwei von Grace, Leons Frau. Auf allen hob sich das Sujet von einem schlichten grauen oder dunkelbraunen Hintergrund ab. Wie auf Bildern von Manet. Sie verbreiteten eine seltsame, lastende Stille. Lag das an der dicken, klumpigen Farbe? Plötzlich bemerkte ich einen Geruch – einen Geruch nach Honig, wie ich dachte. Ich erinnerte mich an den süßen Geruch nach Terpentin und Leinöl, der in der Nähe der Kopisten im Rijksmuseum in der Luft lag, als ich ein Kind war.

Leon Karp

„Dieser Geruch", sagte ich. „Venezianisches Terpentin",
sagte Leon lächelnd, als wir uns auf das Sofa setzten.

Ich konnte nicht verhindern, daß sich ein stummer Monolog in meinem Kopf entwickelte, denn ich war mir vage bewußt, daß mir gerade etwas zustieß, was von größter Bedeutung war. Mit großer Klarheit fühlte ich plötzlich, daß es bei
den wenigen Bildern, die ich gemalt, und den vielen, die ich
geträumt hatte, nicht so sehr um das Verlangen oder den
Impuls zu malen ging als vielmehr darum, „eine Haltung
gegenüber der Welt auszudrücken", was, wie ich plötzlich
erkannte, von jeher mein wahrer Beweggrund gewesen war,
seit ich zugesehen hatte, wie die Kopisten im Rijksmuseum
ihre Paletten säuberten. Leons Gemälde sagten wenig oder
nichts über die Welt, aber sie boten reichlich die Schönheit des
Malvorgangs dar, der für ihr Dasein verantwortlich war. Nun
verstand ich, warum die Gesichter auf Leons Porträts keinen

273

Ausdruck zeigten. Sie waren, obwohl der Maler zu den Menschen, die er porträtierte, echte und aufrichtige Gefühle hegte, nur zufällig da, und sie durften nicht die Stille stören, zu der die Farben tanzten.

Die Macht einer Frau

Kaum zwei Monate, nachdem ich auf Zehenspitzen die Bühne der amerikanischen Welt der Werbung betreten hatte, war ich an der Geburt eines Slogans mit beteiligt, der dazu ausersehen war, zu den typischen Redewendungen der frühen vierziger Jahre zu gehören. Ich plauderte gerade geruhsam mit Betty Kidd, einer der einflußreichsten Redakteurinnen bei Ayer. Eine gemütliche Frau in mittlerem Alter mit dem Teint einer russischen Puppe, schneeweißem Haar, großen blauen Augen und einem unvergeßlichen Grübchen, war Betty eine intelligente, kultivierte Frau von Welt, die Europa ausgiebig bereist, an der Madison Avenue gearbeitet und es schwer gehabt hatte, sich auf Philadelphias Provinzialismus einzustellen. Sie sprach gern mit mir über Mailand und Paris, die sie gut kannte und für die sie schwärmte, und in Anfällen von Nostalgie lud sie mich zu einer Tasse Tee in ihr Büro ein.

Während einer dieser Zusammenkünfte geschah es, daß ich zufällig ein zerknülltes Blatt Papier in einem Abfallkorb in Reichweite meines Sitzplatzes erblickte. Die wenigen Worte, die aus den Falten der verworfenen Notiz herausschauten, machten mich neugierig, und ich versuchte, aus ihnen schlau zu werden. Schließlich übermannte mich die Neugier, und ich hob lässig das Notizblatt auf und glättete es auf meinem Knie. Noch bevor ich die Handschrift entziffern konnte, sagte Betty: „Ach das! Das war eine Idee für *Ladys' Home Journal*, aber hoffnungslos, sie zu illustrieren."

Ich las: UNTERSCHÄTZE NIE DIE MACHT EINER FRAU, faltete das Notizblatt zusammen und steckte es in meine Tasche. Als ich in mein Büro zurückkehrte, wartete da schon ein Eilauftrag auf mich, und prompt vergaß ich den ganzen Vorfall.

Zwei Tage später fand ich den Notizzettel wieder, las ihn noch einmal und setzte mich dann an meinen Zeichentisch und kritzelte ein paar alberne Cartoons mit jeweils zwei Szenen zu Situationen, in denen Frauen erfolgreich waren und Männer versagten. Per Bote schickte ich sie Betty mit einer Anmerkung, die in etwa „Unterschätze nie die Macht eines Cartoonisten" lautete, und keine Stunde später saß Betty, ganz aufgeregt über meine Kritzeleien, in meinem Büro.

Sie bat mich, eine Serie von sechs Werbeanzeigen zu entwerfen, jede mit einem anderen Cartoon und keiner Beschriftung außer dem wiederbelebten Spruch und dem Logo der Zeitschrift. In der folgenden Woche zeigte Betty die Serien den Goulds, den Herausgebern des *Journal*, und ihrem Werbemanager. Die Kampagne wurde begeistert aufgenommen, und im Verlauf der nächsten drei Jahre muß ich wohl an die hundert Cartoons produziert haben, die regelmäßig als Anzeigen im *New Yorker* und in anderen führenden Zeitschriften erschienen. Der letzte wurde im Herbst 1942 gezeichnet. Es zeigte einen zerzausten Hitler, den Arm zum Nazigruß erhoben, und darunter die stolze Gestalt der Freiheitsstatue, die ihre siegreiche Fackel hochhielt. Zu dieser Zeit war ich der ganzen Idee so überdrüssig, daß ich Charley drängte, jemanden einzustellen, der die Serie fortführen könnte. Wir überredeten einen jungen Illustrator, Roy McKie, die Arbeit anzunehmen. Am Anfang ahmte er meine Zeichnungen sorgfältig nach, aber mit der Zeit entwickelte er seinen eigenen Stil und wurde ein erfolgreicher Cartoonist.

*Unterschätze
nie die Macht
einer Frau!*

Die „Unterschätze-nie-die-Macht-einer-Frau"-Cartoons waren ein unglaublicher Glücksfall. Ich wurde auf der Basis freier Mitarbeit bezahlt, und als der dramatische Augenblick kam, daß Nora und die Kinder nach quälenden politischen und bürokratischen Schwierigkeiten auswandern konnten, besaß ich ein Sparkonto mit einem Guthaben, das hoch genug war, um den überhöhten Preis von 3.000 $ für ihre Überfahrt auf der *Conte di Savoia* zu bezahlen – dem letzten Passagier-

277

schiff, das dem Ozean vor dem formellen Eintritt Italiens in den Krieg trotzte – und eine Wohnung zu mieten und mit Möbeln auszustatten.

Es konnte nicht überraschen, daß dieser unerwartete Erfolg und zusätzlich noch eine Medaille des New Yorker Art-directors-Klubs für die Zeichnung eines Frosches in der Größe einer Zeitungsseite für eine gesonderte, von Leon entworfene Werbung im *Journal* meine Gefühle über diese neue, ungebetene Laune meiner Talente färbten. Und in der Illusion, mich damit allmählich auf die Kunst zuzubewegen, fertigte ich für meine neuen Kollegen und Freunde Hunderte von lustigen Zeichnungen von Straußen in absurden Situationen an. Schließlich ging ich eines Tages in den Zoo, wo ich bestürzt entdeckte, daß richtige Strauße ganz andere Proportionen als meine hatten und daß sie beim Laufen ihre Füße genau anders herum drehten als so, wie ich sie gezeichnet hatte. Ich war nie mehr fähig, noch einen lustigen Strauß zu zeichnen. Es war das Ende meiner kurzen Karriere als Cartoonist mit Ausnahme der Tatsache, daß drei meiner Strauß-Zeichnungen – auf welche Weise, entsinne ich mich nicht mehr – in der ständigen Sammlung des Museums von Philadelphia landeten.

Das Malen folgte einer ganz anderen Route. Die langen Sommer über malte ich beständig an den Abenden nach der Arbeit und an Wochenenden mit Leon in seinem Studio. Meistens malte ich Stilleben, aber zusammen malten wir auch einige Landschaftsbilder in der freien Natur – mehr, glaube ich, aus romantischer Bewunderung der Impressionisten und aus rückgewandter Sehnsucht nach Frankreich als aus einem authentischen inneren Bedürfnis heraus.

Anders als seine Gefährten von der Akademie hatte Leon sich standfest geweigert, seine Malweise und seinen Geschmack nach der jeweils herrschenden Mode auszurichten. Was er für seine Stilleben und Porträts brauchte, war die Stille, die er in den Bildern von Manet und Goya fand. Der schlichte graue Hintergrund, dazu gedacht, weder Raum noch Ding zu sein, hatte das Sujet jedes einzelnen Gemäldes isoliert und aus seiner traditionellen Umgebung befreit, um es nach vorn zu bringen, näher an die Maloberfläche, ausgestattet mit einer neuen, eindringlicheren Wirklichkeit. Mich zogen mehr und mehr die Kubisten an, wobei meine Behauptung, daß ich vom Raum beim Malen Schwindelanfälle bekäme, weiter nichts war als ein polemischer Gag. Aber er brachte doch zum Ausdruck, wie sehr mich die kubistischen Arbeiten von Picasso und Braque faszinierten, in denen die Farbe nackt vor den Augen des Betrachters stand.

ED

Ein paar Wochen nach meiner Einführung in die Werbebranche schlenderte ein phlegmatischer junger Mann in mein Studio und stellte sich mit einer Stimme vor, die mir vage vertraut klang. „Ich bin Ed Zern. W-w-w-w-wir haben gestern miteinander telefoniert."

Ich erkannte das leichte Stottern am Anfang seiner Sätze und die langen Pausen zwischen ihnen wieder. „Ich h-h-habe mich gefragt", fuhr er fort, „w-w-was Sie wohl an diesem Wochenende vorhaben." „Warum?" fragte ich, neugierig geworden. „N-na ja, m-m-meine Frau und ich haben uns gedacht, daß Sie zu uns kommen und es bei uns in Arden verbringen könnten. Das ist kein besonders großartiger Ort, aber es ist da kühler als in dieser verdammten Stadt. Und, wie ich höre, haben wir ein paar gemeinsame Interessen." Die Einladung kam so unerwartet, daß ich unbewußt in denselben kryptischen Stil verfiel und mich sagen hörte: „Klar. Warum nicht?" Worauf er sich vom Stuhl erhob, so etwas wie ein Versprechen murmelte, über die Einzelheiten morgen zu reden, lächelte und hinausging. Ungefähr so lernte ich Ed kennen.

Am Freitagabend nach der Arbeit brachen Ed und ich nach Arden auf. Während wir in westlicher Richtung aus der Stadt herausfuhren, erzählten wir uns wechselseitig Geschichten aus unserer Jugend, meiner in Holland und Italien, seiner in Pennsylvania. Aber es war nicht klar, worin die gemeinsamen Interessen, die er erwähnt hatte, bestehen sollten. Die zwei-

The Family of Man

*The greatest photographic exhibition of all time—503 pictures from 68 countries—
created by Edward Steichen for the Museum of Modern Art
Prologue by Carl Sandburg*

Einband für den Katalog zu *The Family of Man*, 1955

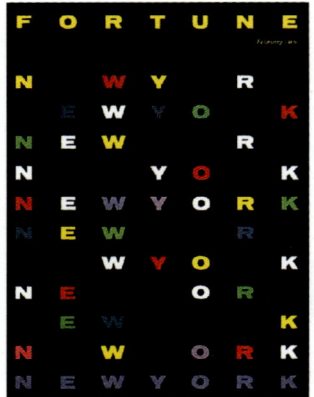

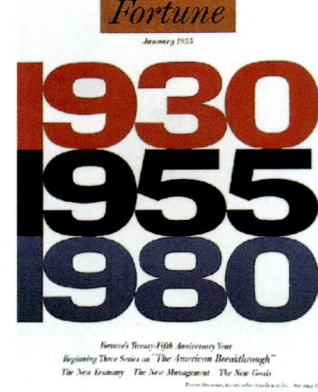

Oben links: Titelblatt für *Fortune*, Februar 1960
Oben rechts: Titelblatt für *Fortune*, Januar 1955
Unten links: Schutzumschlag eines Buches, 1953
Unten rechts: Werbegraphik für den Wollhersteller Rossi in Mailand, 1935

Gegenüberliegende Seite:
Wettbewerbsplakat für das American Institute of Graphic Arts, 1959

Poster Competition: National Graphic Arts Expositions, Inc.

Seventh Educational Graphic Arts Exposition, to be held at the N.Y. Coliseum. September 9-18, 1950, New York City First Prize, $1,000 | Second Prize, $750

Judging and awards to be conducted under the auspices of The American Institute of Graphic Arts 5 East 40th Street, New York 16, N.Y.

PURPOSE: The purpose of the Poster Competition is to obtain a poster for the Seventh Educational Graphic Arts Exposition to be held at the N.Y. Coliseum, New York City, September 9 through 18, 1950. This Exposition is organized by The International Association of Printing House Craftsmen, Inc., for the Printing Industry of America, Inc., and other leading organizations of the graphic arts, will represent manufacturers of printing machinery and supplies which are designed to improve production efficiency and the quality of the printed product.

TO USE: Design entries should be mailed by midnight, Friday, January 30, 1950. The jury will meet during the week of February 13-20, 1950, following which announcement of the prize winners will be made. Selected designs may be exhibited at a place and on a date to be announced.

CONDITIONS OF ENTRY: 1. There is no limit to the number of design entries which may be submitted by one designer.
2. Entries must be submitted by working professionals, not students or amateurs.
3. Each design must include the emblem of The International Association of Printing House Craftsmen, Inc., and the Printing Industry of America, Inc., as well as the words "Seventh Educational Graphic Arts Exposition, Printing and Allied Industries—Coliseum, New York, New York—September 6-12, 1950.
4. Not more than four basic colors may be employed in the design. That is, it must be possible to reproduce the poster (and from it a small sticker) in not more than four printing impressions.
5. Designs must be submitted in a size suitable for reproduction in the size 12" x 20". Submissions

should be matted with three inches for each dimension.
6. The collections will be made on the basis of suitability of the design to the nature of the exposition, pictorial value, and the originality of conception.
7. The two prize winning designs and copyrights thereon become the property of the National Graphic Arts Expositions, Inc.
8. Designs are submitted at the owner's risk. Neither The American Institute of Graphic Arts nor the National Graphic Arts Expositions, Inc., will be responsible for loss through fire, theft, or any other cause while designs are in their custody or in transit.
9. The winning designs will receive publicity in the daily press and in the trade press, as far as can be arranged by the two sponsoring organizations.
10. Submission of a design for this competition shall in itself constitute acceptance of all the conditions herein set forth.
IDENTIFICATION AND DELIVERY: All entries must be accompanied by entry blanks; two are enclosed. Additional entry forms may be obtained upon request.
Design entries should be mailed or expressed to the Chairman, Poster Competition Committee, The American Institute of Graphic Arts, 5 East 40th Street, New York 16, New York. The name and address of the sender should appear only on

the upper right hand corner of the back of the design. No signature should appear on the face of the design.

All designs not awarded prizes may be called for, or will be returned collect by U.S. mail or express upon request of the close of the competition judging.

THE AMERICAN INSTITUTE OF GRAPHIC ARTS: The American Institute of Graphic Arts was founded in 1914 to stimulate and encourage those engaged in the graphic arts, and generally to do all things to raise the standards and aid in the extension and development of the graphic arts. AIGA not only recognizes successful achievement, but also seeks to stimulate the desire to learn and to achieve, and encourages this desire with the full power of its resources.

OFFICERS: Edna Beilenson, President; Alvin Eisenman, Vice President; William P. Gleason, Vice President; George M. McCorkle, Vice President; Joseph Blumenthal, Vice President; Henry H. Nalen, Vice President; Bruce Gentry, Secretary; Leonard Blaishin, Treasurer.

POSTER COMPETITION CHAIRMAN: Robert Cato.
JURY: Joseph Blumenthal, The Spiral Press; Mildred Constantine, Associate Curator of Graphics, The Museum of Modern Art; Leo Lionni, Art Director, Fortune; Paul Rand, Free-Lance Designer; James Johnson Sweeney, Director, Solomon R. Guggenheim Museum.
HONOR: Leo Lionni.

Anzeige aus der Serie „Große Ideen der westlichen Menschheit"
für die Container Corporation of America, 1948

Oben: Hülle eines Schallplattenalbums, 1964
Unten links: Plakat für die UNESCO, 1955
Unten rechts: Titelseite für die Taschenbuchausgabe
von *Michael Bakunin*, Vintage, 1951

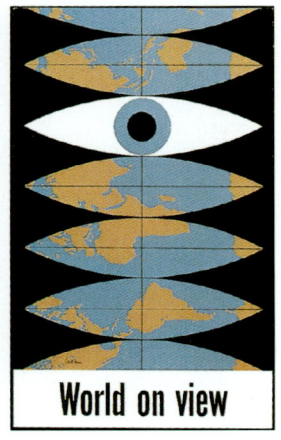

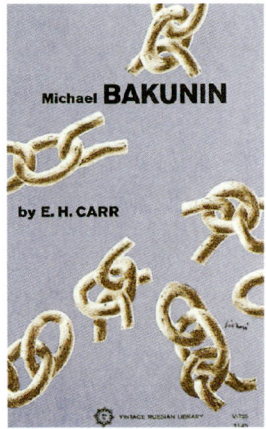

The Olivetti
"Lettera 22"
Portable Typewriter

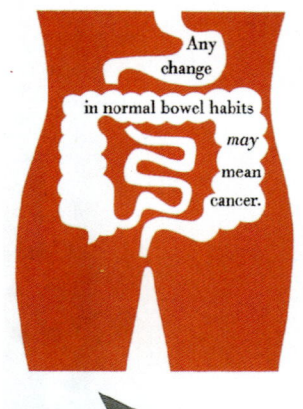

Any
change
in normal bowel habits
may
mean
cancer.

Cancer is curable
if treated early.

Great Ideas of Western Man... *one of a series*

Until philosophers are kings,

or the kings and princes of this world have the spirit and power of philosophy,

and political greatness and wisdom meet in one,

and those commoner natures who pursue either to the exclusion of the other

are compelled to stand aside,

cities will never have rest from their evils. *(The Republic, sth century B.C.)*

Container Corporation of America

Oben links:
Teil aus einer Werbung
für Olivetti, 1954

Oben rechts:
Plakat für die
Amerikanische
Krebsgesellschaft, 1950

Links:
Anzeige aus der Serie
„Große Ideen der
westlichen Menschheit"
für die Container
Corporation of America,
1948

Print

ITALIAN ISSUE **X·2**

Titelblatt für die Zeitschrift *Print*, 1956

Oben:
Pavillon der USA,
Brüsseler Weltausstellung,
1958

Rechts:
Der Olivetti-
Ausstellungsraum in
Chicago (mit dem
Architekten Giorgio
Cavaglieri), 1956

Rechts:
Banner für den Palio-
Umzug in Siena, 1994

Unten:
Wandmosaik für eine
Wohnsiedlung in
Washington, D.C., 1959

Fotografien
Oben: Formen aus den fünfziger Jahren,
San Giovanni Valdarno, Italien
Unten: Parallele Botaniken, Mexiko

Oben: Ein heiliges Pferd in einem Shinto-Schrein, Japan
Unten: Sieben Personen auf der Suche nach einer Stadt, Mexiko

Ahmadabad, Indien, 1956

Solea Polichroma, Öl auf Leinwand, 1970

Links:
Marzo, 1962

Unten links:
Osterumzug in Baena, 1965

Unten rechts:
Imaginäres Porträt, 1962

Profil, Öl auf Holz, 1967

Oben:
Protorbis,
Öl auf Leinwand, 1970

Links:
Siguria, Bronze, 1974

Gegenüberliegende Seite:
Dorodeme,
Öl auf Leinwand, 1970

Projekt für einen imaginären Garten,

im echten Garten des Castelvecchio in Verona, Bronze, 1978

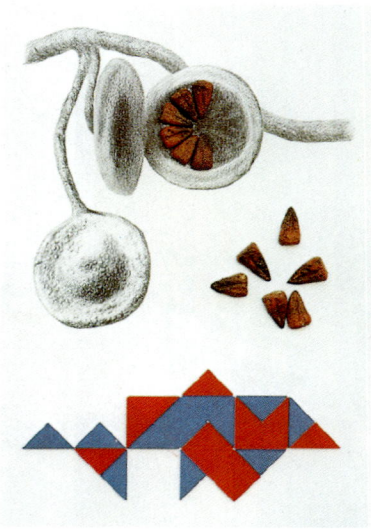

Links:
Parallele Botanik,
Bleistiftzeichnung und
Montage, 1974

Unten links:
An drei Himmeln,
Öl auf Leinwand, 1985

Unten rechts:
Olé, aus der Serie
Schwarze Tische, 1992

Oben:
Menora, handgeblasenes Glas mit
Bändern, 1986

Rechts:
Annona edula, Bronze, 1971

Unten:
Für Kukai, Bleistiftzeichnung, 1980

One day, when there was no one in the house, Alexander heard a squeak in Annie's room. He sneaked in and what did he see? Another mouse. But not an ordinary mouse like himself. Instead of legs it had two little wheels, and on its back there was a key.

"Who are you?" asked Alexander.

Illustrationen aus Kinderbüchern
Oben: *Alexander und die Aufziehmaus*, 1969
Unten: *Cornelius*, 1983

and when they had learned to swim like one giant fish, he said, "I'll be the eye."

Oben: *Swimmy*, 1963
Unten: *Matthias und sein Traum*, 1991

The inchworm measured the neck of the flamingo.

Zuerst maß die Raupe Stück-für-Stück sorgfältig
und Stück für Stück den Hals des Flamingos.

Stück für Stück, 1960

stündige Fahrt durch das Farmland von Pennsylvania war jedoch atemberaubend schön. Eine ungeheuer vergrößerte Version der holländischen Landschaft meiner Kindheitserinnerungen verschmolz langsam mit dem immer kräftigeren Rot der untergehenden Sonne. Dann gingen die Felder über in bewaldete Schatten, und schließlich, fast schon im Dunkeln, fuhren wir hinein in eine kleine Straße mit Lichtern, die durch die Zweige flackerten, und hielten vor einem Bungalow.

Die Tür öffnete sich, und Eds Frau Evelyn kam heraus, um uns zu begrüßen. Als wir erst einmal im kleinen Wohnzimmer standen, nahmen wir einander in Augenschein. Evelyn war eine kleine, wohlgeformte junge Frau mit einem hübschen, lebhaften Gesicht, das von dunklem, lockigem, in einem Knoten zusammengefaßtem Haar eingerahmt war, mit großen grünen mandelförmigen Augen und hohen Wangenknochen, was alles zusammen eine dunkle orientalische Haut hätte vermuten lassen, wohingegen das Auffallendste an ihr ein heller, schimmernder Teint war, der in dem nur schwach erleuchteten Zimmer ein inneres Glühen zu verraten schien.

Wir saßen auf einem Korbsofa und plauderten angeregt miteinander, als ich plötzlich merkte, daß Ed, seitdem er hinausgegangen war, um das Auto hinter dem Bungalow zu parken, nicht wieder aufgetaucht war. Als ich Evelyn fragte, wo er wohl sein könnte, antwortete sie: „Ach, machen Sie sich um ihn keine Sorgen. Er schläft wahrscheinlich." Da sie bemerkte, daß ich etwas erstaunt war, erklärte sie, daß Ed die Angewohnheit habe, sich, egal wo, hinzulegen und zu schlafen, wann immer er müde oder niedergeschlagen sei oder Kopfschmerzen habe. Dann verkündete sie, nachdem sie auf ihre Armbanduhr gesehen hatte, daß es in der Nähe ein Straßenfest für das republikanische Spanien gebe, auf dem man sie erwarten würde, und sie bat mich, sie zu begleiten.

Das Fest fand in einer kleinen Straße zehn Minuten zu Fuß vom Bungalow der Zerns entfernt statt. Rote Bänder, die zwischen zwei Bäume gespannt waren, sperrten den Block für den Verkehr ab. Von einem Schallplattenspieler im Garten eines der Landhäuschen klang gedämpft die deutsche Fassung eines französischen Kriegsliedes herüber: „*J'avais un camerade.*" Nach einer Weile merkte ich, daß die Musik von einem einzigen Album mit Liedern stammte, die von Männern der deutschen Brigade gesungen wurden, die im spanischen Bürgerkrieg kämpfte. Immer wieder wurden dieselben Schallplatten gespielt, und während des langen Abends summte fast jeder die Melodie oder sang den deutschen Text des Liedes „*Madrid, du wunderbare.*"

Es waren vielleicht vierzig oder fünfzig Frauen und Männer in meinem Alter oder älter da, und nachdem Evelyn mich vorgestellt hatte, merkte ich an ihrem Aussehen und ihren Namen, daß viele erst vor kurzem eingewandert waren wie ich selbst. Auf der Mitte der Straße standen zwei lange Tische, einer mit spanischen und sowjetischen Büchern und ein anderer mit einer Kaffeemaschine, Eimern mit Flaschen spanischem Wein und Bier und einem Grill für Hot dogs. Auf dem Rasen in einem der Gärten standen unter einer mächtigen, mit Schnüren voller chinesischer Papierlaternen

Ed Zern

geschmückten Eiche ein Dutzend Korbstühle im Kreis. Dort
setzten wir uns, um unsere Hot dogs zu essen, aber nach
kurzer Zeit wurde Evelyn in ein heftiges politisches Streitgespräch verwickelt, dessen wesentliche Argumente ich vergessen habe. Aber es entfesselte eine Fähigkeit zu scharfem
dialektischem Denken, die mich bei dieser reizenden jungen
Frau überraschte, hatte sie mich doch bis zu diesem
Augenblick mit ihrer lieben, leichten, fast leichtsinnigen
Konversation unterhalten.

Als wir nach ein Uhr morgens zum Bungalow zurückkamen, fanden wir Ed, bis auf sein Unterzeug entkleidet, am
Eßtisch sitzend vor, wie er gerade Isak Dinesens *Out of Africa*
las, während er eine Schüssel voll Cornflakes mit Sahne hin-
unterschlang. Evelyn zeigte mir das winzige Gästezimmer,

nur wenig größer als das Doppelbett darin. Ich muß in einen tiefen Schlaf gefallen sein. Es war elf Uhr vormittags, als ich die Augen öffnete und Evelyn mir zugewandt auf dem Stuhl sitzen sah, wie Rodins *Denker* den Kopf auf die Fäuste gestützt und bereit, meinen Blick beim Erwachen mit ihren grünen Augen zu erhaschen. Als sie meine Verlegenheit bemerkte, erhob sie sich und verkündete brüsk, daß der Brunch schon auf dem Tisch stehe.

Ed saß immer noch in sein Buch vertieft in der Eßecke. „Haben Sie hier die ganze Zeit gesessen, seit ich Sie zuletzt sah?" fragte ich. „Nein, ich war wegen Regenbogen draußen im Bach." Einen Augenblick lang dachte ich, er sei verrückt, aber dann zeigte er mir zwei dreißig Zentimeter lange Forellen, die neben dem Spülbecken in der Küche lagen. „Mit einer königlichen Fliege!" sagte er triumphierend. Ich fragte nicht, was das bedeutete, aber so, wie seine Stimme klang, begriff ich, daß es etwas Wichtiges war, über das man nicht spaßen sollte.

In den Monaten, die darauf folgten, führten Ed und Evelyn mich in die linksgerichtete Politik amerikanischen Stils ein, während Leon mein Maestro wurde. Es stellte sich heraus, daß diese Freundschaften ein Leben lang währen sollten, und selbst wenn wir uns auf dem gewundenen Pfad der Ereignisse oft gegenseitig aus den Augen verloren, sind in meinem Verhalten und in meiner Arbeit irgendwo die anhaltenden Spuren ihrer Präsenz greifbar.

Für den Rest des Sommers wurde Arden mein zweites Zuhause. Wenn ich meine Wochenenden nicht malend oder zeichnend bei Leon verbringen konnte, landete ich in der Hängematte, die zwischen zwei Eichen hinter dem Bungalow der Zerns gespannt war, und Evelyn saß unter mir in dem geflochtenen Schaukelstuhl, tief versunken in die Seiten von *The New Yorker*, *Daily Worker* oder einer der vielen exotischen kleinen Zeitschriften, die verstreut im Gras lagen.

Oft war Ed außer Haus zu Besuch bei Freunden oder auf einem seiner Fischzüge und ließ uns allein zurück. Es war ein bizarres Arrangement, und ich habe das Verhältnis zwischen Ed und Evelyn nie ganz verstanden – und auch nicht die wahre Natur meines Verhältnisses zu Evelyn. Es war ein Abschnitt in meinem Leben, in dem ich mich verloren fand in einem dunklen Vakuum zwischen zwei strahlenden Welten, einer Welt der Erinnerungen und einer Welt der Träume und Erwartungen. In ihrer Vieldeutigkeit schien Evelyns durchscheinende Gegenwart meine Qual zu lindern, ohne meine sakrale Einsamkeit zu entweihen. Mir fehlte die warme Gegenwart Noras, das Wunder unseres langen gemeinsamen Schweigens, das immer so voll müheloser Liebe war.

WIEDERVEREINIGUNG

Als der Sommer seinem Ende zuging, hatte ich das Gefühl, daß der Jahreszeitenwechsel die Dynamik von Zeit und Raum vielleicht ändern und die Bilder der Wiedervereinigung mit Nora und den Kindern, die mich im Geiste bestürmten, ins scharfe Licht einer glücklichen Wirklichkeit tragen würde. Und manchmal hatte ich seltsame Vorstellungen über Entfernungen und Richtungen. Dann dachte ich: „Vielleicht sollte ich nicht länger nach Arden fahren." Philadelphia lag dem Wasser näher, das den Sand und die Felsen der Strände Europas umspielte, und jede Meile landeinwärts konnte nur die Entfernung verlängern, die Nora und mich gerade genug trennte, um eine einfache Umarmung zu einem hoffnungslosen Unterfangen zu machen.

Bei der Arbeit war ich frei von diesen alptraumhaften Halluzinationen. Die ständige Gegenwart von Freunden, die Disziplin der Bürostunden und vor allem die nie endende, alles andere absorbierende Herausforderung, Probleme zu lösen, die schließlich Kunst und Design zu derart besessenen Tätigkeiten werden läßt, sie alle zusammen verschworen sich, meine Tage relativ frei zu halten von größeren Qualen.

Unterdessen schlingerte Europa unerbittlich auf einen unvermeidlichen Krieg zu. Und schließlich, am selben Tag, als die Nachricht hereinplatzte, daß die deutsche Armee die polnische Grenze überschritten hatte, erhielt ich von Nora ein Telegramm mit der Mitteilung, daß das amerikanische

Konsulat ihr und den Kindern Visa gewährt habe und sie, wenn alles gutgehe, am zwölften September per Schiff abreisen würden. Es war mir nicht möglich herauszufinden, wann das Telegramm aufgegeben worden war.

Die Nachricht versetzte mich in Panik. Plötzlich stand ich in der Wirklichkeit einer Szene gegenüber, die ich in meinen Phantasien seit dem Tage, an dem ich von Rotterdam abgereist war, jede Nacht vor dem Einschlafen vor mir gesehen hatte. Alle Verbindungen mit Europa waren eingestellt. Tausend Fragen an Nora hatten sich bei mir angehäuft. Zum zweiten Mal in meinem Leben mußte ich ganz allein entscheiden, wo und wie wir wohnen sollten. Und ich hatte ganze zwanzig Tage Zeit.

Während eines dramatischen Mittagessens mit Ed und Leon plante ich die allgemeine Strategie. Würde es zu schaffen sein, eine Wohnung zu finden und zu mieten, die nötigen Möbel und Haushaltsutensilien zu kaufen und bei Noras Ankunft ein bequemes Heim bereit zu haben? Daniel Menkin, Evelyns Vater, der Versicherungen und Immobilien verkaufte, bot an, eine Wohnung zu finden; Grace könnte sich um das Kinderbett für Paolo kümmern und um ein Bett für Mannie und was sonst noch für beide nötig war; ich würde mit Leons Hilfe die übrigen Möbel kaufen; Evelyn, geübt als politische Aktivistin, würde die ganze Operation koordinieren.

Was ihre Ankunft betraf, schlug Ed vor, daß wir sein Auto nehmen sollten, um sie am Pier abzuholen und nach Hause zu fahren. Er und ich würden am Vorabend nach New York fahren, um sicherzugehen, daß wir rechtzeitig zum Pier

gelangten. Er sagte, er kenne ein kleines Hotel auf der Westseite und würde Zimmer reservieren lassen. Evelyn schlug vor,
daß es besser wäre, nicht direkt mit ihnen von New York zur
Wohnung zu fahren, sondern statt dessen lieber nach Arden,
wo wir bequem für ein paar Tage im Pig and Whistle bleiben
könnten, während in der Wohnung alles vorbereitet würde.

Ehrlicherweise kann ich mich nicht rühmen, mich an alle
Einzelheiten dieser komplexen Operationen zu erinnern. Eigentlich sollte ich besser sofort eingestehen, daß die Wochen
nach der Ankunft von Noras erstem Telegramm in meinem
Bewußtsein verhüllt liegen, als hätte ich mich im Koma befunden. Anscheinend erinnere ich mich nur an kleine, unbedeutende Bruchstücke dessen, was mir viele Jahre später von
einigen der Teilnehmer berichtet wurde. Es war ein Drama,
das zu erfahren Tausende von Juden und politischen Flüchtlingen wie wir das unglaubliche Glück hatten. Woran ich
mich jedenfalls erinnere, ist die Großzügigkeit und Solidarität
unserer vielen neuen Freunde, die keine Mühe sparten, uns
während unserer ersten schwierigen Monate in dem Land zu
helfen, in das wir, wie Millionen von Kindern, Frauen und
Männern vor uns und unter weit tragischeren Umständen,
mit der festen Entschlossenheit kamen, eine bessere Welt neu
zu erfinden als diejenige, aus der zu fliehen man uns gezwungen hatte.

Als der Augenblick kam, Möbel kaufen zu gehen, suchte ich
in meiner Erinnerung nach unserer Wohnung in der Via
Santo Spirito, aber alles, woran ich mich entsinnen konnte,
waren zwei oder drei der wichtigsten Stücke: die lange Reihe

Birkenholzschränke im Wohnzimmer, der zusammenklappbare schwedische Eßzimmertisch und die beiden Stahlrohrsessel von Breuer, die wir zwei Monate vor unserer Hochzeit gekauft hatten, als wir noch keine Ahnung hatten, wo wir wohnen sollten.

In einem Fall war mir das Schicksal glücklicherweise hold; bei Lit Brothers, einem Kaufhaus in der Market Street, das zwar nicht hochgestochen war, aber viel Auswahl bot, stand die ganze „organic-design"-Kollektion, die stilistisch im Zentrum der ersten Ausstellung moderner Möbel im Museum of Modern Art gestanden hatte, zum Verkauf, und das zu Preisen, die ich zuerst gar nicht glauben konnte. Der Verkäufer versicherte mir, daß sie stimmten; in dieser konservativen Stadt gab es praktisch keine Nachfrage nach irgend etwas so „Modernem". Ich kaufte genügend Würfelelemente aus afrikanischem Mahagoni, die Eames und Saarinen entworfen hatten, um damit ein ganzes Haus zu möblieren.

Als ich wieder zu Sinnen kam, kauften mir die Zerns glücklicherweise meinen Überschuß gern ab, und anscheinend bekamen verschiedene Freunde von ihnen den Rest des Bestands bei Lit. Heute, nach mehr als einem halben Jahrhundert, sind die immer noch triumphierend modernen Elemente entlang der Wand meines Studios in der Toskana aufgestellt, und die Sessel, vor kurzem zum ersten Mal neu gepolstert, sind die einzigen hübschen und doch bequemen Sitzgelegenheiten, die ich Besuchern anbieten kann.

Daniel beschaffte uns eine freundliche, geräumige Wohnung zu einem vernünftigen Preis in einem Wohngebiet, das

an einen wilden, bewaldeten Teil des Fairmount Parks an-
grenzte. Zu dem Zeitpunkt, an dem Nora und die Kinder
eintreffen sollten, wartete bereits eine wunderschöne Wohnung auf sie, vollmöbliert und mit allem wohlversehen. Darüber hinaus hatte Leon mir seinen alten Ford versprochen und
Charley mir drei Tage Urlaub gewährt.

Meine Besorgnis hatte die ganze Kunstabteilung ange-
steckt. Von Charley bis hin zu den Botenjungen verfolgten
alle mit Schrecken die Ereignisse des sich schnell ausbreiten-
den Krieges und versammelten sich in Charleys Büro, um die
neuesten Nachrichten zu hören – eine seltsame Szene in einer
Stadt, die ihrer Mentalität nach ebenso sehr eine Insel war wie
Texas. Wahrscheinlich hätte mein kleines Drama in New
York, dem traditionellen Ankunftsort für Einwanderer und
Flüchtlinge, nicht soviel Interesse wachgerufen. In den späten
Dreißigern hatten dort Tausende von europäischen Juden,
denen es gelungen war, sich selbst und ihre Familien vor den
Verfolgungen der Nazis zu retten, eine Zufluchtsstätte gefunden, in der größten jüdischen Stadt der Welt, wo sie ohne
besondere Schwierigkeiten Sprachen vorfanden, die sie verstehen und sprechen konnten, und Sitten und Gebräuche, die
sie gewohnt waren, und wo sie oft auch eine Anstellung in
den Spezialbereichen erhielten, die ihnen vertraut waren. Von
den jüdischen Flüchtlingen aus Italien, die in den späten
Dreißigern in den Vereinigten Staaten ankamen, blieb die
große Mehrzahl in New York, während meines Wissens nur
eine Handvoll nach Philadelphia kam. Anders als bei den Millionen von Einwanderern, die vor ihnen eingetroffen waren,

handelte es sich bei dem neuen Schwung italienischer Flüchtlinge meistens um Geschäftsleute aus der Mittel- und Ober-
schicht, um Intellektuelle, Wissenschaftler und Künstler, eine
Gattung, die die Amerikaner nicht gewohnt gewesen waren.

Am neunzehnten September um vier Uhr holte Ed mich an
der Ecke Baker Street und Washington Square in Daniels tadellos polierter dunkelblauer Dodge-Limousine ab. Ich war erschöpft und schlief prompt ein. Als ich erwachte, standen wir
im belebten Zentrum von Greenwich Village auf einem Park-
platz, den Girlanden schmückten, die in einer kühlen Abend-
brise leicht hin und her schaukelten. Ich sah auf meine Uhr –
es war fast acht. „Ein schrecklicher Stau am Holland-Tunnel",

Paolo und Mannie mit mir

291

erklärte Ed. „Ich brauche einen Drink." Roggenwhisky auf Eis war sein Ritual vor dem Abendessen.

Eine Bar zu finden war kein Problem. Wir waren von allen Seiten von Bars umgeben. Ich folgte Ed, als wir, dem starken Verkehr ausweichend, über die Sixth Avenue rannten und in eine hineingingen. Ein halbes Dutzend Männer saß an der Theke. Zwei waren in ein hitziges Streitgespräch verwickelt, die anderen, über ihre Getränke gebeugt oder mit den Köpfen auf den Ellenbogen, schienen allein zu sein. Keine fröhliche Szene. „Was soll's sein?" fragte Ed und packte mich liebevoll am Arm. „Ich nehme einen Scotch mit Soda." In Italien hatte ich kaum jemals scharfe Sachen getrunken, aber dies war ein besonderer Anlaß, und mit Vergnügen stürzte ich ihn runter. „Wie wär's mit Abendessen?" schlug ich vor. In diesem Augenblick öffnete sich die Tür, und drei Schwarze kamen herein, warfen dem Barkeeper ein lässiges Lächeln und ein „Hi!" zu und verschwanden in eine dunkle Ecke am Ende der Theke. Einer der Männer trug einen Saxophonkoffer. „Ich werd verrückt", flüsterte Ed aufgeregt. „Das ist Dizzy Gillespie."

Sehr bald wurden im hinteren Teil der Bar die Lichter angemacht, die ein kleines Podium zum Vorschein brachten, das kaum groß genug war für ein Klavier, einen Baß und einen Stuhl für Gillespie; Gruppen junger Leute begannen hereinzukommen, bis der Raum brechend voll war und draußen sich eine Schlange gebildet hatte. Ed, der ein begeisterter Jazzanhänger war und eine außergewöhnliche Sammlung von Jazzplatten besaß, einschließlich aller frühen Aufnahmen von

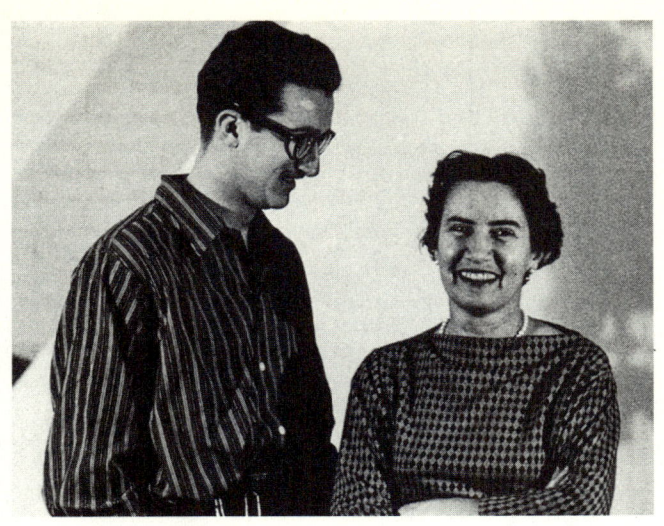

Mannie und Nora, circa 1960

Gillespie, war wie in Trance. Das Lächeln, das bei ihm auf-
leuchtete, als er hinüberging, um mit der Musikergruppe zu
sprechen, verließ sein Gesicht erst wieder, als wir aus der Bar
wankten.

Von da an verweigert mein Gedächtnis jede Zusammenarbeit. Man hat mir erzählt, daß wir ein Sandwich aßen und
noch in ein oder zwei Musikbars gingen und daß wir uns erst
tief in der Nacht ins Bett fallen ließen. Woran ich mich lebhaft erinnere, ist, daß ich mit einem Ruck erwachte, das helle
Sonnenlicht in ein kleines, schmuddeliges Hotelzimmer her-
einschien und ich mir bewußt wurde, daß, was ich noch für
gestern hielt, schon *heute* war, und daß die *Conte di Savoia*

gerade *jetzt schon* am Pier der italienischen Schiffahrtslinie vertäut liegen mußte.

Wann immer Nora oder ich den Rest der Geschichte erzählen, geraten wir unweigerlich in einen Streit darüber, wie lange Nora warten mußte, nachdem die Zollbeamten und Journalisten den Landungssteg hinaufgelaufen waren und die ersten Passagiere schon angefangen hatten, an Land zu gehen, ohne daß ein Lionni in Sicht war. Als ließe sich meine Reue in Minuten oder Stunden messen. Obwohl ich manchmal einen Augenblick der Illusion habe, das sei nie geschehen, weiß ich es natürlich besser.

Es war offensichtlich, daß das Leben sich ändern sollte, und nicht nur, weil ich meine erste *richtige* Anstellung hatte, die sich auf alles auswirkte und die Arbeits-, Essens-, Schlafens- und Einkaufszeit regelte. Es war die erste Phase unserer Amerikanisierung. Tatsächlich aber unterschieden sich viele unserer Familiengewohnheiten, die wir damals annahmen und für die ich unserem neuen Heimatland die Schuld gab oder es pries, nicht besonders von denen in Italien oder eigentlich in jedem anderen Land. Rhythmus und Stil unseres Lebens waren stärker von der Ungewißheit meiner eigenen Pläne und Ambitionen bestimmt als von den Umständen, in denen ich mich befand. Egal, was ich tat oder wann ich es tat, vor oder nach Noras Ankunft, mein Leben blieb ein ständiges Neuerfinden mit unvorhersehbaren Konsequenzen. Aber da ich eine feste Anstellung mit geregelter Arbeitszeit hatte, muß es für Nora leichter gewesen sein, eine vernünftige Familienstruktur zu organisieren und aufrecht zu erhalten, denn sie war von Natur aus auf eine solche Lebensweise ausgerichtet. Obwohl die Art und Weise, wie wir lebten, einigen unserer Bohemien-Freunden strikt bürgerlich vorgekommen sein mag, konnte sie, mit den Augen unserer anderen Freunde betrachtet, eigentlich nicht konventionell genannt werden. Weder meine noch Noras Familie konnte man als konventionell bezeichnen, obwohl unser beider Familien recht lose, aber doch so organisiert waren, daß man sich behaglich fühlen konnte.

DER KRIEG

Held (ein Traum)

*Ich war bereit, absurderweise für die milde Luft zu warm
angezogen. Erneut berührte ich die Härte meines Revolvers
unter dem öligen Stoff meines Mantels und suchte den
Himmel nach bekannten Sternbildern ab, aber in dieser
Nacht schienen die Sterne, obgleich sie hell erstrahlten, nicht
die vertrauten Muster zu bilden. Das Wasser war schwarz
und sanft wie Seide, mit raschen kleinen Wellen, die sich
kräuselten und an der Schiffsseite leckten, mit flackerndem
Mondlicht und hin und wieder einem langsamen Tschhh.
Es gab keine anderen Laute als das Pochen meines
Herzens, von dem ich sicher war, daß man es bis ganz zur
Küste hinüber hören konnte. Noch einmal spielte ich in
meinem Gedächtnis alles durch; den flachen Schieferfelsen,
auf dem wir früher so oft lagen und unsere Haut schmoren
ließen, unentdeckt von den Badenden am Strand; den
dreistufigen Felsen nach rechts; dann den Hang hinauf zur
ersten Pinie und geradeaus auf den Pfad zu und die
Küchentür. Danach war es ein Kinderspiel. Selbst in
dem unwahrscheinlichen Fall, daß sie meine Nachricht
nicht erhalten hätten, würden sie sofort verstehen. Meine
noch tropfenden Stiefel würden ihnen mehr sagen, als ich
selbst es möglicherweise in einem so von Gefühlen
bestimmten Augenblick tun könnte. Gegen den Innenschein*

des Himmels, dieses besondere Licht des endlosen
Weltraums, erkannte ich die Umrisse der Hügel. Dort
würden Marzo und seine Männer auf mich warten. Ich
hörte Schritte in der Nähe, und aus der Schwärze tauchte
Pietro auf. „Alles in Ordnung mit dir?" flüsterte er.
„Keine Sorge. Das sind all die Jahre, als ich ein Kind war,
die noch einmal lebendig werden." Ich hörte mich ganz
amerikanisch an, dachte ich. Mein Gott, wieviel von mir
hatte sich verändert. „Komm jetzt", sagte Pietro. „Es ist
alles bereit. Wir haben die Küste von Rapallo bis La
Spezia überprüft. Man würde gar nicht merken, daß man
im Krieg ist." Auf Zehenspitzen gingen wir an der Reling
entlang und dann hinunter auf das untere Deck, wo drei
Matrosen schon warteten...

Dieses Szenarium hatte ich so viele Male geträumt, erzählt,
phantasiert, daß es zu einem festen Bestandteil meiner Erinnerung geworden war. Und nun, da anscheinend eine Invasion Siziliens zu erwarten war, begann es mein Gewissen zu
belasten. Dreimal war ich der Einberufung entgangen, wegen
meines Alters oder weil ich gerade Vater geworden war. Das
war Vorhersehung. Aber jetzt lag mein Schicksal in meinen
eigenen Händen. Nicht zu handeln wäre unverzeihliche Feig-
heit. Ich wollte mich freiwillig melden.

Ich hatte mit Nora darüber gesprochen, aber obwohl wir
sogar über taktische Einzelheiten diskutiert hatten, blieb das
Vorhaben eine abstrakte Spekulation – absurd, wenn man die
einfache Wirklichkeit unseres Lebens bedachte. Erst als ich mit

Clarence Jordan sprach, einem Vizepräsidenten bei Ayer, der für die Rekrutierungswerbekampagne der Armee, an der auch ich mitgearbeitet hatte, unser Kontaktmann zum Pentagon war, wurden wir plötzlich mit der rauhen Wirklichkeit der Situation konfrontiert. Sie traf mich noch härter, als Clarence mir ein paar Wochen später mitteilte, er habe mit dem Befehlshaber der Mittelmeerdivision der OSS gesprochen, der gesagt habe, daß ich so bald wie möglich mit seiner Sekretärin einen Termin für ein Vorstellungsgespräch vereinbaren sollte.

Eine verwirrende Mischung aus Angst, Aufregung und Beinahe-Halluzinationen ergriff Besitz von jeder Minute der langen Tage, die meinem Treffen mit einem Oberst vorausgingen, den ich Robert Xavier nennen werde, ein unerwartet liebenswürdiger, intelligenter Offizier, der sich verständlich ausdrücken konnte, gemessen an der Bedeutung seines Postens noch jung war und dessen Verhalten charakteristischer war für den Herausgeber einer Zeitschrift als für einen Karriereoberst bei der Armee.

Wir sprachen fast zwei Stunden lang in einem unterirdischen Raum, den man besser als eine große Garage denn als Zimmer beschreiben könnte, denn der Fußboden war grauer Beton, und die einzigen Möbelstücke bestanden aus einer Tischplatte, so groß wie ein Pingpongtisch, auf Sägeböcken und fünf Stahlrohrstühlen mit kastanienbraunen Plastiksitzen.

„Entschuldigen Sie den spartanischen Raum", sagte der Oberst lächelnd. „Hier im Kriegsministerium ist alles provisorisch. Je nach den neuesten Nachrichten von der Front stellen wir immer alles um", und dann fügte er in ernsterem Ton zur Eröffnung des Vorstellungsgesprächs hinzu: „Und von jetzt an ist der Scheinwerfer auf das Mittelmeer gerichtet."

Hätte ich nicht den Anlaß für unsere Unterhaltung gekannt, wäre ich versucht gewesen zu sagen: „Nun denn, kommen wir zur Sache." Aber die Unterhaltung in all ihrer lässigen Informalität war schon „die Sache" selbst. Und doch, als mich der Oberst fragte, was meiner Meinung nach meine Qualifikationen seien, und ich meine Beziehungen zum Untergrund erwähnte und besonders zu wichtigen Mitgliedern der Kommunistischen Partei und einigen ihrer Splittergruppen sowie zu Veteranen der Brigata Garibaldi, die im spanischen Bürgerkrieg gekämpft hatten, nahm er plötzlich einen professionelleren Ton an und befragte mich zu verschiedenen Persönlichkeiten und Gruppen und zu meinen Ansichten über die politische Bedeutung der italienischen Intellektuellen, bei denen man sich, wenn man kleinere ideologische Differenzen außer acht ließ, darauf verlassen könnte, daß sie sich auf die Seite der Alliierten stellten. Ich sprach deutlich meine Meinung aus, daß es eine Verschwendung von Zeit und Energie wäre, einen allgemeinen Volksaufstand gegen das Regime zu schüren und zu erwarten.

Oberst Xavier befragte mich mehrere Stunden lang und verkündete dann in direkten, einfachen Worten, ohne rhetorische Schnörkel, daß er daran interessiert sei, mich „in seiner Mannschaft" zu haben. Ich müßte eine Unbedenklichkeitsbescheinigung vom FBI erhalten und mich einer dreimonatigen Grundausbildung unterziehen; dann würde ich in den Rang eines Hauptmanns erhoben und nach Afrika versetzt, um von dort die weiteren Entwicklungen vorzubereiten und abzuwarten. Er überreichte mir einen Stapel Formulare, die ich ausfüllen sollte, und das war's.

Die Heimkehr war nicht leicht. Als ich es Nora erzählte, bekam sie einen langen Weinkrampf. Ich war schon nahe dran, die ganze Sache aufzugeben, als sie plötzlich den Kopf hob, mir direkt in die Augen sah und mit starker, entschlossener Stimme, wie ich sie noch nie von ihr gehört hatte, sagte: „Gut. Wo fangen wir an?"

Tage, Wochen, ein ganzer Monat vergingen ohne ein Wort vom Kriegsministerium. Ich hatte die Formulare, die Xavier mir gegeben hatte, mit einem persönlichen Dankschreiben zurückgeschickt. Nichts. Mit der Bank hatte ich Vereinbarungen über verschiedene Zahlungen getroffen und sie von meiner wahrscheinlichen Abreise in der allernächsten Zukunft informiert. In einer hochherzigen patriotischen Geste hatte N. W. Ayer großzügig versprochen, die Ausbildungskosten für die beiden Jungen zu übernehmen. Ich saß praktisch auf gepackten Koffern und war bereit.

Die Angstphantasien, die kleinen Krisen von Schuldgefühlen, die Zweifel waren einem bis dahin unbekannten Gefühl von Stärke und Männlichkeit gewichen. Ich, der ich während meiner Schuljahre auch nur den leisesten Anflug von Beschwerden dazu genutzt hatte, jeder sportlichen Betätigung aus dem Weg zu gehen, verspürte plötzlich den einen oder anderen Drang zu laufen, zu springen, zu ringen und sogar, in Erinnerung an die Tage mit Mario am Strand von Cavi, zu boxen. Währenddessen begannen Spekulationen über eine Invasion in Westeuropa durch die Alliierten Streitkräfte die Spalten der Zeitungen und wöchentlichen Zeitschriften zu füllen. Ich las sie alle, begierig nach Identifikation. Als schließlich der zweite Monat vergangen war, hatte ich alle Strände Frankreichs und Italiens erstürmt.

Und dann reichte mir Nora, blaß und sichtlich erschüttert, eines Tages einen gelben Briefumschlag vom Kriegsministerium. Unglücklicherweise ist das Schreiben irgendwann nach unserem Umzug in das Haus in der McCallum Street verlorengegangen. Aber ich erinnere mich an den einen Satz, der den Inhalt zusammenfaßte: „Die Regierung der Vereinigten Staaten möchte Ihnen ihren Dank aussprechen für den Dienst, den Sie so großmütig angeboten haben, aber da es gegenwärtig und für die nähere Zukunft keinen Bedarf an Personal mit Ihren besonderen Qualifikationen gibt..." und so weiter, und so weiter.

Keine Gefühle hätten gemischter sein können als unsere. Nora umarmte mich, als wäre ich gerade unversehrt von der Front zurückgekehrt. Die Jungen waren sichtbar enttäuscht. Wie sollten sie bloß ihren Freunden erklären, daß ihr heroischer Vater einen unerklärlichen Wandel durchgemacht hatte? Ich durchlief eine Reihe von Phasen, von Unglauben bis zu tiefer Enttäuschung, erneuter Prüfung und dann heimlicher Hochstimmung, Gott weiß welchen tödlichen Gefahren entronnen zu sein; hier bei meiner Familie in Sicherheit zu sein und das befriedigende Wissen zu haben, daß ich, obwohl ich keinen Beweis dafür hatte, daß ich ein Held gewesen sein könnte, es schwarz auf weiß besaß, kein Feigling zu sein. Es vergingen mehrere Wochen, bevor ich anfing, mich zu fragen, was wirklich geschehen war. Aber das fand ich erst heraus, als der Krieg zu Ende war.

Walter Cohrssen, der Mailand kurz nach mir verlassen hatte und in Seton Hall Musikgeschichte unterrichtete, war zur US-Armee eingezogen worden und hatte den Rang eines Stabsunteroffiziers. Er war nicht nach Übersee geschickt worden, sondern blieb in der Nähe von New York stationiert und hatte Zugang zu gewissen Akten, unter denen er meine entdeckte. Sie berichtete nicht nur über meine Beziehung zu sogenannten linksgerichteten Organisationen, die später, in der McCarthy-Ära, als unamerikanisch gebrandmarkt wurden, sondern auch über meine direkten und indirekten Verbindungen in Italien zu wichtigen Mitgliedern der italienischen Kommunistischen Partei. Wäre meine Vergangenheit unpolitisch oder sogar faschistisch gewesen, hätte man mich nicht abgelehnt.

Mutter und Vater waren noch in Amsterdam. Selbst nachdem die Nazis und die holländischen Kollaborateure im Mai 1940 die Kontrolle über die holländische Regierung erlangt hatten, war Vater noch optimistisch. Aber als er eines Morgens den Davidstern an seine Tür gemalt fand, zögerte er keinen Augenblick. „Mach dich sofort fertig", sagte er zu Mutter. „In zehn Minuten fahren wir ab." Und nach zehn Minuten machten sie die Tür hinter sich zu und stiegen in ein Taxi.

„Ijmuiden", sagte Vater zu dem Fahrer und ging damit ein

302

gewagtes Spiel ein. Ijmuiden war ein kleiner Hafen, aber er lag Amsterdam am nächsten. Als sie schon halbwegs da waren, bemerkte Mutter, daß sie als einziges eine große Flasche Quelques Fleurs mitgenommen hatte, die ihr jemand geschenkt hatte. Und mit quälendem Schuldgefühl erinnerte sie sich, daß sie vergessen hatte, das Radio abzustellen. Sie lachten.

Als sie in der Nähe von Ijmuiden waren, fragte der Fahrer: „Wohin in Ijmuiden?" „Zum Hafen", erwiderte Vater ohne Zögern. Am Hafeneingang stand eine lange Schlange offizieller Regierungsautos, in denen deutsche Militäroffiziere saßen, die darauf warteten, eingelassen zu werden. „Fahren Sie in dieser Schlange mit", sagte Vater. Nach mehreren Minuten begann sich die Schlange in Bewegung zu setzen. Am Tor schwenkte Vater nur seinen Paß und murmelte irgend etwas Unverständliches, und man ließ sie hineinfahren.

Der Hafen war voller Schiffe aller Art und Größe, die auf ihre Erlaubnis zur Abfahrt warteten. Leute liefen umher und versuchten, eine Überfahrt nach London zu buchen, aber anscheinend war jede annehmbare Sitzfläche schon verkauft. Es war Vaters letzte Chance. Sie gingen von einem Boot zum anderen und wiederholten immer wieder das eine Wort: „Dover?" Schließlich bemerkte Vater einen Mann in Fischerkleidung. Er ging zu ihm hin und fragte: „Erinnern Sie sich an mich?" Der Mann blickte Vater in die Augen und sagte: „Ich glaube nicht." „Sie fahren nach Dover, nicht wahr?" fragte Vater hartnäckig. Der Mann schien einen Augenblick zu schwanken und begann dann, mit einer jungen dunkelhaarigen Frau zu flüstern, die neben ihm stand. „Würden Sie uns nach Dover bringen? Ich bin Jude, und das ist meine Frau." „In Ordnung", sagte der Mann, „wenn Sie nicht lästig werden." Das war's. Ein jüdischer Fischer – der einzige auf der ganzen weiten Welt.

Sie landeten auf dem Revier der Hafenpolizei von Dover. „Sie haben uns aus der Luft bombardiert!" steuerte Mutter bei. Da sie keine ordentlichen Papiere besaßen, wurden sie zu einem Sammelplatz für Flüchtlinge gebracht, wo man ihnen Bananen zu essen gab.

In meiner Erinnerung sehe ich sie mit uns zusammen beim Abendessen in unserem Haus in der McCallum Street in Philadelphia sitzen. Nora ist in der Küche. Unser Hund Chica liegt unter dem Tisch zu meinen Füßen und schnarcht leise. Die Stille ist so wie in allen meinen Erinnerungen, aber dieser Stille haftet etwas besonders Häßliches an, eine Art schlecht unterdrückter Zorn. „Mutter", frage ich schließlich und durchbreche die Mauer des Schweigens, „was geht hier vor?" Ihre Antwort ist hart: „Frag deinen Vater." Aber Vater sitzt über seine Schale gebeugt und schlürft Suppe. „Ich kann kein Wort aus ihm herauskriegen", sagt Mutter. „Das ist ein ziemlicher Alptraum, aus dem ihr gerade kommt", sage ich. „Laß ihm Zeit." Etwa einen Monat später zogen sie nach New York, wo sie in einem Hotel in der Siebenundfünfzigsten Straße wohnten. Wie durch ein Wunder erhielt Vater eine Anstellung als Leiter der Finanzabteilung eines englisch-holländischen Petroleumkonzerns. Er überwand seine Depression und war wieder ganz der Alte, obwohl er jetzt stocktaub war. Irgendwie hat er es immer geschafft.

Hinter all den glücklichen Erinnerungen an meine ersten rosigen Jahre in Philadelphia, voll der Freuden neuen Denkens und Schaffens, hängt immer noch undurchdringlich der schwere Schleier, der für alle Zeiten den fiktiven Krieg, den ich erdichtet hatte, von den grauenerregenden Details der Wirklichkeit trennen sollte.

Ich sah, wie er sich an jenem Tag im Kriegsministerium hob, als er plötzlich lebhaft genaue Einzelheiten enthüllte, die jetzt für immer verschwunden sind, zurückgesogen in den Umschlag des Formbriefes vom Kriegsministerium, der kühl verkündete, daß der Krieg schließlich doch nicht meiner sein würde. Und so blieb er für alle Zeiten diese gräßliche Abstraktion, ein unverrückbarer Alptraum, der zwischen mir und der Welt lag.

O ja, ich las die Zeitungen, ich hörte alle Rundfunksendungen, ich entwarf sogar Veröffentlichungen für die Rekrutierungskampagne der US-Armee; ich packte Carepakete, und dann, als alle besonderen Mühen und Zornesausbrüche zu einem gewaltigen Chor der Entrüstung verschmolzen, diskutierte auch ich, wie jedermann, Taktiken, Feldzüge, Einkesselungen und tödliche Fallen.

Aber während ich damals die Bilder all des Leidens und Sterbens in meiner Vorstellungskraft mit quälender Genauigkeit heraufbeschwören konnte, erscheinen sie jetzt nur vage, verzerrt, farblich verblaßt und in seltsamen Bruchstücken auf dem Bildschirm meines Geistes, als litten die Eingeweide meines Fernsehapparats an einer unheilbaren Krankheit. Ich sage dies ohne das leiseste Schuldgefühl, aber mit der Erkenntnis eines nicht wiedergutzumachenden Verlusts, ganz einfach verursacht durch meinen Fehlschlag, die häßliche, stinkende Wirklichkeit des Krieges aus seinem Inneren heraus zu erleben und zu verstehen.

Die Einzelheiten meines täglichen Lebens während dieser
Jahre habe ich im Geiste mit dem unschuldigen Erstaunen
und Vergnügen registriert, mit denen ich die Entwicklungen
meiner Karriere akzeptierte – oder doch erkannte. Als ein
glückliches Ereignis dem anderen folgte, hatte ich mehr und
mehr das Gefühl, daß meine Bewegungen ohne mein Wissen
von einem Direktorium im obersten Stock irgendeines Bürogebäudes im Weltraum geplant würden. Ich tat einfach die Arbeit, wie sie sich ergab.

Zu „meiner Zeit" war die Hauptstadt der amerikanischen
Welt der Werbung, wie auch heute noch, New York. Dort
lagen die Zentralen aller bedeutenden Agenturen außer der
von Ayer, die sich hartnäckig an ihren Geburtsort, die Stadt
der brüderlichen Liebe, nur ein paar Meter von der Unab-
hängigkeitshalle entfernt festklammerte. Obwohl Philadelphia
von der Madison Avenue nicht viel weiter weg lag als viele der
kleinen Städte in Neu-England, von wo die Werbemanager
nach New York pendelten, wurde die Stadt als eine andere
Welt wahrgenommen. Und das war in vieler Hinsicht auch
Ayer.

Ayer lag damals unter den größten Agenturen von Amerika
und wahrscheinlich der Welt an dritter Stelle. Sie deckte das
weiteste Kundenspektrum ab, von Sargherstellern bis zu Dia-
mantengesellschaften, von Automobilfirmen bis zu Parfümfa-
brikanten, von AT&T bis zur US-Armee. Und sie konnte sich

einer größeren Zahl von Goldmedaillen bei der jährlichen Ausstellung des New Yorker Art-directors-Klubs rühmen als irgendeine andere Agentur in Amerika. Und doch, trotz ihrer Bedeutung, war die Atmosphäre in der Kunstabteilung bei Ayer die eines kleinen Design-Büros. Sie war leicht, freund-

Man Ray, links außen stehend; Ferdinand Léger, neben ihm; ich hocke rechts

lich und ungezwungen, und die Zusammenarbeit zwischen Kollegen war großzügig und in vielen Fällen sogar liebevoll. In der Tat waren andere Art-directors mit ihren Frauen unsere engsten Freunde. Aber wenn auch all dies und dazu noch die Nähe zum romantischen Tal des Wissahickon, die guten öffentlichen Schulen für die Jungen und eines der besten Orchester der Welt unser Leben fast idyllisch gemacht hatten, so hörte doch die überwältigende Vitalität von New York nie auf, am Horizont zu flackern.

Nach meinem legendären Glückstreffer, als ich eine Werbetextzeile vor einem Abfallkorb rettete, wurde ich mit der Artdirection für die Container Corporation of America, einen Kunden von uns, betraut, wozu Charley selbst unter mutigem Gebrauch des großgeschriebenen Wortes KUNST den Anstoß gegeben hatte.

Walter Paepcke, der Direktor von Container, wie wir sie nannten, war ein beeindruckender Deutschamerikaner, ein gutaussehender und intelligenter Aristokrat, dessen Interessen von wirtschaftlicher Produktion und Finanzen bis zu Dichtung und Philosophie reichten, in die er leidenschaftlich vernarrt war. Die beiden Namen, die er sich zu eigen gemacht hatte und die ihn repräsentierten, waren Goethe und Container, aber später hatte er noch Aspen in Colorado hinzugefügt, entschlossen, den kleinen Silberbergbauort zu einem Weltzentrum des Kulturaustausches zu machen. In dem Moment, als wir uns begegneten, erkannten wir unsere gemeinsame europäische Herkunft und fühlten uns zueinander hingezogen und verbunden durch gegenseitiges Vertrauen und Verständnis, was sich in zukünftigen Begegnungen – zuerst infolge der Werbearbeit für die Container Corporation und später wegen meines Engagements bei der Internationalen Design-Konferenz in Aspen – zu einer echten Freundschaft entwickelte. Diese erweiterte sich bald, um Walters bezaubernde und wunderschöne Frau Elizabeth – für ihre Freunde Pussy – mit einzuschließen, die ihr Studium am Chicago Art Institute abgeschlossen hatte und als Künstlerin im Hause großen Einfluß auf ihren Mann besaß, den sie in zärtlichen Augenblicken in erotisch aufreizendem Flüsterton als *Schnuckelschweinchen* anredete.

Als Art-director der Werbung für die Container Corporation weitete ich Charleys Idee, „echte" Künstler mit der Illustration der Werbeanzeigen zu betrauen, noch aus, indem ich überzeugendere, risikofreudigere und abenteuerlustigere Künstler in das Projekt einband – Leute wie Léger, Hélion, Man Ray und de Kooning.

Während des Krieges produzierte Container zum größten Teil für die US-Armee, und mit ihrer aufwendigen Präsenz auf den Werbeseiten von Zeitschriften wie *Fortune* wollte sie hauptsächlich erreichen, die Gesellschaft und ihre Produkte in der Erinnerung ihrer Kunden zu Friedenszeiten lebendig zu halten. Das Ziel der Kampagne war einfach, einen ausgefeilten Stil zu entwickeln, der sichtbar, unnachahmlich und mächtig genug war, den Namen „Container" als ausschließliches Synonym für Versandkartons zu etablieren. Die Werbeserie „International", die wir entwickelten und für die ich die bekanntesten Künstler aus den Ländern engagierte, die Teil der demokratischen Allianz waren, wurde bald zu so etwas wie dem möglicherweise am weitesten vorgerückten Vorposten moderner Prestigewerbung.

Aber während die Werbung für die Container-Gesellschaft meinen jüngst erworbenen Ruf stark gefestigt hatte, ereignete sich etwas Eigenartiges, das meinen Lebensweg drastisch hätte ändern können. Es begann damit, daß Charley mich eines

Tages in sein Büro rief, um mir mitzuteilen, daß wir mit unserem größten Kunden, der Ford Motor Company, Schwierigkeiten hatten. Er hatte beschlossen, jeden von uns Art-directors zu bitten, Ideen für die Werbung für die Marken Ford, Plymouth und Lincoln beizusteuern, in Zusammenarbeit mit der Textabteilung oder ohne sie. Wir hatten eine Woche Zeit, während der ich für jedes Auto drei wagemutig „moderne" Farbseiten entwarf von der Art, wie sie der Direktor der bedeutendsten Arbeitsvermittlungsagentur in New York aus meiner Kunstmappe, die ich ihm gezeigt hatte, als ich gerade in den Vereinigten Staaten angekommen war, mit der Bemerkung herausgegriffen hatte: „Mit diesem europäischen Zeugs da werden Sie niemals eine Anstellung in Amerika finden!"

Ein Kofferraum voller Vorschläge wurde nach Detroit gebracht zu einer Besprechung mit dem jungen Edsel Ford, dem Sohn von Henry, dem man erst vor kurzem die Verantwortung für die gesamte Werbung bei Ford übertragen hatte. Begeistert wählte der junge Edsel meinen Vorschlag aus und verlangte, daß man mir die Art-direction der ganzen Ford-Werbung anvertrauen sollte. Und so fand ich mich weniger als drei Jahre, nachdem mir Charley gesagt hatte, ich könnte mit dem Daumendrücken aufhören, als der neue Leiter der sogenannten Ford-Abteilung wieder und betreute einen der renommiertesten Kunden in den Vereinigten Staaten, und das bei dem wahrscheinlich geringsten Gehalt, das ein stellvertretender Art-director verdiente. Glücklicherweise dauerte diese Lage nur ein paar Monate, bis eine bescheidene Gehaltserhöhung mich schließlich mit für Philadelphia typischer Knauserigkeit an das Ende der Gehaltsskala für Art-directors setzte.

Unglücklicherweise hatte ich niemals Gelegenheit, die Automobilwerbung, die ich vorgeschlagen hatte, in die Tat umzusetzen. Ich brauchte sechs Monate, um die Werbekampagne zu Ende zu führen, die von Wally Elton, dem jahrelangen Artdirector der Ford-Abteilung, in die Wege geleitet worden war. Wally war ein richtiger Profi, und genau so sah seine Werbung für die Ford-Gruppe auch aus. Sie hatte diesen charakteristischen und unnachahmlich amerikanischen Look entschiedener Richtigkeit, nämlich, genau so zu sein, wie sie sein sollte. Sie war tatsächlich tadellos. Aber in meinen Augen, die noch ruhelos und voller Zweifel und Verwunderung waren, fehlte ihr jenes Eine, worauf europäische Designer stets abzielten – die leise Unvollkommenheit als Zeichen dafür, daß die gestaltende Hand noch gegenwärtig ist.

Aber zu jener Zeit war ich mir schon wohl bewußt, daß es Gründe gab für diesen höflichen, gesunden Mittelklassenstil. Im Vergleich zu europäischen Finanzmitteln war es eine enorme Geldsumme, die in die amerikanische Werbung investiert wurde. Während französische Geschäftsleute sich leicht den billigen Luxus aufwendiger Risiken wie ein Plakat von Cassandre oder Colin Henrion leisten konnten, mußten Amerikaner sichergehen, einen angemessenen Gewinn mit ihrem Geld zu erzielen. Text und Illustration zu testen, war eine logische Antwort auf dieses Bedürfnis, und Ayer war eine der ersten Agenturen, die wichtige Werbekampagnen testeten, bevor sie freigegeben wurden. Ich weiß nicht, wie ernsthaft und unabhängig ein solches Verfahren zu jener Zeit durchgeführt wurde. Ich hatte immer das starke Empfinden, daß Tests, da man ja nur das testen kann, was vorhanden ist, von Natur aus konservativ und manipulativ sein müssen – Bedingungen, die das Experimentieren sicherlich nicht ermutigen. Das Resultat war, daß die Werbung für Ford, die wie die meiste Autowerbung das direkte oder indirekte Ergebnis von Tests war, in der amerikanischen Tradition der Qualitätswerbung zwar das Beste repräsentierte, aber müde aussah und so, als hätte man sie schon irgendwo gesehen.

Plötzlich mit der Aufgabe konfrontiert zu sein, Wallys Entwürfe zu bearbeiten und zu Ende zu bringen, stellte für mich ein echtes Trauma dar, und während ich mich geschmeichelt fühlte und glücklich war, daß man mich als Leiter der Ford-Abteilung ausersehen hatte, war die Aufgabe, das, was andere sich ausgedacht hatten, zu Ende zu führen, deprimierend und fraß Zeit und Nerven. Von den glatten, traditionellen Aquarellillustrationen über die Typographie und das geistlose Lettern der Überschrift per Hand bis zum Produkt selbst war mir alles verhaßt. Ich haßte den selbstgefälligen professionellen Look, alles perfekt ausgewogen, mit dem genau passenden Typenstil und Farbenschema, und ich haßte den Appell an das „menschliche Interesse" dergestalt, daß ein Lincoln mit Chauffeur vor dem Vordach eines Herrenhauses in den Südstaaten parkte und auf ein Paar in Frack und Abendkleid wartete. Als wir die Kundenbetreuung von Ford sechs Monate, nachdem man sie mir anvertraut hatte, aus sogenannten

313

„politischen Gründen" an J. Walter Thompson verloren, war ich hocherfreut. Die zu leistende Arbeit hatte schwer auf mir gelastet und war künstlerisch undankbar gewesen. Und am Ende konnte ich dabei nichts anderes vorzeigen als eine Werbekampagne, die jemand anders entworfen hatte.

Da Ford als Kunde für ein Drittel der Einnahmen der Gesellschaft gesorgt hatte, bedeutete der Verlust eine große Krise; tatsächlich wurden viele Angestellte entlassen. Ironischerweise gehörte Wally zu ihnen, der als für diesen Kunden zuständiger Art-director ein Gehalt bezogen hatte, das man in Philadelphia als für New York üblich ansah. Mir als einem Neuling in der Gesellschaft hatte man statt einer Gehaltserhöhung oder einer Prämie eine unechte Goldmedaille mit der ermutigenden Inschrift „Stete Pflichterfüllung bringt Erfolg" gegeben. Aber zuletzt lachte Wally am besten, als er bei J. Walter Thompson für viel mehr, als er bei Ayer verdient hatte, angestellt wurde, um als Art-director erneut Ford zu betreuen. Paradoxerweise bekam ich schließlich, während viele meiner Kollegen ihre letzte Gehaltsüberweisung erhielten, meine erste beträchtliche Gehaltserhöhung.

Obgleich ich den allgemeinen Schock so stark empfand wie meine Bürozellennachbarn, muß ich gestehen, daß ich mich bei der seltsamen Wende der Ereignisse nicht unglücklich fühlte. Der Druck in der Ford-Abteilung, fast jeden Abend einen neuen Schwung Anzeigen rechtzeitig für den Roten Pfeil nach Detroit fertigzumachen, war fast unerträglich gewesen. Erschöpft und unfähig, zu lesen oder an meinen privaten Projekten weiterzuarbeiten oder gar mit Mannie oder Paolo zu spielen, war ich vom Büro nach Hause gekommen. Nun kehrte die Arbeit zu einem menschenfreundlicheren Rhythmus zurück, und es ließ sich in der Gesellschaft von Nora und den Kindern ebenso wie mit Freunden wieder Freizeit genießen. Und schließlich wagte ich es eines Abends, die Tür zu meinem Dachstudio zu öffnen, wo ich auf meiner Staffelei das halbfertige kubistische Gemälde eines Streichquartetts vorfand, das ich vor fast einem Jahr stehengelassen hatte. Ich war jetzt bereit, neu über das Malen nachzudenken, selbst wenn aus keinem anderen Grund als dem, daß ich noch einmal das dringende Bedürfnis verspürte, mich neu zu erfinden.

Die meisten größeren Werbevorhaben durchlaufen eine qualvolle Periode des Heranreifens, in der Vorschläge für die Kampagne des nächsten Jahres formuliert, ausgearbeitet, besprochen und dem Kunden zur Zustimmung vorgelegt werden. Das ist die Zeit, in der die Wirksamkeit des schöpferischen Prozesses, der normalerweise so geheimnisvoll und schwer zu definieren ist, sich schließlich an den Beschwerden über Magenschmerzen und am Konsum von trockenen Martinis, säurebindenden Mitteln und Schlaftabletten messen läßt. Die Dauer dieser Perioden variiert je nachdem, wie komplex die Botschaft, wie kompliziert der Geist des Kunden, wie fähig der Beauftragte der Agentur, wie einfallsreich der Texter und wie stark das physische und mentale Durchhaltevermögen des Art-directors ist.

Das sind nervenaufreibende Wochen, in denen Ideen und Meinungen hin und her gedreht, besprochen und grausam seziert werden, bis im richtigen Moment ein Texter, ein Art-director oder irgend jemands Gatte, Gattin oder Kind mit einem Slogan aufwartet, den jeder mit dem magischen Wort „phantastisch" begrüßt, worauf Illustrationen und Text umrissen werden und der lange, langweilige Prozeß der Metamorphose von der Skizze zum glänzenden Probeabzug beginnen kann.

Art-director für Container, Ford, General Electric und *Ladys' Home Journal* gewesen zu sein, brachte ein enormes Ansehen mit sich, aber für mich, der ich mich immer noch als Maler sah, bedeutete es auch Zugang zu jedem, den kennenzulernen ich ein Interesse hatte. Wenn ich die Namen einiger der Leute aufliste, mit denen ich mich anfreundete oder denen ich in diesen wenigen Jahren einfach begegnete, muß ich lächeln darüber, wie groß die gebratene Taube war, die mir an dem Tag, an dem Charley mich anstellte, unbemerkt ins Maul geflogen war. Unter ihnen befanden sich Willem de Kooning, Andy Warhol, Piet Mondriaan, Naum Gabo, Walter Gropius, Louis Kahn, Man Ray, Herbert Bayer, Zero Mostel und Josef Albers.

BLACK MOUNTAIN

An einem warmen Frühlingstag des Jahres 1945 betrat Josef
Albers meine Bürozelle bei N. W. Ayer. Einen Meister des
Bauhauses in meinem eigenen Arbeitsbereich zu treffen war
ein neues aufwühlendes Erlebnis. Und als er mir erzählte,
warum er mich besuchte, konnte ich meine Erregung kaum
verbergen. Albers fragte mich, ob ich ans Black Mountain
College kommen und dort einen Monat lang unterrichten
könnte. „Unterrichten Sie, was Sie wollen." Obwohl ich ihm
sagte, daß ich mit Nora darüber sprechen müsse, war ich im
Geiste schon da und saß mit sieben oder acht Studenten um
einen großen Tisch herum. Ich fühlte mich jetzt wie jemand,
der richtig zum Bauhaus gehörte. Und gerade so war es dann
auch im August an dem Tag, nachdem wir von Philadelphia
bis zu den Ausläufern des Gebirges in Nordkarolina gefahren
waren. Wir wurden von Josef und Anni Albers begrüßt, die
uns unseren Bungalow zeigten und uns vor Schlangen, besonders Diamantklapperschlangen, warnten. Dann aßen wir
das erste Mal in der Cafeteria mit ihnen, Leo Amino, einem
in Amerika geborenen japanischen Bildhauer, und Jacob Lawrence, dem bekanntesten schwarzen Maler in Amerika, und
seiner bezaubernden Frau. Albers erklärte, wie die Arbeit an
der Sommerschule aussehen sollte, und ich erzählte ihnen, was
ich mit den Studenten tun wollte: die Möglichkeiten erkunden, mit Fotos und Fotoausschnitten eine visuelle Grammatik
und Syntax parallel zu jener der Wörter aufzubauen. Ließ sich

das machen? Ich wußte es nicht. Aber das war für mich Bauhaus: rein experimentell. Eine Frage aus dem Grenzbereich meines Wissens.

Es war eine seltsame, aber faszinierende Erfahrung. Wir lebten in einer Welt aus Holz. Unser Häuschen war ein Kasten aus unbehandeltem Holz mit einem Satteldach, das halb versteckt zwischen den Bäumen am Rande des Collegegeländes stand. Nach ein paar Tagen rochen unsere Körper, unsere Kleidung und alles übrige nach Holz. Den Jungen und mir gefiel dieser Machogeruch außerordentlich, aber Nora haßte ihn. Er verursachte ihr Kopfschmerzen, wie sie sagte. Paolo bekam einen Kicheranfall, als er behauptete, durch den Geruch fühle er sich wie eine Zigarre.

Nicht weit weg vom Häuschen, nur ein Stück die Straße hinunter, begann ein Pfad, der zu einem abgelegenen Zipfel des Sees führte. Dort verbrachten Nora und die Jungen ihre meiste Zeit mit Lesen, Schwimmen und Spielen. Teilweise im Wald versteckt, lag der See bewegungslos und still, ausgenommen überraschende Wassergeräusche und *glucks* und *plumps,* die die Luft leicht vibrieren ließen. Nur wir und Leo Amino schienen Freude zu haben an der romantischen Schönheit des Ortes.

Mannie, inzwischen ein akzeptabler Amerikaner, hatte sein Angelzeug mitgebracht und fing an seinem ersten Tag in Black Mountain zwei Flußbarsche und einen kleinen Seebarsch. Ich kam gewöhnlich am späten Nachmittag an den See, legte mich auf das Floß und schwamm und spritzte mit Nora und den Jungen herum. Wir liebten unseren kleinen, abgeschiedenen Strand. Nach ein paar Tagen war er unser Zuhause geworden und das Häuschen unsere Zweitwohnung in der Stadt.

Der Campus bestand aus einer sonderbaren Mischung aus Bungalows, primitiven Häuschen und zwei langen, allen Ansprüchen genügenden weißen Betongebäuden, die sich an die Hänge der Blue Ridge Mountains schmiegten. In der Mitte befand sich eine Cafeteria, in der es zum Frühstück und Abendessen lebhaft zuging, aber während der ersten Woche unseres Aufenthalts schien das Gelände merkwürdig und unerklärlich verlassen. Die meiste Zeit waren die Wege menschenleer, die Fenster geschlossen, und wenn nicht gerade einmal ein Radio gedämpft aus der Ferne klang oder ein Lastwagen vorüberfuhr, war es so vollkommen still, daß wir uns hin und wieder dabei ertappten, daß wir flüsterten.

Mir war ein Studio neben dem von Albers zugewiesen worden. Es war das erste Mal, daß ich in einem Raum arbeitete, der nicht mir gehörte, und das große Gemälde, das ich in jenem Monat malte, gab mir nie das Gefühl, meine eigene Schöpfung zu sein. Ich malte es, als sei es in Auftrag gegeben worden. Da ich Angst hatte, öffentlich zu versagen, hatte ich es vor der Abreise aus Philadelphia sorgfältig geplant und eine maßstabsgetreue Skizze und sogar den Titel mitgebracht: „In meines Vaters Haus gibt es viele Wohnungen." Als riesiges Puppenhaus konzipiert, waren seine Räume mit gestikulierenden Gestalten und Bruchstücken von Möbeln vollgestopfte Kästen. Da gab es Engel und Teufel und Männer und Frauen, die in prächtigen Togas tanzten. Und es gab Sonnen und Monde und Sterne und vorbeifliegende Kometen. Katherine Kuh schrieb in ihrer Besprechung meiner Ausstellung in der Norlyst-Galerie, in der dieses Gemälde gezeigt wurde, daß alles in der Ausstellung gestimmt habe, und genau das sei ihre Schwäche. Sie hatte recht. Die Bilder entsprangen nicht einem unwiderstehlichen inneren Drang. Sie ließen Mut vermissen. Es war meine erste ernsthafte Ausstellung, und ich hatte Angst vor einem Mißerfolg. Die Gemälde ähnelten ein wenig denen in einem Bühnenbild – sie waren so gemalt, daß sie wie Gemälde aussahen. Glücklicherweise war ich mir der Schwierigkeiten, in denen ich mich befand, nicht bewußt. Ich hatte gelernt, etwas auszuführen, aber mir fehlte noch die Einsicht.

Eines Vormittags schloß ich gerade die Tür meines Studios ab, als neben mir Albers die seine zumachte. Wir steuerten beide auf die Cafeteria zu. Unterwegs blieb Albers stehen, sah mich an und sagte: „Sie haben Spaß, wenn Sie malen, nicht wahr?" Ich lachte. „Wenn es nicht so wäre, würde ich es nicht tun. Sie denn?" „Heute vormittag hasse ich es. Es ist schwere Arbeit." Ich war schockiert. Albers meinte eindeutig, was er sagte.

Obwohl Albers ein dringendes Bedürfnis hatte, geliebt und bewundert zu werden, war es schwierig, diesen Mann zu mögen. Seine Stimme und sein deutscher Akzent halfen dabei nicht – und auch nicht seine kantigen Gesichtszüge und seine Bewegungen und seine Haltung, die etwas Steifes hatten. Seine vielseitige Persönlichkeit verwirrte. Aber er ging mit sich selbst so streng und kantig um wie mit anderen, und obwohl er fürchterlich pedantisch war, konnte er sanft, lustig und versöhnlich sein. All dies war sehr deutsch. Ebenso deutsch war seine Hingabe an Kunst und Lehre. Ich glaube, er hat sein Leben lang Farben untereinander abgewogen und Quadrate gemacht, weil er vor dem Malen Angst hatte.

In das Bauhaus vernarrt war ich schon, seit ich zehn oder elf Jahre alt war und das Wort zum ersten Mal hörte. Es war stark und einfach und hart, wie Bauklötze, und es ging in meinen Wortschatz ein als ein Wort, das zu behalten und zu benutzen war. Jahre später, als romantischer Rebell auf der Suche nach einem Anlaß, erfuhr ich, daß im Jahre 1919 in der deutschen Stadt Weimar ein junger Architekt namens Walter Gropius erklärt hatte: „So laßt uns denn eine neue Handwerkerzunft schaffen ohne die Klassenunterschiede, die eine arrogante Schranke zwischen Handwerkern und Künstlern errichten! Zusammen laßt uns die neue Struktur der Zukunft herbeisehnen, konzipieren und erschaffen, die Architektur und Bildhauerei und Malerei in einer Einheit umfaßt und eines Tages wie das kristallene Symbol eines neuen Glaubens aus den Händen von Millionen von Arbeitern zum Himmel emporsteigen wird."

Mehr brauchte ich nicht. Bauhaus wurde augenblicklich auf die Ebene revolutionärer Ideologie befördert, gleichrangig mit Konstruktivismus, Futurismus, Kubismus, Dadaismus, Surrealismus und den ganzen anderen Ismen, deren Aufgabe es war, alles Denk- und Formbare neu zu denken und neu zu formen.

Dann, als ich älter und langsam reifer wurde, reifte das Wort

Bauhaus mit. Und als ich mich schließlich aktiv mit Architektur, Malerei und Bildhauerei befaßte, war es schon fest in meinen persönlichen Wortschatz eingegliedert, assimiliert nicht
nur als ein Wort, sondern als ein Name, der sowohl eine Ideologie als auch mich selbst definierte. Ich war ebenso Bauhaus,
wie ich Agnostiker, Liberaler und Jude war. Was ich über die
Dinge dachte und was ich fühlte, war Bauhaus. Was ich tat,
war Bauhaus. Mein Stil? Bauhaus.

Und ich erfuhr von der großen Bauhaus-Erfindung, dem
Grundlagenkurs, der sich ganz und gar Fragen widmete. Als
Autodidakt wußte ich, wie man Antworten ersinnen konnte,
wußte aber so gut wie nichts über Fragen. Entwirf einen Satz
Tische. Was ist ein Tisch? Ich lernte, grundlegende Fragen zu
stellen. Was ist ein gemaltes Bild? Sind Bilder Dinge? Ist ein
Bild die Summe seiner Teile? Ist ein Bild von einem Bild ein
Bild? Was ist die Farbe von Farbe? Was sind Formen? Gibt es
Dinge ohne Form?

Heute betrachte ich mich als einer, der durch die Bauhaus-
Schule gegangen ist. Obwohl ich das Bauhaus selbst niemals
auch nur gesehen habe, denke ich an es und spreche über es
mit Nostalgie und dem Gefühl, dazuzugehören. Und wenn
ich hin und wieder einen alten Meister, eine Meisterin des
Bauhauses treffe, umarme ich ihn oder sie in brüderlicher Zuneigung, Bewunderung und der Annahme, daß wir uns
schweigend verstehen.

Ich hatte zwei Studenten und fünf Studentinnen. Für einen
Sommerkurs, für den man wenig Werbung betrieben hatte,
sei das normal, sagte Albers. Einer plötzlichen launischen

In Black Mountain
Von links nach rechts: Leo Amino, Jacob Lawrence, ich, Ted
Dreier, Nora, Beaumont Newhall, Gwendolyn Lawrence, Lee
Gropius, Jean Varda (im Baum), Nancy Newhall, Walter
Gropius, Molly Gregory, Josef Albers, Anni Albers

Eingebung vertrauend, hatte ich beschlossen, mit der Klasse
über eine Phänomenologie des Raums zu arbeiten, ein Projekt, über das ich seitdem von Zeit zu Zeit Vorträge gehalten
habe und das ursprünglich auf meine Experimente in Black
Mountain zurückgeht. Es wäre eine aufregende Erfahrung ge-

wesen, aber leider war es von der ersten Sitzung an klar, daß ich das intellektuelle Niveau und die Erfahrung der Studenten bei weitem überschätzt hatte. Ich entschloß mich, zu einem einfacheren und zugänglicheren Thema zu wechseln. Glücklicherweise konnte ich Suzanne Langers *Philosophy in a New Key* in der Bibliothek ausfindig machen, und mit diesem Buch als Hintergrund und Leitfaden für die Studenten versuchte ich, ihren Geist und ihre Augen für die Bedeutung und Manipulation des Raums und der Vorstellungen zu öffnen. Aber ich war noch nicht fähig, ihre Begeisterung zu wecken. Es gab eine seltsam negative Stimmung auf dem Campus, einen um sich greifenden Pessimismus und Mangel an Vitalität. Die Studenten selbst waren sich dessen bewußt und versuchten sich in Theorien darüber, aber niemand hatte eine plausible Erklärung. Die vernünftigste Hypothese war, daß das Ende des Krieges, was Ziele anging, eine Leere hinterlassen habe. Die Zukunft, die für die junge Generation in den Händen des Schicksals gelegen hatte, war nun plötzlich wieder in ihren eigenen gelandet.

Nachdem wir schon fast eine Woche in Black Mountain waren, verbreitete sich glücklicherweise die Nachricht, daß Varda, ein Künstler aus San Francisco, den Albers eingeladen hatte, einen Malkurs abzuhalten, und der auf geheimnisvolle Weise vom Erdboden verschwunden war, in seinem überladenen, tiefrot und orangefarben angemalten Model-A-Kabriolett schließlich doch noch angekommen war, wobei er kräftig auf eine Hupe, die wie eine Einlaufspritze aus Gummi aussah, gedrückt und wie ein Präsidentschaftskandidat gewunken hatte. Obwohl wir wenig über Varda wußten, fühlten wir uns alle in dem Augenblick, als wir hörten, daß er angekommen war, freudig erleichtert, als sei uns unsere Bestimmung offenbart worden.

Ich gerate in Verlegenheit und bin ratlos, wie ich Varda beschreiben soll. Die bloße Tatsache, daß Wörter fixieren, würde schon genügen, sie dafür ungeeignet zu machen, ein Bild von der unerschöpflichen Beweglichkeit seines Geistes heraufzubeschwören. Man hatte ihn uns beschrieben als Bohemien, Romantiker, Heiligen, Rattenfänger und „großen Befreier von Hemmungen". Mit der Zeit sah ich in ihm einen Meister Sorba, der das Leben immer wieder neu erfand, während er es lebte, frei von Schuld und fortwährend imstande, sich über alles zu wundern und zu freuen.

Nun, da Varda da war, konnte die Sommerschule erst richtig beginnen. Kaum hatte er seine Studenten um sich geschart, verkündete er auch schon, daß man sofort damit anfangen sollte, eine in weniger als drei Wochen stattfindende große griechische Party vorzubereiten, und daß Kostüme, Requisiten und die Dekoration des Saals den wesentlichen Inhalt seines Kurses bilden würden. Innerhalb kürzester Zeit hatte sich der düstere, trübselige Campus in ein wie verrückt werkelndes Dorf verwandelt, in dem man in jedem Winkel jemanden hämmern, sägen, malen oder nähen finden konnte. Was eine ganze Gruppe aus einigen der klügsten Intellektuellen, herausfordendsten Philosophen und aufregendsten Künstlern in Amerika nicht zustande gebracht hatte, erreichte Varda mit einem Augenzwinkern. Stunden nach seiner

Ankunft in Black Mountain hatte die Stimmung sich drastisch gewandelt.

Obwohl das Black Mountain College, so wie wir es kannten, nun schon lange verschwunden ist, weiß ich, wann immer ich jemanden treffe, der dort gewesen ist, daß wir Gefühle miteinander teilen und Kenntnisse, die einzigartig und nur der Unterrichtsphilosophie von Albers und dem Bauhaus zu verdanken waren.

Durch Ed Zern lernte ich Elenor Lust kennen, die Norlyst leitete, eine New Yorker Kunstgalerie, die zumeist surrealistisch
orientierte Arbeiten etablierter Meister und jüngerer Maler,
wie ich es war, zeigte. Ed hatte sie und einen Freund an einem
Wochenende in mein Studio gebracht, als sie gerade die Zerns
in deren Bungalow in Arden besuchten. Der Freund ent-
puppte sich als Jimmy Ernst, mehrere Jahre lang ihr Begleiter,
der Sohn des berühmten Begründers der surrealistischen Malerei, Max Ernst.

Ich hatte die Bilder von Max Ernst gekannt und geliebt seit
meinen beiden Brüsseler Jahren, in denen ich während meiner wöchentlichen Besuche bei Tante Mies mit den Werken
der bedeutendsten modernen Künstler so vertraut geworden
war, daß ich, ohne ihre Namen in den Bildunterschriften
zu lesen, selbst schon in jenem frühen Alter Reproduktionen
in Büchern und Zeitschriften wiedererkennen konnte.
Während wir darauf warteten, daß das Mittagessen serviert
wurde, spielte Onkel René gewöhnlich ein Spiel mit mir, das
wir „Sag mir den Namen des Künstlers" nannten; es war einfach und ging schnell. Onkel René zeigte auf eines der
Gemälde, die seine Wände besetzten, und ich sollte den
Namen des Malers nennen. Für jede richtige Antwort bekam
ich dann zehn Centimes. Es war kein so besonderes Spiel,
aber in jenen Jahren, in denen sehr wenige Leute bestenfalls
die Namen von Picasso, Matisse oder Miró gehört hatten,

waren mir schon die Werke nicht nur von ihnen, sondern auch die von Picabia, De Chirico, Braque, Chagall und Ernst, der einer meiner Lieblingsmaler war, wohlbekannt. Die meisten der Bilder von Onkel René haben sich so scharf in mein Gedächtnis eingegraben, daß ich glaube, ich könnte noch heute, siebzig Jahre danach, ziemlich genaue Kopien malen, ohne dabei die Originale zu sehen.

Nachdem ich mich erst einmal freigemacht hatte von der Verführung durch Leon Karp, der der großen Tradition „im modernen Gewand", einem von Manet inspirierten Realismus, anhing, hatte ich mich ganz natürlich in Richtung bildnerisches Erzählen bewegt, deren erste Meister, mit denen ich mich beschäftigt hatte, Klee, De Chirico und besonders Ernst, der ausgesprochen literarischste von den dreien, waren. Meine Verehrung ihrer Arbeit wurde klar bezeugt durch die Bilder, die ich meinen Besuchern zeigte. Den Sohn von Max Ernst zu treffen und ihn sich für meine Bilder interessieren zu sehen, war nicht weniger erregend, als wenn er sein Vater gewesen wäre, besonders da sein freimütiges und begeistertes Verhalten zu einer unmittelbaren Beziehung einlud.

Elenor Lust war eine temperamentvolle und reizende Frau, mehrere Jahre älter als Jimmy. Sie hatten sich im Verband der Kunststudenten kennengelernt, wo Elenors berühmteste Heldentat ihre Antwort auf die Weigerung des Verbandes gewesen war, ihren großen Briard in die Unterrichtsräume hineinzulassen: Sie meldete den Hund als Studenten an. Bis 1943, wenige Jahre, nachdem sie die Galerie mit Jimmys Hilfe und unter seinem Einfluß eröffnet hatte, zeigte sie zumeist junge

Maler mit surrealistischen Tendenzen, und der Ort war für viele der bedeutendsten Künstler in New York zu einem Treffpunkt nach der Arbeit geworden. Ich war in heller Aufregung, als ich eine Woche nach Elenors Besuch einen Brief von ihr erhielt, in dem sie mir eine Einzelausstellung anbot. Meine erste in Amerika.

Indem ich mich jetzt anschicke, die Bilder zu beschreiben, die in jener Werkschau ausgestellt wurden, erinnere ich mich an einen Vorfall, der sich in den späten siebziger Jahren in der Gießerei Bonvicini in der Nähe von Verona ereignete, in der ich gerade eine große Wachsskulptur für den Bronzeguß vorbereitete. Quinto Ghermandi, ein befreundeter Bildhauer aus Bologna, der nicht weit weg von mir bei der Arbeit war, hielt einen Augenblick inne und starrte mich über die Fassung seiner Brille hinweg an. „Du erzählst immer Geschichten, nicht wahr?" sagte er.

Was meinte Quinto damit? Als ich ihn fragte, murmelte er irgend etwas Unverständliches. Für ihn, dessen Arbeit abstrakt ist, dachte ich ein wenig ärgerlich, ist alles andere wahrscheinlich eine Geschichte. Aber als ich weiter über die rätselhafte Bemerkung nachdachte, mußte ich zugeben, daß etwas Wahres in ihr lag. Später merkte ich, daß er das als Kompliment gemeint hatte, und es war ein tiefsinniger und bedeutsamer Kommentar zu allen meinen Arbeiten. Er hatte es natürlich nicht wörtlich gemeint; es ist unmöglich, in einem einzigen, statischen Bild eine Geschichte zu erzählen, ein Ereignis, das sich in der Zeit entwickelt. Möglich ist jedoch, es mit sinnbildlichen Hinweisen auf die vergehende Zeit zu versehen. Das Stück, an dem ich damals gerade arbeitete, stellte ein Exemplar aus meiner „parallelen Botanik" dar, einem Projekt, an dem ich seit den frühen siebziger Jahren gearbeitet hatte und das bereits das Thema von verschiedenen Ausstellungen von mir sowohl in Italien als auch in New York sowie von meiner Arbeit auf der Biennale in Venedig 1972 gewesen war. Die Idee dazu war mir gekommen, als ich das Bedürfnis empfunden hatte, mich von meiner zehn Jahre währenden Obsession, den endlosen Serien kleiner imaginärer Porträts, zu befreien, die von den Faijum-Porträts im Metropolitan Museum inspiriert worden waren. Ich hatte eine noch unbenutzte schmale und längliche Leinwand gefunden und ganz spontan angefangen, einen Baum zu malen. Er hatte einen glatten Stamm und eine dichte Blätterkrone, und obwohl er wie wirklich aussah, gehörte er keiner bestimmten Gattung an. So wie die Leute, die mir für meine kleinen Porträts Modell saßen und deren städtischer Lebensraum nur in meinem Geist existierte, kam auch das Modell für dieses Bild nur in einer Botanik vor, die ich erfunden hatte.

Als Quinto mir beim Arbeiten zusah, war ich gerade damit beschäftigt, die glatte Haut einer Pflanze hier und da mit kleinen Unvollkommenheiten zu versehen – mit Narben, Karbunkeln und Wunden, die einen Kampf ums Überleben andeuteten, während sie die Pflanze zugleich als Objekt bereicherten. Die Pflanze war Materie; jetzt gab ich ihr gerade ihre besondere Spanne Zeit.

Nach dem Krieg, als ich Giorgio Morandis Bilder in Amerika zeigte, bestand die allgemeine Reaktion in der sarkasti-

schen und wegwerfenden Bemerkung „Flaschen". Im selben Jahr zeigte ich die Arbeiten von Ben Shahn in Italien. Die abschätzige Reaktion dort war: „Illustration". Die beiden Kommentare sind perfekte Beispiele dafür, was Quinto gemeint hatte: Shahn war im wesentlichen ein Geschichtenerzähler – seine Bilder verweisen den Betrachter immer auf ein Ereignis. Nichts könnte Morandis Absichten ferner liegen. Er sucht die statische Vollständigkeit der Objekte zu erreichen, was er als die einzig stichhaltige Möglichkeit für einen Maler ansieht.

Es gibt keinen substantiellen Unterschied, demzufolge wir der einen oder der anderen Wahl einen höheren ästhetischen Wert beimessen können. Was wir bevorzugen, ist eine Frage eines persönlichen, ununterdrückbaren Drangs. Des Stils. Ja. Quinto hatte recht: „Geschichten erzählen" war das Wesentliche meines Stils.

Die Bilder auf der Norlyst-Ausstellung waren eine ungewollte Huldigung an meine Mentoren, die surrealistischen Geschichtenerzähler, zu denen für mich auch Ben Shahn gehört, der, als er die Ausstellung sah, zu mir sagte: „Endlich! Ich muß gestehen, daß ich diese Porträts, Stilleben und Landschaften, die du vorher gemalt hast, nie mochte. Das warst nicht du selbst."

JWT

An einem ungewöhnlich chaotischen Freitagmorgen im Februar 1946 saß ich in meiner Bürozelle im siebten Stock gerade über mein Zeichenbrett gebeugt und kämpfte mit einem neuen Werbespruch für General Electric, der noch am selben Tag diskutiert werden sollte, während sich in meinem Rücken zwei Boten lautstark stritten, wer als nächster an der Reihe sei, als das Telefon klingelte. Ich beschloß, es läuten zu lassen, aber als es gar nicht aufhörte, hob ich den Hörer ab. Ich meinte, die Stimme eines der jungen Texter zu erkennen, eines unverbesserlichen Witzbolds, dessen Spezialität es war, närrische Telefonanrufe zu machen. Als also eine mir nicht vertraute Stimme sagte: „Leo Lionni, hier spricht Arthur Blomquist von J. Walter Thompson. Leo, ich möchte gern ...", brüllte ich: „Jerry, wenn Sie diesen Gag schon machen müssen, dann suchen Sie sich einen besseren Augenblick aus. Ich habe schrecklich viel zu tun", und hängte auf und kehrte an mein Zeichenbrett zurück. „Das war Jerry mit seinem neuesten Scherz", sagte ich zu dem Botenjungen, der als erster in der Schlange stand und den nichts weniger interessiert haben könnte. „Er ruft einen an", fuhr ich fort, „und sagt, er sei Jesus oder der Präsident oder so was und wolle mit einem reden ü ..." Das Telefon läutete wieder. „Hallo", brüllte ich und hörte wieder diese Stimme: „Leo, hier ist Arthur Blomquist. Haben Sie mal eben ein paar Minuten Zeit, ein Treffen zu vereinbaren, um ..." Diesmal antwortete ich erst gar nicht. Ich legte einfach auf.

Aber als der dritte Anruf kam und ich den Hörer wieder abhob, war eine Frauenstimme am Apparat. „Mr. Lionni, ich bitte um Entschuldigung. Ich bin Mr. Blomquists Sekretärin. Mr. Blomquist hat mehrmals versucht, Sie zu erreichen, aber anscheinend hat es irgendeine Schwierigkeit mit der Verbindung gegeben. Könnten Sie jetzt mit ihm sprechen?" „Natürlich", antwortete ich und war mir plötzlich bewußt, einen schrecklichen Fauxpas begangen zu haben. „Leo, oh! Schließlich habe ich Sie doch noch am Apparat! Die letzte halbe Stunde lang habe ich versucht, Sie zu erreichen, aber ich kriege immer nur irgendeinen Idioten, der am anderen Ende der Leitung herumbrüllt. Da es ziemlich wichtig ist, mußte ich es beharrlich probieren. Entschuldigen Sie. Der Direktor hat mich gebeten, herauszufinden, ob Sie daran interessiert wären, der feuchten Luft von Philadelphia zu entrinnen. Leo, hätten Sie eine Möglichkeit, in nächster Zukunft nach New York zu kommen?" „Es sieht nicht so aus. Ich stecke bis zum Hals in Terminen." „Na gut, nehmen wir mal an, wir treffen uns an einem dieser Tage in Philadelphia zu einem geruhsamen Abendessen – könnten Sie das ziemlich bald einrichten, möglicherweise morgen?"

Nur unter riesigen Schwierigkeiten brachte ich es fertig, Nora an diesem Nachmittag nicht anzurufen und ihr von meiner Verabredung zum Abendessen am nächsten Tag mit dem Art-director der bedeutendsten Agentur in der Werbebranche zu erzählen. Die plötzliche Vision, nach New York zu ziehen, packte mich dermaßen, daß ich kaum damit fertig werden konnte. Als ich ihr die Neuigkeit schließlich mitteilte, setzte sie sich auf einen der Küchenstühle und sah mich mit einem Ausdruck an, den ich noch nie in ihrem Gesicht gesehen hatte. Es war, als liefe langsam das Leben aus ihr heraus und hinterließe die Linien, die ihr hübsches Gesicht umrissen, makellos gezeichnet, wie die genaue Wiedergabe eines Gipsabdrucks, eingehüllt in die weiße Stille des Papiers – ein Ingres. „Du bist nicht begeistert", sagte ich schließlich mit gedämpfter Stimme. Sie lächelte traurig. „Ach, ich weiß nicht – die Aussicht auf noch mehr Veränderung macht mir Angst." Sie hatte das so klar gesagt, daß ich mich erleichtert fühlte; so vernünftig, daß ich mir sicher war, es würde leicht sein, sie dazu zu bringen, meiner Entscheidung zuzustimmen, wie auch immer diese aussehen sollte. „Außerdem", fuhr sie fort, „weißt du nicht wirklich, worum es dabei geht, oder?" Ich antwortete nicht. Ich wagte ihr nicht zu sagen, wie deutlich ich mich in meinem Büro in der Madison Avenue sitzen gesehen hatte, in meinem grauen Flanellanzug von Brooks Brothers und dem blaugestreiften Hemd. Ich hatte Schwierigkeiten, die passende Krawatte zu finden. Plötzlich sprang sie auf und umarmte mich lachend. „Du bist begeistert, nicht wahr?" Ich grinste dümmlich. Wieder einmal war ich wie geblendet von dieser unglaublichen Gabe von ihr, dem langsamen, mühelosen, direkten Sprung in den allerletzten Moment der Vereinfachung. So würde ich sie malen.

Als ich mich am nächsten Abend mit Arthur Blomquist traf, war uns beiden sofort klar, daß wir schon genügend Geschäftsessen hinter uns hatten, um zu wissen, daß man das Hauptthema des Gesprächs nicht erst nach dem Dessert auftischen soll. „Wir wissen, warum wir hier sind – bringen wir es hinter uns, so daß wir das Essen und unsere Unterhaltung genießen können", sagte er, indem er seinen Stuhl zurückschob und die Beine von sich streckte. „Möchten Sie gern nach New York ziehen?" Er zog eine Zigarre aus seiner Westentasche und zündete sie völlig konzentriert an, so als wäre er in eine neue Zeitzone eingetreten. „Wären Sie daran interessiert?" Er sog heftig an seiner Zigarre. Sein Gesicht verschwand in einer Rauchwolke, und bevor ich es noch richtig wußte, hatte ich „Ja" gesagt. Ich kann mich nicht daran erinnern, daß ich es sagte, aber immer noch klingt es mir in den Ohren nach. Er hatte mich völlig überrumpelt. Keine Vorrede, um den Schock zu dämpfen, kein Versuch, den Weg zu ebnen. Das Wesentliche. Die Anstellung erwähnte er nicht. Er sprach nicht von Geld. Er hatte alles zusammengefaßt. Würde ich gern nach New York ziehen? Ja. Und jetzt?

Gott sei Dank redete er. „Also, wir haben uns sehr ernsthaft Ihre Arbeit angesehen, und wir könnten jemanden wie Sie gebrauchen, mit Ihrem Elan, Ihrer Phantasie und Ihrem italienischen Anstrich." Noch einmal verschwand sein Gesicht in einer Wolke bläulichen Rauchs. Als es wieder auftauchte, hatte ich mir eine vernünftige Antwort zurechtgelegt, passend zu seinen schmeichelhaften Bemerkungen, aber plötzlich verspürte ich einen Schauder der Empörung, eine Intuition vielleicht, und ich sagte etwas richtig Aggressives wie „Vergessen wir das höfliche Spiel. Sagen Sie mir, wie das Geschäft aussehen soll." Blomquist richtete sich in seinem Sitz auf, beugte sich zu mir vor, sah mir tief in die Augen und sagte: „Ich mag

Sie." Er sagte es direkt, ohne Gefühl. Einfach eine Beobachtung. Und dann fuhr er fort: „OK. Das paßt mir gut. Wir wollen Sie für die Ford-Abteilung – ich muß Ihnen da nichts sagen, Sie kennen sich damit aus. Ford würde Ihr einziger Kunde sein, aber wir hätten gern, daß Sie sich den ganzen Kunst- und Textbetrieb bei J. Walter einmal kritisch ansehen. Ich meine, in Bezug auf die gesamte Kundschaft. So eine Art Kritiker im eigenen Haus."

Das war viel mehr, als ich mir zuvor gedacht hatte. Ich war fassungslos und verbarg es nicht. „Nun ja", sagte ich und kratzte mich am Kinn, „obwohl ich ernsthafte Vorbehalte im Hinblick auf Ford als Kunden habe, muß ich schon zugeben, das klingt verlockend." Ich glaube nicht, daß Arthur mich auch nur gehört hat, denn er war direkt zu einer langen Beschreibung des Betriebs und der Arbeitsweise bei J. Walter übergegangen. Und er redete von Geld. Ich war erstaunt – es war mehr als doppelt soviel, als ich derzeit verdiente. Und das war so ungefähr der Themenbereich unserer sogenannten Verhandlung, der im einzelnen noch einmal besprochen werden sollte, wenn ich zu Besuch nach New York käme.

Als ich spät an jenem Abend nach Hause zurückkehrte, lag Nora schon in tiefem Schlaf. Ich ging auf Zehenspitzen ans Bett, und als ich ihr einen Kuß gab, richtete sie sich auf und fragte sofort: „Was ist passiert?" „Du wirst es nicht glauben … er hat mir die Ford-Betreuung angeboten." „Na ja, das ist es also", sagte sie mit ihrer schweizerischen Rationalität. „So einfach liegt die Sache nicht", und dann erzählte ich ihr die ganze Geschichte. „Und was ist nun dabei herausgekommen?"

„Nichts ist herausgekommen", sagte ich. „Ich mußte ihn praktisch in sein Zimmer im Bellevue tragen. Wahrscheinlich ruft er mich morgen früh an."

Und dann, während ich mich auszog, wurde mir langsam und allmählich klar, was an diesem Abend wirklich passiert war. „He, weißt du, ich glaube, ich muß mich gar nicht direkt mit den Ford-Aufträgen befassen … ich könnte sie einfach aus bequemer Entfernung überwachen. Weißt du, daß ich doppelt soviel verdienen werde wie jetzt, ganz zu schweigen von einer Prämie? Doppelt soviel. Weißt du, wieviel das ist? Wir könnten in einem der Vororte von New York wohnen." Nora packte mich am Arm. „Was meinst du damit: Wir *könnten*? Du würdest doch wohl nicht wollen, daß die Kinder in der Stadt selbst aufwachsen, oder?" „Da hast du recht. Ich kaufe einen Ferrari für die Stadt und einen Lamborghini für Connecticut." „Und ich schaffe mir zwei Pelzmäntel an – einen Nerz für wochentags und einen Zobel für Sonntag." Und so ging's weiter, bis wir eine Stunde später eingeschlafen waren.

Arthur rief um elf an. „Leo, könnten Sie an einem Tag in der nächsten Woche zu uns kommen, um sich den Laden mal anzusehen und ein paar von den Jungs und unseren Präsidenten zu treffen? Es ist nur fair, daß Sie in den Betrieb mal hineinschnuppern, bevor Sie eine Entscheidung treffen." „Einen Tag in der Firma verbringen? Wie wär's mit nächstem Mittwoch?"

Wir hatten uns entschieden. Mein unzweideutiges Ja Blomquist gegenüber hatte schon eine ganze Weile unter unterschiedlicher Tarnung in mir geschwelt. Jede Fahrt nach New

York hatte mich in der Überzeugung bestärkt, daß es letztendlich keine andere Wahl geben würde, und jetzt machte J. Walters konkretes Angebot alles relativ leicht. Die Arbeit machte mir keine Sorgen – ich hatte gelernt, daß viele berufliche Tätigkeiten viel weniger fest umrissen und offener sind, als man annehmen würde. Mittlerweile konnte ich mich auf dem Gebiet der Improvisation ziemlich guter Leistungen rühmen. Wir hatten schon eine ganze Menge Freunde und Bekannte im Herzen von Manhattan wie auch in den New Yorker Vororten. Einige wohnten in eleganten roten Sandsteinhäusern im Village, andere in Farmhäusern in Connecticut bis hinauf an die Grenze zu Massachusetts. Wir kannten unsere Wahlmöglichkeiten, und sie erschienen uns alle aufregend. Egal, was wir schließlich vorziehen sollten, wir würden das Geld haben, es zu bezahlen. War das nicht genau das, worum es beim amerikanischen Traum ging?

Bis jetzt hatte unser Leben uns fast automatisch dahin geführt, wo wir waren. Mannie war mit sehr wenig Anstrengung in der Central High gelandet, einer ausgezeichneten High school, deren Abschluß einen guten Übergang auf ein College gewährleistete. Paolo mit seiner wunderlichen Kombination aus Talenten und Schwierigkeiten war noch nicht in einem Alter, in dem diese oder jene Schule einen gewichtigen Unterschied machen sollte; ein Wechsel könnte ihm sogar guttun – er brauche es, herausgefordert zu werden, sagten seine Lehrer. Nora hatte in Philadelphia ein eigenes gesellschaftliches Leben entwickelt, in dem die Musikakademie beträchtliches Gewicht besaß, aber der Big Apple bot wahr-

339

Paolo

scheinlich die beste und am weitesten gestreute Musikauswahl
der Welt. Sie liebte unser Haus über alles, doch sie gab zu, daß
Philadelphia hoffnungslos provinziell war; viele Frauen
besaßen „ein kleines Schwarzes" bloß für New York! In
Philadelphia wohnten unsere Freunde, aber sie würden uns
besuchen, egal, wohin wir gingen, und wir würden Wochenenden in Bucks County verbringen, um sie alle wiederzu-
sehen. Natürlich merkten wir nicht, daß unsere Vision von
einer Zukunft in New York innerhalb von wenigen Tagen
den Stil dieser verdammten Fordreklame angenommen hatte.
Dank Wallys Werbekampagne schienen uns alle Einzelheiten
erreichbar zu sein. Und dann war da noch Europa. In leitender Position würde ich unsere europäischen Kunden besuchen

müssen. Jetzt, da der Krieg vorbei war, könnten wir Weihnachten in Paris oder Venedig verbringen. Venedig im Schnee war spektakulär. Jedenfalls waren die Alternativen es wert, gründlich besprochen zu werden. Und in den frühen Morgenstunden diskutierten Nora und ich, wo wir eine ständige Zweitwohnung haben würden. Aix-en-Provence? Sils Maria? Eines war sicher: Philadelphia war unerträglich geworden, und New York lag Europa mindestens tausend Meilen näher. In solcher Hochstimmung reiste ich meiner neuen Bestimmung entgegen.

Es war mein erster Einblick in eine große New Yorker Werbeagentur. Ich weiß, daß ich beeindruckt war, aber meine Erinnerung ist nur bruchstückhaft. Ich weiß, daß ich eine kurze Unterhaltung mit dem Direktor und mit dem Leiter der Textabteilung hatte, aber vor meinem geistigen Auge tauchen keine Bilder von Gesichtern auf. Ich traf einige der Art-directors, und dann öffnete Arthur eine sehr große Tür, und da war er – der riesige quadratische Raum mit Kabinen rund herum. Fünfzehn? Zwanzig? Es gab keine Fenster; einige Kabinen waren leer. In anderen saßen junge Männer und Frauen an ihren Schreibmaschinen und tippten wie wild drauflos. Und in einer Kabine redeten und gestikulierten gerade zwei Männer und eine Frau, die auf der Schreibtischkante saß, und stießen Rauchwolken aus, und dann machte ich plötzlich eine erstaunliche Entdeckung: Die Kabinen hatten schmiedeeiserne Pendeltüren, ungefähr ein Meter zwanzig hoch, mit Zweigen, die sich im Jugendstil wie verliebte Schlangen spiralförmig umeinander wanden, dazwischen hier und da ein

Efeublatt. Die Art schmiedeeiserner Pforten, die in eleganten Herrenbekleidungsgeschäften dazu dienen, die Boutiquen voneinander abzutrennen. War das der Große Reptiliensaal des Amsterdamer Zoos? Ich sah ihn scharf vor mir – wenn ich gewollt hätte, dann hätte ich die funkelnden Messingschilder mit den Namen der Schlangen darauf lesen können: *Crotalus adamanteus, Vipera berus, Natrix sipedon, Micrurus fulvius, Agkistrodon mokeson, Lampropeltis getulus.* Das war Magie. Fast hätte ich es Arthur gegenüber erwähnt, erinnerte mich aber gerade noch rechtzeitig daran, wo ich in Wirklichkeit war und warum ich da war. Ich wandte meinen Blick ihm zu.

„Gehn wir mal zum Präsidenten", sagte er. Ich preßte meine Daumen fest gegen die Augen, und unter großen Schwierigkeiten brachte ich es fertig, mich aus den dornigen Zweigen zu befreien, die um mich herum gewachsen waren. Im Geiste wußte ich, daß ich die Stelle nicht annehmen würde. Der Form halber machte ich alles mit und spielte meine Rolle bis ganz zum Schluß, bis ich mich an diesem Nachmittag zu später Stunde von Arthur verabschiedete und in den Philadelphia-Expreß einstieg. Vom Fenster aus sah ich, wie er langsam den Bahnsteig entlangging wie ein Professor, der seine allerletzte Vorlesung gehalten hatte, und niemand hatte applaudiert.

Meine Rückfahrt nach Philadelphia schien endlos, da der unerwartete Verlauf der Ereignisse mir immer wieder im Kopf herumging. Für die meisten Europäer, die wie wir dem alten Kontinent entflohen waren, war das Ende des Krieges nicht bloß ein Grund zum Feiern, es war ein Ereignis, das die schwankenden Fundamente unseres neu erfundenen Lebens erschüttert hatte. Jetzt hatte sich alles wieder geändert, und viele von uns fühlten sich auf einmal von alten Nostalgien und neuen Sehnsüchten geplagt. Ich wußte, daß ich den Umzug nach New York, von dem ich geglaubt hatte, ihn mir so inständig zu wünschen, nicht nur wegen ein paar schmiede-eiserner Türen abgelehnt hatte. Jetzt, im nachhinein und aus großem Abstand, merke ich, daß meine Umkehr in letzter Minute Teil eines sehr viel komplexeren Musters war, in dessem Zentrum ein quälendes Bedürfnis nach fortwährender, uneingeschränkter Beweglichkeit lag. Wieder einmal, wie so oft in meinem Leben, hatte ich mich gegen die drohende Gefahr einer vorhersehbaren Zukunft verteidigt.

In dem Moment, als ich Nora und Paolo auf dem Bahnsteig des Nordbahnhofs von Philadelphia erblickte, rief ich ein triumphierendes „Ist abgesagt!" Nora lief auf mich zu und brüllte ein unerwartet amerikanisches „Whoopee!" und umarmte mich voller Freude.

Natürlich war es nicht ganz so einfach. Unser Wunsch, nach New York zu ziehen, war nicht absurd gewesen und hatte seine Berechtigung nicht verloren. Die besonderen örtlichen und zeitlichen Umstände waren offensichtlich falsch gewesen, aber sie waren von Nutzen, die schließlich richtigen Bedingungen zu definieren. Einstweilen hatte meine Ablehnung des Abenteuers bei J. Walter Thompson uns dazu frei gemacht, Möglichkeiten ins Auge zu fassen, die in Betracht zu ziehen wir nur wenige Tage zuvor nicht gewagt hätten. Und noch bevor wir es richtig merkten, besprachen wir schon die

343

Einzelheiten eines Jahrs in Europa. Jetzt, nachdem ich endgültig, wenn auch indirekt, eine bedeutende Karriere in der
Werbebranche ausgeschlagen hatte, war ich frei, ohne Schuld
oder Bedauern hinzugehen, wohin mein Herz mich führen
würde.

Zu Hause

Wir vergossen keine Tränen, als die *SS Subiesky*, ein umge-
bautes polnisches Kriegsschiff, sich mit Zielhafen Genua langsam aus ihrer Verankerung im Hafen von New York löste,
während eine blechern klingende Viermannkapelle ein nicht
ganz melodisches „Happy Days Are Here Again" spielte. Die
Ausschmückung und die sogenannten Einrichtungen auf der
Subiesky ließen wahrlich nicht die sprichwörtliche italienische
Kunstfertigkeit erkennen. Der Umbau zu einem Passagier-
schiff war hastig geschehen und in jedem Winkel des Schiffes
sichtbar. Die neue Farbe hatte schon abzublättern begonnen,
und alle Metallteile, die traditionell der Stolz eines Schiffes
sind, waren stumpf und schmutzig. Die einzigen Polen an
Bord waren Mitglieder der Besatzung, und doch waren alle
Schilder, die Sicherheitsvorschriften und die Ankündigungen
der Tagesereignisse in polnischer Sprache. Weiß Gott, was wir
versäumten. Am vierten Juli wurden die US-Bürger – und
wir gehörten zu ihnen, da wir uns 1945 hatten einbürgern
lassen – in gebrochenem Englisch (oder war es Polnisch?)
eingeladen, mit Kaptan Giungevisky an einer informellen
Zeremonie auf dem obersten Deck teilzunehmen. Als sich
eine kleine Gruppe versammelt hatte und die amerikanische
Flagge gehißt wurde, hielt der *Kaptan* seine kurze Rede,
die mit den erinnerungswürdigen Worten begann: „Meine
Damen und Herren, ich danke Ihnen, daß Sie so zahlreich
und pünktlich sind."

Wir hatten genügend große und kleine Koffer und Kisten an Bord, um den Kontinent auf Dauer zu wechseln. Neben einer sehr großen Kiste, die großzügige Kostproben, von Nora ausgewählt und von Manganaro, damals einem der besten echt italienischen Lebensmittelgeschäfte in New York, zubereitet, von allem typisch Italienischen enthielt, von dem wir wußten oder vermuteten, daß es knapp war, hatten wir zwei kleinere Kisten bei uns, und dann war da noch unser alter Plymouth. Es war Ferienzeit; die Passagiere waren fröhlich, die Luft war klar und mild, und wir fuhren nach Hause – obwohl es nicht danach aussah, als ob wir ein Zuhause hätten, wohin wir fahren konnten. In seinem letzten Brief sechs Monate zuvor hatte Nicola, Brunas Mann, erwähnt, daß eins von Noras Häusern in Cavi bombardiert und praktisch zerstört worden war, aber wir hatten keine Ahnung, wie die Situation in Wirklichkeit aussah. Außerdem hatten wir schon verabredet, in „dem" Haus bei Papà Maffi zu wohnen.

Die Ankunft in Genua war so gefühlvoll, wie wir es erwartet hatten. Die Familie stand da, um uns zu begrüßen: Adda, ihr sehr großgewachsener Mann Popi Besana, ein Textilingenieur, und ihre drei Kinder, die, eins-zwei-drei, in den ersten drei Ehejahren gekommen waren, und Bruna mit ihrem Mann, einem Rechtsanwalt, und ihren drei Kindern. Nur Mario und Papà Maffi fehlten. Mario hatte drei Kriegsjahre als britischer Gefangener in Indien verbracht und international traurige Berühmtheit erlangt mit seinen beiden fehlgeschlagenen Versuchen, mit Bart und gekleidet wie ein Sikh zu fliehen. Er arbeitete jetzt auf einer Versuchsfarm für Schlan-

gen im Dschungel von Brasilien. Und Papà erwartete unsere
Ankunft in Cavi. Ein paar Tränen des Glücks wurden vergossen,
und alle waren beeindruckt, wie groß die Jungen waren,
und klopften uns bewundernd auf unsere wohlgefüllten amerikanischen Bäuche. In Italien, sagten sie, hätten sie solche
Bäuche schon fünf Jahre lang nicht mehr gesehen. Sie standen
um uns herum und prüften unseren Körperbau, als ob wir
Rennpferde wären.

Ich konnte meine Augen nicht von der Stadt Genua abwenden, die uns mit ihrer großartigen, einen weiten Bogen
umschreibenden Geste umarmte. Vom Hafen her sah sie so
spektakulär aus, wie sie mir in Erinnerung geblieben war.
Aber als wir wie Schauspieler auf der Bühne dieses riesigen
steilen Amphitheaters dastanden, sah ich näher hin und
merkte, daß es hier und dort Trümmerhaufen und Krater gab,
und gerade vor uns, in der Nähe des Bahnhofs, waren die
Fenster des Hotels Miramare mit Brettern vernagelt und die
kunstvolle weiße Fassade ausgebrannt.

Im L'Olivio, zu meiner Zeit eines der besten Fischrestau-
rants in der Stadt, aßen wir reichlich zu Mittag. Es war meine
erste direkte Begegnung mit der neuen italienischen Wirklichkeit nach den Verheerungen durch den Krieg. Als wir hineingingen, erkannte ich einen der alten Kellner wieder, aber
er bekannte, daß er sich nicht an mich erinnern könne. Das
Restaurant war völlig neu gestaltet, hatte die Atmosphäre des
wunderbar nüchternen Genueser Eßlokals verloren und dafür
einen grellen internationalen Hochglanzstil eingetauscht. Die
Wand mit dem Büfett, wo sich die Gerichte stapelten, war

jetzt ein ambitiöses, kompliziertes Mosaik aus einem Haufen Fische aller Art auf einem Tisch, der reinste Wunderfang, mit fünf riesigen und detailliert dargestellten Hummern und, Gott weiß warum, einem Blumenkohl im Vordergrund. Die Farben waren die mir vertrauten der Genueser Maler, die ich gekannt hatte, Saccorotti und Rambaldi, aber eine verschwenderische Fülle willkürlich eingefügter goldener Würfel verlieh dem Ganzen ein vulgäres Glitzern.

Als wir zur Anlegestelle zurückkamen, fanden wir unser ganzes Gepäck – die großen und kleinen Koffer und die Kisten – an der Wand des Zollbüros stehen, und als ich aufblickte, sah ich den Plymouth in Ketten, bereit, auf den Pier heruntergelassen zu werden. Bald darauf erschien ein Zollbeamter mit einer Kopie der Liste vom Inhalt der Kisten. Der Beamte sah sich die große Kiste ernsthaft an, las den Aufkleber, schob seine Mütze in den Nacken, um sich am Kopf zu kratzen, und sagte zu den beiden Hafenarbeitern, die dabeistanden, etwas, was einem „OK, Jungs, macht sie auf!" entsprach. Einer der Männer kletterte mit einem Brecheisen auf die Kiste und schaffte es, genügend Latten zu entfernen, um hineinzulangen und das erste Paket mit zwölf Rollen feinsten, weichsten Toilettenpapiers, das man kriegen konnte, zum Vorschein zu bringen. Wir glaubten, daß die Marke Extra-weich von bester Qualität in einem Land, wo selbst zu Friedenszeiten ordentlich zurechtgeschnittene Seiten der *Gazzetta dello Sport* an einem Haken in der Nähe der Toilette hingen, ein willkommenes, wenn auch etwas gewagtes Geschenk sein würde. Spontaner Applaus von der Familie und anderen, die drum herum standen, bestätigte unsere Eingebung, aber der Applaus erstarb, als der Mann auf der Kiste ein zweites Paket und ein drittes herauszog. „Da ist nichts als Toilettenpapier!" „Zwölf Pakete zu zwölf", las der Zollbeamte in nüchternem Ton aus der Liste vor. „Was siehst du noch, Gianni?" „Hier ist eine Tüte Mehl, und darunter ..." „In Ordnung", sagte der Zoll, „mach sie zu. Haben Sie irgend etwas Wertvolles zu verzollen?" „Nein", sagte ich, „bloß ein paar kleine Geschenke für die Familie – wissen Sie, wir haben sie seit 1939 nicht mehr gesehen."

Unser erstes Mahl in Cavi werde ich nie vergessen. Annetta hatte seit ganz frühmorgens daran gearbeitet. Auf dem weißen Marmorküchentisch lagen perfekt aufgereiht, als sollten sie von Escoffier persönlich gemustert werden, so um die hundert exakt identische Ravioli mit ihren winzigen Faltenröckchen rund herum. Annetta sah mich an, als ich fasziniert von derart fanatischer Perfektion dastand, und weil sie nicht wußte, was sie sagen sollte, legte sie bloß ihre Hand vor den Mund und lachte und lachte. „Ach, Signore Leo", sagte sie und brach erneut in Gelächter aus. „Ich bin auch glücklich", sagte ich, und dann drehte sie sich um und trocknete sich die Tränen in ihrer Schürze. Es war ein festliches Abendessen, und Annetta erhielt reichlich Beifall.

Die Frage, wo wir wohnen sollten, hatte eine einfache Antwort gefunden. Unsere Zimmer lagen bereit, und die Möglichkeit, in einem der „Hühnerställe" zu wohnen, würde man bei unserer Rückkehr aus Amsterdam klären, wohin wir für etwa eine Woche fahren wollten, wenn wir ein wenig Luft geholt hatten. Vor uns lag ein ganzes Jahr. Wir waren zu Hause.

DRITTER TEIL

1948 – 1961

FORTUNE

Unsere Generation kann behaupten, jedenfalls ein Privileg
gehabt zu haben, in dessen Genuß zukünftige Generationen
wahrscheinlich nicht kommen werden: die Schiffsreise nach
Europa und zurück. Acht Tage völlig losgelöst von beiden
Kontinenten – acht Tage, um Bilanz zu ziehen aus Mißerfol-
gen, Leistungen und Erwartungen. Es hatte mich nicht mehr
als einen raschen Spaziergang um die Decks gekostet, um zu
entscheiden, daß niemand an Bord so interessant war wie ich
selbst. Also ließ ich Nora und die Kinder am Schwimm-
becken, schleppte einen Liegestuhl in einen versteckten Winkel auf dem obersten Deck und legte mich hin, um nachzudenken.

Es war ein außergewöhnliches Jahr gewesen. Mit Ausnahme
von zwei Monaten, in denen ich Mosaiken in Ravenna gemacht hatte, hatte ich viel gemalt, manchmal ungestüm und
manchmal mit gelassener Hingabe. In dem „Hühnerstall"
neben jenem, der Nora gehört hatte und von einem amerikanischen Flugzeug völlig zerbombt worden war, hatte ich mir
mein Studio eingerichtet. Dort, in der Einsamkeit dessen, was
vom Pinienwald übriggeblieben war, malte ich Stilleben,
Landschaften und die wilden Felsen von Sant'Anna. Ich malte
den sonderbaren Akkordeonspieler vom Marktplatz von Chiavari mit seinem glänzenden schwarzen Zylinder und einem
roten Seidenschal um den Hals; drei Hühner, die in der Stadt-
erde scharrten; und den Löwen aus einem bösen Traum, der

sich langsam seinem Mahl nähert – das ich selbst war. Diese Eindrücke, in ihrem konkreten Licht und Geruch noch frisch, verblaßten, als sie sich in meinem Gedächtnis festsetzten, und als wir vom Hafen von Genua weiter weg- und an die Madison Avenue näher herantrieben, drängten andere Erinnerungen meinem Geist ihre Gegenwart auf.

Die greifbaren Zeugnisse des Jahres in Italien, die Dinge, die ich gefunden und gemacht hatte – die Keramiken, die Kiesel, die Gemälde, die Fotografien, Mosaiken und Zeichnungen –, waren im Haus der Maffis in Cavi gelagert worden. Da ich mir über die Zukunft im unklaren war, hatte ich mich entschlossen, nach Philadelphia zurückzukehren und mir alle Wahlmöglichkeiten offenzulassen. Darin muß wohl höhere Absicht gelegen haben. Wie hätte ich wissen können, daß ich weitere zehn Jahre später meine große Lebensentscheidung treffen würde?

Einstweilen fürchtete ich mich nicht länger vor meiner Rückkehr als Art-director. Nicht einmal das Wort vom „Gebrauchsgraphiker", das mich noch gestern in tiefe Niedergeschlagenheit versetzt hätte, machte mir etwas aus. Ich akzeptierte die Klischeevorstellungen. Blickte ich auf die Welt der Werbung aus europäischer Sicht, dann konnte ich amerikanische Graphiken mit einer gewissen Nostalgie betrachten, die den Status der graphischen Künstler glorifizierte, ihre professionelle Haltung hoch einschätzte und ihre Sensibilität und Originalität pries.

Aber nach unserer Rückkehr aus Europa bedurfte es nur weniger Monate, daß ich mich unruhig zu fühlen begann. Nach dieser langen Zeit der Freiheit wußte ich, daß ich nie wieder derselbe sein würde. Immer noch überkrusteten die Farben des Mittelmeerherbstes meine Staffelei. Ich wollte schreiben, zeichnen, spazierengehen, langsam an der Küste von Cavi entlangtreiben. Ich wollte nach Ravenna zurückkehren und aus dem byzantinischen Glasbrei und aus den Glaskuchen der Schmelzöfen von Venedig Mosaiksteinchen herausschneiden, besonders die winzigsten – das konnte ich gut. Auf meinem kleinen selbstgemachten Amboß konnte ich grünes Flaschenglas in Mosaiksteinchen von einem Quadratmillimeter schneiden, ohne dabei einen Tropfen Blut zu verlieren.

Ich fing an, mich dafür zu hassen, daß ich ein Mann aus der Werbebranche war; ich schämte mich, so viele erfolgreiche Werbekampagnen entworfen zu haben. Ich rebellierte auf der ganzen Linie. Ich wollte keine andere Anstellung, ich wollte mein eigenes Studio, und das in New York.

An einem Dienstag im Februar 1948 bestieg ich frühmorgens den Zug nach New York. Ich hatte nur eine äußerst vage Idee, was ich mir davon erwartete.

Ich hatte fünf Verabredungen getroffen – mit *Fortune*, Procter & Gamble, MoMA, CBS und der Amerikanischen Krebsgesellschaft. Bill Golden, der Art-director bei CBS, ein enger Freund von Ben Shahn, würde sicher irgendein Projekt für mich haben. Und ich vertraute John Fistere, *Fortune*s Werbemanager, dessen Werbung ich als Art-director bei N. W. Ayer seit 1941 betreut hatte, als er sagte, er würde jede Menge Arbeit für mich haben. Und da war noch die Kuratorin für graphisches Design am Museum of Modern Art, Mildred Constantine, eine entfernte Cousine von Leon Karp, die meine Arbeit kannte und schätzte.

An diesem Abend fuhr ich mit dem Schnellzug um achtzehn Uhr dreißig erschöpft und in Hochstimmung nach Philadelphia zurück mit genügend Aufträgen, um mich einige Monate lang beschäftigt zu halten. Der Tag hatte sich als voller Überraschungen erwiesen. Bill Golden hatte den Text für eine Broschüre auf seinem Schreibtisch liegen, als hätte er dort auf mich gewartet. Seine Anweisungen waren typisch Bill: „Sehen Sie einfach mal, was Sie damit anfangen können."

Während ich in seinem Büro war, schauten Ben und später Jerry Snyder, der Art-director für *Scientific American*, herein. Was eine geschäftliche Besprechung hätte sein sollen, verwandelte sich in einen Kaffeeklatsch, bei dem über Politik und Kunst diskutiert und neue jüdische Witze auf ihren erfolgreichen Lauf quer durchs Land geschickt wurden, während Bill sich leise, effizient und unauffällig um die Aufgabe kümmerte, Werbung für den größten Radio- und Fernsehsender der Welt zu machen. Es hätte durchaus während dieser Sitzung gewesen sein können, daß Bill das Auge kritzelte, das jeden Bildschirm in Amerika mit dem CBS-Zyklopen umgestalten würde.

Mein Mittagessen mit dem Werbedirektor der Amerikanischen Krebsgesellschaft war angenehm, aber streng geschäftsmäßig. Er war ein schüchterner junger Intellektueller und fragte mich, ob ich die graphischen Arbeiten des gesamten Werbematerials der Amerikanischen Krebsgesellschaft übernehmen wolle. Er sprach lang und breit über die Schwierigkeiten, Zigarettenraucher über die Risiken zu informieren, die sie eingingen und wie sie von den neuesten dramatischen Statistiken aufgezeigt wurden. Das Problem war, ob man die Öffentlichkeit in Angst und Schrecken versetzen sollte – denn das könnte durchaus den gegenteiligen Effekt dessen haben, was man sich davon erwarten würde: „Was soll's? Wir sind sowieso verloren, also können wir uns genausogut vergnügen; zünd dir noch eine an." Da ich vor drei Jahren mit dem Rauchen aufgehört hatte, konnte ich aus Erfahrung sprechen. Das Ende des Mittagessens wurde besiegelt mit einem Glas auf unsere Zusammenarbeit, die so bald wie möglich beginnen würde.

Und dann sollte ich um drei die wichtigste Verabredung des Tages haben. In der Woche zuvor hatte ich John Fistere angerufen, um einen Termin mit ihm zu vereinbaren. Als ich ihm sagte, daß ich mein eigenes Studio in New York eröffnen wollte und hoffte, er würde mir als freiem Mitarbeiter das geben, was ich in den vergangenen fünf Jahren für *Fortune* bei Ayer gemacht hatte, war es am anderen Ende der Leitung lange stillgeblieben. Schließlich sagte John: „Klar, natürlich, aber hätten Sie nicht lieber die Stelle des Art-directors der Zeitschrift?"

Das hatte mich völlig unvorbereitet getroffen. Was wußte ich denn über die Aufgaben eines Art-directors einer Zeitschrift? Absolut nichts. Außerdem sagte ich John: „Ich habe gerade eine Stelle aufgegeben – ich will keine andere." „Also", beharrte John, „warum reden Sie nicht mal mit Del Paine, dem Herausgeber, und sehen dann weiter? Ich werde einen Termin für Sie vereinbaren."

Um drei trat ich aus dem Fahrstuhl im zwanzigsten Stock des Empire State Building. Eine junge Frau am Empfang in der Eingangshalle rief Mr. Paines Sekretärin an und führte mich dann zu seinem Büro. Durch halboffene Türen sah ich Männer über Schreibtische gebeugt, Frauen an ihren Schreibmaschinen arbeiten und wie in tiefen Gedanken aus den Fenstern schauen. Das waren blitzartige Eindrücke, aber für mich, der ich vertraut war mit dem gehetzten Leben in den Bürozellen bei Ayer, herrschte hier eine überraschend ungezwungene Ruhe, wie in einer Universitätsbibliothek. Die Teppiche und die Bücher und die lässige Unordnung der Büros und die Tatsache, daß viele der Männer Hosenträger statt Gürtel trugen, legten nahe, daß dies kein normales Wirtschaftsunternehmen war.

Nachdem er mich herzlich begrüßt hatte, war das erste, was Del Paine sagte, daß er sicher sei, wir könnten uns einig werden, so daß ich so schnell wie möglich anfangen könnte. Solche plötzlichen Entwicklungen hatte ich nicht erwartet. Ich hatte keine Gelegenheit gehabt, meine Kunstmappe zu zeigen oder sogar eine der kleinen Reden zu halten, die ich sorgfältig eingeübt hatte. Augenscheinlich hatte John mich schon gut verkauft, und alles, was jetzt noch fehlte, waren unsere Unterschriften auf der punktierten Linie. Del war ein typischer aristokratischer Intellektueller aus Neuengland: elegant trotz einer ziemlich ausgebeulten Tweedjacke von Brooks Brothers mit Ellbogenschonern aus Leder und einer kitschigen Krawatte von Abercrombie and Fitch mit kleinen eingewebten Fasanen; gutaussehend trotz unregelmäßiger, fast karikaturhafter Gesichtszüge; und beredt trotz eines Sprachfehlers, wie ich zuerst dachte, der sich aber bald als das bei der *Time* übliche Gemurmel herausstellte. In jener exotischen Sprache ist das erste Wort eines Satzes fast unhörbar, und das letzte taucht in einer Rauchwolke unter. Und er war ungeheuer charmant.

In weniger als fünfzehn Minuten hatte er mir meine Befangenheit so sehr genommen, daß ich nicht zögerte, ihm meine Liste unakzeptabler Bedingungen zu präsentieren, die ich mir ausgedacht hatte, um bei meiner ursprünglichen Entschlossenheit bleiben zu können, mein eigenes Studio zu eröffnen. Zuallererst wolle ich kein Angestellter der *Time* werden, weil das die Möglichkeit ausschließen würde, mein eigenes Studio zu haben. Zweitens würde ich nur drei Tage in der Woche arbeiten (außer in Notfällen). Drittens sei jemand zu ernennen, der an Sitzungen teilnahm (eine notorische Zeitverschwendung) und mir darüber Bericht erstattete. Viertens dürfe die Zusammenarbeit in welcher Form auch immer nicht früher als zehn Tage nach der Eröffnung der Forellensaison in Pennsylvania beginnen.

Bis zur vierten Bedingung hörte sich Del meinen Vortrag mit einem freundlichen, wenn auch leicht sarkastischen Lächeln an, aber als ich die Forellensaison erwähnte, hob er die Augenbrauen und blickte mich über den Rand seiner Brille hinweg an, als sei ich plötzlich verrückt geworden. „Haben Sie Forellensaison gesagt?" „Jawohl." „Wohin würden Sie da gehen, wenn ich fragen darf?" „Zum Beaverkill." Daraufhin schnappte er sich das Telefon, als wollte er einen

Greenwich

Rettungswagen rufen, und ein paar Minuten später trat eine
große, gutaussehende Frau herein, schüttelte mir die Hand
und setzte sich. „Das ist Debbie Calkins", sagte Del. „Sie ist
die stellvertretende Art-directorin, seit Burtin uns vor ein paar
Monaten verließ. Sie weiß über Kunst mehr als … wie heißt
doch gleich dieser Bursche, Deb? Der im Museum in Boston."
Debbie lachte und zwinkerte mir zu. „Sie meinen Berenson?"
„Richtig! Und weniger über Zeitschriften!"

Ich war beeindruckt. Wir versanken dann in eine angenehme Unterhaltung über den Zustand der Welt der Kunst, über Italien, über Philadelphia, und plötzlich stand Del auf, überflog eine lange Mitteilung, die auf seinem Schreibtisch lag, und während Debbie und ich den Raum verließen und in ihr kleines Büro gingen, murmelte er schnell und geistesabwesend einen Abschiedsgruß.

„Also, was ist heute passiert?" fragte Nora, als wir zu ihrem Wagen gingen und der Zug sacht aus dem Bahnhof von Philadelphia rollte. „Ich weiß nicht. Ich glaube, ich bin der Art-director von *Fortune*." „Art-director? Als feste Anstellung?" „Ich glaube schon." „Was meinst du mit ‚Ich glaube schon'?" „Genau das meine ich."

Mein erstes Jahr bei *Fortune* verlief reibungslos, und ich erhielt, worum ich gebeten hatte. Insgesamt hatte die Belegschaft genügend spezifisches Know-how und technisches Wissen, um die Zeitschrift auch ohne einen Art-director zu entwerfen, und ich mußte mich nicht krampfhaft bemühen, die Besonderheiten der Arbeit zu verstehen und zu lernen – ich konnte sie einfach so hereintröpfeln lassen und meinen gesunden Menschenverstand gebrauchen. Instinktiv spürte ich, daß der gewichtige Teil meiner Arbeit darin bestand, eine Atmosphäre zu schaffen, die offen war für Veränderungen. Und Veränderung war zu erwarten – tatsächlich kam sie, als wir vom Empire State Building in den Time & Life-Turm im Rockefeller Center umzogen. Veränderung lädt anscheinend immer zu mehr Veränderung ein. Es war während des

Umzugs, daß ich Walter Allner, einen Verwaisten des Bauhauses, als meinen besonderen Assistenten einstellte, um mir
zu helfen, eine neue, leisere, weniger ästhetisch polemische,
leichter lesbare Zeitschrift *Fortune* zu entwerfen.

Währenddessen häufte sich neben meinen Verpflichtungen
bei der Zeitschrift allmählich Arbeit für mein persönliches
Studio an, das ich zusammen mit dem italienischen Maler Di
Cocco gemietet hatte. Ich hatte versprochen, Olivetti bei ihrer
Werbung in Amerika zu helfen, und bereitete zugleich eine
Ausstellung meiner graphischen Arbeit und einen Katalog für
das Museum of Modern Art vor. Als klar wurde, daß es absurd
war, weiter täglich zwischen Philadelphia und New York zu
pendeln, intensivierten Nora und ich unsere Bemühungen,
ein Haus in Connecticut zu finden. Eines Tages zeigte uns ein
Makler, der uns wohl als zwei Psychopathen eingeschätzt
haben muß, das, was von einem mit weißen Brettern ver-
schalten Südstaaten-Inn, einer ehemaligen Postkutschen-
station, noch überlebt hatte, das irgendein Verrückter um die
Jahrhundertwende Stück für Stück von Kentucky herange-
schleppt und auf eine Anhöhe in einem verkommenen, etwa
zwei Morgen großen Garten gestellt hatte. Der Makler fügte
hinzu, daß es nicht weit vom Zentrum von Greenwich entfernt und in der Nähe guter Schulen lag. Wir waren froh, daß
er uns sagte, wo wir uns befanden, weil wir keine Ahnung
hatten, wohin er uns an jenem Tag gefahren hatte, und uns zu
fragen genierten. Einen Monat später waren wir legal gemel-
dete Einwohner von Greenwich, die wie wahnsinnig ein Süd-
staatenhaus mit Hilfe des New Yorker Architekten Giorgio

361

Cavaglieri restaurierten und neu gestalteten. Und sechs Monate danach zogen wir ein in ein richtiges Haus mit einem zweistöckigen Studio und dem größten, höchsten Wohnzimmer, das wir je gehabt haben.

Neulich sagte Mannie, nachdem er Monets Haus in Giverny gesehen hatte, daß es ihn an unser Haus in Greenwich erinnere: beide lang, schmal und streng. Sogar die Reihenfolge der Zimmer war wie in Giverny zur Zeit Monets. Ich erinnere mich an das Haus in Greenwich hauptsächlich deswegen, weil sich die großen weißen dreieckigen Seitenwände unerwartet stark zur Geltung brachten. Aus der Entfernung gesehen, hätte es ein Zirkuszelt sein können.

Ich verdanke es wahrscheinlich meinen ersten Begegnungen
mit den politischen Realitäten des Faschismus und National-
sozialismus, daß ich in meinem Leben als Erwachsener früh zu
der Überzeugung gelangte, daß alles, was Menschen tun, soziale und politische Konsequenzen hat. Wenn schon dies kein
Prinzip war, das man so einfach akzeptieren konnte und nach
dem sich leicht leben ließ, so forderte seine natürliche Folge,
die Verantwortung, sogar noch mehr. Tatsächlich führte
meine innere Dialektik selten zu beruhigenden dogmatischen
oder utopischen Schlußfolgerungen. Ich neigte mehr dazu,
mich den Situationen so zu stellen, wie sie sich mir präsen-
tierten; sich mit wirklichen Schmerzen und Freuden zu
befassen, hatte meinem natürlichen Gefühl nach Vorrang.
Trotzdem haben Prinzipien in meinem privaten, sozialen und
beruflichen Leben eine wichtige Rolle gespielt. Das Gefühl
der Schuld, sie öfter verraten oder mißachtet zu haben, als ich
gern eingestehen möchte, ist mir Beweis sowohl ihrer Berechtigung als auch meines Glaubens an ihre grundsätzliche
Wahrheit.

In Amerika wurden meine Prinzipien das erste Mal bei
Ayer auf den Prüfstand gestellt, als man mir einmal den Text
für eine Anzeige, die erste in einer Serie, gab, die den Leser
vor den Übeln des Sozialismus warnte. Die Anzeige wurde
von einer Gruppe von Elektrizitätsgesellschaften finanziell unterstützt und sollte im ganzen Land in allgemeinen Publi-

kumszeitschriften wie *Time* und *The Saturday Evening Post* erscheinen. Geschockt nahm ich den Text mit nach Hause, um mich mit Nora zu beraten, die im allgemeinen einen Kompromiß noch weniger duldete als ich. Sie stimmte mit mir überein, daß ich moralisch keine andere Wahl hätte als eine vernünftig begründete Weigerung, für diese Kundschaft zu arbeiten.

Am nächsten Morgen überreichte ich Charley den Text in dem sicheren Gefühl, daß man mich gleich entlassen würde, und in Erwartung des schmerzhaften Martyriums, aber die Rede, die ich während einer schlaflosen Nacht so sorgfältig ausgearbeitet und eingeübt hatte, entglitt meinem Gedächtnis. Um nicht das Risiko einzugehen, irgend etwas Dummes aus dem Stegreif zu sagen, sagte ich lieber gar nichts. Charley las den Text, warf ihn in sein Eingangskörbchen, sah mich mit seinem charakteristischen ironischen Lächeln an und sagte: „Mann, das ist vielleicht ein bescheuerter Text." Das nächste (und einzige), was ich darüber ein paar Tage später erfuhr, war, daß man die Kundschaft an jemand anderen weitergereicht hatte. Ich habe nie herausgefunden, wie dieser große, liebenswürdige, aus Kalifornien stammende cowboyhafte Vizepräsident eines bedeutenden amerikanischen Unternehmens wissen konnte, was in meinem rätselhaften europäischen Geist vor sich gegangen war, aber er hatte das Problem gelöst, ohne den Status quo zu stören.

Am intensivsten war ich politischer Aktion während der ersten Monate nach meiner Ankunft in Amerika ausgesetzt. Nach der italienischen antifaschistischen Erfahrung, in der

Verschwiegenheit eine Bedingung sine qua non war, war es für mich zuerst fast unglaublich, daß ich meine Überzeugungen offen, ohne Furcht vor dramatischen Konsequenzen, ausdrücken und diskutieren konnte.

Meine frühe Freundschaft mit Ed und Evelyn Zern und die allgemeine Stimmung von Arden, wenn für meinen Geschmack auch ein wenig zu sehr die von Bohemiens, Romantikern und Dilettanten, führten mich wie ein perfekter Grundkurs in die amerikanische radikale Politik ein. Es dauerte nicht lange, bis ich mich aktiv engagierte, zuerst in der Bewegung „Unabhängige Künstler, Wissenschaftler und Berufe für die Wiederwahl Roosevelts" und später, nachdem Roosevelt gewählt worden war, in ihrer radikaleren Nachfolgeorganisation „Fortschrittliche Bürger von Amerika", die von Landwirtschaftsminister Henry Wallace unterstützt wurde. Als Vizepräsident beider Organisationen in Philadelphia, aber frei von jeder Parteizugehörigkeit, war ich in einer idealen Position, um auf praktische Weise politische Betätigung in den Vereinigten Staaten gründlich kennenzulernen, die auf meiner Ebene hauptsächlich darin bestand, Geld für politische Zwecke aufzutreiben, ganz zu schweigen davon, daß ich die komplexen Schachzüge der Macht miterlebte.

Von Anfang an kreiste das Thema meiner Artikel und meiner Reden vor verschiedenen Gruppen direkt oder indirekt um die soziale Verantwortung von Designern. Immer achtete ich darauf, zu jenen, deren Arbeit unsere sichtbare und moralische Umwelt beeinflußt – Maler, Bildhauer, Architekten – sowohl Industrie- als auch Graphikdesigner zu zählen, denn

Das Haus in Greenwich, innen und außen

bis dahin hatte man sie noch nicht in ihrer Funktion, das Aussehen der Welt um sie herum zu beeinflussen, wahrgenommen, noch hatten sie sich selbst in dieser Funktion gesehen.

Als ich 1955 die Aufgabe des Herausgebers von *Print* übernahm, einer Zeitschrift, die als Fachblatt für an der Druckkunst Interessierte begonnen hatte, hatte sie die gleiche Aufmachung wie viele intellektuelle Monatszeitschriften. Der Stil, den ich innerhalb der Grenzen guter Lesbarkeit und des guten Geschmacks bewußt zuließ – wilde, provokative Exkursionen mit avantgardistischem Design –, veränderte sichtlich ihre Aufmachung, und die Wahl der Themen unter meiner Herausgeberschaft zog die Aufmerksamkeit jener Designer auf sich, die mit ihrer kreativen Arbeit in der vordersten Reihe ihres Berufs standen. Mein hauptsächlicher Beweggrund war, eine Gelegenheit zu haben, graphischen Designern ein Bewußtsein ihres Status als verantwortliche Intellektuelle zu vermitteln. Wenn ich, was oft geschieht, alte Ausgaben von *Print* in irgendeinem Architekturbüro sehe, werde ich immer mit freudigem Schauer daran erinnert, daß sie ihren Anteil daran hatte, den Designspezialisten in die Arena allgemeiner Aufmerksamkeit zu führen. Tatsächlich wurde die Zeitschrift das Sprachrohr jener, die zusammen mit mir glaubten, daß graphisches Design ein integraler und bedeutender Teil der Kunst ist. Ich machte mir die Tatsache, daß die Zeitschrift sehr wenig Unterstützung von der Werbung erhielt, zunutze, um ihr eine etwas edle, elegante Aufmachung zu geben. Bei so gut wie keinem Budget, das diese Bezeichnung verdient hätte, schrieb ich viele der Artikel selbst und machte bei den meisten

Ausgaben auch selbst das Layout. Unter den vielen Aufgaben, die ich in meinem Leben vollbracht habe, erinnere ich mich an „meine" *Print* als eine von denen, die mich am meisten befriedigt haben, und immer noch betrachte ich diese Ausgaben mit Stolz und Vergnügen.

Wann immer es in meinen Reden über Kunst möglich und angemessen war, brachte ich die Politik mit hinein und erklärte mich offen als ein Mann der Linken. Das wurde schon bald Teil einer bewußten Taktik, Barrieren niederzureißen und zu einer offenen Diskussion einzuladen. Als überpolitisierter Europäer erstaunte es mich, wie stark mit Vorurteilen behaftet und ignorant Amerikaner in ihrer Beurteilung politischer Ideologien sein konnten, aber ich entdeckte bald, daß dies ein Nebenprodukt der protestantischen Einstellung zum Privatleben war, die ja Verschwiegenheit und Ignoranz befördern mußte. Ich hatte das Gefühl, daß es wichtig war, sich furchtlos auszusprechen.

Als ich zum ersten Mal allein mit Henry Luce zu Mittag essen sollte, ging ich wie ein Pferd beim Kentucky Derby trainiert und herausgeputzt hin. Bill Firth, der geschäftsführende Herausgeber von *Fortune*, instruierte mich über die Taubheit von Luce, seine Geistesabwesenheit, seine schroffe Art, seine Naivität, seinen religiösen Hintergrund und natürlich seine politische Einstellung. Die erste Frage, die mir Luce stellte, nachdem er seinen Martini bestellt hatte, war ein jähes „Wie ist Ihre politische Einstellung?". Betroffen über seine Direktheit und die seltsame Wahl des Zeitpunkts seiner Frage antwortete ich mit einem betretenen „Vermutlich bin ich so etwas wie ein Anarchist". Er schien nicht überrascht zu sein und rief den Kellner. „Kellner, machen Sie einen doppelten Martini daraus." Das war mein erster Wortwechsel mit dem größten Verleger der Welt und dem Inbegriff des Konservativismus.

Ebenso überraschend war Jahre später der Vorfall, als seine Sekretärin mich in sein Büro rief, wo Luce mir wortlos einen Brief von Senator McCarthy überreichte, wie ich meine (oder war es ein Exemplar von *Red Channels*, der Publikation der McCarthy-Anhänger?), worin gefordert wurde, daß ich, „ein notorischer Sympathisant", entlassen werden sollte. Dann reichte er mir eine Kopie seiner Antwort, die in sehr einfachen, direkten Worten erklärte, daß meine politische Einstellung meine ganz persönliche Angelegenheit sei.

Einmal waren Nora und ich zu einem formellen Abendessen bei den Luces eingeladen. Es standen vier Tische da für je acht Personen, und Nora hatte die Ehre, neben „Harry" gesetzt zu werden. (Bei der Time Inc. unterschieden sich die Kategorien der Mitarbeiter durch die Art und Weise, wie sie von Henry Luce sprachen: diejenigen, die ihn Mr. Luce nannten, die, die ihn Luce nannten, und jene wenigen glücklichen, die ihn Harry nannten.) In ihrem amüsanten Bericht über den Abend, während wir nach Greenwich zurückfuhren, erzählte Nora mir, daß ein monumentaler Kristallkronleuchter den hinteren Teil des riesigen Eßzimmers, wo sie hingesetzt worden war, beherrschte. Weil ihr sonst nichts anderes eingefallen war und um das verlegene Schweigen zu brechen, hatte sie sich an ihren illustren Nachbarn gewandt und gesagt: „Was für

einen wunderschönen Kronleuchter Sie haben." Darauf hatte
Harry den Kronleuchter überrascht angeschaut und gemurmelt: „Hm, hab den bisher noch nie gesehen."

Ich mochte Harry. Ich mochte es, daß er immer irgendwo
anders war. Ich mochte seine Art zu taxieren. Ich mochte
seine schockierend einfachen Fragen. In geschäftspolitischen
Diskussionen spielte er immer mutig vorne am Netz. Ich
mochte seine Sprüche – „Leute mögen Leute" – oder die re-
daktionelle Variante „Leute interessieren sich für Leute". Aber
sosehr ich Harry auch mochte, Clare mochte ich nicht und
fürchtete sie in gewisser Weise. Kalt, ehrgeizig, arrogant – all
das war sie. Ein leitender Angestellter der Time Inc. sagte einmal über sie: „Clare gibt mir so ein Gefühl, als hätte ich
überall Suppe auf meiner Weste." Ich habe selten eine bessere
Beschreibung gehört. Einmal sagte Clare zu mir: „Ich habe
einfach zuviel zu tun, um auf dem laufenden zu bleiben, was
in der Kunstwelt gerade so alles passiert. Ich würde es außerordentlich zu schätzen wissen, wenn Sie irgendwann bei uns
zu Abend essen würden, so daß wir uns über Kunst unterhalten können. Ich habe in letzter Zeit ein wenig gemalt, und
ich wünschte, wir könnten Harry dafür interessieren. Es
würde ihm guttun."

Diese Abendessen bei den Luces waren natürlich interessant
als ein Phänomen, aber die Unterhaltungen, die den Geist der
Luces in Hinblick auf das Wesen der Kunst im zwanzigsten
Jahrhundert erleuchten sollten, erhoben sich nie über die de-
primierenden Banalitäten des Dilettantismus.

Die Idee einer nationalen Konferenz über Design hatte schon eine Weile in der Luft gelegen. Mehrere Graphik- und Industriedesigner hatten privat miteinander darüber gesprochen, ob sie machbar sei, und in der einen oder anderen Form waren Vorschläge an die Öffentlichkeit gebracht worden. Aber erst als Egbert Jacobson, der Direktor der Werbeabteilung bei Walter Paepcke, die Idee als offiziell von der Container Corporation unterstütztes Projekt aufnahm, erhielt sie schließlich Auftrieb. Egbert war ein außergewöhnlich ruhiger, zurückhaltender Mann. Obwohl ich als Art-director fünf Jahre lang die Werbung für die Container Corporation betreut hatte, kannte ich ihn kaum. Daß unser Verhältnis niemals über eine gegenseitige Sympathie hinausging, lag wahrscheinlich an der massiven Präsenz Walter Paepckes in der Firma.

Ich erinnere mich nicht, wie das Projekt eigentlich Gestalt annahm, aber ich erinnere mich lebhaft an die erste allgemeine Zusammenkunft in Frank Stantons Büro. Frank, damals Präsident von CBS, und ich waren beide eng befreundet mit seinem Art-director Bill Golden, einem der begabtesten und angesehensten graphischen Designer der New Yorker Szene. Auf der Zusammenkunft gab es eine ungewöhnliche Mischung von ungefähr zwanzig Leuten, die sich alle für dieselbe Grundidee einsetzten: das Interesse an gutem Design dadurch zu fördern, daß man die Leute zusammenführte, die das erreichen konnten – Designer, Architekten, Fabrikanten und Experten der Verkaufsförderung. Bei diesem Treffen waren einige bedeutende Gestalten der New Yorker Kunst- und Designszene anwesend: Wallace Harrison, Philip Johnson, René d'Harnoncourt, Mildred Constantine, George Nelson, Buckminster Fuller. Während der Diskussion, die von Egbert geschickt gelenkt wurde, bemerkte ich, daß die Konferenz fast unmerklich zu einer Aspen-Konferenz geworden war. Damals wußte ich nichts von Paepckes ehrgeizigen Plänen, Aspen zu einem Konferenzzentrum auf hohem Niveau zu entwickeln, und ich war naiv genug, einen Standort, der so schwer zu erreichen war und so weit von den traditionellen geistigen Zentren des Landes entfernt lag, in Frage zu stellen. Wenn ich heute, fast fünfzig Jahre nach jener ersten Zusammenkunft, auf die Geschichte der Konferenz zurückblicke und darauf, was sie für mich persönlich bedeutet hat, einschließlich meiner Zuneigung zu der auffallenden Schönheit und Atmosphäre des jetzt weltweit berühmten Urlaubsortes, bin ich glücklich, daß meine Zweifel unbeachtet geblieben sind und daß Egberts Diplomatie hinter den Kulissen die Geburt des Projekts so geschickt gehandhabt hat.

Die erste Konferenz – Design als Funktion des Managements – fand im Juni 1951 in Aspen statt. Wenn sie auch in ihrer Reichweite und Resonanz und in Hinblick auf die Zahl der Teilnehmer nur national und begrenzt war, so legte sie doch den Grundstein für das, was das bedeutendste jährliche Ereignis in der Welt des Designs werden sollte. Vor allem half sie, das zentrale Anliegen zukünftiger Konferenzen stärker in den Blickpunkt zu rücken, als klar wurde, daß unsere wirkliche Chance in einer jährlichen internationalen Konferenz lag: über alle strittigen Aspekte nicht nur des Designs selbst, sondern aller Themen, die für die Gemeinschaft der Designer von Interesse sind oder sein sollten.

Ich brachte die ganze Gruppe der Manager von Olivetti zu diesem ersten Treffen mit – sie waren zu jener Zeit als Pioniere eines neuen Industrie- und Graphikdesigns international anerkannt. Wir kamen ein paar Tage früher an, um Zeit zu haben, eine Ausstellung ihres Design-Programms einzurichten, und niemals werde ich den Flug von Kansas City nach Denver in einer kleinen Maschine durch einen spektakulären Sturm hindurch vergessen, der so heftig war, daß die Windschutzscheibe des Flugzeugs zerschlagen war, als wir in Denver ankamen.

Das intellektuelle Niveau der Leute, die ich traf, die Themen und die Qualität der Diskussionen und die persönlichen Beziehungen, die sich durch die Zusammenkünfte in Aspen entwickelten, gaben mir den konkreten Beweis, daß meine Konzeption vom Designer, die ich während meiner ganzen frühen Jahre am Zeichenbrett entwickelt hatte, richtig war. Ich war mir jetzt sicherer als je zuvor, daß die Aufgaben und die Verantwortung eines graphischen Designers auf einem Gebiet lagen, das jenem eines Architekten viel näher kam als der harten, pragmatischen Welt der Werbung. In direktem Kontakt mit Leuten wie Christopher Alexander, Buckminster Fuller, George Nelson, Edgar Kaufmann, Josef Albers und Louis Kahn nahm meine wachsende Überzeugung greifbare

Gestalt an, daß das, was auf dem Spiel stand, weniger die Macht des Designs, die Verkaufszahlen zu beeinflussen, als vielmehr unser Auftrag war, mitzuhelfen, eine vernünftige und zivilisierte Umwelt für alle Menschen zu gestalten.

Dies implizierte natürlich ein grundsätzliches Überdenken unseres Engagements als Designer. Es bedeutete, ein integraler Teil einer Gemeinschaft zu werden, die sich einer gemeinsamen Idee widmete, die nicht nur alle formalen und symbolischen Aspekte der visuellen Umwelt einbezog, sondern auch ihren untrennbaren politischen Inhalt. Sich mit Design als einer Managementfunktion zu befassen stellte nur einen kleinen Teil unserer Verantwortung dar. Das wirkliche, viel umfassendere Problem war, wie man sich um die Bedürfnisse der Menschen kümmern konnte und um die Dinge, die sie benutzen und herstellen, um diese Bedürfnisse zu befriedigen.

Wahrscheinlich, weil ich diese Ansichten leidenschaftlich förderte, wurde ich gebeten, auf der „Ersten internationalen Design-Konferenz" in Aspen den Vorsitz zu übernehmen. In meiner damaligen Ahnungslosigkeit war ich sehr aufgeregt darüber, eine Gelegenheit zu haben, den vielen Ideen, die ich vorerst noch vage und ungefähr im Kopf hatte, eine Form zu geben. Obwohl ich die Unterstützung der Container Corporation hatte und mir um die äußerlichen Probleme in Aspen, wie etwa Gäste unterzubringen und die Einrichtungen dort vorzubereiten, keine Sorgen machen mußte, stellte sich das bloße Zusammenstellen eines Programms und die Auswahl der Redner und der Umgang mit ihnen in einem internationalen Rahmen als ein viel größeres Unternehmen heraus, als ich erwartet hatte. Früh genug lernte ich, daß sich etwas, das auf dem Papier vernünftig erschien, durchaus als undurchführbar erweisen konnte. So scheint zum Beispiel der Gedanke nahezuliegen, daß man zuerst ein Programm haben und dann die richtigen Redner wählen muß, aber von Anfang an war klar, daß die Redner, mit denen ich mich in Verbindung setzte, die Konferenz, wie ich sie ursprünglich geplant hatte, strukturell und inhaltlich beeinflussen würden.

Am Freitagmorgen, zwei Tage vor der Eröffnung der Konferenz, kletterte ich verwirrt, erschöpft und angespannt, weil ich zum ersten Mal in meinem Leben voraussichtlich vielen meiner bedeutendsten Kollegen gegenüberzutreten hatte, in das Flugzeug nach Denver. Mein Aktenkoffer quoll über vor Unterlagen für Aspen, und das Paket, das ich trug, enthielt die fünfhundert Konferenzprogramme, die am Flugsteig der United Airlines auf mich gewartet hatten. Glücklicherweise hatte ich einen Fenstersitz neben einem der Notausstiege des Flugzeugs, was mir zusätzliche Beinfreiheit gab. Dies war der Ort und die Zeit, die ich mir dafür reserviert hatte, die Notizen für meine Einführungsrede zusammenzustellen. Bevor die Maschine abflog, legte ich mir den Aktenkoffer auf die Knie, zog die Mappe mit den Notizen heraus und sank nach ein paar Minuten erschöpft in einen tiefen Schlaf.

Als mir Stunden später die Stewardeß auf die Schulter klopfte, um mich zu informieren, daß wir uns Denver näherten, wachte ich ausgeruht, mit klarem Kopf und in seltsam euphorischer Stimmung auf. Die Anweisung „No Smoking" leuchtete bereits auf. Der Kapitän kündigte an, daß wir in zehn Minuten landen würden. „Das ist gut so", dachte ich. Ich mußte noch einmal drei Stunden auf Mannies Flugzeug aus Boston warten, genügend Zeit, das zu schreiben, was ich im Flugzeug nicht zu Papier gebracht hatte. Ich würde in die Flughafenbar gehen und dort meine Rede schreiben. Da ich entschieden hatte, daß Studenten zu dieser und zukünftigen Konferenzen eingeladen werden sollten, hatte ich voll Freude Mannie eingeladen, der jetzt in seinem dritten Jahr am Massachusetts Institute of Technology war, wo er Architektur studierte.

Die Flughafenbar war protzig schick, dunkel und düster, aber die niedrigen schwarzen Ledersessel waren von luxuriöser Bequemlichkeit. Ich zog die Aspenmappe aus meinem Aktenkoffer und bestellte einen Dubonnet. Der Name „Dubonnet" erinnerte mich immer an eine witzige Serie dreier Plakate von Cassandre, die in den frühen Dreißigern die Mauerwände von Paris heimgesucht hatte: *Du beau – du bon – Dubonnet.*

Besonders in Paris mochte ich das Gefühl des Alleinseins und der Anonymität, das mich selbst in den überfülltesten Bars, Cafés und auf öffentlichen Plätzen überkam. Stundenlang konnte ich im Deux Magots oder im Flore sitzen und vor mich hin träumen, Leute beobachten und, wenn die Inspiration mich ergriff, schreiben. Im Deux Magots hatte ich viele Seiten eines unvollendeten, vage autobiographischen Romans geschrieben, und im Flore hatte ich einmal ein paar ganz anständige lyrische Verse mit derart besessener Konzentration hingekritzelt, daß ich gar nicht mitbekam, daß am Nebentisch

Picasso sich zwei Gläser Bier und einen *Croque-monsieur* ein-verleibt hatte. Eine Bar auf dem Flughafen von Denver war nicht Paris, aber als Ort, meine Gedanken zu sammeln, war dieser so gut wie jeder andere.

Ich fragte mich, wie man mich am Sonntagabend wohl vor-stellen würde, wenn man von mir erwartete, daß ich von der Bühne des alten Opernhauses herab vierhundert Designer, Art-directoren, Architekten, Geschäftsleute und Designstu-denten begrüßte und in den Bann zog. Würde ich dort oben als Maler stehen? Als Designer? Art-director? Geschäftsmann? Zeremonienmeister?

Ich wollte gerade den ersten Satz meiner Rede formulieren, als ich das Gefühl hatte, daß eine Hand sich schwer auf mein Herz legte, und das Empfinden, daß mein Geist plötzlich wie gelähmt war, unfähig, auch nur ein einziges Wort vorzuschla-gen. In der Tat war selbst die Idee der Konferenz meinem Ge-dankenkreis entglitten. Nie zuvor hatte ich diese furcht-erregende Offenbarung des Geistes erfahren, der seine eigene Leere wahrnimmt. Es war, als hätte meine Seele einen ande-ren Gang eingelegt, so daß Gedanken und Gefühle auf eine neue, unbekannte Weise dahinströmten, gnadenlos dicht am Kern meines Seins und fürchterlich weit entfernt von der um-liegenden Wirklichkeit. Wie lange hat das gedauert? Eine Sekunde? Eine Stunde? Dann gab es plötzlich die Tischkante, ein leeres Glas, Messingstifte im schwarzen Leder, ein winzi-ges Fadengekräusel, die gelbe Schreibunterlage, den Kugel-schreiber, meine Hand und, als ich mich umdrehte, ein Meer von Köpfen, den Kellner, Mäntel, Hüte – alles wie von einem inneren Fieber scharf erleuchtet. Und dann wußte ich, wer und wo ich war, und bestellte noch einen Dubonnet.

Ich wußte nicht, daß dies nur eine Probe gewesen war; daß jedesmal, wenn ich in der Öffentlichkeit reden sollte, die wirkliche Welt am Tag zuvor oder zwei Minuten, bevor ich ans Rednerpult trat, oder während des ersten Satzes meiner Rede mir plötzlich aus meinem Gesichtskreis herausfallen und eine schreckliche Leere zurücklassen würde, um daraufhin freundlicher und fester in einem strahlenden, glücklichen neuen Licht in den Spiegel des Geistes zurückzukehren. (War es dies, was vor so vielen Jahren geschehen war, als ich es nicht fertiggebracht hatte, mein Referat über Sicherheit im Klassenzimmer im Palazzo dei Congressi vorzulesen?) „Ach, zum Teufel mit einer Eröffnungsrede!" beschloß ich, während ich meinen Aktenkoffer zumachte. „Ich werde aus dem Stegreif sprechen." Ich bezahlte meine Rechnung und machte mich bereit, Mannie abzuholen.

Am Tag vor der Eröffnung schäumte das Hotel Jerome, ein Klassiker der Silberstadt, der so unecht echt war wie ein Italowestern, über wie eine Parteizentrale am Wahltag. Es war ein wunderschöner Frühlingsabend, und im Garten wimmelte es von Männern und Frauen, die sich lauthals umarmten und einander zuwinkten und hallo sagten, ihre Gläser erhoben und Visitenkarten austauschten. Scheinbar entspannt, verhielt ich mich mechanisch nach den gesellschaftlichen Spielregeln. Aber die Wahrheit der Lage stach hell und klar in der scharfen Bergluft hervor. Ich hatte keine schriftliche Rede. Schlimmer noch: Die Ideen, die während der vorangegangenen schlaflosen Nacht aufgeblüht waren, waren im Licht des frühen Morgens welk geworden, und in einem Moment überspannter Torheit hatte ich meine Aufzeichnungen weggeworfen. Jetzt, nur noch Stunden vor dem möglichen Desaster, während ich auf meinem Weg zur Bar alte Freunde und neue Bekannte grüßte, tastete ich verzweifelt nach entlaufenen Gedanken und verlorenen Wörtern.

In der Bar war es gedrängt voll und chaotisch, aber in einer Ecke in der Nähe des Fensters fand ich eine bequem sitzende Gruppe, die die meisten der Konferenzteilnehmer aus Respekt vor der Berühmtheit ihrer Mitglieder zu meiden schienen. Es waren alte Freunde, die sportliche Umarmungen verdienten: Bucky Fuller, sentimental wie immer, der eine Träne vergoß, als er mich umarmte; Enrico Peressuti, ein italienischer Architekt, den ich seit Kriegsende nicht mehr gesehen hatte; Xanti Schawinsky, einer der Gefährten auf unseren monatlichen Wanderungen während der dreißiger Jahre in das hüglige mailändische Hinterland. Der einzige, den ich noch nie getroffen, von dem ich aber regelmäßig Artikel in der *London Architectural Review* gelesen hatte, war Nikolaus Pevsner, der englische Architekturhistoriker, dessen Penguin-Taschenbuch *History of Modern Architecture* sich bestimmt in jeder Konferenztasche befand und auf ein Autogramm wartete. Charles und Ray Eames, überschäumend in ihrer kindlichen Vitalität, und der Bauhaus-Flüchtling Gyorgy Kepes mit seiner Frau Juliet waren auch da.

Ich ließ mich in einer ruhigen Ecke der Bar neben Max Bill nieder, der leitenden Seele des neuen Bauhauses in Ulm.

Wally Harrison, der Schöpfer des Rockefeller Centers, und René d'Harnoncourt, der Leiter des Museum of Modern Art, saßen an einem Nachbartisch. Es gab viel Rede und Gegenrede, Kunden und Universitäten und Zeitschriften wurden miteinander verglichen, und jeder schien die entspannte, festliche Stimmung des Abends zu genießen.

Ich verabschiedete mich früh und ging auf mein Zimmer, um zu duschen, mich auszuruhen und nachzudenken. Mannie, erschöpft vom Jetlag und der ganzen Aufregung, lag fest eingeschlafen auf seinem Bett. Sosehr ich auch seine Gesellschaft brauchte, ich ließ ihn schlafen. „Fühlst du dich nicht wohl?" fragte ich ihn, als er aufwachte. „Doch", sagte er. „Ich bin bloß müde, ich habe noch nie so schwer nachgedacht!"

Eine halbe Stunde, bevor die Eröffnungssitzung beginnen sollte, kam ich hinter der Bühne im alten Opernhaus an. Da ich mich überraschend entspannt fühlte, grüßte ich Leute, als sie hereinkamen, redete mit einigen, spazierte durch ein paar Straßen in der Nähe und sog dabei die Bergluft ein und setzte mich dann hinten auf die Bühne, während Walter Paepcke die Gäste begrüßte. Schließlich, als der Augenblick kam und Walter mich vorstellte, trat ich mit unsicheren Schritten ans Rednerpult, durchstand meinen Augenblick rednerischer Leere und sagte mit kaum hörbarer Stimme: „Hallo!" Aus Gründen, die mir selbst jetzt noch nicht völlig klar sind, brachen die Zuhörer zuerst in allgemeines Gelächter und dann in großzügigen Beifall aus. Ich mußte selbst lachen, und als wieder Stille einkehrte, redete ich. Mein Geist war scharf und klar. Ich widmete ein paar Minuten der Vorgeschichte der

Konferenz, sprach kurz über die beiden nationalen Design-Konferenzen, die ihr vorangegangen waren, und wandte mich dann etwas eingehender der Struktur der gegenwärtigen zu, wobei ich die Bedeutung hervorhob, Redner aus verschiedenen europäischen Ländern gewonnen zu haben. Und als ich Bucky vorstellte, hatte ich alles unter Kontrolle.

Als *Fortune* vom Empire State Building in das Time & Life-
Gebäude im Rockefeller Center umzog, dachte ich, daß
einer der Vorteile dabei die dichte Ansammlung guter Restaurants sein würde, die schnell zu Fuß zu erreichen waren.
Aber nach ein paar Wochen wilden gastronomischen Experimentierens hatte sich meine Auswahl auf zwei oder drei
Eßlokale eingeschränkt. Das Restaurant Del Pezzo in der
Siebenundvierzigsten Straße, am Anfang der Diamond Row,
zwischen der Fünften und der Sechsten Avenue, rangierte an
erster Stelle.

Das Del Pezzo befand sich im Salon und dem darüberlie-
genden Stockwerk eines alten Stadthauses, das in den frühen
Zwanzigern umgebaut worden war, um Platz zu haben für ein
Geschäft auf Straßenhöhe und einen eigenen Zugang zum
Restaurant. Ich erinnere mich noch gut an die raffinierte Per-
versität der steilen Treppe, wie sie einen Stufe um Stufe immer
näher heran an die Quelle des Stimmengemurmels führte, an
das Klappern von Gläsern und Tellern und den verführerischen Geruch nach Rauch und Essen, wenn man sich noch
an demselben Morgen feierlich geschworen hatte, daß man
heute das Rauchen aufgeben und nichts außer einer Kleinig-
keit auf Toast in einem Feinkostgeschäft in der Nähe essen
würde.

In jenen frühen Nachkriegsjahren, in denen italienisches
Essen und italienische Filme und Mode noch nicht ihre

spätere Popularität erlangt hatten und *cappuccino* und *zabaglione* wie die Hauptfiguren in einer italienischen Oper und Maserati, Mastroianni und Missoni wie die Namen irgendwelcher italienischer Champions im Radrennen klangen, zeigten die Servietten bei Del Pezzo, der Fußbodenbelag aus Linoleum, das Tafelgeschirr und -besteck und die Gesichter der Kellner schon die Abnutzungserscheinungen einer langen Geschichte harter Arbeit. Und ebenso viele der italienischen Gäste, die die Kellner beim Vornamen riefen und sich untereinander in laute Diskussionen von einem Tisch zum nächsten verwickelten. Gemütlich und bescheiden, war das Del Pezzo ein echt italienisches Restaurant, wo man gut essen und sich bequem wie zu Hause fühlen konnte. Nur einen Block vom Rockefeller Center, dem Nabel New Yorks, entfernt, hatte es das Wunder vollbracht, daß New Yorker, die dort aßen, wie ausländische Touristen aussahen und sich auch so fühlten.

In all den Jahren, in denen ich bei *Fortune* arbeitete, fanden meine wichtigen Mittag- und Abendessen meist im Del Pezzo statt. Wenn ich allein dorthin ging, konnte ich mir sicher sein, mit Leuten zusammen an einem Tisch zu sitzen, die ich kannte, oft Künstler, Schriftsteller oder Designer, die frisch aus Italien zu ihrem ersten amerikanischen Abenteuer angekommen waren. Es war im Del Pezzo, daß ich Alberto Moravia traf, den Star der italienischen Nachkriegsliteratur; den venezianischen Romancier P. M. Pasinetti, der an einem College für Studentinnen in Kalifornien Italienische Literatur unterrichtete; Fabio Coen, der 1959 den Mumm hatte, mein erstes Kinderbuch, *Das kleine Blau und das kleine Gelb*, zu

RECHTS: *Mannie und Mies, 1950*

UNTEN: *Paolo, Nora und ich in Genua*

veröffentlichen; Alfredo Segre, den großen Geschichten-erzähler und Abenteurer; Dario Soria, den Schöpfer der Angel Records; Corrado Cagli, den römischen Surrealisten; Sasha Schneider und seine Frau, die Schauspielerin Geraldine Page;

Constantino Nivola, der mich mit Le Corbusier bekannt machte; Nico Tucci, der im *New Yorker* bewegende Geschichten über Italien schrieb und jeden kannte; und eine Menge anderer.

Wenn auch einige der Stammgäste im Del Pezzo so aussahen und sich hinreichend so benahmen wie Bohemiens, um dem Lokal einen Anstrich von Quartier Latin zu geben, konnte man doch die farbigste Versammlung von Del Pezzoiten gelegentlich um den großen Tisch herum in der hinteren Ecke des Hauptraums sitzen sehen. Dort unterhielten Alexander Calder und seine Frau Louisa, wenn sie in der Stadt waren, normalerweise ihre Freunde. Die Ausbrüche lauten Gelächters und Ausrufe in den verschiedensten Sprachen, die hin und wieder den Geräuschpegel des Restaurants durchbrachen, kamen gewöhnlich von Sandys Tisch her.

Sandys massige und joviale Gegenwart strahlte eine muntere Heiterkeit aus. Es war, als sei jeder im Restaurant sein Gast. Sein knallrotes Hemd, sein leuchtend weißes Haar, die entwaffnende Unschuld seiner großen blauen Augen und vor allem dieses Caldersche Lächeln, leicht verzerrt in schlecht verborgener Selbstironie, verfehlten niemals, die Stimmung eines Geschäftsessens, egal, wie todlangweilig es war, zu heben.

Wann immer ich das Restaurant allein betrat, erhob er sich von seinem Platz und lud mich an seinen Tisch ein. Wir kannten uns aus meiner Zeit in Philadelphia, als ich bei einigen Gelegenheiten von seinen Mobiles Gebrauch gemacht hatte, um die eine oder andere Werbung für einen der kultivierteren Kunden der Agentur zu illustrieren. Obwohl ich Calder für ein Genie hielt und er sich oft besonders darum bemüht hatte, mich an seinen Tisch einzuladen, hatte ich beharrlich jeder Versuchung widerstanden, nähere Bekanntschaft mit einem Künstlertyp zu schließen, dessen bizarres und extravagantes bohemienhaftes Benehmen ich schon vor langer Zeit von mir gewiesen hatte. Wenigstens dachte ich das. In Wahrheit sehnte ich mich heimlich immer noch nach der Lebensweise, die seit den romantischen Jahren meiner Jugend mein verführerischster Traum war und jener, der mich am wenigsten losließ. Aber dann war der Krieg gekommen und Verantwortung und auch unerwartete Chancen. Und diese hatten mich in eine Karriere geführt, die ich unter anderen Umständen wahrscheinlich zurückgewiesen hätte. Nun ein erfolgreicher Art-director (ich haßte den Ausdruck!), erfreute ich mich nicht nur eines Lebensstandards, der weit über meinen Erwartungen lag, sondern hatte auch entdeckt, daß ich als Designer Freuden handwerklichen Könnens und der Kreativität genießen konnte, die entgegen meiner Befürchtung nicht so viel anders waren als jene einer groß geschriebenen KUNST.

Es gab Augenblicke in meinem beruflichen Leben, in denen ich plötzlich an die weit zurückliegenden Tage erinnert wurde, als ich in meinem kleinen Mansardenzimmer in Amsterdam ein berühmter Künstler war, ein bedeutender Wissenschaftler oder sogar, wenn ich die Kieselsteine und die wilden Pflanzen in meinem Terrarium für die kleinen Geschöpfe neu ordnete, deren Schicksal dabei in meiner Macht lag, der allmächtige Gott selbst. Nun spielte ich mit dem ganzen Ernst eines Kindes ein anderes Spiel.

Dann stieg ich eines Tages, von einer zwei Stunden langen Besprechung mit Luce physisch und geistig erschöpft und in Erwartung eines entspannenden Mittagessens ganz allein, die Treppe im Del Pezzo hoch und wollte gerade Papà Del Pezzo um einen Einzeltisch bitten, als ein rascher Blick mir besagte, daß die Calders, wunderlicherweise allein, an ihrem üblichen Ecktisch saßen. Ich konnte der Versuchung nicht widerstehen, noch einen, diesmal genaueren Blick auf die Szene zu werfen, und es war tatsächlich Sandy. Er hatte wie üblich sein rotes Hemd und die blaue Jeans mit dem schweren Ledergürtel und der Silberschnalle an – ich kannte seine Kleidung auswendig. Louisa trug ein orangegelbes Kleid und eine Halskette – wahrscheinlich indianisch – aus Perlen so groß wie Taubeneier. Kaum hatten unsere Blicke sich getroffen, da winkte Sandy auch schon und rief, so daß der ganze Raum es mithören konnte: „He! Wollen Sie sich nicht zu uns setzen?"

Alle meine Werte, so sorgsam durchdacht, geordnet und ausbalanciert, brachen zusammen und stürzten mich in eine hoffnungslose Verwirrung. Im Bruchteil einer Sekunde spürte ich, daß es nicht so sehr darum ging, mich zu entscheiden, ob ich Calders Einladung annehmen sollte oder nicht, sondern vielmehr darum, daß ich mich noch einmal, vielleicht ein für alle Mal, der endgültigen Wahl stellen mußte, der ich die ganze Zeit so geschickt ausgewichen war, seit ich mir in Genua jene deutsche Staffelei gekauft hatte. Plötzlich sah ich mich so, wie Sandy mich bestimmt gerade sah: als feigen Mittelklasse-Sklaven der Geschäftswelt, als mittelmäßigen Sonntagsmaler, der gelegentlich von Größe träumt.

Ich haßte meinen grauen Flanellanzug, meine schwarze Madison-Avenue-Krawatte, meinen sorgfältigen Haarschnitt. Noch einmal hin und her gerissen zwischen den beiden Selbstbildnissen, dem romantischen Bohemien und dem erfolgreichen Designer, murmelte ich irgendeine unverständliche Entschuldigung und zwang mein Gesicht zu einem pathetischen Lächeln. Dann, wie ein verlegenes Kind, drehte ich mich um, und mit einer übermenschlichen Anstrengung, dabei so auszusehen wie jemand, der sich plötzlich an einen Termin am anderen Ende der Stadt erinnert hatte, rannte ich mit einer schweren Bürde aus Schuld und Scham die Treppe hinunter und verließ das Restaurant. Hoffnungslos verwirrt und zutiefst unglücklich ging ich ins Büro zurück, schloß die Tür und verlor mich zum ersten Mal, seit wir nach New York gezogen waren, in einem verzweifelten Weinkrampf.

Als ich an diesem Abend nach Hause zurückkehrte, sagte mir Nora, daß Elodie Osborn angerufen habe, um uns für den nächsten Samstag zum Abendessen einzuladen. Die Calders sollten auch da sein. Ich war wie vor den Kopf geschlagen, aber ich hatte nicht den Mut, ihr von meinem gescheiterten Mittagessen zu erzählen. Ich hatte Hunger.

Die Osborns und die Calders

Bob Osborn zu begegnen, den ich für einen der großen amerikanischen Künstler unserer Zeit halte, war immer eine seltene und aufregende Angelegenheit, besonders in seinem eigenen Haus. Von Edward Larrabee Barnes entworfen, gab das Haus perfekt den Charakter seiner Besitzer wieder und brachte wunderschön die Art des Lebens zum Ausdruck, das Bob und Elodie führten. Fest in den Hang eines der sehenswürdigsten schönen Täler in Connecticut hineingebaut, war es voller kleiner Räume wie Geschenke, von denen kein einziger überflüssig oder wirklich notwendig war.

„Schauen Sie mal, wie sich das Profil gegen den frischen Schnee abhebt!" flüsterte Bob. Wir bewunderten gerade das Stabile von Calder, das auf der Terrasse vor Bobs und Elodies Schlafzimmer stand. „Manchmal liege ich im Bett und starre das Ding an und frage mich, wie dieser Bär von einem Mann Stahl mit so tadelloser Präzision, Leichtigkeit und Anmut behandeln kann." Dann läutete es an der Tür. Elodie rief aus der Küche: „Bob, die Calders!"

Der Name hallte irgendwo tief in mir nach. Seit wir von Greenwich aufgebrochen waren, hatte ich versucht, nicht an diese Begegnung zu denken. Jetzt sprang ich auf und folgte Bob, als er zur Tür lief. Da stand Louisa, den Kopf mit einem leuchtend gelben Schal bedeckt, und stapfte sich den Schnee von den Stiefeln, während Sandy hinter ihr wartete. Als sie mich erblickte, gab sie einen dieser mehrdeutigen Lacher von

sich, die eine ganze Reihe so verschiedener Gefühle wie
Freude, Hohn, Verachtung und Verlegenheit verbergen. „Oh,
hallo! Sind *Sie* auch hier?" Das war typisch Louisa. Ich hatte
keine andere Wahl, als zu lächeln. „Hallo, Mrs. Calder."

„Sie sprechen Louisa mit dem Nachnamen an?" murrte
Sandy und zeigte dabei *seine* Version jenes Lachens von Louisa, ein joviales Lächeln, das langsam in seine gewohnheits-
mäßige Miene unverbindlicher Geistesabwesenheit überging.
„So etepetete ist sie nicht." Ich fühlte mich ungeheuer erleichtert. Keiner von beiden hatte das Del Pezzo erwähnt. Ich
bemerkte die genaue Farbschattierung von Sandys Augen, ein
blasses Ultramarin, daß sie noch blauer machte, als ich sie in
Erinnerung hatte. Gegen die Dunkelheit draußen erschien
sein Haar noch weißer und sein Teint wegen des kalten Win-
des noch geröteter.

Es wurden zwei weitere Ehepaare erwartet: die Grays und
die Styrons. Cleve Gray, ein Maler, war einer dieser jüngeren
abstrakten Expressionisten, die von ihren Meistern selbstsiche-
res Auftreten, verbales Geschick und Unerbittlichkeit geerbt
hatten, Verhaltensweisen, die scheinbar alle Traditionsbrüche
begleiten, aber ohne daß sie den „Schock des Neuen" erfahren
hatten, die Entzückungen, etwas zu entdecken, die Qual und
die Furcht zu scheitern. Cleves Frau, Francine du Plessix, war
die Stieftochter von Alex Libermann, dem Kunstzaren der
Condé Nast Publications. Sie war Schriftstellerin – gewitzt,
kultiviert, aggressiv und modisch –, eine New Yorkerin der
fünfziger Jahre, die in den ersten Regungen der feministischen
Bewegung und des Kommunikationsbooms aufblühte. Die

Sandy Calder

Styrons verspäteten sich. „Das tun sie immer", sagte Elodie, als sie uns zu Tisch rief. Genau in diesem Augenblick erschienen Bill und Rose. Das Abendessen war vorzüglich. Wir aßen Rebhuhn, von Bob im Tal geschossen, und geräucherte Forelle, die er frisch im Bach gefangen hatte, alles stilvollendet vorbereitet und dargereicht. Und doch erinnere ich mich an das Ereignis als eine laute, peinliche, etwas alptraumhafte Angelegenheit, woran in großem Maße ich schuld war.

Nachdem ich mich im Del Pezzo so lächerlich aufgeführt hatte, hatte mich der bloße Gedanke an diese Begegnung mit den Calders die ganze Zeit über schrecklich nervös gemacht. Wäre dies mein einziges Problem gewesen, so wäre ich leicht damit fertig geworden, aber ich machte gerade eine *crise de conscience* durch, die sich nicht nur auf meine Arbeit als Maler, sondern auf alle meine verschiedenen Aktivitäten als Künstler auswirken sollte.

Ich hatte eine so strenge Selbstanalyse, wie ich sie nur ertragen konnte, begonnen, und nach beträchtlichem Aufruhr und langen Diskussionen mit Ben Shahn über das uralte Problem der gesellschaftlichen Verantwortung des Künstlers hatte ich das starke Gefühl, daß jetzt der Moment in der Geschichte unserer Kultur gegeben war, wo man sich ernsthaft und verantwortlich an die Gegenwart des Menschen in all seinem nackten Alleinsein erinnern und sie feiern sollte.

Es geschah in dieser Stimmung, daß ich bald, nachdem die Forelle serviert worden war, zweifellos übertrieben heftig auf eine harmlose Bemerkung von Cleve losging. Dies löste unglücklicherweise eine allgemeine Diskussion aus, in der alles, vom Kommunismus bis zur Entfremdung, vom Impressionismus bis zur Abstraktion, von der Malerei bis zum Fernsehen und von der Liebe bis zum Tod, Stoff für Streit lieferte.

Louisa war diejenige, die am wenigsten redete, außer daß sie ein paar kurze sarkastische Erklärungen abgab, die hinter ihrer anscheinenden Schüchternheit den starken Drang ihrer Gefühle und Grundüberzeugungen und ihre Verachtung für alles, was für sie unverständlich war, enthüllten. Sie stellte am Anfang klar, daß sie nur allzu glücklich wäre, wenn man es ihr erlassen würde, Interesse an Auseinandersetzungen zeigen zu müssen, die sie langweilten. Nora, die der selbstbewußte Ton der anderen Frauen, besonders Francines, eingeschüchtert hatte und die heftige Auseinandersetzungen haßte, brachte es fertig, mit Louisa irgendein normales Gespräch zu führen.

Sandy, der wie Louisa theoretische Konfrontationen nicht ausstehen konnte, wußte wenig zu sagen und döste ungeachtet all des lauten Hin und Her mit einem Rebhuhnflügel in den Fingern vor sich hin, so daß er glücklicherweise meine Schmährede auf die Abstraktion, von der ich ihn auf jeden Fall diplomatisch und ideologisch ausgenommen hatte, überhörte. Bill, introvertiert und mißmutig, griff nur ein, wenn Bob, Cleve oder ich Verallgemeinerungen über die Schriftsteller oder das Schreiben äußerten, und tat das in der liebenswürdigen, herablassenden Art eines Experten.

Ich mochte Rose Styron, die mit der Professionalität einer Gewerkschaftsführerin, aber mit ihrer eigenen Art Mut und Intelligenz versuchte, die jeweilige politische Bedeutung und Implikation der Argumente auf den Begriff zu bringen, so daß sie aus dem Nebelfeld der Leidenschaft heraus den ordentlichen Regeln der Dialektik zugeführt werden konnten.

Bob, der die Themen, in die er verwickelt wurde, immer in den unpopulären Bereich grundsätzlicher menschlicher Gefühle rückte, drückte seine Gedanken mit so einfacher poetischer Vehemenz aus, daß man manchmal vom Stuhl aufspringen wollte, um ihn zu küssen, obwohl man mit dem, was er gerade sagte, vielleicht nicht einverstanden war und ihn oft nicht einmal klar verstand. Seine Kommentare waren nie „schlau", aber sie besaßen das Gewicht einer anderen Klasse von Logik, einer, die direkt aus dem Bauch und aus dem Herzen kam. Bob hatte sich seine eigene Art Zen zurechtgelegt. Seine scheinbar naiven Beobachtungen, die manchmal an dem Thema, das gerade zur Diskussion stand, leicht vorbeigingen, ließen unsere eigenen Worte, so wie wir sie in Erinnerung hatten, schwülstig, arrogant und banal klingen.

Die Diskussion war heftig gewesen, war mit vielen unerwarteten Wogen schlecht unterdrückter Verärgerung chaotisch von einem Tischende zum anderen geschwappt. Aber im Rückblick stellte sie sich als eine faszinierende Übung heraus, sich selbst darzustellen, und wir hatten mehr voneinander erfahren, als wenn wir auf einer Kreuzfahrt um die Welt gewesen wären. Als wir schließlich unsere Gläser auf Bob und Elodie und dann auf Sandy und Louisa und dann auf uns alle erhoben, schien ein jeder erleichtert zu sein. In gespielter Feier wiedergeborener Brüderschaft kasperten Cleve und ich uns durch eine lange Umarmung. Und lächelnd stiegen wir ins Wohnzimmer hinunter, bereit zum Kaffee.

Zusammen machten wir unsere Besichtigungstour an den Wänden entlang und plauderten über die Bilder. Da gab es den Klee, für den Elodie, als sie noch im Museum of Modern Art arbeitete, ihr ganzes Gespartes geopfert hatte; ein paar Jahre später mußte sie dann entdecken, daß das Bildnis langsam verschwand. Der Originalentwurf einer Titelseite der *Fortune*, den Ben Shahn für mich angefertigt hatte, war in einem neuen Rahmen scheinbar nicht wiederzuerkennen. Verschwörerisch flüsternd teilten wir die Meinung, daß das Wandgemälde, das Sandy gegen den heftigen Protest des Architekten zur Einweihung des Hauses gemalt hatte, wirklich nicht eins seiner besten war. Wir bewunderten statt dessen das anmutige Mobile, das leicht über unseren Köpfen tänzelte. Wir sahen uns Bobs große Zeichnungen an den Flurwänden an – die furchterregenden Skelette, die liebevollen Chaplins, die durchtriebenen Magnaten – und stimmten herzlich überein, daß sie großartig waren. Ich fügte mich in die Gruppe wieder ein mit einem Gefühl der Hochstimmung, weil ich erneut entdeckt hatte, daß ein gemeinsames Verständnis und gemeinsame Liebe für die Kunst ein starkes und verläßliches Band bilden.

In dieser Aufwallung des Wohlgefühls wollte ich Elodie schon umarmen, als ich mich plötzlich erinnerte, daß ich ein paar Platten mit italienischer Tanzmusik mitgebracht hatte. Nora und ich liebten es, zu den altmodischen kleinen *valses*, Mazurkas und Tangos zu tanzen, die in Italien und Frankreich die Attacke des heiseren Rock-and-Roll-Geschreis überlebt hatten. Ich lief schnell nach draußen und kehrte mit meiner Tasche zurück, und schon bald erfüllte der fröhliche, erregende Klang einer Mazurka den Raum. Mehrere Gäste sprangen auf die Füße und fingen an zu tanzen, während Elodie und Louisa den Teppich aufrollten und ihn von der Tanzfläche zogen. Ich stand da und genoß die Wirkung der Musik, als ich, noch bevor ich wußte, wie mir geschah, gepackt und in fester Umarmung gehalten, in die Luft gehoben und sanft auf den Boden heruntergelassen wurde und mich in Sandys Armen tanzend wiederfand. Ich spürte seinen warmen Körper an meinem, als der leichte, rhythmische Druck auf meinem Rücken mich durch komplizierte Drehungen und wiegende Schrittpassagen führte. Meines Willens beraubt, hatte ich keine andere Wahl, als mich den Launen meines Partners zu überlassen, ein Gefühl, das ich nie zuvor erlebt hatte.

„Du bist ein guter Tänzer", sagte ich mit echter Bewunderung. Sandy gab einen seiner Grunzer von sich, führte mich in eine schnelle Drehung hinein und sagte: „Du bist auch ein guter Tänzer." Das war der Anfang einer großen, obgleich in vieler Hinsicht merkwürdigen Freundschaft.

Im Herbst 1990, als ich meine Retrospektive im Museum für Moderne Kunst in Bologna hatte, gab es am Morgen der Eröffnung eine Pressekonferenz. Eine junge Frau, die italienische Korrespondentin der *Zeit*, sagte: „Wie ich höre, waren Sie ein enger Freund von Alexander Calder. Für unsere Leser wäre es interessant, wenn Sie ihnen einen bedeutenden Ausschnitt aus einem Gespräch zwischen Ihnen und Calder mitteilen könnten. Würden Sie das tun?" Ich nickte. Und langsam diktierte ich meine Antwort: „Ich sagte zu ihm: ‚Du bist ein guter Tänzer', und er antwortete: ‚Du bist auch ein guter Tänzer.'"

„Das rührt von einer tieferen Wunde her." Ein Satz, an den ich mich aus einem Traum erinnere; es handelte sich um eine emphatische Antwort, als mich jemand bat, meine Liebe zu Indien zu erklären. Ich hatte sie langsam und mit feierlicher Stimme gesprochen und jede einzelne Silbe artikuliert, als läse ich sie aus einem heiligen Sanskrit-Text vor und als hätte das leiseste Zögern oder die geringste Auslassung oder falsche Aussprache ihre Bedeutung möglicherweise völlig verändern können. Der kurze Satz markiert das Ende einer Suche, die 1957 mit einer drei Monate langen Reise von den schwimmenden Gärten von Kaschmir zu den Tempeln von Trivandrum begann. Das war ein paar Jahre vor dem Touristeneinfall, als auf den Straßenbahnschienen im Zentrum Kalkuttas noch Kühe lagen und man die Ausländer in Katmandu an den Fingern einer Hand abzählen konnte.

Diese erste einsame Reise war meine indische Kindheit. Ich sah Indien als ein fortwährendes Schauspiel, noch losgelöst von seinen dramatischen Bedeutungen, einen Zirkus, in dem Geburt, Leben, Liebe und Tod die wandlungsfähigen Hauptdarsteller waren, ein Theater, in dem man den Menschen und den Dingen ihre spezifischen Rollen noch nicht zugeteilt hatte, eine staubige Arena, in der nichts passierte, weil jedes Lebewesen auch all die anderen war.

Auf meinen Reisen durch Indien begegnete ich dem Gouverneur von Kaschmir und spielte Poker mit den nackten, bärtigen, knochenlosen Gurus des großen Tempels Jugger-naut in Ahmadabad. In Kalkutta saß ich auf dem Bett von Sa-tyajit Ray und sprach mit ihm über *Pather Panchali* und die Madison Avenue; in der Nähe von Le Corbusiers Chandigarh sah ich gemeinsam mit den Bewohnern eines Dorfes zu, wie fünfzig Kühe, deren runzelige Körper überall mit Händen be-druckt waren, mit ihren scharfen Hörnern stoßend Hunderte von unschuldigen Ferkeln aufspießten; und auf einer Tee-plantage in den hohen Bergen in der Nähe von Bangalore sah ich, wie eine junge Frau in einen großen Korb auf ihrem Rücken griff, ein silbernes Teegefäß unter den Teeblättern hervorholte und es in die Büsche warf, weil mein Schatten über ihren Korb geglitten war. Ich hatte eine kurze Unterhal-tung mit Nehru, und in den Bergen von Jamshedpur, am Fuß eines der höchsten Staudämme der Welt, sprach ich sehr aus-führlich mit einem unverfrorenen amerikanischen Ingenieur, der den Weg gefunden hatte, Wasser auf die dürren Ebenen Mutter Indiens fließen zu lassen.

Als ich ein Kind war, in Holland, war Indien ein Seufzer aus sechs Buchstaben, ganz anders als Afrika und Amerika, die fröhlichen Wörter beim Himmel-und-Hölle-Spiel, die große Räume und ferne Horizonte versprachen. Indien war die indonesische Schattenspielpuppe, die an der Wand hinter Mutters Klavier hing, und das Batiktuch, schwarz, ocker und blau, auf dem Couchtisch. Indien war der Traum eines hollän-dischen Jungen von Dschungeln und Tigern und einem Eingeborenen, der, wild mit seinem blutbefleckten Dolch herumfuchtelnd, Amok lief.

Aber vor allem war Indien „das üppige Archipel", das im Indischen Ozean dahintrieb „wie eine Halskette aus Smaragden". Lange bevor ich die Schönheit und den Pathos jener Zeile verstehen konnte, hatte mein Vater, geleitet von seinem sozialistischen Gewissen, sie mich auswendig lernen lassen. Sie stammte aus dem herzzerreißenden Brief, den der große holländische Dichter Multatuli an die Königin schrieb und in dem er sie um Freiheit für die Kolonien anflehte. Ich habe sie nie vergessen.

Meine Jugendzeit und meine frühen Erwachsenenjahre begruben Indien langsam in meinem Gedächtnis, abgeheftet unter der korrekten Überschrift „Indonesien", während das echte Indien erst viel später in meinem Leben in mein Bewußtsein trat. Als es schließlich dazu kam, brach es mit der Gewalt eines Hurrikans herein. Das Ganze passierte in weniger als einer Stunde auf der großen Indien-Ausstellung 1956 im Museum of Modern Art.

Ich war überwältigt nicht nur von der Schönheit, sondern auch von dem Einfallsreichtum, dem Charme und dem stilistischen Zusammenhalt der Objekte. Sie schienen sich in einem alles einhüllenden Licht zu wärmen, das jede Falte, jede Oberfläche, jede Farbe durchtränkte – ein Licht, schwer und süß wie Honig, das ich später als das Licht Indiens wiedererkennen sollte. Ich war mir nicht bewußt, daß ich auf der Stelle beschlossen hatte, nach Indien zu fahren, aber ich steuerte die Ereignisse in diese Richtung.

Es geschah nicht zum ersten Mal, daß ich mich zwang, ein Versprechen zu respektieren, indem ich mich so sehr auf eine

Entscheidung festlegte, daß es schändlich wäre, einen Rück-
zieher zu machen. Nicht nur erzählte ich in den nächsten
Monaten meinen Verwandten, Freunden, Kollegen und Vor-
gesetzten, daß ich nach Indien gehen wollte, ich gab auch
Termine an. Ich würde im Herbst fahren, und ich hatte ein
Alibi: Ich wollte an einer Fotomappe für *Fortune* arbeiten.

Ich fuhr ausgerüstet mit meiner alten Nikon und einer Exakta mit einem fabelhaften 90-Millimeter-Angenieux-Objek-
tiv, das, wie ich immer behauptete, ein Bild erzeugte, das der
Art und Weise, wie wir Tiefe wahrnehmen, näherstand als die
kurzen Objektive (28 und 35 mm), die die meisten Berufs-
fotografen bevorzugen. Die Exakta wählte ich auch deshalb,
weil es mir an Erfahrung mangelte, Menschen aus der Nähe
zu fotografieren. Ich brauchte Zeit, meine Bilder zu gestalten,
und hatte zu viele Hemmungen, eine Kamera direkt auf ihre
Gesichter zu richten. Mit der Spiegelreflexkamera konnte ich
so tun, als würde ich irgendeine andere Person ins Visier
nehmen, und mich an das eigentliche Opfer ohne sein Wissen
anschleichen. Diese Expedition sollte mein erster halbprofes-
sioneller Versuch einer großangelegten Dokumentation werden, und obwohl die Möglichkeiten mich begeisterten, war
ich in Hinblick darauf, was schließlich dabei herauskommen
sollte, verständlicherweise nervös. Aber ich hatte Glück. Ich
hatte nicht mit dem großartigsten Helfershelfer gerechnet,
den ich überhaupt hätte finden können – Indien. Wohin man
auch seine Augen richtete, war ein Bild da.

Als ich in der Nacht des 17. Oktober meinen Fuß auf den
Boden des Flugplatzes von Bombay setzte, war ich mir natür-

lich der Tatsache nicht bewußt, daß dies den Beginn einer seltsamen und wunderbaren Liebesaffäre mit einem Land und einem Volk markierte, die mein Leben durch unvergeßliche Erfahrungen zutiefst beeinflussen und mein Herz mit dem Geschenk bedeutender Freundschaften erfüllen würden. Und all dies, während ich mir völlig darüber im klaren war, daß ein Volk von einer widernatürlichen und zerstörerischen Religion tragisch versklavt und verhängnisvoll zu einer Zukunft großer und schmerzlicher Umwälzungen verurteilt war. Ich brauchte Jahre und viele Reisen, um schließlich das Geheimnis der unwiderstehlichen Faszination Indiens zu lösen. Was Indien so anders macht, ist, daß in Indien *alles* anders ist.

Die Wasserscheide

Im Frühling 1959 traf ich eine Entscheidung von großer Tragweite. An meinem nächsten Geburtstag wollte ich meine Stelle bei *Fortune* aufgeben, als Berater von Olivetti zurücktreten, alle neuen Aufträge ablehnen, das Haus in Greenwich verkaufen, nach Italien ziehen und mich völlig der Kunst widmen.

Diese Entscheidung, einem Abschnitt unseres Lebens ein Ende zu setzen, der gesegnet gewesen war mit allem, was sich ein Mann oder eine Frau nur wünschen konnten – Erfolg, Geld, Liebe, Aufregung, Ansehen, Gesundheit und Glück –, war nicht ein plötzliches romantisches *capriccio* gewesen, wie einige unserer Freunde vermuteten. Ich hatte immer die Fähigkeit besessen, etwas hinter mir zu lassen ohne die geringste Spur von Furcht oder Bedauern, die man normalerweise mit einer solchen Handlung verbinden würde. Das lag vielleicht daran, daß ich mich niemals völlig dem hingab, was ich als das *grand jeu* betrachtete, das ich mit Leidenschaft spielte, von dem ich aber nichtsdestoweniger wußte, daß es ein Spiel war. Oder es hatte seinen Grund in meiner Neugier, die meine Augen für immer auf das gerichtet hielt, was vor mir lag. Auf das, was als nächstes kam. Erst als ich in aller Form meine Stellung bei *Fortune* aufgab und merkte, daß ich auf der Kuppe einer Wasserscheide stand, drehte ich mich um und blickte zurück auf das, was ich erreicht hatte seit jenem Tag, an dem Leon Karp mir beigebracht hatte, wie man einen 6B-Zimmermannsbleistift anspitzt.

Ich hatte einen Punkt erreicht, an dem mein Name natürlich und ungezwungen neben denen der älteren Design-Gurus aussah, wie Alvin Lustig, Paul Rand, Herbert Bayer, Buckminster Fuller, George Nelson, Charles Eames und ein paar anderen, die jetzt alle meine persönlichen Freunde waren. Obwohl meine Kunstmappe nicht gerade Hunderte von Nachweisen bot, so daß sie wegen der Masse auseinanderplatzte, enthielt sie doch die Dokumentation einer Vielfalt erinnerungswerter Projekte, die von der Serie „Unterschätze nie die Macht einer Frau" bis zu den „Großen Ideen der westlichen Menschheit" reichten, von den Olivetti-Geschäften bis zu dem Pavillon „Unerledigte Angelegenheiten" auf der Brüsseler Weltausstellung, ganz zu schweigen von den einhundertundzwanzig *Fortune*-Ausgaben, die unter meiner Leitung entstanden waren. Ich hatte das Buch *The Family of Man* entworfen, das neue *Print*-Magazin geschaffen und die *Sports Illustrated* entworfen.

Während all dieser geschäftigen Jahre war ich in dem Versuch, meinem jugendlichen Gelöbnis treu zu bleiben und kein Spezialist, sondern ein Künstler im weitesten Sinne des Wortes zu werden, nicht nur ein Profi als graphischer Designer geworden, sondern hatte es auch fertiggebracht, zu malen und mich in der handwerklichen Kunst des Bildhauerns und der Herstellung von Keramiken und Mosaiken zu betätigen. Und sogar auf dem Feld der Musik hatte ich mich in Andalusien als hingebungsvoller Amateur mit dem Spiel auf der Flamenco-Gitarre befaßt und in Indien gelernt, wie man die neunzehn klagenden Saiten auf dem Sitar zupft. Eine Ausstellung meiner

Arbeiten machte die Runde durch nationale Museen. Ich hatte „die Hände in der Pasta behalten", wie die Italiener sagen. Ich hatte etwas geschaffen und gemacht.

Unser Privatleben war gleichermaßen aufregend gewesen. Unser Haus in Greenwich mit seinem riesigen Innenraum war für Partys ideal. Wir gaben einige erinnerungswürdige für indische Freunde, und unsere sonntäglichen Gartenbrunchs mit Pasta und echtem *pesto* für die zeitweisen Junggesellen der Olivetti-Mannschaft fanden ihr Echo in Italien. Einmal bot Bucky an, für „fünfzig unserer besten Freunde" einen Vortrag über die geodätische Idee zu halten. Punkt neun Uhr abends lautete sein Eröffnungssatz: „Ich habe einen neunstündigen Vortrag zu drei Stunden verdichtet", und genau drei Stunden später blickte er auf seine Armbanduhr und schloß: „Also, das war's dann", und Nora hielt den Mitternachtsimbiß bereit. Und zu einer kleineren Party hatten Bill Golden, der legendäre Artdirector von CBS, und seine Frau Cipe Pineles, die nicht minder legendäre Art-directorin von *Mademoiselle*, Tommy mitgebracht, ihren Vierjährigen. Ich fragte mich, ob Tommy, der mit einer der größten Schallplattensammlungen der Welt aufgewachsen war, wohl jemals ein echtes Musikinstrument gesehen oder gehört hatte, und ging deshalb ins Studio, holte mein Akkordeon, setzte mich damit auf den Boden und sagte Tommy, er solle sich mir gegenübersetzen. Ich spielte, und Tommy saß wie hypnotisiert da und verfolgte mit großen Augen jede Bewegung meiner Finger und wie jede Falte des Instruments sich öffnete und schloß. Und als ich aufhörte, blickte er mich an und flüsterte: „Und spielst du jetzt die andere Seite?"

Mannie wohnte damals in New York mit seiner Frau Naomi und den Kindern Annie und Pippo. Er hatte sein Architekturstudium am MIT abgeschlossen und arbeitete jetzt für Skidmore, Owings & Merrill. Paolo war in Venedig, wo er an der Accademia studierte und mit seiner eigenen Sturm-und-Drang-Version kämpfte. Und Nora und ich waren um die Welt gereist zu einer Zeit, als es von Katmandu noch keine Straße nach Indien gab und eine Start- und Landebahn erst eine Woche, bevor wir einflogen, fertiggestellt worden war.

Bei der Time Inc. verursachte meine Kündigung eine Welle von Klatsch und Kommentaren und Spekulationen. Ich war bestimmt nicht der erste, der eine solche Entscheidung getroffen hatte, aber nur wenige hatten sie je ernstlich in die Tat umgesetzt. Del Paine, der mich 1949 eingestellt hatte und durch eine Beförderung nach der anderen bis zum achtunddreißigsten Stock aufgestiegen war, erschien eines Morgens in meinem Büro und murmelte so etwas wie: „Habe ich richtig gehört, daß Sie uns verlassen wollen?" „Ja, Del", sagte ich. „Sie wollen sagen, daß Sie hier nicht glücklich sind?" „Ich bin hier sehr glücklich." „Warum wollen Sie dann gehen?" „Weil ich nicht so glücklich sein will." Das war eine *boutade*. Aber es war auch die Wahrheit.

Sowohl *Fortune* als auch Ayer waren großartige Arbeitsplätze. Und für jemanden wie mich, der es geschafft hatte, dem ständigen Konkurrenzkampf zu entkommen, stellten sie eine je einzigartige Umgebung dar, wo die Ideen nur so herumschwirrten; wo man das Bedürfnis nach einem halbstündigen guten, soliden Gespräch über irgendein Thema, das von

Kunst bis Wirtschaft, von Literatur bis Weltpolitik, von Architektur bis zum wahren Wesen Gottes reichen mochte, innerhalb von Minuten befriedigen konnte; wo Fehler anständigerweise Meinungsverschiedenheiten genannt wurden, und wo Luces Kunstberater sich für drei Monate beurlauben ließ, um für den Präsidentschaftswahlkampf von Adlai Stevenson zu arbeiten.

Ich hatte meine Jahre bei *Fortune* genossen, und die drei leitenden Herausgeber, mit denen ich an der Zeitschrift arbeitete, Del Paine, Hedley Donovan und Duncan Taylor, waren gute persönliche Freunde geworden. Es war ein Leben gewesen, an dem ich meinen vollen Spaß gehabt hatte. Aber es gab mir so ein Gefühl – und tut das immer noch, selbst jetzt, wo ich dies niederschreibe –, als hätten alle meine Leistungen ihr Ziel verfehlt, als wäre das alles in einem Leben passiert, das nicht voll und ganz mein eigenes war. Obwohl ich mich immer leidenschaftlich für das einsetzte, was ich zu tun oder herzustellen versuchte, hatte ich nie das Gefühl, daß ich ein integraler Teil der Landschaft war. Das Vergnügen daran, erfolgreich zu sein, wurde von einer Art Nüchternheit gedämpft, die nicht meiner Natur entsprach. Vielleicht spürte ich tief in meinem Unterbewußtsein, daß ich nie wieder die Freude fühlen würde, die mich einst aufspringen und zu Mutter rennen und dabei schreien ließ: „Schau mal, was ich gemacht habe!"

Konnte es sein, daß ich trotz der Bewegtheit, die ich an jenem fernen ersten April ehrlich in mir verspürt hatte, als Vater und ich mit dem Schiff an der Freiheitsstatue vorbeigefahren waren und ich meinen Fuß auf amerikanischen Boden gesetzt hatte; trotz der Tränen des Stolzes, die ich vergossen hatte, als ich fünf Jahre später meine Einbürgerungspapiere erhielt; trotz meines Einsatzes für einen Radikalismus, der in Inhalt und Stil zutiefst amerikanisch war, und trotz der ungezählten Anlässe, bei denen ich in privaten und öffentlichen Debatten *mein* Land, Amerika, gegen Klischees verteidigt hatte, die mich wütend machten … konnte es sein, daß ich nie meine europäischen Wurzeln abgeschnitten hatte?

Tief in mir nahm ich ein nostalgisches Bedürfnis wahr nach meinen Kindheitsträumen von einer Welt in einem anderen, verständlicheren Maßstab, eine Sehnsucht nach einem kleinen geschlossenen Raum mit durchsichtigen Wänden, in dem jedes kleine Ding sichtbar und scharf umrissen in der Abendsonne lag. Mich verlangte nach dem einsamen Kieselstein in meiner Hand, dem wedelnden Schwanz, dem stillen Lächeln, dem einzelnen Strich Blau.

Mein einziger echter Kunde war Olivetti gewesen, und meine Bindungen an diese Firma bestanden aus einer langen Geschichte persönlicher Freundschaften. Der Gründer von Olivetti, Camillo, war in den frühen Tagen der Sozialistischen Partei ein Freund von Papà Maffi gewesen. In den dreißiger Jahren in Mailand bestand die intellektuelle Leibwache um Adriano herum, der die Firma von seinem Vater geerbt hatte, ganz aus Anhängern des Caffè Savini in der Galleria. Dort traf ich die meisten von ihnen und schloß mit einigen enge Freundschaft – mit dem Dichter Leonardo Sinisgalli, der sich Olivettis dramatisch avantgardistische Zeitschrift ausdachte, und mit dem Schriftsteller und Kritiker Giorgio Soavi, der später einen Roman über einen Mann holländischer Herkunft schrieb, der von Italien nach Amerika auswanderte, eine Karriere als Art-director machte und in einem Augenblick der Krise und Rebellion alles aufgab, um nach Italien zurückzukehren und sich in der Toskana niederzulassen und dort zu malen und Skulpturen seltsamer Pflanzen herzustellen. Da gab es Zweteremich, der die Werbeabteilung leitete, und schließlich Adrianos jüngsten Bruder Dino, den Direktor von Olivetti in Amerika, der mit seiner amerikanischen Frau Posy nicht weit weg von uns in Connecticut wohnte und seinen gelegentlichen heimlichen Import weißer Trüffel mit uns teilte.

Wenn alles, was ich wirklich wollte, wie viele meiner Freunde glaubten, mehr Zeit zum Malen gewesen wäre, hätte ich dann nicht auf einfache Weise meine Arbeitslast verringern können? Sowohl *Fortune* als auch Olivetti hätten jeden vernünftigen Vorschlag einer Teilzeitvereinbarung akzeptiert. Aber dann würde innerhalb kürzester Zeit ein Angebot auf mich zukommen, das ich unmöglich zurückweisen könnte, und ich mochte meine „kommerzielle" Arbeit genügend, um von neuen Möglichkeiten immer in Versuchung geführt werden zu können; ich würde schlimmer enden, als ich jetzt dran war. Mein Kampf mit dem Gespenst im Brooks-Brothers-Hemd würde wieder von vorne beginnen.

Als ich meine verrückte Lebensbahn von der Kuppe der Wasserscheide aus betrachtete, überkam mich ein merkwürdiges Gefühl der Ruhe. Es war, als hätten alle Geschwindig-

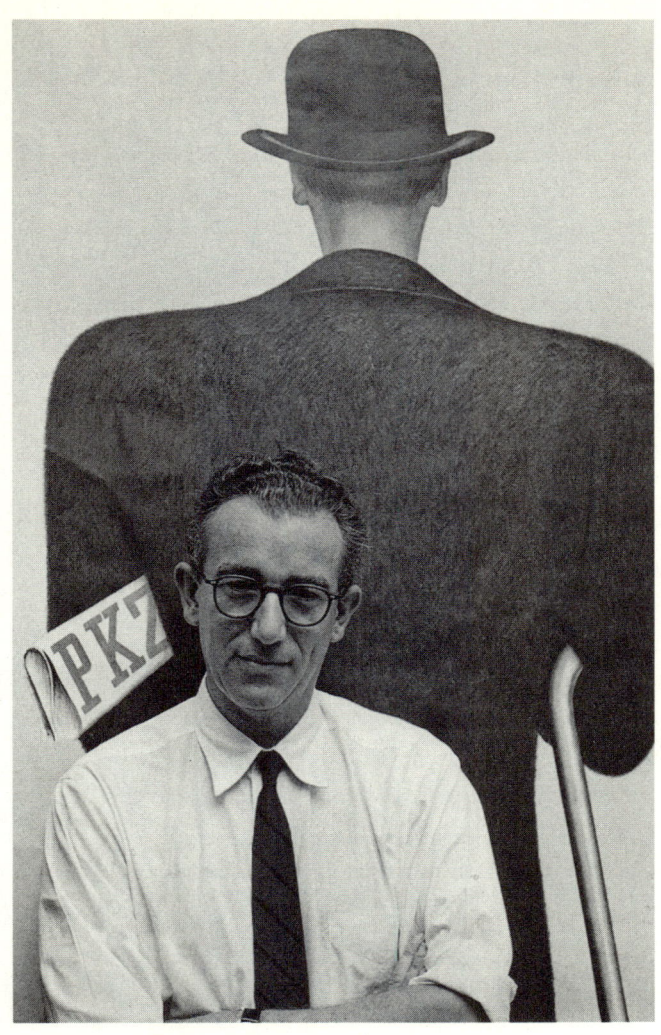

Wie ich dem Brooks-Brothers-Anzug meinen Rücken zukehre

keiten sich plötzlich verlangsamt und als wären noch die bescheidensten Objekte in meinem Gesichtskreis zu kleinen pulsierenden Welten geworden. In diesem Augenblick einer Beinahe-Halluzination spürte ich, daß ich die Fähigkeit erworben hatte, nicht nur mein Denken, sondern auch meine Vorstellungskraft auszurichten und zu handhaben. Ich konnte in jedem Gegenstand oder Ereignis eine verborgene Bedeutung und ein mögliches Sinnbild sehen. Ich erinnerte mich daran, daß ich während der ersten Monate bei Ayer, als ich eher beobachten und lernen als originelle Ideen produzieren sollte, einen Teil meiner Zeit damit ausfüllte, einer *idée fixe* Gestalt zu geben, die mich zu verfolgen begonnen hatte und die auf eine eigentümliche Weise vom Titel eines populären Liedes jener Zeit ausgelöst worden war: „Jede kleine Bewegung hat ihre eigene Bedeutung."

Ich hatte eine Zeitlang mit Positionen im Raum gespielt. Neulich fand ich unter Stapeln alter Skizzen einige Blätter voller kleiner Rechtecke, ungefähr fünf mal siebeneinhalb Zentimeter groß, und erinnerte mich, daß ich sie oft an mein Zeichenbrett heftete, meine Augen zumachte und mit einem spitzen Bleistift überall auf sie einstach. Dann öffnete ich die Augen und prüfte jedes kleine Rechteck, wobei ich bei all denen anfing, die einen Punkt enthielten, und von dort zu jenen mit zwei, drei oder noch mehr Punkten überging, und ließ mich von ihnen in Imaginationssprüngen zu Situationen anregen, an denen eine, zwei, drei oder noch mehr Personen in einem Zimmer oder auf einem Platz in der Stadt beteiligt waren. Dann stellte ich mir das Gefühl vor, das jede Position im Raum hervorrufen würde. Ein Punkt in der Mitte konnte im Geist vielleicht ein Gefühl von Autorität oder formal herausragender Stellung hervorrufen. Ein Punkt in der Nähe einer Ecke vielleicht Verlegenheit, Angst oder Zwanglosigkeit. In einem Versuch nach dem anderen entwickelte ich eine Reihe von Reaktionen, mit denen sich die meisten Menschen, wie ich glaubte, identifizieren würden. Ich benutzte diese Theorie in Vorträgen über Design, und später wurde sie zu einem wichtigen Diskussionsthema in Kursen über die Phänomenologie des Raums bei der New Yorker Cooper Union.

Meine Erinnerungen an diese und ähnliche Begebenheiten enthüllten einen Charakterzug, dessen ich mir nie zuvor bewußt gewesen war – eine zunehmende Leidenschaft für Erkenntnis –, und ich merkte die Gefahr, daß theoretische Stilisierung die intuitiven Impulse ersticken würde, die jeder Form künstlerischer Tätigkeit ihre Lebenskraft geben. Ich versäumte niemals, dies bei meinen Studenten zu betonen und darauf hinzuweisen, daß die wichtige Botschaft der Theorie nicht die war, eine Serie von Beispielen vorzuschreiben, sondern einfach, sich der Tatsache bewußt zu sein, daß jede Position im Raum eine eigene Bedeutung hat. Ins Praktische und Moralische übertragen, muß man sich verantwortlich fühlen für jede Linie, die man zieht, für jede Entscheidung, die man trifft.

Dann geschah ein kleines Wunder. Es war an dem Tag, an dem ich meine beiden Enkelkinder Pippo und Annie nach Greenwich bringen sollte, so daß Nora und Naomi ein paar Einkäufe erledigen und mit einem späteren Zug nach Hause kommen konnten. Pippo war zu jener Zeit fünf Jahre alt und Annie ganze drei. Sie waren ein hinreißendes Paar, intelligent, lebhaft und völlig ungehemmt. Es war das erste Mal, daß ich mit ihnen allein war, aber durch die Umgebung und die Einzigartigkeit des Anlasses waren sie eingeschüchtert genug, um ihr bestes Benehmen zu zeigen.

Sie in ein Taxi hineinzubekommen, war kein großes Problem, und es war auch nicht schwer, sie durch die dahinhastende Menge am Grand Central Station zu führen. Wir waren früh da, und der Wagen des Zugs war fast leer, und in kürzester Zeit hatten die beiden kleinen Engel sich in zwei teuflische kleine Akrobaten verwandelt, die von einem Sitz zum andern sprangen. Als der Schaffner auftauchte, machte ich es mir zunutze, daß sie sich einen Augenblick lang nicht rührten, packte sie und beförderte sie schwungvoll auf den Sitz mir gegenüber. Da allmählich immer mehr Reisende in den Zug einstiegen, wurde mir bewußt, daß dies eine höllische Fahrt werden würde, wenn ich mir nicht schnell etwas Kreatives einfallen ließe.

Ich öffnete automatisch meine Aktentasche, holte einen Vorabdruck von *Life* heraus, zeigte den Kindern das Titelbild und versuchte, beim Blättern in der Zeitschrift etwas Lustiges über die Anzeigen zu sagen, bis mir bei einer Seite mit einem Design in Blau, Gelb und Grün eine Idee kam. „Wartet mal", sagte ich, „ich erzähle euch eine Geschichte." Ich trennte die Seite aus der Zeitschrift heraus und zerriß sie in kleine Stücke. Die Kinder verfolgten mein Vorgehen mit gespannter Erwartung. Ich nahm ein Stück blaues Papier und riß es sorgsam in kleine runde Flächen. Dann machte ich dasselbe mit gelben und grünen Papierstücken. Ich legte meine Aktenmappe auf die Knie, um einen Tisch zu bilden, und sagte mit tiefer Stimme: „Das ist das kleine Blau, und das ist das kleine Gelb", als ich die runden Stückchen farbigen Papiers auf die Bühne aus Leder legte. Dann erzählte ich aus dem Stegreif eine Geschichte über die beiden Farben, das kleine Blau und das kleine Gelb, die Busenfreunde waren und zusammen auf eine lange Wanderschaft gingen. Eines Tages spielten sie in einem Wald Verstecken und verloren sich aus den Augen. Verzweifelt suchten sie überall – vergeblich. Dann plötzlich fanden sie einander hinter dem dicksten Baum des Waldes und umarmten sich vor Glück, und als sie sich umarmten, wurden sie zum kleinen Grün. Die Kinder saßen da wie angewurzelt, und ich merkte, daß die Reisenden, die in Hörweite saßen, ihre Zeitungen hingelegt hatten und auch zuhörten. Also ließ ich ihnen zuliebe das kleine Grün zur Börse gehen, wo es sein ganzes Geld verlor. Es brach in gelbe Tränen und in blaue Tränen aus, und als es tränenüberströmt war, waren da wieder das kleine Blau und das kleine Gelb, und ihre Aktien stiegen um

Das kleine Blau
und
das kleine Gelb
von Leo Lionni

Der Anfang einer neuen Karriere – mein erstes Buch für Kinder

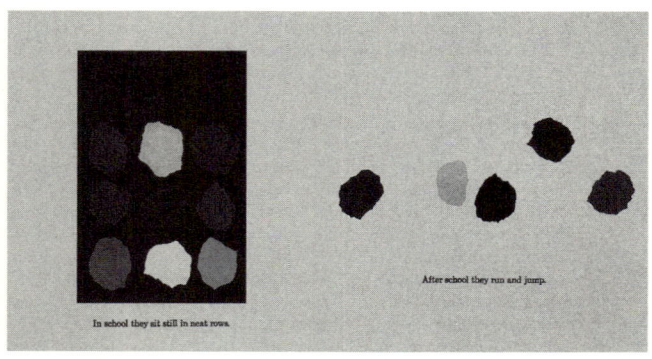

In der Schule sitzen sie in ordentlichen Reihen.
Nach der Schule laufen und springen sie.

zwölf Punkte. Die Kinder klatschten Beifall, und einige Reisende fielen in den Beifall mit ein.

Als wir nach Hause kamen, nahm ich die Kinder ins Studio mit und zeigte ihnen, wie man eine Idee in ein richtiges kleines Buch verwandelt. Ich fand ein leeres Dummy, das ich vor ein paar Jahren für eine *Fortune*-Werbung gemacht hatte, die nie das Tageslicht erblickte, wählte ein paar farbige Bögen Papier, schaltete das Radio ein und setzte mich an meinen Schreibtisch. Ich experimentierte mit den Größen der Farbflecken und machte sie groß genug, damit sie die Rolle von Handlungsfiguren verdienten, und klein genug, damit sie reichlich Bewegungsspielraum hatten. Dann zählte ich die Seiten und riß eine entsprechende Anzahl blauer und gelber und halb soviel grüner runder Papierstücke zurecht. Ich riß sie zurecht, anstatt sie mit einer Schere auszuschneiden, weil ich das Gefühl hatte, daß ein scharfer Schnitt etwas Lebendigem eine zu mechanische Form geben würde, während die gerissenen Ränder ihm eine gewisse Vitalität verliehen. Eine unerwartete Schwierigkeit tauchte auf, als ich bemerkte, wie leicht es war, die runden Formen als menschliche Gesichter zu „deuten", wobei ein groberer Riß zum Haar und die kleinste stärker hervorspringende Ausbuchtung zur Nase wurde. Schließlich erzählte ich noch einmal mehr oder weniger dieselbe Geschichte, die ich im Zug improvisiert hatte, aber diesmal durchdachte ich sie gründlich und legte sie so an, daß ich nicht nur die Handlung erzählte, sondern dieser auch den richtigen Rhythmus verlieh und sie in einem ununterbrochenen Fluß vom Anfang bis zum glücklichen Ende führte. Ich spielte mit den Positionen des kleinen Blau und des kleinen Gelb auf der Seite, um damit anzudeuten, was sie gerade machten und wie sie sich fühlten: Wenn sie traurig waren, befanden sie sich unten auf der Seite, wenn besonders fröhlich, hoch oben. Als ich sie einführte, plazierte ich sie in die Mitte der Seite, und wenn sie sich suchten, wurden sie in oder dicht an die Ecken plaziert, als drängte es sie, bei ihrer Suche zur nächsten Seite zu springen. Während ich sie plazierte und mit Gummilösung festklebte, fiel mir ein, daß ich in der Form einer Geschichte gerade die kleinen Spiele wiederholte, die ich während meiner ersten Wochen bei Ayer so oft gespielt hatte, als ich mit Positionen im Raum experimentierte, die verschiedene Stimmungen hervorrufen und sogar unterschiedliche Bedeutungen ausdrücken sollten. Obwohl sie noch so klein waren, „lasen" die Kinder die Geschichte mit Leichtigkeit, und sie waren beeindruckt von ihrer eigenen, zuvor nie erprobten Fähigkeit. Als Nora und Naomi von ihrem Einkaufsbummel nach Hause kamen, rannten die Kinder zu ihnen und riefen: „Wir haben ein Buch gemacht! Wir haben ein Buch gemacht!"

Das war am Donnerstag. Am Freitag kamen Fabio und Silvana Coen zum Abendessen. Fabio war gerade Kinderbuchlektor in einem neuen Verlag, MacDowell Obolensky, geworden. Er war im Frühjahr 1940, nach zwei Jahren des Exils in Paris und London, von Italien in die Vereinigten Staaten emigriert. Nach einer Saison als Spielleiter bei einer Theatergruppe in Virginia wurde er zur US-Armee eingezogen, kämpfte sich mit den amerikanischen Truppen nach Italien hinein und wurde 1944 aus der Armee entlassen. Wie die meisten von uns verbrachte er die Nachkriegsjahre in einem Zustand der Ruhelosigkeit und des Experimentierens, während er sich immer mehr zur Welt der Bücher hingezogen fühlte. Auf seinen Hin- und Rückreisen zwischen Italien und New York freundete er sich mit vielen bedeutenden Autoren und Verlegern beider Kontinente an, und es wäre für ihn eine leichte und folgerichtige Wahl gewesen, sich eine Position als literarischer Agent oder Lektor eines großen Verlags zu verschaffen. Aber noch reizten ihn andere Aussichten.

Als ich Fabio das erste Mal begegnete, führte er ein Geschäft, indem man sowohl neueste italienische Bücher als auch exquisite Beispiele der italienischen Kunst und des Kunstgewerbes finden konnte. Es war nur ein winziger Raum, kaum groß genug, daß zwei gestikulierende Italiener darin Platz hatten, aber gedrängt voll mit interessanten Sachen; die Stimmung dort erinnerte mich an mein geliebtes Shakespeare & Co. in Paris. Ich war sofort von Fabio eingenommen, einem ernsthaften, großmütigen jungen Mann, der sich stark zur Kunst hingezogen fühlte, bei dem die Musen es aber versäumt hatten, ihm die Gabe natürlicher Kreativität zu verleihen. Unverzagt hatte er zwei Mittel gewählt, die sein Leben gestalten sollten: Begeisterung und das Wort. Fabio repräsentierte jene Kategorie Männer und Frauen, die den Lauf der Geschichte ändern können, ohne sich je die Hände schmutzig zu machen. In unserem Jahrhundert des drastischen Wandels haben sich diese Nebenexperten oft einen Status verschafft, den die Künstler selbst kaum erlangen können. Frankreich war das

417

Land, das am großzügigsten mit Kritikern, Journalisten, Sammlern und Verlegern ausgestattet war – mit Kaufleuten und Händlern, die sich darauf spezialisiert haben, das Schiff der Kunst in einträgliche Häfen zu lenken.

An jenem Freitagabend überraschte mich Fabios Reaktion, als ich ihm von meiner Fahrt mit den Kindern erzählte und ihm das Dummy zeigte, das ich nach unserer Heimkehr gemacht hatte. Er nahm es in die Hand und sah es sich eine lange, lange Zeit äußerst konzentriert an. Dann sagte er: „Das bringe ich heraus." Zuerst nahm ich ihn nicht ernst, weil ich mir nicht vorstellen konnte, daß irgendein Verleger den Mut haben würde, etwas zu veröffentlichen, was wie ein dreistes Objekt aussah, dazu entworfen *pour épater le bourgeois*. Dies war nicht das erste Mal, daß ich ein abstraktes Buch geschaffen hatte: Kurz zuvor hatte ich einen großformatigen, auffallenden Werbeband für *Fortune* mit dem Titel *Design für die Druckseite* entworfen, eine Sammlung abstrakter Designs, um Inserenten zu zeigen, wie aufregend der kreative Gebrauch des *Fortune*-Formats sein konnte. Vom Text bis zum Layout und zu den Illustrationen war er meine eigene Erfindung. In *Print* hatte ich ganze Teile der Zeitschrift veröffentlicht, die man als abstrakt betrachten konnte. Aber dies hier war eine völlig andere Sache. Dies sollte ein wirkliches Buch werden, verkauft in wirklichen Buchhandlungen. Und es sollte offen und offiziell mein eigenes sein. Aber es brauchte dann mehr als einen Abend mit Fabio, bevor ich ganz begriff, wie sehr die einfache kleine Geschichte von zwei Farbflecken meine Seele, meinen Geist und meinen Lebensweg noch beeinflussen würde.

Fabio und ich trafen uns ein paar Tage später in seinem Büro, um über einen Vertrag zu reden und über die Veränderungen zu sprechen, die nötig sein würden, um gewisse Passagen klarer darzustellen, den Fluß der Handlung zu glätten und das Bildmaterial für die Reproduktion vorzubereiten. Keines dieser Probleme war mir neu – meine Erfahrung mit Zeitschriften hatte mich zu einem Experten für jedes Problem der Herstellung gemacht, das man sich nur vorstellen konnte –, und nach wenigen Tagen waren die Illustrationen und der Text schon unterwegs zu einem Drucker in Elizabeth, New Jersey.

Ich hatte ein Gefühl, als wäre mein einziges Kind ins Internat abgereist. Trotz meines vollen Terminkalenders hätte ich es nach Elizabeth begleiten sollen, wo ich eine Fotokopie hätte machen können, um sie meinen Freunden zu zeigen und sie in einsamen Momenten durchzublättern. Nun hatte ich trotz eines regulären Vertrags, einiger Briefe in einer Aktenmappe mit der Aufschrift „K.B." und eines Schecks über eine Vorschußzahlung, den ich eine Weile nicht einlösen wollte, nichts, womit ich hätte zeigen können, daß ich ein Autor war.

Ewig lange Wochen krochen dahin. Glücklicherweise verlangten unsere Vorbereitungen auf den Umzug nach Italien unsere volle Aufmerksamkeit. Das Haus in Greenwich war für ein Jahr vermietet worden, ein maßstabsgetreues Modell und die ganzen Fotografien und Beschriftungen für den Pavillon „Unerledigte Angelegenheiten" waren nach Brüssel abgeschickt worden, der Flug und die Hotelreservierungen für eine sechsmonatige Weltreise waren bestätigt, die großen

Koffer mit Büchern, Zeichnungen und Aktenmappen waren nach Cavi verschifft, und die Möbelpacker würden in den nächsten zehn Tagen damit anfangen, den Großteil meiner Kunstbibliothek und die Gemälde und Zeichnungen zu verpacken. Alle greifbaren Probleme konnten in Zahlen und Terminen ausgedrückt werden, alle außer *Das kleine Blau*. Fabio hatte sich über den Produktionszeitplan nur unverbindlich und vage geäußert. Würde ich das Buch gedruckt und gebunden sehen, bevor ich nach Hawaii abreiste?

Dann brach seine Präsenz an einem Freitagnachmittag ein paar Wochen vor unserer Abreise, als hundert Probleme, wie sie kurz vor Schluß immer auftauchen, das Buch aus meinem Kopf gedrängt hatten, so heftig in mein Bewußtsein ein, daß alle Sorgen außer der, bis Montag zu überleben, verflogen. Fabio hatte angerufen, um Bescheid zu geben, daß *Das kleine Blau und das kleine Gelb* am Montagmorgen bei Brentano in einem der Schaufenster liegen würde.

Zehn Jahre lang war ich regelmäßig und treu mit dem Madison-Ave.-Spezial gefahren, wie der Zug bei uns hieß, der an jedem Wochentag morgens ganze Wagenladungen leitender Werbe- und Verlagsangestellter eine üppige halbe Stunde, nachdem sich gewöhnliche Angestellte mit ihren Tassen Kaffee an ihre Schreibmaschine gesetzt hatten, in den Grand Central Station ausspuckte. Nicht so an jenem Montag, als ich dem Morgengrauen trotzte, um an der Ecke Siebenundvierzigste Straße und Fünfte Avenue unter den ersten New Yorkern zu sein, die *K.B.* bei Brentano ausgelegt sahen. Selbst wenn mir eine signierte Ausgabe der *Recherche* angeboten worden wäre, hätte ich dieses sehr private feierliche Ereignis nicht versäumen wollen.

Bei Brentano gab es kein Lebenszeichen. Wenn man zwischen den gewundenen Bronzezweigen der Türen hindurchblickte, sah das halberleuchtete Geschäft ungefähr so gemütlich einladend aus wie ein Automatenrestaurant von Horn and Hardart nach Ladenschluß. Alle Schaufenster außer einem waren leer – bereit, dachte ich, für die Frühjahrsauslage der frisch ausgebrüteten Kinderbücher. Während ich dort wartete, war ich etwas kindisch stolz darauf, ein Autor zu sein, der gleich das Erscheinen seines ersten Buches miterleben sollte, vielleicht die einzige Person in New York, nein, auf der ganzen Welt, die jedes einzelne Wort wenigstens eines der Auslageobjekte auf der Fünften Avenue kannte!

Als ich gerade anfing, diesen anmaßenden Gedanken in seine Schranken zu verweisen, sah ich, wie ein Mann drinnen im Geschäft langsam auf die Tür zukam. Er sperrte die drei Schlösser auf. Ich trat ein, versuchte dabei, wie jedermann auszusehen, und ging schnurstracks zur Kinderbuchabteilung. Sie lag ausgestorben da, genau so, wie ich sie durch die Fensterscheiben gesehen hatte. Ich suchte nach jemandem, der mir helfen könnte, aber niemand schien mir kundig genug, um dafür in Frage zu kommen. Schließlich tauchte eine Verkäuferin mit einem Stoß Papieren auf, ließ sich in einen Sessel neben der Registrierkasse fallen und schloß die Augen. Ich wagte es nicht, sie zu stören, aber plötzlich lag da, wo ich stand, direkt neben mir, ein ganzer Stapel von *Das kleine Blau und das kleine Gelb*! Ich weiß nicht, was mir die Kraft gab, der

Versuchung zu widerstehen, eins aufzunehmen, aber ich hatte mir geschworen, diesen ganzen Auftritt hindurch anonym zu bleiben. Mein kleines Buch hatte jetzt das Tageslicht erblickt, und das war eine ernste Sache und keine Zeit für Ego-Spiele. Ich ging ein paar Meter weiter und wartete. Während dieses Manövers ging eine junge Frau, die so aussah wie die Mutter eines sechsjährigen Kindes, von einem Buch zum anderen mit einer wählerisch ernsten Miene, die über jedes ein Urteil fällte. Als sie *K.B.* aufnahm, schaute ich weg. Ich konnte es nicht aushalten. Als ich schließlich genügend Nervenkraft gesammelt hatte, um das Resultat ihrer Prüfung festzustellen, lächelte sie gerade, während sie zu der Verkäuferin hinging, die fest in ihrem Sessel schlief. „Hallo", sagte sie laut, „würden Sie bitte …" Es war ein Augenblick großer Erwartung und Verwirrung. Die Verkäuferin sprang aus ihrem Sessel und aus Gott weiß was für einem entsetzlichen Traum auf und schlug der Kundin dabei das Buch aus der Hand. Automatisch hob ich es auf und wollte es der jungen Frau gerade reichen, als ich mich sagen hörte: „Entschuldigen Sie bitte, ich bin der Autor des Buches, das Sie gerade kaufen wollen. Wenn Sie nichts dagegen haben, möchte ich es für Sie gern signieren, weil es das erste verkaufte Exemplar ist." Da gab es viele Ohs und Ahs, und mein Herz schlug Purzelbäume in meiner Brust, aber ich verließ das Geschäft mit einem Gefühl, als hätte ich gerade den Pulitzerpreis gewonnen.

VIERTER TEIL

1961 – 1985

VATER UND MUTTER

Als das Alter meine Eltern zu plagen begann, wurde uns langsam bewußt, daß sie bald nicht länger in der Lage sein würden, mit ihrer Wohnung in der Fünfundfünfzigsten Straße, den wenigen Dingen, die sie besaßen, und vor allem mit sich selbst zurechtzukommen. Diese Situation spitzte sich zu, kurz nachdem wir uns entschlossen hatten, unser Haus in Greenwich zum Verkauf anzubieten und nach San Bernardo umzuziehen. Das war kein geringes Vorhaben, denn unser Haus war bis zum Rand mit „Sachen" angefüllt, wie wir sie nannten, so als würden sie keinen höheren Status verdienen. Die Kollektion von Dingen, die wir in Dörfern und auf Märkten überall auf der Welt aufgelesen hatten, war in einer Zeit zusammengetragen worden, als nur einige wenige Liebhaber wie Charles Eames und Alexander Girard bescheidene Objekte bereits als legitime Zeugnisse der Welt des Designs behandelten.

Vater haßte die Sammlermanie, die er uns vorwarf, und hat sie nie verstanden. Für sich selbst wollte er nichts, was über die Zeitung, einen Billardstock und ein paar wesentliche Dinge des täglichen Lebens hinausging. Wie konnten wir so anders sein? Aber indem er versuchte, uns bei der Lösung der komplizierten Logistikprobleme unseres Umzugs zu helfen, hatte er einen Weg gefunden, sich einen eigenen Traum zu verwirklichen: ein Hotelzimmer mitten in Manhattan mit einem extragroßen Bett und Zimmerservice. Während unsere

Sachen im Haus in Greenwich verpackt wurden, zogen Mutter und Vater also in eine herrliche, nicht überladene Hotelsuite in der Siebenundfünfzigsten Straße, und wir nahmen ihre frei gewordene Wohnung in Besitz.

So hatten wir es miteinander eingerichtet, als ich eines Morgens ganz früh vom Telefon geweckt wurde. Mutters verzweifelte Stimme flehte mich an, sofort zu ihnen zu kommen. „Vater ist außer sich", flüsterte sie mit zittriger Stimme. So schnell ich konnte, fuhr ich zum Hotel. Vater saß, sich unbeholfen im Gleichgewicht haltend, auf der Bettkante, sah stur vor sich hin und ignorierte meine Anwesenheit. „Hallo, Papa", sagte ich, um die Anspannung zu mildern. Mutter zitterte die ganze Zeit vor Angst. „Ich dachte, er wollte mich umbringen", sagte sie, als ich sie in den Armen hielt. Sie erzählte mir, daß Vater sie mitten in der Nacht aufgeweckt und ausfällige Drohungen und Beschimpfungen ausgestoßen habe. Als schließlich Dr. Stern, unser Hausarzt, kam, führte er Vaters Verhalten auf Arterienverkalkung zurück und ließ ihn ins New York Hospital bringen. Da sich sein Zustand verschlechterte und er sich weigerte, Englisch zu sprechen, beschlossen wir, daß es am besten sei, ihn nach Hause zu bringen, nach Holland. So geschah es, daß ich mit Mutter und Vater nach Amsterdam flog. Vater wurde in einer Klinik im nahe gelegenen Amersfoort untergebracht und Mutter in ihrem geliebten Amerikanischen Hotel.

Monate waren vergangen, in denen Vaters Zustand ziemlich stabil geblieben war, als mich ein Anruf aus der Klinik, der mich in Kenntnis setzte, daß sich sein Zustand zusehends verschlechterte, den nächsten Flug nach Amsterdam nehmen ließ. Ich traf Mutter in der Eingangshalle ihres Hotels. „Es könnte sein, daß es mit Vater zu Ende geht", sagte sie. Ich war überrascht, wie gefaßt sie war. In dem Augenblick sah ich, daß sie wie Nora (wie alle Frauen?) eine verborgene Kraft besaß. Ich dachte an Nora in Krisenzeiten unseres Lebens – während des Krieges, als sie die Kinder allein aus Italien gebracht hatte, und wie sie immer bereitwillig und gutgelaunt mit unseren verschiedenen Umzügen zurechtkam; es schien nichts zu geben, mit dem sie nicht fertig werden konnte.

Am nächsten Morgen fuhren Mutter und ich in die Klinik. „Sie haben einen eigensinnigen Mann", sagte die Kranken-schwester in Vaters Zimmer. Und dann wandte sie sich an Vater, der kein Zeichen gegeben hatte, daß er uns erkannte, und sagte: „Begrüßen Sie denn nicht Ihren Sohn?" „Mir geht's gut", erwiderte Vater unwirsch, mit einem Hauch von Arroganz. Es war offensichtlich, daß sich die Welt um ihn herum schon seit langem in Stein verwandelt hatte.

Die beiden Stunden, die ich am nächsten Morgen mit Vater allein verbrachte, die Stunden vor seinem Tod, hängen in mei-nem Gedächtnis wie eine außerordentlich fein bestickte Flagge auf Halbmast. Es war der erste warme Frühlingstag. Ich saß in einem Lehnstuhl am Fenster und sog den Duft des frisch gemähten Rasens ein. Die Amseln im Park der Klinik zwitscherten, und Vater drehte sich um und sah mich an. Er weinte. Ich hatte ihn niemals weinen sehen. „Was ist los, Papa?" Er verzog das Gesicht und versuchte zu sprechen, brachte aber keinen Ton heraus. Dann plötzlich das Wort *lente,* holländisch für „Frühling". Er sagte es zweimal, klar und rein, wie Blumen im Frühling. „Es schmerzt", fügte er als nachträglichen Gedanken hinzu. Dann ließ er den Kopf auf das Kissen zurückfallen. Vater starb an einer Geschwürblutung.

Mein Vater erscheint in meinem Gedächtnis wie eine Marino-Marini-Skulptur eines Mannes, in dessen Zügen sich die straffe Logik seines Geistes widerspiegelt. Man kannte und achtete ihn wegen seiner scharfen und klaren Intelligenz, aber mich erfreute sein untadeliger Geschmack und sein unfehlbarer Sinn für das richtige Maß. Er kannte und ehrte den genauen Platz und die exakte Form, die die Musen jedem Objekt in unserem Haus zugewiesen hatten. Und mit seinem kleinen Taschenlineal konnte er die vollkommen geraden Linien für die Tabellen seiner Wall-Street-„cijfertjes" ziehen, von denen er sich nicht nur heimliche Einsichten in Finanzangelegenheiten erwartete, sondern auch ästhetisches Vergnügen.

Man hätte erwartet, daß Mutter die Trägerin des guten Geschmacks in der Familie gewesen sei. Weit gefehlt. Obwohl sie indirekt ein Produkt der neugeborenen Mittelklasse von Künstlern mit einer bunten Mischung aus bohemienhafter Einstellung zum Leben und vage definierten sozialistischen Idealen war, konzentrierten sich Mutters Talente völlig in ihrer Musik. Anders als Vater hatte sie kein Gespür für die Welt des Visuellen. Jede kreative Nuance ihrer Persönlichkeit schien darauf gerichtet, sie zu einer wirklich großen Sängerin zu machen. Doch in irgendeiner dunklen Schicksalsfalte versteckt lag ein heimlicher Zorn im Hinterhalt. Sie fürchtete ihn und kannte ihn wohl. Und eines Tages schlug er zu und

427

zerstörte mit einer einzigen weit ausholenden Geste, was sie sich so leidenschaftlich bis zur Vollkommenheit aufgebaut hatte, Ton um Ton. Und viele Jahre, bevor noch das Alter ihre Stimmbänder beeinträchtigt hätte, kehrte sie einfach zu dem zurück, was ihre Rollen in der Familie gewesen waren: die älteste Schwester, der Kopf der Familie, die autoritäre Entscheidungsträgerin. Aber wir wußten alle, daß sie hin und wieder ohne Vorankündigung ihren Platz neben dem Klavier einnehmen (ich meine das fast im militärischen Sinn des Wortes) und ihr gewaltiges Talent zu erkennen geben würde, ihr tiefes Verständnis für Musik, für die menschliche Stimme und für die Erfordernisse des Stils. Dies waren die wahrlich beeindruckenden Eigenschaften, die auf geheimnisvolle Weise ihr Wesen ausgemacht hatten.

Oft wundere ich mich, was ihr wohl die unerschütterliche Kenntnis und Macht gegeben hatte, den Klang der Musik aus seinem physischen Ursprung zu befreien und ihn auffliegen zu lassen. Ich frage mich, wer oder was in der verborgenen Geschichte meiner Vorfahren die kleine DNA-Spirale an sie weitergegeben haben könnte, auf die sich ihre Fähigkeit zurückführen ließ, einen bestimmten Ton bis ganz zum Schluß seiner hörbaren Präsenz zu halten, eine Gabe, von der ich so sehnsüchtig gehofft hatte, sie in ihrer visuellen Version geerbt zu haben. Aber Mutter, deren Kunst nach jeglichem Maßstab so hoch über dem durchschnittlichen musikalischen Können stand, war nicht in der Lage gewesen, ihren Platz unter jenen einzunehmen, die sich rühmen konnten, daß ihr Kalender voller Auftrittstermine war. Dennoch erinnere ich mich durchaus an gelegentliche Besuche einiger großer Opernstars wie Toti dal Monte oder Gilda della Rizza, die zu uns nach Hause kamen, um Mutter singen zu hören, und soweit ich weiß, hat sie sich nie geweigert, einen Gesangsvortrag für sie zu geben. Sie war schon fast siebzig, als sie mir die Geschichte ihres „großen Fehlschlags" erzählte.

Die Geschichte begann im Amsterdamer Concertgebouw zu jener Zeit, als meine Eltern gerade in Erwägung zogen, nach Amerika auszuwandern. Als Mutter hörte, daß Willem Mengelberg, der Dirigent des Concertgebouw-Orchesters, um mehr oder weniger dieselbe Zeit in New York sein wollte wegen einer Reihe von Konzerten in der Carnegie Hall, bat sie ihn um Rat. Er bewunderte Mutters Stimme und versprach ihr zu helfen, die Vorarbeit für eine Karriere in Amerika zu leisten. Als Mengelberg in New York ankam, erhielt Mutter, die ihn schon mehrere Wochen lang besorgt erwartet hatte, eine persönliche Nachricht von ihm mit der Bitte, zu einer Probe zu erscheinen, bei der Frances Alda, der Star der Metropolitan Opera, singen sollte. Es handelte sich um eine Rolle, die Mutter unter Mengelbergs Stabführung in Amsterdam gesungen hatte. Mutter wollte es zuerst nicht glauben. „Irgend jemand leistet sich einen Scherz", war ihr erster Gedanke, aber sie erkannte die Unterschrift des Dirigenten wieder, identisch mit jener, die das Foto zierte, das so viele Jahre in seinem schweren Silberrahmen auf ihrem Klavier gestanden hatte. Was wollte Mengelberg von ihr? Sollte sie sich Aldas Interpretation anhören? Wollte er, daß Alda sich ihre anhörte?

Als sie am nächsten Morgen im Konzertsaal ankam, war er noch leer und nur schwach erleuchtet. Nach langem, nervösem Warten wurde sie in Mengelbergs Zimmer geleitet. „Sie haben sich verspätet", sagte er mit holländischem Sarkasmus. „Wie ist zur Zeit Ihre Stimme?" Ihr Herz setzte einen Schlag aus. „Mir gefällt sie", sagte sie im Versuch, eine geschickte Antwort zu geben. „Alda hat sich geweigert, bei Proben das hohe C zu singen", fuhr er fort. „Wenn sie sich heute wieder weigert, bekommen Sie die Rolle. Das wird schwere Arbeit werden. Können Sie das machen?" Mutter hielt den Atem an und schwieg lange. Es war ein Augenblick völliger Klarheit. Ich hatte die Geschichte schon früher gehört und fühlte doch, wie ich am ganzen Körper vor Erwartung gespannt war. „Warum haben Sie sie mir nicht gleich von Anfang an gegeben?" sagte sie. Mengelberg sagte kein Wort. Er stand auf und ging aus dem Zimmer. Und das war das Ende von Mutters Karriere.

Nach Vaters Tod blieb Mutter weiter in Amsterdam, bis ihre Beine sie nicht länger tragen wollten. Man konnte sie jeden Nachmittag an ihrem kleinen Tisch im Amerikanischen Café sitzen und lesen sehen. Ich habe Leute sagen hören: „Sehen Sie die Dame da drüben? Sie war einmal eine berühmte Sängerin, aber ich kann mich nicht an ihren Namen erinnern."

Mutter litt an Arthritis und war schließlich glücklich, zu uns zu kommen und in San Bernardo zu wohnen, in dem sonnigen kleinen Gästezimmer, daß ich in Gedanken an sie eingerichtet hatte. Als ihre Schmerzen sich verschlimmerten und Röntgenaufnahmen Krebs erkennen ließen, der sich ausbreitete, brachten wir sie in eine Privatklinik in Lavagna, wo sie 1968 starb, während ich ihre Hand in meiner hielt.

Von den sechziger Jahren an hat die Qualität meiner Erinnerungen einige drastische und überraschende Veränderungen erfahren. Während sie immer dichter an die greifbare, lautstarke Gegenwart heranrücken, kommen mir die Zeitspannen immer kürzer vor, sind die Ereignisse in ein unangenehmes Licht getaucht, das weder Tag noch Nacht ist, und wird der Klang der Worte aufgesaugt und geht ein in eine schwarze Stille. Der Bildschirm meines Gedächtnisses wird unangenehm groß, und die einfachsten Geschehnisse erstrecken sich über große Distanzen und lange, öde Zeiträume. Ich brauche Stunden, um mein Zimmer zu durchqueren. Ich sehe die Welt durch neue, ungewohnte Brillengläser. Ich hatte immer gedacht, daß näher liegende Ereignisse dichter, lebendiger und genauer sein müßten als jene einer fernen Vergangenheit, aber das Gegenteil scheint wahr zu sein. Wie winzige Objekte, die man sich dicht vors Auge hält, werden sie immer größer, bis sie bei einer Wimpernberührung uns umhüllen und verschwinden. Wie beständig und wie mühelos erleuchtet, wie vergnüglich zu betrachten waren doch die kleinen Welten meiner frühen Jugend!

Manchmal frage ich mich, ob Menschen, die Visuelles hervorbringen, von Natur aus eine besondere Gedächtnisbühne besitzen. Sehen andere so wie ich ihre Mütter meist in großer

Entfernung, ziemlich klein, nicht viel größer als eine Maus oder ein Salamander, wie auf einem Podium, das, wenn man es von der Mitte der sechsten Reihe aus sieht, an einem imaginären Horizont verschwindet? Oder noch kleiner, irgendwo in einer fernen Stadt, unerreichbar wie ein Traum in einem Traum?

Ich sitze gerade mit fünf unbekannten Mitreisenden in einem Abteil und bin unterwegs nach Bologna, der ersten Station hinter Mailand. Die Wasserscheide liegt schon viele Jahre hinter mir. Ich nähere mich einem Moment meines Lebens, in dem Vergangenheit, Gegenwart und Zukunft ineinanderzufließen scheinen. Die sechziger, siebziger und achtziger Jahre, die einmal eine Zukunft waren, sausen jetzt vorbei, aufflackernd wie kleine verlassene Bahnstationen in der Leere der Nacht. Jetzt nähern wir uns Bologna, und das übliche Erschrecken ergreift mein Herz; nie weiß ich ganz sicher, ob ich aussteigen oder im Zug bleiben soll.

SAN BERNARDO

Wir hatten unseren Freund Goffredo Palazzi, einen Immobilienmakler, der in Chiavari wohnte, gebeten, für uns ein Haus in den Hügeln über Chiavari und Lavagna zu finden. Weniger als einen Monat später, als wir gerade auf einer Urlaubsreise in Mexiko waren, erhielten wir von ihm eine Nachricht, in der er triumphierend verkündete, er habe ein wunderschön gelegenes altes Landhaus in einem etwa vier Morgen großen Olivenhain mit einer großartigen Aussicht gefunden. Es sei unglaublich billig, wie er meinte, aber da andere schon ein Angebot gemacht hätten, sollten wir uns sofort entschließen, ohne es uns erst anzusehen. Dem Brief lagen ein paar kurze, aber überschwengliche Zeilen von Paolo bei, der zu jener Zeit in Italien war und das Haus gesehen hatte. Nach einem rastlosen Nachmittag auf dem Zócalo entschlossen Nora und ich uns, es zu riskieren, und eine Woche und ein Bündel von Telegrammen später besaßen wir ein Landhaus an der italienischen Riviera.

Wir sahen San Bernardo zum ersten Mal noch am selben Tag, an dem wir auf unserer definitiven Reise „nach Hause" in Genua ankamen. Wir weinten beide, als wir den Ausblick sahen, und obwohl wir erschöpft waren, schliefen wir die ganze Nacht lang nicht und befragten wechselseitig unsere Erinnerung nach Einzelheiten des Hauses, dessen ganze östliche Mauer jeden Augenblick einzustürzen drohte.

San Bernardo schmiegte sich inmitten dichter Olivenhaine

auf halber Höhe an die Hügel, die den Tigullischen Golf von Portofino bis Sestri Levante einfassen. Der Ausblick von diesem Bogen der ligurischen Küste, auf dem hier und da verstreut Kapellen lagen und Landhäuser, die jenem ähnelten, das wir jetzt stolz „unser Haus" nannten, war atemberaubend. Glücklicherweise lagen die Städte Lavagna und Chiavari, bezaubernd, wenn man sie von innen, aber häßlich, wenn man sie von oben sah, unterhalb hinter einer kleinen Hügelkette versteckt.

Das Haus war ein typisches ligurisches Landhaus der Mittelschicht, ein einfacher Würfel, den täuschend echt wie aus Marmor wirkende Verzierungen bereicherten und belebten, die in alter Freskotechnik um die Fenster und Türen herum gemalt waren. Was hochtrabend „die Villa" genannt wurde, war von einem Onkel der Lanatas, der Bauern, die in dem steinernen Bauernhaus im Olivenhain wohnten, gebaut worden. Wie viele Leute, die sich in der Region zur Ruhe gesetzt hatten, war er um die Mitte des neunzehnten Jahrhunderts nach Südamerika ausgewandert und zu Beginn des zwanzigsten als reicher Mann zurückgekehrt. In Chiavari und Lavagna gibt es eine Menge im Ruhestand lebender ehemaliger Emigranten, in deren Häusern man unter der endlosen Vielfalt übermäßig verzierter Silbermonstrositäten aus Peru kleine Sammlungen kostbarer Vasen der Azteken und Mayas finden kann. Und in vielen Familien wird immer noch die Sprache gesprochen, die die kultivierteren Einheimischen verächtlich „Itagnolo" nennen, eine Verschmelzung aus Italienisch und Spanisch.

Den Namen San Bernardo übernahmen wir von einer alten Kapelle in der Nähe. Obwohl das Haus zu unserem Lebensstil so wenig zu passen schien, liebten wir es auf der Stelle. Aber mit dieser eigentümlichen Begeisterung hatten wir uns schließlich noch jedem Haus genähert, in dem wir gewohnt hatten. Langsam lernten wir die Herausforderung kennen, ein Haus unserem Geschmack und unseren Bedürfnissen anzupassen; egal, wo wir wohnten, schienen wir am Ende immer in demselben Haus zu wohnen.

Die Umwandlung von San Bernardo in ein Lionni-Haus begann fünf Monate nach unserer Rückkehr. Wände wurden herausgerissen und Badezimmer eingebaut. Mit Mannies Hilfe entwarfen wir das Erdgeschoß neu, um uns ein großes Wohnzimmer mit einer gemütlichen Eßecke zu schaffen und eine prächtig anzusehende Küche, für die ich in Albisola die Keramikfliesen gemacht hatte. Es gab kein Detail, das wir nicht wie besessen miteinander diskutiert hatten, und als wir schließlich einzogen, wußten wir, daß wir zu Hause waren.

Die eine äußerliche Veränderung, über die wir uns alle einig waren, bestand darin, den Stall abzureißen, der hinten an das Landhaus angebaut worden war, um Lucy, die einzige Kuh der Lanatas, unterzubringen; sie konnte einstweilen in die kleine Scheune unterhalb der Hühnerställe gebracht werden. Die Frage war, *konnte* Lucy gehen? *Würde* sie gehen? Seit jenem Tag vor sechzehn Jahren, als man sie vom jährlichen Viehmarkt in Chiavari hergebracht hatte, hatte sie keinen Huf mehr bewegt. Es kostete uns fast einen ganzen Nachmittag, Lucy in ihr neues Heim zu schaffen. Und dieser Umzug erwies sich als sehr glücklich! Eine Woche später brach der ganze Stall, der sich wie ein betrunkener Landstreicher an das Haus angelehnt hatte, bei den Vibrationen eines Treckermotors zu einem Trümmerhaufen zusammen. Wir konnten jetzt diesen Teil des Hauses umgestalten, und Monate später stieg ich triumphierend die Stufen zu meinem nagelneuen Studio empor.

Chica (und ich)

Mannie und Paolo teilten unsere Leidenschaft für San Bernardo, und in kürzester Zeit war es zu unserem Familienhaus geworden. Da es an der Touristenstrecke von Frankreich nach Italien lag, war es für unsere Freunde leicht zu finden, wenn sie zu Besuch kamen, aber unsere Liebesaffäre mit San Bernardo wurde erst perfekt, als Chica ankam.

In Philadelphia hatten wir einen Briard gehabt, ein wunderschönes Tier, einen riesengroßen, noch jungen Hund mit schwarzem lockigem Fell, der in unser Leben hineinplatzte und es eine Zeitlang beherrschte. Aber mit der Ankunft von Chica in San Bernardo verschwand er aus meinem Gedächtnis. Chica war ein bergamaskischer Hütehund, eine italienische Version des französischen Briard. Sie war ein Welpe von einem Monat, als ich hinfuhr und sie von einem Bauernhof am Stadtrand von Mailand abholte, aber sie brauchte nicht lange, um ein großes, wolliges Hundebündel mit zuverlässig treuem Sinn, beeindruckendem Benehmen und starkem Selbstbewußtsein zu werden. Sie entwickelte sich zu einer autoritären Exzentrikerin, die es fertigbrachte, die Bande von Mischlingen von den Bauernhöfen in der Nachbarschaft mit nichts weiter als einem Knurren auf beträchtliche Distanz zu unserem Tor zu halten.

Wir hatten die Lanatas nie kennengelernt, aber durch Papà Maffi, dessen politische Ansichten sie teilten, und Goffredo, den sie schon seit Ewigkeiten kannten, wußten sie, wer wir waren. Als wir uns schließlich begegneten, waren beide Seiten etwas verlegen, aber nach ein paar Ausbrüchen in Gelächter, ein paar guten, handfesten Flüchen von Seiten Remos, des Bauern, und ein paar Gläsern von *unserem* Wein fühlten wir uns alle zusammen gemütlich und einander wohl gewogen.

Zum ersten Mal in meinem Leben, und im Widerspruch zu meinen heiligsten marxistischen Prinzipien, war ich jetzt ein *padrone,* ein Boß. Naiv schlug ich vor, daß man mich *Baccan* nennen könnte, Genuesisch für „Boß", aber ein weniger gewichtiges, freundlicheres Wort, und weil es ein Dialektwort war und ich es vorgeschlagen hatte, deutete es ein gewisses Maß an Selbstironie an. Remo lachte und zuckte mit den Schultern, aber nach ein paar unbeholfenen Versuchen saß das Wort. Nora wurde automatisch die *Baccana,* und selbst in der Toskana, wo wir jetzt wohnen und wo das Wort fremd ist, sind wir die *Baccani.*

In der Meinung, mein Schuldgefühl auf glänzende Weise beruhigt zu haben, verlor ich meine Hemmungen und fühlte mich in Frieden mit meinem Gewissen. Aber sobald das Haus fertiggestellt und die letzten amerikanischen Kisten ausgepackt waren, erhob das Klassenproblem wieder sein Haupt. Neben dem Fuß der Treppe zu meinem Studio entdeckte ich eine kleine, von zwei alten Aprikosenbäumen beschattete Steinplatte – ein perfekter Platz für meine Siestas nach dem Mittagessen. Sie war wahrscheinlich der feste Standort für irgendeine landwirtschaftliche Maschine gewesen oder der Abladeplatz für die geernteten Oliven, oder vielleicht war sie das Fundament eines großen Vogelkäfigs gewesen. Ich schnappte mir einen Liegestuhl aus der Garage, und als ich mit ihm zurückging, dachte ich, Remo unten im Weingarten arbeiten zu sehen. Ich blieb stehen. Es war niemand da. Aber inzwischen hatte sich die Vision, daß Remo ein paar Meter von der Terrasse entfernt, auf der ich ein Schläfchen halten würde, fleißig bei der Arbeit sei, in meinem Geist festgesetzt. Auf den bloßen Gedanken hin, daß es vielleicht so sein *könnte,* brachte ich den Liegestuhl ins Studio, und noch bevor jemand *Das Kapital* sagen konnte, war ich schon fest eingeschlafen.

Ein paar Wochen später, als der heiße Wüstenwind aus Afrika tagelang gnadenlos geweht hatte, erwachte ich mit einem dieser Kopfschmerzen, die einen den Kopf bei jedem Schritt, den man macht, bersten zu lassen scheinen. Als ich langsam in mein Studio wankte und mir den Kopf mit den Händen hielt, kam Remo mit einem riesengroßen Heuballen auf dem Rücken auf mich zu. Ich hielt an, um ihn vorbeigehen zu lassen, und um den Ausdruck des Schmerzes auf meinem Gesicht zu erklären, sagte ich: „Ich habe grauenhafte Kopfschmerzen." Remo sah mich unter seiner schweren Last von unten an, lächelte freundlich und sagte: „Das leuchtet ein. Sie arbeiten mit dem Kopf und kriegen Kopfschmerzen. Ich arbeite mit dem Rücken und kriege Rückenschmerzen." Damit waren meine Schuldgefühle und bald auch meine Kopfschmerzen erledigt. Und noch am selben Tage half ich später Remo dabei, die zerbrochenen Fliesen der Steinplatte zu ersetzen und das verdorrte Unkraut drum herum zu entfernen.

Das wahrscheinlich wichtigste Ereignis des Jahres 1963 war die Ankunft des ersten Exemplars von *Swimmy,* meinem vierten Kinderbuch. Als ich anfing, das Päckchen auszupacken, zitterten mir die Hände so sehr, daß Nora das Päckchen nahm und die Schere, mit der ich herumhantierte, und im Handumdrehen das zum Vorschein brachte, was ich mit einem einzigen Blick als mein bislang bestes Buch erkannte. Ich stellte es und die drei anderen nebeneinander an die Wand, schleppte den Lehnstuhl in die Mitte des Studios und setzte mich hin.

Das Bedürfnis, das, was ich im Augenblick machte, mit dem zu vergleichen, was ich zuvor gemacht hatte, und die Richtung zu erkennen, in die sich meine Arbeit bewegte, war eine Angewohnheit, die ich von Leon Karp übernommen hatte. Bei meinen Bildern war diese Befragung zu einer Gewohnheit geworden, aber die Kontinuität von Inhalt und Stil in den Büchern zu bewerten, verlangte Jahre. Da ich mit meinen Verlegern eine Vereinbarung hatte, nicht mehr als ein Buch pro Jahr zu machen, hatte dieses jährliche Ereignis eine Bedeutung in meinem Leben gewonnen, die ich nie vorhergesehen hätte. Und tatsächlich war ich, als ich mich hinsetzte, um die vier Bücher zu betrachten, fasziniert von den Unterschieden und den Ähnlichkeiten.

Das erste, was mir auffiel, war, daß die Bücher von ein und demselben Autor in keiner Zusammenstellung auch nur annähernd so unterschiedlich aussehen konnten wie diese vier. Allen Regeln zum Trotz, einen Ruf, eine Persönlichkeit und einen Markennamen aufzubauen, schienen sie sehr wenig gemeinsam zu haben. *Das kleine Blau und das kleine Gelb* war von den vieren dasjenige, das auf aggressivste Weise modern und am wenigsten buchartig war; es hatte mit allen Regeln gebrochen und war eine wirkliche Erfindung. *Am Strand* sah überhaupt nicht wie ein Kinderbuch aus und war wahrscheinlich auch keins. Es enthielt jedoch viele Erinnerungen an die Ferien meiner Kindheit an den Kiesstränden des Mittelmeers: den Nahaufnahme-Blick, die endlose Suche nach „besonderen" Kieselsteinen mit der Entdeckung versteckter Bilder und ungewöhnlicher Formen. Vom Erfolg des *Kleinen Blau* beeindruckt, hatte Fabio mich gebeten, ein vergleichbares Buch für das darauffolgende Jahr zu machen. Logischerweise waren meine ersten Bemühungen auf *Kleines Blau zwei* gerichtet gewesen, aber je mehr ich versuchte, eine realisierbare Idee für einen Folgeband zu finden, desto mehr merkte ich, daß das *Kleine Blau* etwas Einmaliges war, das man nicht ausbeuten oder nachahmen sollte. Ich beschloß, daß, falls ich noch mehr Bücher machen würde, jedes einzelne seinen eigenen Charakter haben sollte. Nachdem ich mit der verführerischen Idee „Kleines Blau geht in den Zoo" (noch eine Identitätssuche) gespielt hatte, entschied ich mich, in genau die andere Richtung zu gehen: schwarz und weiß anstatt farbig, Zeichnungen statt Kollagen, scharf eingestellter Realismus statt abstrakter Formen, doppelseitige anstatt Einzelseiten-Illustrationen. Aber während ich an den Zeichnungen für *Am Strand sind Steine, die keine sind* arbeitete, hatte ich eine andere Idee, die sich wegen ihrer autobiographischen Implikationen in den Vordergrund schob, die Geschichte von einer Zentimeterraupe, die mein zweites Buch mit dem Titel *Stück für Stück* wurde.

Und nun lag, mit leicht geheimnisvollem Einband und zurückhaltend in Farbgebung und Komposition, *Swimmy* vor, meine erste richtige Fabel, die in kürzester Zeit zum Rollenmodell für die meisten Bücher wurde, die noch kommen sollten. Sie enthält alle Grundsätze, die meine Gefühle, meine Hände und meinen Geist meine lange Karriere als Kinderbuchautor hindurch geleitet haben.

Swimmy war das Buch, das mich erstmals dazu brachte, das Büchermachen als wenn schon nicht meine Haupttätigkeit, so doch als eine zu betrachten, die nicht weniger wichtig war als meine Malerei und meine neu entdeckte Bildhauerei. In meinem niemals nachlassenden Engagement, neue Formen zu ersinnen und auf neue Ideen zu kommen, hatte ich nie von Grund auf geprüft, was die alten befriedigend und erfolgreich gemacht hatte, und ich hatte auch nicht genügend Distanz zum Schaffensprozeß gefunden, um zu erkennen, wie komplex das Hervorbringen dieser vier Bücher gewesen war. Die Ethik der Kunst als einer nicht nur vergnüglichen, sondern auch nützlichen Beschäftigung war deutlich die treibende Kraft in dem Buch. Das zentrale Moment ist nicht so sehr Swimmys Idee von einem großen Fisch, der sich aus einer Menge winziger Fische zusammensetzt, sondern sein energisch vorgebrachter Entschluß: „Ich spiele das Auge." Jeder, dem meine Suche nach der sozialen Rechtfertigung dafür,

Kunst zu schaffen und ein Künstler zu werden oder zu sein, bekannt war, hätte sofort erfaßt, was Swimmy, die erste Verkörperung meines alter ego, dazu bewegte, seinen ängstlichen kleinen Freunden zu sagen, daß sie zusammen wie ein einziger großer Fisch schwimmen sollten. „Jeder an seinem Platz", sagt Swimmy, sich plötzlich der ethischen Implikationen seines eigenen Platzes in der Menge bewußt. Er hatte das Bild des großen Fisches im Geiste vor sich gesehen. Das war die Gabe, die er erhalten hatte: zu sehen.

So unterschiedlich die vier Bücher auch waren, verbanden sie doch typische Merkmale: der Rhythmus, die Schlichtheit der Handlung, die Logik, nach der die Handlungsfiguren der Reihe nach erschienen und ihre Positionen auf den Seiten erhielten. Alle diese Eigenschaften hatten ihren Ursprung in den Hunderten von Seiten, die ich bei der Zusammenstellung der vielen Ausgaben von *Fortune* bearbeitet hatte, die unter meiner Art-direction produziert worden waren. Ich muß zugeben, daß ich in vieler Hinsicht selbst bei einer für mich so neuen Tätigkeit wie der, Kinderbücher zu machen, schon ein Profi war, noch bevor ich damit begann, und ich befürchtete nicht länger, unfähig zu sein, die Variationsfähigkeit, die Originalität und vor allem die Leidenschaft und den Spaß aufrechtzuerhalten, mit denen ich diesen neuen Beruf aufgenommen hatte. Vermehrt begannen Ausgaben der Bücher im Ausland zu erscheinen, und der Postbote fing an, mir hin und wieder einen Verehrerbrief zu bringen.

Zum ersten Mal während meiner ganzen Arbeit fand ich mich mit einem greifbaren Publikum konfrontiert. Zusammen

Nora

Lavagna, 1964

mit der Fanpost kamen Einladungen von Schulen, und diese erweckten in mir ein Bedürfnis und ein Verlangen danach, mein Publikum zu verstehen. Ich grub allmählich immer tiefer in den Erinnerungen an meine Kindheit, und ich lernte, in mir selbst zu unterscheiden zwischen dem, was meinen eigenen Gefühlen und meiner Erfahrung eigentümlich war, und jenem, was allgemein für Kinder überall galt. Ich wurde mir immer stärker der Probleme, denen Kinder gegenüberstehen, und der Bedeutung der Botschaften, die wir ihnen schicken, bewußt. Es wird oft gesagt – und ein wenig zu leichtfertig, wie ich meine –, daß man ein Kind sein muß, um für Kinder zu schreiben, aber das Gegenteil ist wahr. Wenn man für Kinder schreibt, muß man zurücktreten und das Kind aus der Perspektive eines Erwachsenen ansehen.

Ein geschäftiges Jahr

Kurz vor Weihnachten 1966 erhielt ich eine Einladung von der Universität von Illinois in Urbana, drei Monate an ihrem Institut für fortgeschrittene Studien zu verbringen. In der Einladung wurde mir versichert, daß ich frei sein würde, diese Zeit und die Forschungseinrichtungen des Instituts für jegliches Projekt zu nutzen, das ich nach eigener Wahl durchführen wollte, wobei meine einzige Verpflichtung darin bestehen würde, wenigstens zwei öffentliche Vorträge zu halten.

Diese Aussicht reizte mich sehr, und obwohl ich schon gemeinsam mit meinem Freund Giuggi Gianini für drei Monate engagiert war, ein Animationsstudio auf dem neuesten technischen Stand für das indische Nationale Design-Institut in Ahmadabad einzurichten, konnte ich dieser außergewöhnlichen Gelegenheit nicht widerstehen, mein Wissen über die jüngsten Entwicklungen auf den Gebieten der Linguistik und Phänomenologie, von denen ich spürte, daß sie die Grundlagen der uns mitgegebenen Annahmen über Kommunikationsformen erschüttern konnten, zu vertiefen und zu erweitern.

Seit der Zeit, als Sartre, Bachelard, Lévi-Strauss, Foucault, Roger Caillois und andere französische Philosophen an der Sorbonne im Rampenlicht standen, war ich gefesselt von ihren revolutionären Theorien über Semiotik, Phänomenologie und Strukturalismus. Als logische Nachwirkung des Existentialismus von Sartre hatten ihre Arbeiten mich derart fasziniert, daß sie zu einem wesentlichen Aspekt meines Denkens geworden waren. Tatsächlich hatte ich eine Zeitlang mit dem Gedanken gespielt, über diese neuen Methodologien in Hinblick auf ein klareres Verständnis unserer visuellen Umwelt und von daher der visuellen Künste zu schreiben.

Die Einladung nach Urbana löste eine ganze Reihe neuer Gedanken bei mir aus, die meinem Gefühl nach perfektes Material für diese Gelegenheit sein würden, und nach endlosen Versuchen und Umwandlungen erschienen sie in einer völlig neuen Form, die viel überzeugender war als jene, die ich mir vage vorgestellt hatte. An jenem Tag schrieb ich in mein

Ich mit einem imaginären Porträt auf der Staffelei

447

Imaginäre Profile (und ein echtes)

Notizbuch: „Für Urbana: vier öffentliche Vorträge über ‚Das menschliche Gesicht': ‚Das wahrgenommene Gesicht', ‚Das erinnerte Gesicht', ‚Das verhüllte Gesicht' und ‚Das verglichene Gesicht'." Und das war der Vorschlag, den ich dem Brief beifügte, mit dem ich die Einladung annahm.

Ein paar Tage später erhielt ich einen Brief von Hedley Donovan, der mich einlud, Gast der *Time* auf der Weltausstellung in Montreal, der Expo '67, zu sein, auf der die *Time* ein Apartment im „Habitat" hatte, dem architektonischen Experiment nach dem Entwurf des israelisch-kanadischen Architekten Moshe Safdie, den ich auf einer der Konferenzen in Aspen getroffen hatte. Bucky Fuller würde auch da sein mit seinem US-Pavillon, der größten jemals gebauten Traglufthalle, und ebenso Sandy Calder mit einem riesengroßen Stabile.

Neunzehnhundertsiebenundsechzig sollte ein ganz schön volles Jahr werden! Als ich in meinen Notizen nachschaute, begann ich mich zu fragen, wie ich bloß mit diesen verschiedenen Projekten rund um den Globus fertig werden sollte. Glücklicherweise merkte ich, als ich sie der Reihe nach im Geiste durchging, daß sie sich keineswegs gegenseitig überschnitten, da jedes einzelne seinen eigenen schon festgelegten Fahrplan besaß.

Die Arbeit in Ahmadabad, die danach klang, als wäre sie die anspruchsvollste dieser Verpflichtungen, war zuallererst ein technisches Vorhaben und daher hauptsächlich Giuggis Problem und nur indirekt meins. In seinem Brief hatte mich Gautam Sarabhai, der indische Industrielle, der in erster Linie für die Einrichtung des Instituts verantwortlich war, gewarnt, daß man die Ausrüstung, die vor vier Jahren von der Ford Foundation gestiftet worden war und die eigentlich staubfrei in einem klimatisierten Raum hätte aufbewahrt werden sollen, in Kisten in einem rasch dafür hergerichteten Schuppen in einer entfernten Ecke des Institutsgeländes gelagert hatte. Meine Arbeit würde nur die letzte Phase sein: einige konkrete Animationssequenzen mit einer Gruppe von fünf oder sechs Studenten herzustellen. Aber dies war schon seinem Wesen nach ein Problem der Improvisation.

Und was Urbana betraf, würde die einzige wirkliche Arbeit in den Recherchen für die vier Vorträge bestehen und natürlich darin, die Vorträge zu schreiben. Um das zu schaffen, würden zwei Monate mehr als genügen – die umfangreichen Möglichkeiten zu recherchieren vorausgesetzt, die mir in einer Atmosphäre zur Verfügung stünden, von der ich erwartete, daß sie so heiter und inspirierend sein würde, wie wir, die Autodidakten, uns Academia immer vorstellen.

Inzwischen hatte ich im Studio von San Bernardo gerade die Illustrationen für *Frederick,* meine neueste Fabel, fertiggestellt. Endlich sorgenfrei, wollte ich unbedingt an meine Arbeit an den Profilen zurückkehren, die ich vor kurzem begonnen hatte – ein halbes Dutzend Silhouetten aus Sperrholz, die schon zum Bemalen bereitlagen. Aber die Kreativität hat ihre eigenen unvorhersehbaren und perversen kleinen Launen, und bevor ich noch wußte, wie mir geschah, fand ich mich umgeben von einem Chaos von Papierbögen in allen Größen, Stärken und Farben aus Italien, Frankreich und aus dem hiesigen Fleischerladen – Kartonstücke, Stoffmuster, Zinn, Silber, Messing, Lehmklumpen und sogar ein paar dünne Scheiben Elfenbein und Schildpatt. Von den Bleistiften, Pinseln, Töpfen mit Farbtusche, Aquarellfarben und einer beeindruckenden Ansammlung von Metall- und Papierscheren ganz zu schweigen.

Es war eine Orgie. Ich zeichnete Profile, malte Profile, schnitt Profile aus und pauste sie ab, ich riß Profile zurecht, faltete und polierte Profile und sägte Profile aus, und das alles mit einer Intensität, einer Dringlichkeit, die ich selten zuvor erlebt hatte. Ich weiß nicht, wie viele Profile ich schuf, auch nicht, wie lange die Raserei dauerte, aber als ich schließlich ein paar Wochen später erschöpft, lustlos und einsam, als hätte mich gerade eine feurige Geliebte verlassen, merkte, daß ich die Tür meines Studios mied, wußte ich, daß auch die Profile ihren Lauf genommen und ihren Zyklus in einem wilden Erblühen meiner Phantasie vollendet hatten – so wie im Fall meiner Besessenheit von den von Faijum inspirierten Porträts, die ihnen vorangegangen waren, und der Herausforderung durch die „dicken und weißen" Blütenblätter der Pfingstrosen und, schon lange davor, meiner Vernarrtheit in die spiraligen Formen der Rhetorik der Futuristen.

Nach langen Tagen des *dolce far niente* am Strand, als ich schließlich fähig war, den Griff meiner Studiotür zu drehen, entschlossen, das heillose Durcheinander aufzuräumen und zu den sechs unbemalten Silhouetten zurückzukehren, die geduldig dastanden und auf die Lebensfarben warteten, war ich erstaunt, genügend Material für eine große Ausstellung vorzufinden. Tatsächlich landete vieles davon in der Galleria l'Ariete in Mailand in einer Ausstellung, für die Ben Shahn eine Einführung schrieb. Zu jener Zeit war ich schon nach Venedig gegangen, um in Murano ein paar Profile aus Glas und Kristall zu machen, und dort fand ich einen Handwerker, der in der Lage war, einige der kleineren, sorgfältiger ausgeführten Zeichnungen umzusetzen in Schildpattkämme und Elfenbeinmedaillons, die mit in die Ausstellung aufgenommen wurden.

Wenn dies ein Roman wäre, dann wäre es das letzte, woran
der Autor denken würde, daß er einen großen amerikanischen
Verlag unseren Helden bitten ließe, die Herausgeberschaft
einer neuen italienischen Zeitschrift zu übernehmen. Kein
Wunder, daß Giorgio Mondadori, der italienische Partner
von Time & Life bei dieser besonderen Unternehmung,
schockiert war, als er den Vorschlag hörte. Es ist möglich, daß
er meinen Namen schon früher gehört hatte, denn die Namen
von Italienern, die es in New York „schaffen", tauchen
zwangsläufig in italienischen Verlagskreisen auf. Aber das
würde den Vorschlag nur noch absurder machen – war dieser
Lionni nicht ein Graphikdesigner und Künstler, ein Mann des
Layouts? Und doch ist es genau dies, was im wirklichen Leben
geschah, als Hedley Donovan, bei Time & Life Chefredakteur –
eine Position, die er von Henry Luce persönlich übernommen
hatte –, mich als Herausgeber *Panorama* vorschlug. Das war
kein Gag – wir hatten zusammen gearbeitet, nachdem man
ihn zum Herausgeber von *Fortune* ernannt hatte während der
Zeit, als ich Art-director der Zeitschrift war.

Giorgio Mondadori und seine Gruppe waren nicht begeistert, aber was auch immer die Gründe für ihre überraschende
Zustimmung gewesen sein mögen, sie stimmten jedenfalls zu,
und eines Nachmittags im Juni erschien Nora ganz außer
Atem in meinem Studio mit der Nachricht, daß Hedley mich
später wegen einer telefonischen Besprechung anrufen wolle.

Jetzt war ich an der Reihe, schockiert zu sein. Als ich die Einzelheiten des Vorschlags hörte, konnte ich es kaum glauben. Innerhalb eines Tages wurde unser Leben auf den Kopf gestellt, und wenige Monate später saß ich in meinem Büro in Mailand, nur ein paar Straßen von der möblierten Wohnung entfernt, die wir gemietet hatten, als ob mein Leben in San Bernardo, mein Studio, Ausstellungen und neue Freundschaften nur ein Traum gewesen wären.

Für eine Monatszeitschrift, die sich eingehend mit italienischen und internationalen Nachrichten, mit dem Stand der Künste und Wissenschaften, mit politischem Kommentar, kulturellen Ereignissen und großen nationalen und internationalen Problemen der Zeit befassen sollte, hatten wir eine lächerlich kleine Belegschaft. Wir hatten natürlich uneingeschränkten Zugriff auf die Artikel, die in *Time* und *Life* erschienen und ungefähr die Hälfte des Inhalts ausmachen sollten. Glücklicherweise befanden sich unter meinen neuen Mitarbeitern einige intelligente junge Journalisten und ein Chef vom Dienst, der nicht nur erfahren und kreativ war, sondern in kurzer Zeit auch ein enger Freund wurde.

Im Februar 1962, gerade um die Zeit herum, als meine erste Ausgabe von *Panorama* erscheinen sollte, erhielt ich einen überraschenden Anruf von Jack Masey, dessen schallende, enthusiastische Stimme ich seit der Brüsseler Weltausstellung 1958 nicht mehr gehört hatte. Jack, verantwortlich für Ausstellungen für den Informationsdienst der Vereinigten Staaten, fragte mich, ob ich Interesse daran hätte, im Herbst eine Graphikausstellung nach Rußland zu begleiten. Es war vorgesehen, daß die Ausstellung, die erste ihrer Art, in vier Städten gezeigt werden sollte, begleitet von einer kleinen Gruppe amerikanischer Designer als Gastgeber: Ivan Chermayeff, Robert Osborn, Norman Rockwell und ich. Jack sagte, er hoffe, daß ich Moskau wählen würde, aber als guter Freund warnte er mich, daß, obwohl die sowjetische Hauptstadt viele offensichtliche Vorteile biete, die Konferenzen, Diskussionen und der endlose Besucherstrom eine starke Präsenz des KGB hervorrufen würden, ein Nachteil, mit dem ich es vielleicht nicht so gern aufnehmen wolle. Als Alternative schlug Jack Jerewan, die Hauptstadt von Armenien, vor. Als er den Namen auch nur erwähnte, reagierte mein Herz schon mit einem aufgeregten Zucken.

Auf Grund meiner lebenslangen Leidenschaft für byzantinische Mosaiken und Architektur waren mir Fotos von den außergewöhnlichen Kirchen in der Region vertraut. Die Gelegenheit zu bekommen, sie mir während eines geruhsamen Aufenthalts in der armenischen Hauptstadt anzuschauen, war ungeheuer verführerisch. Allerdings hatte ich noch nie meinen Fuß auf sowjetischen Boden gesetzt, und es bedrückte mich die Aussicht, der erbärmlichen Wirklichkeit des physischen und moralischen Zerfalls jenes Landes unmittelbar gegenüberzustehen, das während der dunklen Tage des Faschismus das Leuchtfeuer von Utopia für uns hochgehalten hatte.

Noras Reaktionen waren ganz anders. Im allgemeinen vorsichtig und trotz all unserer exotischen Reisen um die Welt doch ängstlich vor dem Unbekannten, war sie voll freudiger Erregung, als ich ihr von Jacks Telefonanruf erzählte. Soweit sie sich nur erinnern konnte, erzählte sie mir jede kleine Einzelheit der beiden Reisen ihres Vaters nach Moskau, als sie ein kleines Mädchen war und Moskau ein anderer Planet – die erste Reise in seiner Eigenschaft als Lungenspezialist, als er von der sowjetischen Regierung gerufen worden war, um Lenin zu behandeln, und das andere Mal, historisch bedeutender, als er und mehrere andere sozialistische Mitglieder des italienischen Parlaments nach Rußland fuhren, um in die kurz zuvor gegründete Kommunistische Partei Italiens einzutreten.

Offensichtlich war dies eine Gelegenheit, die ich mir nicht entgehen lassen konnte. Zwei Wochen später erhielt ich einen offiziellen Brief und die üblichen Formulare des FBI, die auszufüllen waren, und wir fingen an, alles zu lesen, was wir nur finden konnten, um uns geistig und gefühlsmäßig auf ein Abenteuer vorzubereiten, das wir beide tief in unseren Herzen ersehnten und fürchteten. Hätte ich nicht mit *Panorama,* meiner bevorstehenden Ausstellung in der Galerie Naviglio in Mailand und dem Reifungsprozeß eines neuen Buches alle Hände voll zu tun gehabt, dann hätte ich wegen des langen Wartens auf ein Telegramm oder einen Anruf aus Washington ein elendes Leben geführt, aber die Tage zogen geschäftig dahin, bis es eines Morgens einen Anruf eines Herrn gab, den ich Harry Springer nennen will, des obersten Sicherheitsbeamten der amerikanischen Botschaft in Rom, der mich bat, ihn im Zusammenhang mit unserer Reise nach Rußland so bald wie möglich im Konsulat in Genua aufzusuchen.

Dort trafen wir uns ein paar Tage später in einem langen, sterilen Konferenzzimmer, das nach Bohnerwachs und kaltem

Rauch roch. Harry Springer war ein kleiner, bescheiden aussehender, dünnlippiger Südstaatler in einem dunkelgrauen Anzug, der an den Ellenbogen ein wenig blank war. Nachdem er langsam seine Aktentasche ausgepackt und die verschiedenen Inhalte ordentlich vor sich aufgestapelt hatte, nahm er einen Notizblock heraus und sah mich an, als erwartete er von mir, daß ich etwas sagte. Als ich das nicht tat, ersetzte er die randlose Brille, die er trug, durch eine mit einer schweren Fassung und sagte, ohne dabei den Kopf zu heben, so daß seine Augen auf den Notizblock geheftet blieben: „Name?" „Leo Lionni." „Lionni mit zwei *n*?" „Ja." „Wann und wo geboren?" Ich sagte es ihm. „Name des Vaters?" „Louis." „Mutter?" Und als er seine Befragung beendet hatte, schob er den Schreibblock von sich weg, lehnte sich in seinem Stuhl zurück, verschränkte die Arme und sagte mit der stählernen Stimme eines FBI-Anklägers: „1939 waren Sie Mitglied einer Organisation, die sich ,Für ein freies Griechenland' nannte. Stimmt das?" Einen Augenblick lang schaltete mein Gehirn ab. Ich versuchte, irgendein Bild hervorzubringen, aber es tauchte nichts auf außer dieser komischen Form, die am Bauch Europas herunterhängt – Griechenland. „Sehen Sie mal", sagte ich schließlich, „ich habe einer Vielzahl von Organisationen angehört, aber ich schwöre, daß ich, obwohl ich immer für ein freies Griechenland gewesen bin und auch immer sein werde, nichts über ein Komitee ,Für ein freies Griechenland' in Erinnerung habe. Ich weiß wirklich nicht, wovon Sie reden oder worauf Sie hinauswollen." „Sie waren im Vorstand", sagte Springer mit fester Stimme, seine Augen so scharf wie Nadeln. „Alles, was ich wissen will, ist: Wer war noch in diesem Vorstand?" Ich war sprachlos, aber nach einem Augenblick totaler Verwirrtheit fand ich mich wieder zurecht und wußte genau, was ich sagen mußte. Ich beugte mich vor und sah dem Mann direkt in die Augen. „Hören Sie", sagte ich, „wenn ich mich daran erinnerte, dieser Organisation ‚Freies Griechenland' angehört zu haben, würde ich es Ihnen sagen, aber ich erinnere mich nicht einmal, wie die griechische Regierung 1939 aussah. Lassen Sie mich eins ganz klarmachen: Ich werde Ihnen alles sagen, was Sie über mich wissen wollen, aber ich werde nicht über irgend jemand anderen reden."

Es war lange still. Dann nahm Springer die Papiere, die vor ihm lagen, öffnete seine Aktentasche und sagte, während er die Papiere langsam wegpackte: „Also, in dem Fall hat es keinen Sinn weiterzumachen." „Das ist Ihr Problem", sagte ich. Keiner von uns beiden gab nach. Dann sah er mich plötzlich an, als wäre er tief in Gedanken, und sagte: „Na gut. Prüfen wir mal die Akten über Ihre öffentliche Betätigung", worauf er die Papiere aus seiner Aktentasche zog und wir sie nacheinander durchgingen. Ich war erstaunt. Jede wichtige politische Versammlung, die ich je besucht hatte, stand da. Jede Organisation, der ich angehört hatte, war aufgelistet. Als er in einem bestimmten Moment den kurzen Artikel im *Daily Worker* vorlas, in dem berichtet wurde, daß Ben Shahn, Leonard Boudin und ich das „Notkomitee für bürgerliche Freiheiten" gegründet hatten, überfiel mich blitzartig eine Wehmut, und ich konnte meine Tränen kaum zurückhalten. Um die Mittagszeit herum beschlossen wir, in der Angelegenheit miteinander quitt zu sein. Mittlerweile mußte Springer wohl verstanden haben, daß ich nach ein paar unschuldigen revolutionären Neigungen, als ich noch in meinen Teenagerjahren gewesen war, nur wenige Grade links vom typischen wohlmeinenden liberalen New Yorker Intellektuellen gestanden hatte, und ich, auf meiner Seite des Tisches, war mir darüber klar geworden, daß Springer nur ein untergeordneter Regierungsangestellter war, der das tat, was man von ihm verlangte.

Als wir gerade auseinandergehen wollten, faßte ich ihn am Arm und sagte: „Mr. Springer, Sie können offen zu mir sein. Glauben Sie, daß ich bei so einer Aktenlage nach Rußland gehen werde?" Er überlegte einen Augenblick und sagte dann: „Offen gesagt, meine persönliche Meinung ist: Nein. Wenn es nach Paris oder Berlin ginge, dann vielleicht ja, aber Rußland ist ein zu sensibler Posten. Aber vergessen Sie nicht", fügte er ironisch lächelnd hinzu, „ich bin nur, was man einen Datensammler nennt. Die Entscheidungen werden von einem Bewerter getroffen." Noch am selben Abend schrieb ich Jack Masey eine lange Nachricht und teilte ihm mit, daß die Dinge wahrscheinlich deswegen so gelaufen waren, weil ich mich dummerweise geweigert hatte, ein paar Fragen auf dem FBI-Fragebogen zu beantworten. Ich bat ihn um Entschuldigung und wünschte ihm bei dem Projekt alles Gute. Das, so dachte ich, war's dann.

Die ersten Ausgaben von *Panorama* waren erschienen; ich hatte das Musterheft, an dem man experimentiert hatte, neu gestaltet, und die Zeitschrift nahm langsam Form an. Mit einem lockereren, offeneren Layout, großzügiger, aber mit weniger Illustrationen, und mit einem langsameren Rhythmus in der Abfolge der Artikel sah das Magazin allmählich so aus, wie eine Monatszeitschrift aussehen sollte: diskursiv, gehaltvoll, ein lesbarer Kommentar zu dem, was auf der Welt gerade geschah; aktuell und doch in gesundem Abstand zur wilden Aufregung des „Soeben-passiert"-Syndroms der Wochenzeitschriften. Und um die Ausstellung von dreißig meiner „imaginären Porträts" in der Galerie Naviglio in Mailand stand es gut. Die Eröffnung war mit vielen alten Freunden, einigen neuen Freunden und allen Verwandten gefeiert worden. Es war ein festlicher Abend. Am allerersten Tag kam ein alter Herr, den niemand in der Galerie kannte, herein und kaufte zwei Bilder. Als ich ihn am nächsten Tag in der Galerie traf, erzählte er mir, daß er nur Gemälde aus dem neunzehnten Jahrhundert sammle. Ich war viel zu überrascht, um ihn zu fragen, warum er meine gekauft habe.

Anfang September, als wir gerade die zwölfte Ausgabe von *Panorama* feiern wollten, erhielt ich einen Anruf von Hedley, der mit seiner Frau Dorothy in Paris Urlaub machte und fragte, ob Nora und ich sie in Sevilla treffen könnten, um ein paar dringende *Panorama*-Angelegenheiten zu besprechen. Trotz der bevorstehenden Ankunft von Gästen und anderen kleineren Komplikationen flogen wir nach Sevilla, und zwei Tage später trafen wir uns alle in der im maurischen Stil gehaltenen Eingangshalle des Hotels Palace. Kurz nachdem wir uns an einem Tisch auf der Terrasse niedergelassen hatten, zeigte Hedley mir einen Brief von Mondadori, in dem dieser in Worten, die praktisch einem Ultimatum gleichkamen, vorschlug, mich, der seine Aufgabe „ehrenhaft erfüllt" habe, durch Alberto Sechi zu ersetzen, den hochintelligenten und erfahrenen italienischen Herausgeber, der bereit sei, die Herausgeberschaft zu übernehmen. Hedley erzählte mir dann, daß er sich mit seinem Mitarbeiterstab und den Leuten in unserem Pariser *Bureau* beraten habe und allgemein Einigkeit darüber bestehe, daß sich in diesem Fall die Time Inc. aus der Partnerschaft zurückziehen würde. Er fügte hinzu, er habe Mondadori telegraphiert, daß er sich mit mir in Sevilla treffen wolle und dann die Entscheidung der Time Inc. bekannt geben würde. Darauf zeigte er mir einen Rohentwurf seiner Antwort, in der er klar darlegte, daß, falls ich gehen sollte, die *Time* das ebenso tun würde.

Nach einem ersten Moment der Bestürzung, die durch Hedleys liebevollen Humor sehr gelindert wurde, brauchte ich nicht lange, um mir bewußt zu werden, daß ja gerade weiter nichts passierte als das, was wir ursprünglich so verstanden hatten: daß mein Engagement bei der Zeitschrift befristet sein sollte. Der Brief kam nicht überraschend. Aufgrund des Getuschels unter den Kollegen hatte ich gespürt, daß irgend etwas im Gange war, aber ich war zu beschäftigt gewesen, um über die Gerüchte zu spekulieren, die wie Stubenfliegen um Mondadoris Büros herumflogen. Abgesehen von meiner Zuneigung zu meinem jungen Mitarbeiterstab und der engen Freundschaft mit meinem Stellvertreter, Fabrizio Dentice, ohne den es mir nie gelungen wäre, die Zeitschrift zusammenzustellen, fühlte ich mich ungeheuer erleichtert. Ich konnte endlich zu dem Leben zurückkehren, das zu führen ich mich entschlossen hatte, und meine ganze Zeit und Energie ins Malen und in die anderen Dinge stecken, die mir wirklich wichtig waren. Als der milde Abend mit einer phantastischen Paella voranschritt und in einem vorzüglichen *tablao flamenco* in der Eingangshalle des Hotels endete, ergriff mich eine Euphorie, wie ich sie nicht mehr erlebt hatte, seit ich vor drei Jahren aus dem Time & Life-Gebäude herausgekommen war. Ich hatte mich auf einen kurzen Urlaub in Andalusien gefreut, aber jetzt kehrten wir, begierig, wieder von dem Lebensstil Besitz zu ergreifen, den ich vorübergehend einem Experiment geopfert hatte, das mich, wie ich dachte, fest in italienischem Boden verwurzeln würde, zwei Tage später zurück, ich nach Mailand, um mich zu verabschieden und meine Sachen zu packen, und Nora nach San Bernardo, um sich selbst und das Haus auf die Rückkehr des verlorenen Ehemannes vorzubereiten.

Es war ein strahlender, klarer Tag, als ich Mailand verließ, aber ich war zu beschäftigt mit den „betriebsmäßigen" Einzelheiten meines Abschieds aus der Verlagsszene und mir des Symbolgehalts des Augenblicks überraschend wenig bewußt. Zwar hatte ich all dies schon vor ein paar Jahren durchlebt – und doch mein neues Leben schon bei der ersten Versuchung verraten. Aber jetzt lagen die Dinge anders. Was ich diesmal mitnahm, waren einige wenige Bücher und Zeitschriften und ein paar faktische Erinnerungen an unbedeutende Vorfälle, die meine Gefühle nicht berührt hatten. Damals hatte meine Entscheidung eine Umwälzung von riesigem Ausmaß verursacht – in Hinblick auf meine ganze Vergangenheit, mein

Im Studio von Porcignano

Gefühlsleben, meinen Lebensstil und die Sprache, in die ich
hineingewachsen war. Jetzt war ich, mit dem Fuß auf dem
Gaspedal, bereit, das sauber zu wischen, was ich geistesabwesend beschmutzt hatte. Es war ganz einfach: Der Geruch nach
Terpentin wartete auf mich, und ich war unterwegs.

Gegen Ende September, jener Zeit im Jahr, zu der ich normalerweise von plötzlichen unerträglichen Wellen der Nostalgie überrollt wurde – nicht Sehnsucht nach einem besonderen Ort oder Klang oder Geruch, sondern ein undefinierbarer Drang, irgendwo anders oder irgend jemand anders in einer fernen, aber erkennbaren Vergangenheit zu sein –, erhielt ich einen Brief von Jack Masey mit der Nachricht, daß wir für unsere Rußlandreise vom FBI grünes Licht erhalten hatten, daß aber die Russen unsere Bitte um Visa für Rußland abschlägig beschieden hatten. Wer hat da mein Schicksal gelenkt?

Die vielen Profile, die ich in den paar vorangegangenen Jahren gemalt hatte, hatten mich befreit von der Steifheit, dem manischen Zwang zur Wiederholung, der Obsession bei meinen früheren imaginären Porträts, das Gesicht immer von vorne zu malen. Meine Protagonisten starrten einen nicht länger aus der Mitte des ihnen zugewiesenen Raumes mit dem immer gleichen Ausdruck der Unnahbarkeit an. Die Profile mit ihrer größeren Kompositionsfreiheit in einem Raum, der sich erweitern ließ, erlaubten nicht nur eine größere Vielfalt der Komposition, sondern ermutigten zugleich, Leinwände verschiedener Größen und Proportionen zu benutzen. Ich

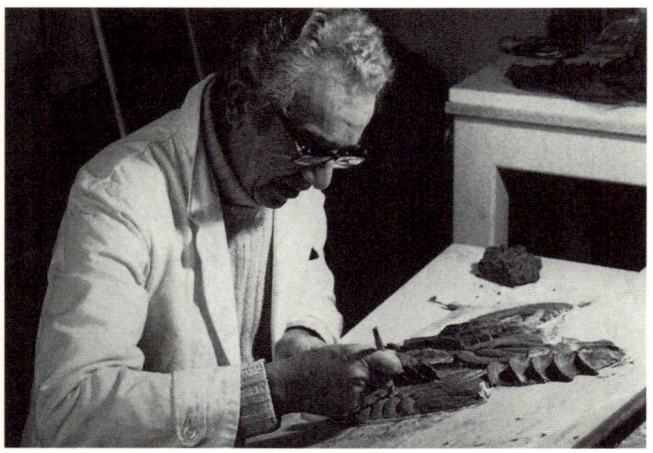

Beim Arbeiten mit Lehm

hatte auch alle Arten von Medien und Materialien erforscht, von Holz und Glas bis zu Elfenbein und Schildpatt und sogar Gold. Jetzt sehnte ich mich, obwohl ich es nicht wagte, das auch nur mir selbst einzugestehen, nach einer durchschnittlich großen Leinwand, und mich verlangte danach, mit der Arbeit an einem „normalen" Gemälde zu beginnen.

Zu meiner großen Überraschung fand ich im Keller eine nagelneue, 80 mal 200 Zentimeter große Leinwand aus belgischem Leinen, auf einen abgelagerten Vorkriegsrahmen gespannt; da sie hinter Stapeln von kleineren Leinwänden aufrecht gegen die Wand gestellt worden war, hatte ich sie bis dahin nicht bemerkt. Als ich sie mir genauer ansah, erinnerte ich mich, daß ich sie vor vielen Jahren gespannt hatte, zu der Zeit meiner ersten Ausstellung in New York, als ich mich an einigen großen, halb abstrakten Figurenkompositionen versucht hatte. Ich brachte sie ins Studio und stellte sie vertikal auf meine Staffelei, neigte sie leicht nach vorn, nahm mir einen Stuhl und setzte mich vor sie hin.

In diesen ersten Augenblicken hatte ich das Gefühl, daß die Leinwand fürchterlich groß war, so groß wie die Leinwand meines Gedächtnisses, auf die gerade Dias von berühmten Aktgemälden projiziert wurden: „Das Pelzchen" von Rubens, fast unanständig in seiner provozierenden Nacktheit, in Wien; jene Nackte von Goya in den Uffizien mit ihrem beunruhigend schönen grauen Seidenkleid; Cranachs knochige Eva, die ich mir im Museum von Philadelphia angeschaut hatte; die „Frau im Bad" von Bonnard, die ich im Museum of Modern Art gesehen hatte. Das war das letzte Bild, das vor meinem geistigen Auge vorüberzog; dann stand die Leinwand da, nackt, sehr weiß, wartend.

Ich glaube, daß Hände ihr eigenes Gedächtnis haben, denn in meiner leeren, pinsellosen rechten Hand spürte ich am intensivsten den Drang zum Malen, und trotz meiner Treue zum menschlichen Bildnis merkte ich, wie das Auge meines Geistes bedeutungslose Formen bildete, um mit ihnen die leere vertikale Fläche auszufüllen. Meine starke ideologische Verpflichtung dem menschlichen Bildnis gegenüber hatte meine gelegentlichen Flirts mit dem abstrakten Expressionismus immer davon abgehalten, diesen Grundglauben zu beeinträchtigen. Soweit ich mich erinnern kann, geschah es hier zum ersten Mal, daß ich ernsthaft versucht war, ein Bild sich eher frei aus dem Innern des schmerzlosen Prozesses als aus einem sorgsam geplanten Szenarium heraus entwickeln zu lassen. Und bevor ich mir dessen noch richtig bewußt war, hatte ich, der natürlichen kreisenden Bewegung meines Arms folgend, ein großes grünes Oval gezeichnet, das sich über die oberen zwei Drittel der Leinwand erstreckte. Ich setzte mich hin und blickte es lange an. Die grob umrissene Form besaß eine starke frontale Präsenz, aber sie deutete nichts an außer einem symmetrischen Oval, das verbindungslos in einem endlosen Raum flog oder schwebte. Um diesen primitiven Flugkörper zu stabilisieren, wählte ich die banalste Lösung: Ich zog einen dicken schwarzen Strich, der von der Mitte der Form direkt hinunter zur Mitte des Leinwandrandes verlief.

Ich wußte nicht, wie ich weitermachen sollte – vielleicht gab es ja auch gar kein Ziel –, und so ließ ich die Sache auf meiner Staffelei stehen und kehrte an den Zeichentisch zurück, wo ich gerade an einem Buch arbeitete. Aber jedes Mal, wenn ich mich im Studio umsah, konnte ich nicht umhin, den schockierenden Kontrast zu bemerken zwischen den kleinen, bescheidenen Porträts, die überall herumlagen, an der Wand lehnten oder hingen, jedes mit seiner eigenen Identität darauf wartend, daß es an die Reihe käme, angesehen zu werden, und dem großen grünen aggressiven Farbklecks, der in einem flachen weißen Nichts dastand wie eine Botschaft aus dem Weltall.

Dann fiel mein Auge eines Morgens zufällig auf einen kleinen schwarzen Fleck. Als ich ihn mir aus der Nähe ansah, merkte ich, daß es eine Fliege war. Ich verscheuchte sie mit der Hand, und dann sah ich einen Baum. Es war keine flüchtige Idee – es war eine anhaltende Vision. Sie existierte. Sie war da – klar, stark, endgültig. Sie ließ keine Wahl. Sie mußte gemalt werden. Und zwar augenblicklich.

Ich bereitete meine Palette vor und machte mich an die Arbeit. Ich arbeitete, bis von dem Himmel, den ich im Hintergrund gemalt hatte, das einzige im Studio verbliebene Licht ausging. Es war ein ferner, leuchtender Himmel mit einem leichten orangefarbenen Schimmer über dem kühlen Horizont – der Himmel Hobbemas, Ruisdaels, aller holländischer Maler, die zu dieser Nachmittagszeit ihre Kühe und Schafe um den dicken, knorrigen Stamm eines Baumes gruppierten, dessen Namen ich nie gelernt habe.

Jetzt setzte ich mich hin und sah. Und dann saß ich die längste Zeit da, ohne zu sehen, und schaute nur einfach. Und ich erkannte ein Gefühl wieder, das ich einmal als Kind gehabt hatte, als ich mich um die zweite Ecke herum in die P. C. Hoofd Straat vorgewagt hatte, wo in den Schaufenstern der Geschäfte Puppen standen und die Straßenbahn dahinrollte und Leute mit Hüten auf Fahrrädern fuhren und geradeaus sahen. Ich war weggelaufen.

War ich auch diesmal weggelaufen, jetzt aber, um nie zurückzukehren? So könnte es mir heute erscheinen, dreiundzwanzig Jahre nach diesem ersten vieldeutigen Abenteuer mit einem Baum, der weder in der Wirklichkeit noch in der Phantasie, sondern in einem unbestimmten Niemandsland dazwischen entstanden war, wo sich die Dinge irgendwie selbst zu erfinden scheinen.

Dies geschah zu einer Zeit, als ich hin und wieder an der Küste hoch nach Albisola fuhr und an einigen Keramiken arbeitete. Obwohl die Fahrt von Chiavari kaum zwei Stunden dauerte, war ich seit unserer Rückkehr aus den Vereinigten Staaten nur einmal da gewesen, und ich hatte das Zentrum des kleinen Kurorts schändlich heruntergekommen vorgefunden; es war voller kleiner Geschäfte, in denen nichts als Keramikschund verkauft wurde. Um von dem steigenden Touristenverkehr zu profitieren, hatten Amateurkünstler den Markt mit den dummen, kitschigen, übermäßig kolorierten Erzeugnissen eines Kunsthandwerks überflutet, das schon immer gefährlich an der labilen Grenze zwischen Bildhauerei und Malerei hin und her taumelte, jetzt aber auf eine noch nie dagewesene Stufe des schlechten Geschmacks herabgesunken war. Mit der erfreulichen Ausnahme meines jetzt schon ziemlich alten Freundes Mazzotti und einiger weniger befreundeter Künstler wie Lucio Fontana und Wilfredo Lam, die ihre Studios auf dem Lande in der Nähe hatten und für die niveauvollen Kunstmärkte von Paris, Mailand und London arbeiteten, gab der Zustand dieses Kunsthandwerks ein trostloses Bild ab.

Aber glücklicherweise gab es da Lele Luzzati, den ewig aktiven und optimistischen Serien-Designer und Illustrator aus dem nahe gelegenen Genua, dessen große Begabung, seine Freunde mit den unerschöpflichen Ergüssen seines multimedialen Talents zu begeistern, immer noch ungebrochen war. Und vor allem gab es immer noch Bianco und sein wunderliches altes Keramikstudio am Pozzo della Garritta, einer halb umschlossenen *piazzetta,* einer reinsten Kasba-Ecke mit ihrer Ansammlung kleiner weißgetünchter Häuser, jedes in einem anderen Stil und mit einer anders geformten Treppe, wo sich seit dem Ende des letzten Jahrhunderts nichts verändert hatte.

Biancos Studio bestand aus einem kleinen Haus, das ein Labyrinth winziger Räume war, wo jeder von uns allein arbeiten konnte mit der behaglichen Illusion, miteinander ein gemeinsames Ziel anzustreben; wo Gespräche meistens in gebrüllten Fragen und Antworten bestanden, die von einem kleinen Raum zum anderen hin und her flogen, als wären sie unabhängig von uns Keramikern, die wir durch unsere Konzentration auf die künstlerische Arbeit bewegungsunfähig gemacht waren.

Nach ein paar unglückseligen Versuchen, Keramikprofile herzustellen, hatte ich einige große hohle, birnenartige

Formen getöpfert, von denen jede einen einzigen losen Ball umfaßte, der perfekt gerundet und glatt, aber ein bißchen größer war als der Schlitz, durch den man diesen symbolischen Samenkern sehen konnte. Der Effekt war ziemlich geheimnisvoll; die Frage, die jeder stellte, war: Wie haben Sie bloß den Samenkern hineingekriegt, ohne die Hülle zu zerbrechen?

Die meisten dieser magischen Birnen waren mit dickem, körnigem Magnesium bemalt, eine Technik, die ich von Lele gelernt hatte. Das Magnesium kommt als erdiges und vieldeutiges dunkles Violett, auf dem es silbern aufblitzt, aus dem Ofen. Vielleicht war es dieses metallische Aufblitzen, das mich auf die Idee brachte, einige dieser Birnen in Bronze herzustellen. Sie schienen die richtigen Ausmaße für Objekte zu haben, die im Gras im Garten unter einem Baum oder auf einem großen Kaffeetisch liegen konnten. Es machte mir Spaß, hin und wieder mit den frivoleren Aspekten der Kunst zu spielen – eine Sünde, die uns Picasso, Miró und ihre Freunde zu achten gelehrt hatten. Von Calder ganz zu schweigen.

Ich wußte nichts darüber, wie man Metallplastiken anfertigte. Ich hatte nie eine Gießerei betreten und nur selten das Studio eines Bildhauers. Das war eine dieser Wissenslücken, in die Autodidakten während ihrer Karriere oft hineinstolpern. Ich beschloß, Arnaldo Pomodoro, einen der berühmtesten Bildhauer in Italien, um Rat zu fragen; da er ein Studio in Mailand hatte und ich ihn kannte, war das ein leichtes. Eines Tages besuchte ich ihn und zeigte ihm meine Birnen. Einen losen Ball in einer Fruchtform eingeschlossen zu gießen, schien ein unmögliches Unterfangen zu sein. „Warum bringen Sie diese Sachen nicht in meine Gießerei in der Nähe von Verona? Fausto hat für alles eine Lösung." Also fuhr ich eines Morgens nach Sommacampagna am Rande von Verona, einer meiner Lieblingsstädte in Norditalien, und traf mich mit Fausto Bonvicini in seinem Büro. Pomodoro hatte ihm Bescheid gegeben, und er erwartete mich schon. Als ich ihm die Birnen zeigte, sagte er einfach: „Was ist das Problem?" Ich legte ihm dar, daß ich wollte, daß sich der Samenkern frei drehen könne, wobei es aber unmöglich sein müsse, ihn aus dem hohlen Innenraum der Frucht herauszunehmen. Fausto lächelte mich beruhigend an. „Das ist leicht", sagte er. „Wir gießen sie getrennt, dann schneiden wir die Frucht auf, legen den Samenkern hinein, schließen sie, löten, und das ist alles." Und dann fügte er ein verlegenes „Möchten Sie die Gießerei sehen?" hinzu.

Fausto war ein kräftiger, stämmiger Mann, der in Rede und Gestik eine ruhige Selbstsicherheit ausstrahlte und in dessen Bewegungen eine bedächtige, feste Entschlossenheit lag. Als wir uns dieses erste Mal trafen, merkte ich, daß er mir sofort meine Befangenheit nahm, und als wir zur *sala dei gessi* gingen, hatte ich eine Empfindung, die ich jedesmal, wenn ich in den nächsten dreißig Jahren dort arbeitete, wiedererkennen sollte. Es war ein Gefühl, das sehr der überraschenden Gelassenheit ähnelt, die ich jedesmal empfinde, wenn ich gerade im New York Hospital in den Operationssaal gerollt werde. Auch dann überkommt mich ein unerklärliches (und verstandesmäßig nicht zu erfassendes) wohliges Gefühl, das ohne Zwei-

471

In der Gießerei mit Fausto Bonvicini

fel daher rührt, daß ich meinem Chirurgen alle Verantwortung übertragen habe, egal, was geschehen wird. Ich
wußte, daß, solange er oder Fausto da waren, überhaupt
nichts schiefgehen konnte.

Daß ich die Gießerei für mich entdeckte – die Bronze –,
die Zusammenarbeit mit intelligenten, einfühlsamen Arbeitern auf einer, wie ich naiv annahm, allseits gleichermaßen so
empfundenen Ebene von Würde, Engagement und Fröhlichkeit, beeinflußte mein Leben in vieler und bedeutender Hinsicht. Neben dem erregenden Erlebnis, auf einem neuen

472

Beim Arbeiten in der Gießerei

473

Drei Mondblumen in Venedig

Gebiet Wissen und Geschick zu erwerben, hatte ich in der Zusammenarbeit mit den Gießereiarbeitern mein privates kleines marxistisches Paradies entdeckt, die Freuden regelmäßiger Perioden der zeitweisen ehelichen Enthaltsamkeit und des Alleinseins und die Schönheiten Veronas und des Gardasees. Und neue Freundschaften. Aber über und vor all diesem unerwarteten Segen die Entdeckung einer der fruchtbarsten und schönsten Provinzen im Königreich der Kunst: der Bildhauerei. Ein Lebensalter nach meinem Meisterwerk *Drei kleine Pilze auf einer Unterlage* hatte ich ein neues Spiel entdeckt und eine neue Rolle, die sowohl anspruchsvoller als auch dankbarer war als jede, die ich zuvor gespielt hatte. Als ich in Verona auf die übliche Weise als Maestro Lionni vorgestellt wurde, merkte ich, daß man Skulpturen schon allein deswegen, weil sie Skulpturen sind, mit Respekt und Bewunderung behandelt, während Gemälde für den Lebensunterhalt arbeiten müssen.

Mehrere Monate waren nach meinem ersten Besuch in der Bonvicini-Gießerei schon vergangen, als ich mir bewußt wurde, daß ich während dieser ganzen Zeit keinen Pinsel in die Hand genommen hatte. Die Farben auf meiner Palette waren hart geworden, das Terpentin war verdunstet, die Staffelei – höchstes Symbol meines Engagements für die Malerei – war in die dunkelste Ecke meines Studios geschoben worden. Aber ich war nicht müßig gewesen. Der Zeichentisch, den ich kurz nach unserer Rückkehr aus den Vereinigten Staaten in Chiavari gekauft hatte, wies Anzeichen großer Aktivität auf. Er war bedeckt mit Hunderten von kleinen Federzeichnungen auf den Seiten eines ledernen Loseblatt-Notizbuchs, das mein ständiger Begleiter geworden war; nie verließ ich das Haus oder das Studio, ohne meine Taschen zu überprüfen aus Furcht, mich in einem Café in Mantua, einem Restaurant in Mailand oder sogar zu Hause in San Bernardo mit einer plötzlichen Idee für eine Skulptur, aber ohne ein anständiges Stück Papier wiederzufinden, auf dem ich sie hätte festhalten können.

Die Zeichnungen zeigten meistens etwas, das aus einiger Entfernung vielleicht wie gewöhnliche Sträucher, Blumen, Kakteenblätter und Zweige oder Teile von diesen ausgesehen haben mag, aber aus der Nähe betrachtet enthüllten sie die aufschlußreichen Einzelheiten von Organismen, die nur im Erdboden der Phantasie gewachsen sein konnten. Sie sahen so aus, als hätte man sie schon vor langer Zeit gezeichnet; die feine Schraffur, die bräunliche Nachfärbung der schwarzen Tusche und die unfertigen Ränder verliehen ihnen diesen Achtzehntes-Jahrhundert-Look gespannter Bewegungslosigkeit, den sich die Surrealisten und Dadaisten so geschickt angeeignet hatten. Vielleicht war es kein Zufall, daß es in Zürich, dem Geburtsort des Dadaismus, passierte, daß ich einen teuren Kugelschreiber mit einer Tinte gekauft hatte, die die Farbe alter Kupferstiche annehmen konnte, den dunkelgrauen Ton, der in den Falten jahrhundertealter Gewänder ruht. Mein visuelles Gedächtnis ist immer noch so perfekt wie Mutters musikalische Stimmlage, als sie weit über sechzig war: Manchmal sang sie ein hohes C, ging zum Klavier, und da war es. Mit meinem neuen Kugelschreiber konnte ich jedes imaginäre Objekt so überzeugend zeichnen und schattieren, daß man sich nicht nur sicher war, daß es existierte, sondern mit reeller Chance, genau richtigzuliegen, auch seine beabsichtigten Ausmaße erraten konnte. Paradoxerweise haben für mich, dem das Studio nie groß genug war, die etwa fünf mal siebeneinhalb Zentimeter großen Seiten meines Notizbuchs die idealen Ausmaße, um ein imaginäres Objekt aus einer Entfernung von einem Meter fünfzig bis einem Meter achtzig darzustellen. Ein größeres Blatt würde unnötige Details verlangen, während ein kleineres zu klein wäre, um das Objekt in seiner Identität heraufzubeschwören.

Jemand, der niemals das Gefühl erlebt hat, wie eine Sache heranreift und schließlich da ist und existiert, oder der nie Zeuge der Geburt von Dingen gewesen ist, würde niemals glauben, daß die Räume, in die unsere Phantasie uns versetzt, nicht größer als die Seite eines kleinen Notizbuchs sein müssen. Meine Arbeit wurde allmählich so sehr zu einer Obsession, daß ich in der ersten Begeisterung, in der Gießerei zu sein, nach Sommacampagna umgezogen wäre, hätte es da nicht meine Abhängigkeit von Nora und mein Bedürfnis nach ihrer Gegenwart gegeben. Die Arbeit meinen Lebensstil formen zu lassen, wäre nichts Neues gewesen; das hatte ich schon zuvor getan – leichthin, fast unmerklich, den schwierigen Pfaden der Anpassung und des Kompromisses folgend. Aber diesmal lag die Sache anders. Die Wahl lag nicht so sehr darin, vielleicht einen neuen Lebensstil anzunehmen, sondern eine neue Art des Fühlens zu leben. Meine Entdeckung der Bildhauerei hatte nicht stattgefunden, weil ich einem neuen

Medium, einem neuen Thema oder einer neuen Technik ausgesetzt worden war. Sie geschah wegen eines völligen Wandels meiner Art, die Dinge zu sehen. Es war, als hätten sich meine nebulösen Träume plötzlich verfestigt und als hätte sich das Zentrum meines Seins, der Kern meiner schöpferischen Energien, woandershin bewegt, weit weg von den Bequemlichkeiten übernommener Traditionen. Plötzlich war die Metapher, die die tragende Säule all meiner Realitäten gewesen war, nicht wiederzuerkennen: Die Bilder, die bisher *für* die Dinge *gestanden,* die Dinge *repräsentiert* hatten, waren zu den Dingen selbst geworden. Die Schatten hatten sich verfestigt, die Welt war nicht länger von etwas – sie *war.* Malerei war nicht länger das, was sie einmal gewesen war, das Erschaffen von Magie. Ich sah sie jetzt als Kurzschrift für Bildhauerei. Die neue Technik war mein Notizbuch, die kleine Seele meiner Träume, die jetzt feste Gestalt angenommen hatten. Der einsame Baum war das letzte meiner imaginären Porträts gewesen. Jetzt erhob sich eine andere „mögliche" Natur, *une nature autre,* auf der anderen Seite des Sees.

Die Wochen, die Monate flogen dahin. Es gab Tage der Lyrik und Tage der Prosa, aber der phantastische Wald, dessen wirkliche Dimensionen zu existieren aufgehört hatten und wo eine riesige Zeder nicht größer als das Haar einer Flechte sein konnte, wurde täglich vielfältiger und dichter. Bis zum Sommer 1972 waren das Studio, der Lagerraum und der Garten Welten, angefüllt mit botanischen Wunderlichkeiten, die auf ihre Alterspatina warteten, so daß sie zu den Festlichkeiten der Lebenden hinzukommen konnten.

In der Gießerei

479

Ich verbrachte Monate in der Gießerei, und im Oktober 1972 hatte ich meine erste Ausstellung in der Galerie Il Milione in Mailand – ein Raum für die Gemälde und Bronzen, der andere, viel kleinere für Zeichnungen und Drucke. Zwei Jahre später wurde das Ergebnis dieser dreijährigen massiven Arbeit, dreier Jahre der Konzentration und Ausarbeitung eines Themas, in der Baukunst-Galerie in Köln gezeigt und die gleiche Ausstellung, nur um einige Exponate verringert, fünf Jahre später, 1977, in der Galerie Staempfli in New York. Die große Bronze *Drei Mondblumen* stand auf dem *campo* vor dem Hotel Gritti als Beitrag zur internationalen Skulpturausstellung, die sich über die ganze Stadt Venedig verteilte. Ich hatte ein neues Spiel für mich erfunden, vielleicht das aufregendste Spiel von allen.

Da ich zusammen mit Erberto Carboni und Albe Steiner – beide, wie ich selbst, Designer der alten Garde – auch noch für eine der Ausstellungen auf der Biennale für Experimentelle Graphiken verantwortlich zeichnete, spürte ich ein großes Bedürfnis nach einer Ruhepause, und da ich gelernt hatte, daß die einzige Möglichkeit, sich auszuruhen, darin lag, eine völlig andere Umgebung zu finden, beschloß ich, für zwei Flamenco-Wochen nach Spanien zu gehen.

Die Finca Espartero ist ein einfaches dreistöckiges Gebäude in dem engen Tal, das sich zwischen den hügligen Olivenhainen ein paar Kilometer südlich von Morón de la Frontera und fünfundsiebzig Kilometer südlich von Sevilla hinzieht. In den Jahren, in denen ich zu zwei- oder dreiwöchigen Flamenco-Trainingskursen dorthin fuhr, waren die Besitzer Don Pohren, ein amerikanischer Amateurgitarrist, und seine spanische Frau, eine Ballettänzerin, die Flamenco-Tanz unterrichtete. Was mich und vier oder fünf andere zur *finca* hinzog, war, daß Morón das Zentrum des, wie ich ihn nennen würde, harten Flamencos war, des noch nicht von Jazz und südamerikanischen Melodien und Rhythmen verdorbenen Flamenco.

Don hatte die *finca* zum Hauptquartier des harten Flamenco gemacht, dessen unbestrittener Meister ein *gitano* in meinem Alter war, ein gutaussehender Mann, der der Direktor der örtlichen Zweigstelle der Banco de España hätte sein können, dessen Name, Diego el del Gastor, aber jedem gutinformierten Liebhaber des Flamenco einen Schauder über den Rücken laufen ließ. Ich glaube, daß Don so etwas wie ein Agent für die *gitanos* war, die in Morón wohnten und von denen die meisten professionelle Musiker waren. Er sorgte dafür, daß Schallplatten gemacht, Artikel veröffentlicht und Konzerte organisiert wurden. Für mich, seinen zahlenden Gast, arrangierte er Unterricht und organisierte *juergas* – Partys mit Flamenco-Künstlern – auf der Terrasse der *finca* und Fahrten nach Jerez, wo es in der Nähe des Schlachthofs hinten im Café einen Raum gab, in dem nach Vereinbarung zwei alte Sänger ihre Kunst vorführten, die in der Tradition des harten Flamenco standen und von dem *tocador* Diego el del Gastor begleitet und angespornt wurden. Nichts auf der ganzen Welt war exotischer als das exklusive Privileg, mehrere Stunden in dem kleinen Raum über der einzigen Bar der Stadt zu sitzen und zuzuschauen und zuzuhören, wie Juanito, einer der Neffen von Diego, auf seiner Gitarre eine *falseta* übte, bis ihm die Fingerspitzen bluteten. Das Wichtigste, was ich in Morón lernte, war, daß man sogenannte Improvisation mit derselben beharrlichen Disziplin und harten Arbeit meistert wie jede andere musikalische Form.

Ich habe nie wirklich verstanden, was mich veranlaßte, Flamenco zu lernen, was diese Leidenschaft auslöste, die mich manchmal stundenlang auf einem unbequemen Stuhl festnagelte, mich besorgt hielt über den Zustand meiner Fingernägel und für die ich fast soviel Zeit aufwandte wie für das Malen. Ich habe nie jemanden seine Flamencomanie rational erklären hören. Vielleicht ist das, was alle Leidenschaften miteinander gemeinsam haben, der Umstand, daß ihre Ursache niemals klar ist. Während ich ein Dutzend Gründe für jedes der unbedeutenderen Hobbys angeben kann, das mir die Bürde meines täglichen Lebens erleichtert hat, bin ich ratlos, wenn ich meine Liebe zu Indien, meine Liebe zum Flamenco, meine Liebe zum Fliegenfischen rational erklären soll. Es war Ed Zern, der mir die Ohren für den Flamenco öffnete, und doch fällt mir niemand ein, der weniger geeignet gewesen wäre als er, mir die Grundlagen dieser streng disziplinierten Kunst beizubringen. Ebensowenig hätte ich je vorhersehen können, daß der Flamenco für Brook, Eds und Evelyns Sohn, dessen Flamencomanie professionelle Höhen erreichte, zur großen Leidenschaft seines Lebens werden würde. Noch kurioser ist es vielleicht, daß Ed in gewisser Weise auch für meine Angelleidenschaft verantwortlich war. Ich frage mich, ob dabei nicht vielleicht meine Bewunderung für ihn in meiner frühen Zeit in Philadelphia eine Rolle gespielt haben könnte. Es gab etwas ungeheuer Verführerisches an Ed – an der Art seiner Intelligenz, an seiner wagemutigen Egozentrik, seinem Humor und der Weise, wie er seine Verwundbarkeiten enthüllte, alles Wesenszüge, die so anders waren als meine eigenen. Er hatte eine kultivierte Macho-Qualität an sich, um die ich ihn beneidete. Das erinnert mich plötzlich an meine Gefühle für Onkel Piet – dasselbe Gefühl der Dankbarkeit dafür, daß er mir vom Thron seiner Stärke und Unabhängigkeit herab die anmutigsten Blumen reichte.

PAOLO

Ich kann mich nicht erinnern, wann Paolo starb. War es vor fünf Jahren? Vor fünfzehn? Ich kann mich kaum an den Ort erinnern. Florida? Kalifornien?

In dem Augenblick, in dem ich mir diese Fragen stelle, friert mir der Geist ein. Ich habe schon früher versucht, über ihn zu schreiben, aber jeder Versuch endete in einem Fehlschlag und in sinnlosem Schmerz. Die bruchstückhafte Geschichte seiner plötzlichen Aufbrüche zu und seiner jeweils unerwarteten Rückkehr aus seinen geheimen Welten hat Paolo wie unwirklich zurückgelassen, unleserlich, ein abgebrochenes, in Fetzen gerissenes Manuskript.

Unten im Lagerraum gibt es einen kleinen Metallkoffer voller Sachen von ihm – Probeabzüge, Postkarten, Poetisches, Porträtbilder, Pamphlete. Paolo würde sagen: „Siehst du? Schau dir all diese Wörter an, die mit *P* beginnen. So etwas passiert mir die ganze Zeit." Innerhalb einer Welt der Logik und des Konformismus sah er in seinen erfundenen Universen immer seltsame Verbindungen. Er glaubte an Wunder – in seinen unberufenen Visionen. Und weil er ein Dichter war, glaubte er an noch unbenannte Worte.

Ich habe versucht, die Sachen, die er hinterlassen hat, in ein System zu bringen, sie sauberzumachen, sie auf irgendeine Weise zu ordnen, aber ohne ihr kleines privates Chaos, ohne ihren Geruch nach Staub, Rauch und Schimmel frieren auch sie ein, wie mein Gedächtnis, verlieren ihren besonderen

Sinn, verlieren seine Persönlichkeit. Am zwanzigsten Juni werde ich sie verbrennen und die Asche dicht an sein Grab unter die Zypressen stellen.

Und vielleicht wird jemand diesen Brief lesen, den ich über die Tage vor seinem letzten, endgültigen Aufbruch an seine Familie und Freunde geschrieben habe.

Ich bin gerade aus Clearwater am Golf von Mexiko zurückgekehrt, einem der vielen populären Urlaubsorte an der Küste Floridas, die zu dieser Jahreszeit gesegnet ist mit einem herrlichen Klima, weißen Stränden, einem ultramarinblauen Meer, einem außergewöhnlichen Licht und den Flügen von Möwen, Pelikanen und Reihern. Leider haben Bungalows, Restaurants, Parkplätze, Pizzerias, Hotels, Motels und Tankstellen, die sich alle wild vermehren, dieses natürliche Paradies wie so viele andere rund um den Erdball verdorben.

Paolo und Jane haben glücklicherweise eine Wohnung in einem der wenigen ruhigen, ordentlichen Stadtteile gefunden, die Freunden gehört, die selten hinfahren. Sie ist elegant, komfortabel und liegt im fünften Stock mit einem phantastischen Blick über den Golf und das Festland bis zu den überfüllten Stränden der Insel, auf der wir während unseres Aufenthalts hier wohnen. Paolo und Jane können auf unbegrenzte Zeit in dem Apartment bleiben. Was für ein Glück! Das macht bei diesen tragischen Umständen alles so viel leichter und ein wenig erträglicher.

Paolos Zustand hat sich rascher verschlechtert, als wir erwartet hatten. Seit ein paar Wochen ist der Tumor auch in die rechte Lunge vorgedrungen. Das macht ihm das Atmen schwer und schmerzhaft. Er hat seine Unterhaltung auf nur wenige wesentliche Worte reduziert,

Paolo

aber wenn sein Geist klar ist, verlangt es ihn so stark wie immer danach, sich mit philosophischen, literarischen und politischen Problemen auseinanderzusetzen. Er weiß, daß er krank ist, aber er glaubt, daß es sich nur um eine vorübergehende Schwäche handelt und daß er im Monat Juni in Porcignano sein wird oder in Philadelphia wegen eines großen Projekts des Zentrums für Mittelalterliche und Renaissance-Studien oder in New York. Er fragt Jane oft, ob die Wohnung in Philadelphia fertig ist, und wenn sie ja sagt, ist er zufrieden. Er lebt in einem Niemandsland zwischen Realität und Phantasie, mit unvorhersehbaren Ausflügen in diese oder jene.

All dies hat eine zutiefst tragische Seite, aber es macht das Leben mit ihm doch leichter, da es der Beweis dafür ist, daß er weniger leidet, als man erwarten würde. Sein Gesicht hat sich nicht verändert, aber er ist unglaublich dünn.

Obwohl wir keine Illusionen haben und der Schmerz unverändert ist, leiden wir weniger Qualen als vor einem Jahr. Die meiste Zeit sitzt er in seinem Bett, und sein Kopf ruht auf den Knien – dies ist offensichtlich die Position, die ihm das Atmen leichter macht. Er hustet ständig. Das ist für die, die ihn besuchen kommen, das Bestürzendste, aber nach einer Weile wird man sich der überraschenden Tatsache bewußt, daß das Husten keine Schmerzen verursacht. Was ihn am meisten plagt, ist, glaube ich, seine Ruhelosigkeit.

Als wir ankamen, hatte er sich ein paar Wochen lang nicht rasiert. Er sah sehr gut aus. Vor wenigen Tagen hat er sich rasiert, und jetzt ist sein Gesicht mehr oder weniger so, wie wir es in Erinnerung hatten. Seine Augen sind vielleicht weniger lebhaft, aber das ist die Wirkung des Kodeins, das man ihm als Schlafmittel gibt. Die Ärzte stellen offensichtlich keine Prognose. Es kann ein paar Wochen oder ein paar Monate dauern, aber wir sind alle der Meinung, daß sein Leben nicht unnötig verlängert, sondern ihm so angenehm wie möglich gemacht werden soll.

Jane ist eine erstaunliche junge Frau und hat unsere ganze Bewunderung. Paolo ist, wie viele schwerkranke Menschen, sehr anspruchsvoll und verlangt volle Aufmerksamkeit. Jane ist zu seiner Sklavin geworden. Sie hat keine Sekunde für sich. Als wir ankamen, war sie mehrere Wochen lang nicht einen Augenblick von seiner Seite gewichen. Sie verläßt niemals das Haus und selten das Zimmer, und sie sah total ausgelaugt aus. Jetzt, da wir hier sind, besonders Nora,

scheint alles etwas leichter zu sein. Wir machten Jane begreiflich, daß
sie auf sich selbst achtgeben müsse. Sie haben ein Krankenbett und
einen Rollstuhl gekauft, und von morgen an sollte täglich drei oder vier
Stunden lang eine Krankenschwester dasein.

Mannie, der heute in Clearwater ist, ist uns eine große Hilfe. Bevor
wir Paolo in diesem Zustand sahen, war unser Kummer sogar noch
größer. Es war schlimmer, als wir allein mit unseren Vorstellungen in
New York waren. Die Tatsache, daß er keine Schmerzen leidet und
daß er sich seines ernsten Zustands nicht bewußt ist, bedeutet für uns
eine große Erleichterung.

Verzeiht mir, wenn ich nicht jedem einzeln geschrieben habe, aber
die Gründe sind offensichtlich. Ihr wißt, daß wir an jeden von euch
persönlich denken, und so lieben und umarmen wir euch.

In einem Augenblick der Klarheit sagte Paolo neulich zu uns: „Ich
habe zwei große Schlachten gewonnen, die eine gegen das Heroin und
die andere gegen den Krebs." Sein Glaube hilft ihm sehr, und wir sind
dafür auch dankbar, selbst wenn wir als Atheisten ihn für sehr exo-
tisch halten. Jeden Tag kommt jemand (der bei den Scientologen so
etwas wie die Funktion eines Psychologen hat) und spricht mit ihm,
und das hilft ihm anscheinend sehr.

Er fühlt sich mit der Familie stark verbunden und fragt oft nach
jedem von euch. Er erwähnt ständig seine Liebe zu Europa im allge-
meinen und zu Italien und Porcignano im besonderen. Wir werden
ihn dorthin auf den kleinen Friedhof von Coltibuono bringen, wo wir
ihn gemeinsam zur Ruhe legen werden.

Seid ganz herzlich gegrüßt.

Als wir in der McCallum Street in Philadelphia wohnten, kam zweimal die Woche eine Frau zum Saubermachen. Ihr Name war so rund und stark wie sie selbst: Beulah. Beulah war kolossal; sie muß wohl an die einhundertundfünfzig Kilo gewogen haben. Obwohl sie so schwarz war wie Mahagoni, erinnerte sie mich an meine Oma. Beiden war der gleichmäßig langsame Schritt gemeinsam, die elementare Rationalität und, bei Kindern, die ihnen so leicht zufallende Autorität, die sie ausübten, indem sie sich bloß mit der ganzen Fülle ihrer Körpermasse aufrichteten.

Beulah liebte die Jungen, und beide liebten sie, aber für Paolo hegte sie besondere Gefühle. Wenn sie von ihm sprach, dämpfte sie leicht ihre Stimme, als hätte sie tief drinnen in seiner Seele eine geheime Zerbrechlichkeit entdeckt, die niemand außer ihr vermutet haben könnte, eine besorgniserregende Wunde, die sie heimlich in Ehren hielt wie ein schwarzes, wurmzerfressenes Totem.

Eines Morgens nach dem Frühstück mit den Kindern, als wir die Treppe hochgingen, um uns vollständig anzukleiden, trafen wir Beulah, wie sie auf dem Treppenabsatz auf uns wartete.

„Sehen Sie mal", sagte sie und hielt uns ein zusammengeknülltes Stück Papier hin mit etwas drin, was so aussah wie Zigarettenkippen, „das habe ich in Paolos Zimmer hinter dem Aquarium gefunden."

Ich war geschockt. „Zigarettenkippen?" Paolo konnte zu der Zeit nicht älter als sechs oder sieben gewesen sein.

„Genau das sind sie, Mister El."

„Sie wollen sagen, daß Paolo raucht?" sagte Nora. „Seien wir mal nicht so voreilig – Kinder sammeln alles mögliche auf."

„Mister El, auf dem Boden lag Asche."

Ich nahm die Kippen, und wir gingen ins Schlafzimmer. Nora warf sich aufs Bett. Ich ließ mich in einen Sessel fallen und hörte ganz benommen, wie sie schluchzte. Plötzlich erinnerte ich mich. „Mein Gott!" rief ich. „Was?" sagte Nora und trocknete sich die Tränen. „Das ist ja unglaublich! Letzte Woche hat Paolo mich gefragt, ob er rauchen dürfe. Ich hatte gerade im Radio gehört oder irgendwo gelesen, daß es keinen Zweck hat, Kindern das Rauchen zu verbieten. ‚Lassen Sie sie es probieren', hieß es, ‚sie werden sich hundeelend fühlen und nie wieder rauchen wollen.' Bewaffnet mit diesem magischen Heilmittel habe ich Paolo gesagt, daß das sein Problem sei. ‚Wenn du tüchtig krank werden willst, dann geh nur und rauche.'"

Ein paar Wochen später wollte ich gerade in die Werkstatt fahren, um die Bremsen überprüfen zu lassen, als ich meinte, hinter einem Baum auf der anderen Straßenseite Paolo und einen Freund zu sehen, wie sie sich Zigaretten ansteckten. Ich redete mir ein, daß sie es gar nicht waren, und sagte nichts.

Eine Vorahnung? Im Rückblick läßt sich etwas leicht voraussagen.

Paolo starb am 6. April 1985.

PORCIGNANO

Vielleicht war es ein Fehler gewesen, San Bernardo unser „Haus für alle Zeiten" zu nennen, ohne dabei Raum zu lassen für das übliche *scongiuri*. In Ländern, wo man jede Bemerkung, mit der man sich zu etwas beglückwünscht, magisch beschwören muß, muß man gewisse jahrhundertealte Riten respektieren. Auf Holz zu klopfen, wo die meisten Häuser aus Stein gebaut sind, ist einfach nicht verläßlich. Wahr oder nicht, 1966 begann sich die Nachricht zu verbreiten, daß unsere Riviera bald mit einer super *autostrada* gesegnet sein würde, die einen Reichtum, den man sich kaum träumen ließe, in die Region bringen würde. Aus offiziellen Quellen begannen leise Propagandameldungen zu tröpfeln: Die Straße würde ein duftendes Band exotischer Blumen entlang des Meers von Genua bis Neapel werden. Lärm? Neue Baumaschinen seien entwickelt worden, die den Lärm nicht nur verschlucken, sondern ihn, nachdem sie ihn verschluckt und verdaut hätten, in Form von Musik ausstoßen würden. Und die Ladenbesitzer waren höchst aufgeregt, als sie hörten, daß jedes Dorf entlang der Küste seine eigene Ausfahrt haben würde, so daß die Mailänder Bleichgesichter, vom Nebel und Regen noch naß, anhalten und ihre Ferraris mit örtlichen Leckerbissen volladen könnten. Pessimisten waren gefährliche Nihilisten, und die Lehren, die sich im Laufe von zwanzig Jahren Faschismus entwickelt hatten, wurden erneut als gefährlicher Defätismus betrachtet. Niemand bekämpfte das

Projekt ernsthaft. Wir, eine kleine Gruppe ökologiebewußter Architekten, und die örtlichen Linksparteien schlossen sich zu einer Gruppe zusammen, die eine weitaus billigere und ökologisch sinnvollere Streckenführung weiter landeinwärts vorschlug, die unterentwickelten Gebieten Arbeit gebracht und die Küste verschont hätte. Das Endergebnis war ein Kompromiß: Die *autostrada* würde halbwegs zwischen der geplanten Küstenroute und der von uns vorgeschlagenen entlangführen und damit genau mitten durch unser Besitztum verlaufen. Das war das Ende von San Bernardo.

Wir waren sehr niedergeschlagen und uns dabei nicht bewußt, daß das Schicksal, wie bei so vielen Ereignissen in unserem Leben, schon eine spektakuläre Revanche vorbereitete. Es geschah ein paar Jahre später in Paris, als wir auf dem Gang eines Hotels in Saint-Germain Freunde aus Mailand trafen, die Stucchis, die bedeutenden Landbesitz mit einem Dutzend Bauernhöfen und dem berühmten mittelalterlichen Kloster Coltibuono zwischen Florenz und Siena hatten. Als wir ihnen von unserer mißlichen Situation erzählten, schlugen sie uns vor, ein Wochenende bei ihnen in Coltibuono zu verbringen, wo sie einige verlassene Bauernhöfe zum Verkauf anböten mit alten Bauernhäusern, die, wenn sie erst einmal wiederhergerichtet wären, wunderbare Wohnhäuser in einer der prächtigsten Landschaften Italiens abgeben würden.

Ich erinnere mich noch gut an das erste Mal, als ich Porcignano sah, etwa einen Monat nach unserer Pariser Begegnung mit den Stucchis. „Fangen wir beim Schönsten an",

Das Studio und das Haus in Porcignano

An unserem Fenster

hatte Piero gesagt, als wir das Kloster beim schlimmsten Gewitter verließen, das ich je erlebt hatte. „Sie glauben nicht an
Crescendos?" wagte ich einzuwerfen. „Nicht in diesem Fall",
sagte Pietro, als er in die Straße nach Radda einbog und schon
bald langsamer in einen Weg hineinfuhr, der zum Hang über
dem Tal hinunterführte. Er parkte dort an einem Holzkreuz
und ging los, gegen den peitschenden Regen nach vorn gebeugt. Ich folgte ihm und konzentrierte mich auf Schlag-
löcher im Weg und hin und wieder einen Stein.

„Bleiben wir hier stehen, wo Sie das ganze Tal sehen können", sagte er. „Der Besitz beläuft sich insgesamt auf ungefähr
zwanzig Morgen Wald und jene drei Hügel dort mit den
Weingärten." Der Regen hatte aufgehört, und mehrere
Flecken strahlend blauen Himmels hingen über den Hügeln

und nahmen andere Formen an, als sich neue, dunklere Wolken zusammenballten. Stucchi rief: „Weiter unten, wo die kleine Zypresse steht, kriegen Sie die gesamte Aussicht, Radda eingeschlossen, knapp zehn Kilometer von hier."

Schließlich umfaßte ich mit den Augen den gesamten Besitz. Er lag da, ruhig wie ein alter Garten, der jetzt eine verlassene Landschaft ist, eine in einem Fjord verankerte Insel. Plötzlich kam neckisch langsam die Sonne mit dem ganzen Glanz einer Diva hinter einer Wolke hervor. Ich hielt weiter Ausschau nach den Gebäuden, aber dunkle Schatten mit scharfen Rändern zogen rasch von einem Busch zum andern. Bei meiner Suche, die Gebäude ausfindig zu machen, schwenkt die Erinnerung zum nächsten Mal, als wir Porcignano sahen, und zum dritten Mal – als wir mit einer kleinen Gruppe von Leuten da waren, unter denen sich der Notar aus Siena befand, der gerade die Landvermessungskarten für den Vertrag vorbereitete.

KUKAI

1981 wurde mir der Preis der Japan-Stiftung für die japanische
Ausgabe der *Parallelen Botanik* verliehen. Er bestand aus einer
dreiwöchigen, völlig kostenlosen Japanreise mit Nora und
einer Reiseführerin, die sich zu unserer großen Freude als unsere japanische Freundin Mie Uchida herausstellte, die in den
Vereinigten Staaten studiert hatte und fließend Englisch
sprach. Sie war es, die die amerikanische Ausgabe des Buches
entdeckt und veranlaßt hatte, daß sie ins Japanische übersetzt
und unter ihrer Aufsicht bei Kowsakusha veröffentlicht worden war, dem unaussprechlichen Verlag, für den sie arbeitete
und den der junge Philosoph Seigow Matsuoka gegründet
hatte und leitete.

Ich erinnerte mich noch lebhaft an meine erste Begegnung
bei einem früheren Besuch in Japan mit diesem exzentrischen
Intellektuellen, der immer mit erstaunlichen Verbindungen
zwischen den ästhetischen Zielen der westlichen Avantgarde
und den uralten östlichen Traditionen aufwartete. Ich hatte
schon eine halbe Stunde in seinem Büro gewartet, bevor seine
Sekretärin eintrat und verkündete, daß Matsuoka-san angerufen habe und ausrichten lasse, er sei bereits unterwegs. Zehn
Minuten später brachte ein Assistent die Botschaft, daß er gerade das Gebäude betreten habe und in Kürze bei mir sein
werde, und nach weiteren fünf Minuten trat Matsuoka, nachdem im Korridor eine große Aufregung vorangegangen war,
langsam und feierlich mit tiefer Verbeugung ein. Ohne dabei

In Japan – Matsuoka sitzt mir gegenüber.

ein Wort zu sagen, ging er so ungefähr in meine Richtung, bis
er mir gegenüberstand. Dann richtete er sich auf, blickte mich
ausdruckslos an, warf sich mit vorgestreckten Armen mir
direkt zu Füßen und blieb, bewegungslos und ohne zu atmen,
eine beunruhigende und peinliche Minute lang in dieser Lage,
bevor er schnell aufstand, lächelte, mir die Hand schüttelte und
auf die herzlichste ungezwungene amerikanische Art sagte:
„Willkommen in Japan! Was für eine Freude, Sie zu sehen!"

Diesmal trafen wir uns als alte Freunde und bedienten uns
zum Mittagessen in seinem Büro von einer unvergeßlichen
Garnitur sehr großer Schalen, die ohne Ende kleine eßbare Geheimnisse bereithielten. Und es geschah während des Mittag-

essens, daß er ein zweitägiges ununterbrochenes Gespräch mit mir vorschlug. „Es gibt so viele interessante Dinge, über die mit Reo-san zu reden ist!" sagte er zu Nora. Hatte die Nachricht, daß ich unfähig bin, nein zu sagen, die Gestade Japans erreicht? Das Ergebnis war, daß mich Matsuoka, bevor wir auf unserer Reise nach Süden aufbrachen, zwei volle Tage vor einem Mikrofon festhielt; die schriftliche Fassung der Unterhaltung erschien in einem Buch mit dem Titel *Das Buch von ma*. Es enthält mehrere Fotos von uns beiden, wie wir gerade miteinander reden, plus einige Kritzeleien, die sich wohl irgendwie auf das Thema beziehen müssen. Obwohl der Begriff *ma* einem westlichen Menschen fast nicht zu erklären ist, meinte ich damals stolz, eine leise Ahnung gewonnen zu haben, was er bedeutet, aber jetzt muß ich gestehen, daß ich wirklich nicht weiß, worum es in diesem Buch, an dem ich mitgewirkt habe (und das mir natürlich lieb und teuer ist), überhaupt geht.

Mie hatte Verabredungen mit verschiedenen Persönlichkeiten getroffen, die am kulturellen Himmelsgewölbe Japans eine bedeutende Position einnahmen und von denen sie dachte, daß ich daran interessiert sei, sie kennenzulernen. Wir tranken Tee mit einem achtzigjährigen, mit dem Titel „Nationales Juwel" geehrten Avantgarde-Dichter, der *Parallele Botanik* gelesen hatte und mir seine erstaunliche Sammlung von achthundert verschiedenen Kakteenarten zeigen wollte. Wir sahen zu, wie ein anderes „Nationales Juwel" und darüber hinaus ein „Genialer Pinsel", einer der berühmtesten Kalligraphen Japans, eine junge zarte Frau lehrte, wie man genügend zornige Energie aufbaut, um mit einem einzigen unheilvollen Pinselstrich ein ganzes westliches

Alphabet zu enthaupten. Wir trafen uns mit dem Architekten Isozaki und seiner Frau, einer Bildhauerin, die ich von ihren Ausstellungen in der Galerie Staempfli in New York her kannte, wo sie ihre elegante, in der Luft schwebende Kalligraphie zeigte, wundersam dünne und fein ausbalancierte Formen aus Stahl. Und natürlich hatten wir ein Abendessen mit Shuntaro Tanikawa, dem führenden modernen japanischen Dichter und Übersetzer einiger meiner Kinderbücher, den wir von einer früheren Reise her kannten. Es war eine glückliche und faszinierende Woche.

Ich habe keine Erinnerung an die genaue Route unserer Reise, aber ich weiß, daß wir viele geruhsame Tage in der Gegend um Kioto und Nara verbrachten und dort noch einmal die Tempel, Paläste und örtlichen Sehenswürdigkeiten besuchten, die, obwohl sie uns schon vertraut waren, jedesmal, wenn wir zu ihnen zurückkehrten, zu ein paar neuen, unerwarteten Entdeckungen führten. Bei diesem unserem dritten Besuch in Japan hatte ich beschlossen, mich in erster Linie auf die traditionellen Formen der japanischen Architektur zu konzentrieren, die mir so stark in meinem visuellen Gedächtnis geblieben waren und jetzt sehr viel eingehender studiert werden konnten. Aber wieder einmal wurden meine guten Absichten von meiner Begeisterung zunichte gemacht. Ich war so überwältigt von der Schönheit der Gebäude, die ich zuvor nicht gesehen hatte, so bewegt von der Kraft der ihnen innewohnenden Poesie, daß ich an Erinnerungen und Sehnsucht reicher, aber so unwissend wie zuvor nach Hause zurückkehrte.

Ich werde Mie immer dafür dankbar sein, daß sie Koyasan mit auf unseren Reiseplan gesetzt hatte. Es ist ein Dorf am

Das Studio von San Bernardo – die Tür der Erinnerungen

Fuße des Berges Koya im bergigen Hinterland von Wakayama, das sich rühmen kann, an die hundert Tempel und den großartigsten Friedhof in Japan zu besitzen. Aber sein bedeutendster Schatz ist Kukais Grab – Kukai, der Begründer der japanischen Form des esoterischen Buddhismus, ein Heiliger, Gelehrter, Maler, Architekt, Eremit, Erfinder und großartiger Kalligraph. Ich finde es außerordentlich schwierig, meine Faszination von Kukai zu beschreiben und zu erklären, der schon allein meinen Japanbesuch erinnerungswürdig genug gemacht hätte wegen der sowohl leichten als auch schweren Geschenke, die er mir machte, und wegen der Geheimnisse, die er enthüllte.

Frage mich niemand, was esoterischer Buddhismus ist. Ich leide unter einer angeborenen Verständnislosigkeit gegenüber spirituellen Phänomenen und weiß wenig über die ihnen unterstellte Macht, ihre metaphorische Bedeutung und ihre moralische Funktion. Aber fasziniert von den Worten und Riten aller Religionen, rühren mich sehr leicht der Schmerz, die Existenzangst und die Leidenschaft flehender Massen. Wegen meiner Fabeln fühle ich mich in der Welt des Imaginären, des Es-war-einmal, frei und ungezwungen, und wenn ich manchmal plötzlich eine unsichtbare Macht erkenne, die mir die Hand beim Schreiben oder Malen führt, verströme ich mich in einer sonst nie erfahrenen Leichtigkeit des Seins. Und so habe ich gelauscht, ob nicht eine Botschaft von Kukai aus der Höhe seiner Klause auf dem Berg Koya herabkäme, die vielleicht eines Tages den Klang des einen, wahren Wortes – Mantra, Shingon – bringen könnte.

Am Ende unseres Monats kreuz und quer durch Japan gab es eine Diskussion am runden Tisch über meine Reaktion auf unsere Reise. Als mich Tanikawa fragte, was meine religiösen Überzeugungen seien, antwortete ich, ohne nachzudenken: „Ich bin ein mystischer Atheist." Ich erwartete, daß einige Teilnehmer schockiert sein würden, wie einige meiner amerikanischen und europäischen Freunde es zweifellos gewesen wären, aber hier hob niemand auch nur eine Augenbraue. War schließlich nicht der frühe Buddha ein Atheist und ein Mystiker? Zu fühlen und zu erkennen, daß uns ein universales Kontinuum umfangen hält, schließt nicht notwendig den Glauben an einen Gott ein – mir widerfährt dies, wenn ich, völlig in der Arbeit aufgehend, diesen seltenen Moment erleben darf, in dem Gedanke und Wille und Erinnerung und Gefühl und die Muskeln des Körpers zu verschmelzen scheinen zu einem einzigen harmonischen Energiefluß, einem einzigen Akkord der Perfektionen – den Moment der Leichtigkeit des Seins, den meine Zigeunerfreunde *duende* nennen.

FÜNFTER TEIL

Briefe an Bob

Bob Osborn und ich trafen uns vor fünfzig Jahren in Philadelphia. Während all dieser Jahre war er mein engster Freund, und obwohl er vor kurzem starb, ist er das immer noch. Wir sind uns selten begegnet, außer in unseren Briefen. In seinen kurzen Botschaften – oft drei oder vier pro Woche – faßte er seine augenblickliche Wut oder Freude zusammen, indem er seinen Schreibstift oder ausgefransten Pinsel auf sein geliebtes Arches-Papier niedersausen ließ. Meine Schreiben waren weniger häufig, aber gewöhnlich vollgepackt und wortreich, auf der Schreibmaschine geschrieben. Wir stimmten immer überein, und wir wußten immer, das geschah, weil wir so verschieden waren und weil Entfernungen in Zeit und Raum uns zwangen, unseren Blick und unser Verständnis zu schärfen. Einige meiner Briefe habe ich nie abgeschickt; einige lagen Monate lang auf meinem Schreibtisch, bis es keinen Grund mehr gab, sie, die das ungestüm fortschreitende Leben und die Wirklichkeit eines Telefonanrufs redigiert hatten, länger aufzubewahren. Andere, aus jüngerer Zeit, sind wohl oder übel in diesem wundersamen Gerät verewigt, meinem Computer, der alles enthält, was meine alternden Finger äußern.

Bob Osborn

Lieber Bob,

eines Tages werde ich die Briefe zählen, die Du mir während der letzten Jahre unserer wunderlichen Freundschaft geschickt hast. In Porcignano gibt es mehrere Kartons voll, und in unserer Wohnung in New York füllen sie eine ganze Schublade im Aktenschrank. Fünfhundert? Tausend? Ich habe nicht die geringste Ahnung.

Du fragst mich, wie es mit dem Buch vorangeht. Es ist komisch, wie diese Frage direkt in den trüben Teich hineingespritzt ist, in dem ich gerade herumgewatet bin, während ich versucht habe, auf dieselbe Frage eine Antwort zu finden. Hast Du gespürt, daß ich in einer Art Krise gewesen bin?

Es gibt Zeiten, in denen ich so angespannt mitten in dem

505

Prozeß stecke, meine Erinnerungen aufzufrischen, daß ich nicht merke, daß in der „wirklichen" Welt die Zeit weitergeht. Gewohnt, wie ich bin, bei Fabeln in Begriffen eines Anfangs, einer Entwicklung, einer Krise und eines Endes zu denken, scheine ich an der Geschichte meines Lebens so ziemlich nach demselben Muster gearbeitet zu haben, nur um zu entdecken, daß die Ereignisse, während ich mich auf das Ende zubewege, in einem neuen Licht gesehen werden. Indem ich die Hypothese eines glücklichen Endes durch Du-weißt-schon-was ausschließe, scheint mir die Arroganz zu fehlen, meiner Geschichte eine Moral vorzuschlagen. Bin ich ein Mann oder eine Maus?

Piep! Piep!

Lieber Bob,

ich glaube, ich habe Dir nie erzählt, daß mich gegen Ende des vergangenen Sommers ein holländischer Journalist besucht hat, der mich um ein Interview für den holländischen Rundfunk gebeten hatte. Wir sprachen über zwei Stunden lang. Das alles geschah in meinem altmodischen Holländisch, das ich wie durch ein Wunder immer noch ohne die Spur eines Akzents spreche, aber mit einem „Haus-, Garten- und Küchen-Wortschatz", der sich durch die Verschleißerscheinungen der Zeit auf das Geplapper eines Kindes reduziert hat. Am Ende der Sitzung waren wir beide erschöpft. Ich streckte die Beine aus, und er packte gerade seine Aufnahmegeräte weg, als er plötzlich innehielt, mich verzweifelt ansah und sagte: „O mein Gott, ich habe vergessen, Ihnen die letzte

Frage zu stellen." Ich konnte gar nicht glauben, daß wir auch nur einen einzigen Vorfall in meinem Leben unerforscht gelassen hätten, aber er reichte mir noch einmal das Mikrofon, hantierte an den Kabeln herum und sagte: „Also dann, auf geht's!

Fürchten Sie sich vor dem Tod?" Er warf sie hart, und die Frage flog in einem scheußlichen Bogen auf meinen Schläger zu. Sie erwischte mich völlig unvorbereitet. Ich hatte eine Mattscheibe. Und dann hörte ich mich sagen: „Nein, ich fürchte mich nicht vor dem Tod. Ich glaube einfach, das ist eine schreckliche Zeitverschwendung", und wir brachen beide in einen Lachanfall aus. Es war ein perfekter Abschluß.

Lieber Bob, *mon Cher*,
selbst wenn sie in diesen langen amerikanischen Umschlägen mit unserem Namen und unserer Adresse wie Leuchtreklame quer drübergeschrieben daherkommen, ist *Brief* bestimmt der falsche Begriff für diese Dinger, die die Mädchen auf dem Postamt von Radda darüber reden lassen, lieber ihr Gesicht zu verstecken, weil sie eigentlich nicht über die Post ihrer Kunden kichern sollten. Glücklicherweise sind Deine Umschläge fest verschlossen, denn wenn die Mädchen wüßten, welche guten Sachen drin sind, würde ich nie mehr einen von ihnen sehen. Diese Sachen, die Du mit Wörtern anstellst, die wie junge verliebte Schlangen über Deine Seiten tanzen, würden niemals zugestellt werden und sich in der Chianti-Luft auflösen oder so wie Nico Tuccis Karton mit Postkarten vor gut achtzig Jahren in irgend jemands Schublade verschwinden.

Ich glaube nicht, daß ich Dir die Geschichte jemals erzählt habe.

Hast Du meinen Freund Walter Cohrssen gekannt? Walter war ein junger deutscher Komponist, den ich in den dreißiger Jahren in Mailand kennenlernte und der vor Noras Ankunft einige Wochen lang bei mir in Philadelphia war. Du hast ihn vielleicht in den fünfziger Jahren in unserem Haus in Greenwich getroffen. Zu jener Zeit unterrichtete er Musikgeschichte in Seton Hall, und hin und wieder trafen wir uns mit ihm und Carla, seiner reizenden Frau. Was ich über Musik weiß, habe ich von ihm gelernt. Er hat mich sogar gelehrt, Brahms – eine Zeitlang – zu hassen, aber trotz seiner schwierigen Art und seiner ärgerlichen Arroganz liebte ich ihn seiner feinsinnigen Intelligenz wegen und weil er mich an seiner Leidenschaft für Kammermusik teilhaben ließ. Carla war das Gegenteil von Walter. Während er sich selbst als glänzenden Polemiker sah, arbeitete Carla, bescheiden, vernünftig, großmütig und ausgeglichen, hart daran, Psychoanalytikerin zu werden, ohne daß sie ihren Freunden das je gesagt hat. Aber nur ein paar Jahre, nachdem sie in Newark eine Praxis eröffnet hatte, starb sie an Krebs. Ihr Tod war für Walter eine große Tragödie, und mehrere Jahre lang hörten wir nichts von ihm. Nach unserer Rückkehr nach Italien schrieb er mir ein paar seltsame, ärgerliche Briefe, mit denen er auf den Katalog einer Ausstellung meiner kleinen Porträts reagierte. Auf drei oder vier Seiten voll übler Beschimpfungen beschuldigte er mich, meine Prinzipien zu verraten, indem ich einem billigen Modernismus und dem modischen Jargon der Pop-Art nachgäbe und den Geschmack von Sammlern und Museen bediente, et cetera. Wir hörten nichts weiter von ihm bis vor ungefähr sechs Jahren, als wir einen Brief erhielten, in dem er verkündete, daß er wieder geheiratet habe. Er war nach Miami gezogen, wo seine Braut, eine erfolgreiche Immobilienmaklerin und Anlagenberaterin, eine Villa, ein Lincoln-Kabriolett und einen weißen Pudel besaß. Kurz danach erhielten wir ein Telegramm mit der Ankündigung, daß sie sich auf dem Weg nach Rom zu einem Kongreß über Investitionen in Ländern hinter dem Eisernen Vorhang in Florenz aufhalten würden, und ob sie vielleicht ein paar Tage bei uns in Porcignano verbringen könnten? In Treue zu unserer alten Freundschaft antwortete ich: Ja, wir würden uns sehr freuen. Und so rannten wir an einem Freitagmorgen, vom schrillen Gebell eines neurotischen weißen Pudels und der dunkel tönenden aristokratischen Hupe eines teuren Automobils alarmiert, noch gerade rechtzeitig zu unserer Garteneinfahrt, um zu sehen, wie ein silbernes Lincoln-Kabriolett mit einem Nummernschild aus Florida unseren Zufahrtsweg hinunterrollte und vor uns ohne das leiseste Erzittern stehenblieb. Am Steuer saß eine zierliche lilahaarige, stark geschminkte und wiederaufpolierte Dame aus den Südstaaten von Anfang siebzig. Neben ihr, in seinen weichen Ledersitz tief eingesunken, saß ein kleiner Herr, vage Walter ähnlich, das Gesicht nichts als Falten und dunkle Brille, bekleidet mit einer blauen Kaschmirjacke mit funkelnden Messingknöpfen.

Ich werde Dich nicht mit einer detaillierten Beschreibung des längsten und peinlichsten Wochenendes langweilen, das wir je erlebt haben. Walter, nicht wiederzuerkennen, machte kaum den Mund auf, und die Unterhaltung erhob sich selten über das erniedrigende Niveau von Miami-Small talk. Das einzige Zeichen, in dem Walter wiederzuerkennen war, bestand darin, daß er auf ihrem Weg nach Süden die Freskos von Piero della Francesca in Arezzo sehen wollte. Dummerweise schlug ich vor, sie dort am Café vor der Kirche San Francesco zu einer gemeinsamen Besichtigung der kurz zuvor restaurierten Fresken und zu einem letzten Espresso miteinander zu treffen.

Es war der erste Sonntag im Monat, der Tag des großen Straßenmarkts in Arezzo, wo sie alles, was älter als zehn Jahre ist, eine Antiquität nennen. Als wir von unseren antiken Neuvermählten Abschied nahmen, begleiteten wir sie zu ihrem Wagen, der in der Nähe des Postamts geparkt war, wo der Markt begann. In Hochstimmung über unsere wiedergewonnene Freiheit beschlossen wir, uns den Markt anzusehen, was wir bisher immer vermieden hatten. Ich langte nach einem Schuhkarton voller Postkarten inmitten von Stapeln alter Ausgaben der Domenica del Corriere und einiger schwerbeschädigter pergamentgebundener Bücher, die wahrscheinlich aus einer ländlichen Kirche in der Nähe gestohlen waren.

Auf den ersten Blick schienen die Postkarten, so um die fünfzig Stück, an dieselbe Person adressiert zu sein, aber nach den Briefmarken zu urteilen kamen sie aus verschiedenen Ländern. Dann merkte ich plötzlich, daß der Name der Person mir irgendwie vertraut vorkam, und als ich begann, die eine oder andere aufs Geratewohl zu lesen, dämmerte es mir, daß die Person die Mutter von Niccolò Tucci gewesen sein mußte, an dessen wunderschöne Geschichten über seine Kindheit in Italien, die in den fünfziger und sechziger Jahren regelmäßig im New Yorker erschienen, Du Dich gewiß erinnerst. Wahrscheinlich bist Du ihm sogar bei Ausstellungseröffnungen oder im Del Pezzo, dessen Stammgast er war, begegnet.

Da sie mein offensichtliches Interesse bemerkte, kam die Frau, die den Stand betrieb, herbei und versetzte mir einen Schock, als sie mit meisterhafter Lässigkeit erklärte, daß der Preis zweitausend Lire pro Stück betrage. Empört wählte ich fünf aus, darunter eine, die Tucci, als er fünf Jahre alt war, seinem älteren Bruder diktiert hatte, und eine auf Russisch. Erst als wir nach Hause kamen, merkte ich, was für ein knauseriger Dummkopf ich gewesen war – ich hätte sie alle kaufen sollen. Aber nun war es zu spät. Wenn ich Tuccis Adresse gehabt hätte, hätte ich ihm die Karten sofort geschickt.

Es verging ein Monat, bevor mir der Gedanke kam, Nicos Agenten in Mailand, Eric Linder, anzurufen, der auch mein Agent für *Parallele Botanik* war. Von ihm erfuhr ich dann, daß Nico schon über einen Monat bei unseren Nachbarn, den Stucchis, in der Badia de Coltibuono wohnte. Noch am selben Abend überreichte ich ihm im freskogeschmückten Refektorium des Klosters ohne Erklärung einen verschlossenen Umschlag mit Du-weißt-schon-was.

Bob,
Dein brillanter und rührender Brief platzte herein mit der Frage: „Und das Buch?" Du hast mich unvorbereitet in einem

Augenblick erwischt, als ich mich gerade von allerlei unausgeräumten Zweifeln bedroht fühlte, wie schlüssig das war, was ich bis dahin geschrieben und was ich mir hier in Chianti zu schreiben vorgenommen hatte. Und, wie immer, war es leicht, hundert Entschuldigungen dafür aufzubieten, überhaupt nicht zu schreiben.

Dieses Problem ist nicht neu. Es taucht regelmäßig alle sechs Monate auf, wenn ich von New York nach Porcignano und umgekehrt abreise. Selbst wenn ich keine unmittelbaren Verpflichtungen habe, dauert es so etwa einen guten Monat, bis ich mich im Luxus der Geräumigkeit, des Lichts und der Atmosphäre des Studios und im „anderen Raum", wo ich meinen Computer und das Faxgerät habe, zurechtfinde. In New York bin ich mir meiner Umgebung nicht weniger bewußt. Selbst in der bescheidenen Ecke des New Yorker Wohnzimmers fühle ich mich in den ersten Wochen nach unserer Rückkehr dorthin desorientiert, denn die Stadt pulsiert immer vor neuen und ungewohnten Energien.

Von da, wo ich jetzt an meinem Computer sitze, umgeben von Aktenmappen, Papierblättern, Wörterbüchern und einer Karaffe Wasser, kann ich durch den offenen Durchgang meine geliebte Staffelei sehen, auf der ein altes halb abstraktes Gemälde steht. Wäre ich ein richtiger Profi, würde es mir dann etwas ausmachen, wo oder wie ich geschrieben oder gemalt habe? Es ist lächerlich. Ich habe an „dem Buch" jetzt schon fast vier Jahre lang gearbeitet, und immer noch mache ich mir Sorgen, ob ich die *physique du rôle* eines Autors habe.

Ich vermute, das ist Teil der vieldeutigen Natur des Tieres.

Schließlich schreibe ich größtenteils über mich selbst, und der Leser erwartet ein ziemlich genaues Porträt. Aber wie kann man mir, dem Autor, trauen, wenn ich auch der Protagonist bin? Vielleicht will ich, daß man mich in einer gewissen Weise wahrnimmt. Sollte ich den Leser im voraus warnen? Als Autor stehen mir die Tricks zur Verfügung, jegliches Erscheinungsbild zu manipulieren, das gehört zu meiner Tätigkeit, und niemand kann mir das Recht absprechen, einen Teil meines Talents dafür zu verwenden, Dir, dem Leser, zu helfen, sich ein Bild von mir zu machen, das teilweise frei erfunden ist. In einer Autobiographie sitzen wir alle gemeinsam in demselben Pirandello-Boot.

Aber das ist nicht das wirkliche Problem. Es hat zu viele Ablenkungen gegeben, und ich bin nur zu begierig gewesen, ihnen in die Falle zu gehen. Mir wurde sogar die unerbetene Mitarbeit eines außergewöhnlich schönen Frühlings zuteil, in dem die Büsche und Forsythien die Hänge unseres Tals mit ihrem kräftigen Buttergelb sprenkelten und die Kastanienbäume ihre silbernen Blütensterne in den neuen blauen Himmel hinein explodieren ließen. Ich tanzte mit den Frühlingswinden in der naiven Gewißheit, das Buch in wenigen Wochen fertigzustellen, wenn ich mich erst einmal drangesetzt hatte. Das Sich-Dransetzen war das Problem. Ich war mir sicher, ich würde es gegen Ende Juli abschließen. Es waren nur noch zwei Kapitel und ein paar Schlußbemerkungen zu schreiben, und es hätte leicht sein und sogar Spaß machen sollen, es mit der Party nach der Eröffnung meiner Retrospektive im Museum der Modernen Kunst in Bologna zu beenden.

Auf mehr als nur eine Weise war die Ausstellung eine Probe meines gegenwärtigen Autobiographie-Versuchs. Aber im Licht der gesamten Erzählung betrachtet, ist es überraschend schwer gewesen, über mein Leben ab den späten sechziger Jahren zu schreiben. Nicht, daß es an interessanten und sogar unterhaltenden Ereignissen gefehlt hätte. Schließlich waren die 70er die Jahre der parallelen Botanik. Wenn es nicht Bologna gegeben hätte, weiß der Himmel, wo dann meine Blumen so prächtig gediehen wären. Aber es gab überall Ausstellungen. Die Biennale in Venedig '72, die hervorragend organisierte Ausstellung in der Baukunst-Galerie in Köln, die in der Galerie Staempfli in New York und in der Galleria Giulia in Rom.

Alle diese Ausstellungen führten zu der Retrospektive in Bologna 1991 und der Veröffentlichung von *Arte come Mestiere* bei Electa, eines 180 Seiten starken Katalogs meines Lebenswerks mit gesonderten Essays über jede meiner verschiedenen Tätigkeiten: Malerei, Bildhauerei, Zeichnungen, Fotografie, Design, Filmanimation und Kinderbücher. Es war das erste Mal, daß mir Gelegenheit gegeben wurde, das ganze Spektrum meiner Tätigkeiten vorzuführen ohne die Furcht, als oberflächlich oder amateurhaft beurteilt zu werden. In Bologna erhielt ich selbst zum ersten Mal einen Überblick über meine gesamte Produktion. Es hat in der Tat einen beständigen Drang gegeben, Dinge ungeachtet ihrer Bedeutung zu machen – das Spiel bestand darin, sie gut zu machen.

Lieber Bob,

letzte Nacht wachte ich um drei Uhr morgens auf, lag im Bett und phantasierte und hievte schließlich – es ist jetzt Viertel vor sieben – diesen meinen alten kranken Körper aus dem Bett, packte mir meinen Laufstuhl und, indem ich ihn langsam, einen schmerzlichen Schritt nach dem anderen, vor mir herschob, brachte ich es fertig, in die Ecke meines New Yorker Studios zu gelangen, wo ich jetzt dem Bildschirm meines Computers und Dir gegenübersitze.

Ich sollte die Rohbearbeitung meiner ewig unvollendeten Autobiographie abschließen, die Lücken füllen und einen angemessenen Schluß finden, aber diese letzten beiden Monate sind die Hölle gewesen, und mit einem unvernünftigen Grund und Vorwand nach dem anderen schob ich es vor mir her, sie auch nur anzusehen, bis ich merkte, daß ich, ja doch, diese gräßlichen Schmerzen rechts in meiner Hüfte und im Bein hatte und, jawohl, etwa eine Woche lang unter dieser unheimlichen Kombination aus Schluckauf und Erbrechen litt und, ja, mich die Rückkehr nach Porcignano nervös machte … Aber der wirkliche Grund war ein Anfall von existenzieller Angst – Angst vor dem Schreiben, vor dem Versagen. Ich denke, all das, noch ermutigt durch Mr. Parkinson (wie ich annehme), summierte sich zu einer kleinen Depression.

Am Tag vor meinem vierundachtzigsten Geburtstag riß ich mich aus ihr heraus und fühlte mich plötzlich ohne besonderen Grund großartig und kreativ und siegreich. Ich hatte meine Freude an der Party am nächsten Tag mit etwa zwanzig Freunden, die auf einen Drink vorbeikamen, und am

Abend plauderte ich lange mit Jean Michel Folon und Paolina, die an diesem Nachmittag aus Monte Carlo angekommen waren. Ich brachte sogar die Chuzpe auf, June Dunbar dazu zu bringen, ein paar Seiten aus meinem Manuskript vorzulesen, jene über mein Zimmer in Amsterdam, als ich acht oder neun war. Es war das erste Mal, daß ich es jemand anderem zu lesen gegeben habe außer Nora, meiner Lektorin und Freundin Frances, unserem Cousin Mario, der, wie ich hoffe, die italienische Übersetzung machen wird, und dem wunderbar klugen Mannie, den ich bei den Passagen über Politik zu Rate zog. Und ich schäme mich nicht zu sagen, daß ich, als ich es mir anhörte, beeindruckt und sogar bewegt war.

Schreiben ist ein komisches Geschäft. Über die Jahre habe ich vierzig Fabeln geschaffen, die alle in etwa zwanzig Sprachen, einschließlich Chinesisch und Hebräisch, gedruckt vorliegen und in Blindenschrift. 1976 schrieb ich *Parallele Botanik*, die ins Japanische, Englische, Französische und Deutsche übersetzt worden ist (geschrieben habe ich sie auf Italienisch). Ich habe Kurzgeschichten und zahllose Aufsätze und Artikel für Zeitungen und Zeitschriften geschrieben und veröffentlicht, eine italienische Monatszeitschrift herausgegeben..., und doch fühle ich mich verlegen, wenn jemand mich einen Autor nennt oder einen Schriftsteller, und senke sogar meine innere Stimme zu einem verlegenen Flüstern, wenn ich in seltsamen Augenblicken von mir denke, einer zu sein.

Ich habe mich immer als Künstler betrachtet – zuerst mit allen stürmischen, romantischen Untertönen des Wortes; später mit der ruhigen Gelassenheit, die man gewinnt, wenn man eine Kunst handwerklich gemeistert hat. Ich bin ein Maler, der auch Graphiken und Skulpturen macht. Diese Definition mag früher einmal schwierig erschienen sein, aber ich habe damit kein Problem mehr. Doch Schreiben ist eine andere Sache. Obwohl ich eine Menge geschrieben habe – vielleicht mehr noch als gemalt –, habe ich das nie als meinen Beruf angesehen. Ich habe es wahrgenommen als eine Art Prämie dafür, gut zu leben, so wie Reden, Essen und Spazierengehen.

Weißt Du, was ich meine, Bob? Ich glaube, daß auch Du so fühlen mußt, selbst wenn wir uns in unserer Art und Weise, Kunst auszuüben und zu schreiben wie auch zu reden, ziemlich voneinander unterscheiden. Ich weiß, daß wir beide die Wörter lieben, aber während meine Spiele mit Wörtern ausgeklügelt sind und ich oft riskiere, schwülstig und allzu emphatisch zu sein, spielst Du mit Wörtern wie ein großer Welpe. Du wirfst sie umher, hebst sie auf und schüttelst sie, aber wenn Du ein saftiges findest, legst Du es für das morgige Frühstück beiseite. Für uns beide ist Schreiben mit tiefen Gefühlen verbunden, und wir beide haben mehr Sachen veröffentlicht als so mancher Berufsschriftsteller, aber selbst als Du *Osborn über Osborn* schriebst, hast Du Dich da für einen Autor gehalten?

Ich mußte selbst dafür sorgen, mich zum Schriftsteller heranzubilden. Einen italienischen Geschäftsbrief zu schreiben, war alles, was ich in der Schule gelernt hatte – kein geringes Kunststück, aber nutzlos für einen Aufsatz, einen Roman, ein Kinderbuch. Oder auch für eine Autobiographie. Mit ernsten Absichten fing ich an zu schreiben, als ich siebzehn war, mit

517

dem wilden Verlangen und den gebrechlichen Mitteln eines Herzens und Geistes in vollem Sturm und Drang – und verliebt. Ich habe eine Aktenmappe mit Kurzgeschichten, die ich in jenen Jahren schrieb. Den Stil würde ich „ausgesprochen jugendlich" nennen, aber er verrät geheime literarische Ambitionen.

Die erste ernsthafte Kritik, die mir zuteil wurde, war die, als Persico einen Artikel, den ich für *Casabella* geschrieben hatte, las und sagte: „Sie sollten immer versuchen, das Ende mit einem bedeutenden Wort wie Frieden, Menschlichkeit, Freiheit sich aufschwingen zu lassen." Das war in Mailand zur Zeit des Faschismus. In diesen unsicheren Jahren schrieb ich hin und wieder ein paar Artikel. Ich brauchte das Geld und sah meine Worte und meinen Namen gern gedruckt.

Das Schicksal, wie Du weißt, hatte andere Pläne mit mir. Indem es mich richtigerweise als eine den Dingen zuzuordnende Person beurteilte und, genauer, als eine, die das Verlangen hat, Dinge zu machen, sorgte er/sie dafür, daß ich in den zwanzig Jahren, die der langen Zeit meines Heranwachsens folgten, weder den Drang noch die Energie besaß, beruflich zu schreiben. Aber in dem Wenigen, das ich hin und wieder geschrieben habe, kann ich die Grundlagen für einen elementaren persönlichen Stil erkennen, ein wenig romantisch, deklamatorisch und emphatisch, mit deutlichen Spuren von Dylan Thomas und James Joyce.

Erst in den sechziger Jahren, unter dem Einfluß des charismatischen Sartre und seines Existentialistenkreises, entdeckte ich die Vierdimensionalität des geschriebenen Wortes. Zufällig war das die Zeit, in der ich *Panorama* herausgab, einen unvergeßlichen Nachmittag mit Lévi-Strauss in Paris verbrachte und solche Freunde wie Giorgio Soavi, Raffaele Carrieri und andere italienische Dichter hatte. Ich wurde ehrgeiziger, was die Texte meiner Fabeln betraf. Eine Fabel im Jahr zu schreiben, war sehr wenig, aber es entfachte die Glut unter der Asche, die mir immer noch warm in Erinnerung lag. Ich begann auch wieder zu lesen. Zuerst Teile von *Recherche*, ist ja klar!, und dann Bachelard, Foucault, die meisten Schriftsteller der Editions de Minuit (le nouveau roman) – Claude Simon, Michel Butor. Später kamen die Südamerikaner, besonders Borges und Márquez, einzelne eigenartige Bände wie *Hadrian der Siebte* und *Unter dem Vulkan*, vergessene Meisterwerke wie *Archy und Mehitabel* und, sich zwischen all dem hindurchschlängelnd, Joyce, Kafka und Genet sowie alles, was zu jener Zeit sonst noch politisch und intellektuell angemessen war. Hast Du jemals den *Hadrian* und *Unter dem Vulkan* gelesen? Sie sind aus der Mode gekommen, ebenso wie *Archy und Mehitabel*, aber für mich sind sie immer noch so großartig wie eh und je.

Wie bin ich darauf gekommen? Ach ja, ich versuchte gerade, Dir zu sagen, wie ich im Hinblick auf das Schreiben empfinde. Vor ein paar Jahren, als *Chelsea*, eine in New York erscheinende Lyrikzeitschrift, gerade einige meiner Kindheitserinnerungen veröffentlicht hatte, fragte ich meinen Freund Brian Swann, der damals der Dekan der Geisteswissenschaftlichen Fakultät der Cooper Union war, wie er meinen Schreibstil einordnen würde, wenn es denn überhaupt

519

einer sei. War er einfach „altmodisch“? Brian war perplex. „Na ja, man könnte vermutlich sagen: *postmodern*.“ Jetzt war ich an der Reihe, perplex zu sein, denn bei dem Begriff *postmodern* sträuben sich mir alle Haare auf meinen Unterarmen. Wie Du gut weißt, gibt es keinen Architekturstil, den ich so sehr verachte wie den postmodernen. War meine Art zu schreiben so schlecht? So gekünstelt? So reaktionär? Als ich schließlich den Mut aufbrachte, Brian zu fragen, warum er mich als postmodernen Schriftsteller ansah, sagte er: „Habe ich das gesagt? Ich wollte sagen: hochmodernistisch.“ Obwohl ich nicht wußte, was das bedeutete, fühlte ich mich besser – eigentlich stolz. Ach bitte, Bob, erzählst Du Deinen Freunden, daß ich ein Hochmodernist bin?

Aber die Stilfrage warf eine andere wichtige, für das Buch bedeutsamere Frage auf, eine, die vielleicht erklärt, warum ich eine kurze Zeitlang depressiv war. Ich hatte die frühen Siebziger erreicht, als ich mich hoffnungslos in einem Dschungel der Unschlüssigkeit verfing. Ich ordnete meine Bibliothek neu, räumte meine ganzen Fotos und Dias in eine andere Schublade um, mistete alle Schubladen meines Schreibtisches aus, verkabelte den Computer neu, studierte die vollständige Bedienungsanleitung – aus dem Japanischen übersetzt – für mein neues Faxgerät und schrieb sogar alle Aufschriften auf meinen Aktenordnern neu. Jeden Tag hatte ich eine vernünftige neue Entschuldigung dafür, mein Manuskript nicht anzurühren. Und als ich eines bösen Tages an meinen Computer zurückkehrte, waren die Bilder, die ich in meinem nachlassenden Gedächtnis fand, wenig mehr als ein Bestandsverzeichnis. Je näher sie an die Gegenwart heranrückten, desto mehr beschworen sie die Banalitäten der schwer lastenden parallelen Welt, auf die ich beschränkt zu sein schien. Unfreundlich hart und bestimmt, rückten sie meiner Geschichte peinlich nahe zu Leibe und ließen keinen Raum für fiktionale Verstärkung. Ich war jetzt im Netz meiner eigenen Worte gefangen, das sich immer dichter um mich legte.

Ich setzte mich dann mit den ersten hundert Seiten des Manuskripts hin, um die Kapitel über mein Zimmer im Amsterdamer Himmel – den „Tempel meines Alleinseins" – zu lesen, als ich in einem plötzlichen dramatischen Moment der Konfrontation mit mir selbst merkte, was passiert war. Ich hatte die Stimme verloren, in der ich geschrieben hatte – die Tonart, den Klang, den Rhythmus, die Art ihrer Emphase und die Melodien der vertrauten Lieder hinter den Worten. Warum konnte ich sie jetzt nicht wiedererlangen und *in gloria* abschließen? Langsam und allmählich ergaben sich ein paar wichtige Überlegungen. Die Erinnerungen an nur kurz zurückliegende Ereignisse sind noch zu hell erleuchtet, zu groß für das Gesichtsfeld, riechen noch zu stark nach der Wirklichkeit, die sie abgelegt haben, und verschieben sich noch zu sehr und sind zu ruhelos, als daß man über sie nachdenken, sie beurteilen und verstehen könnte. Keine fiktionale Untermauerung ist geschickt und kräftig genug, um sie so zu stabilisieren, daß sie ein glaubhaftes Bild abgeben.

Das Ende einer Autobiographie ist schon von ihrer Natur und Definition her offen. Aber als Maler und Bildhauer habe ich die angeborene Gewohnheit, meine Vision – real, imaginiert oder erinnert – in zweidimensionale Rechtecke oder dreidimensionale Räume einzufassen, eine Gewohnheit, die ich unbewußt auch auf das Schreiben übertragen habe. Alle meine Fabeln haben die klassische Struktur, und wie im griechischen Drama tragen ihre Protagonisten von der allerersten Geste an, wenn die Handlungslinie beginnt, sich unaufhaltsam von links nach rechts, parallel dazu, wie ich schreibe, durch die Seiten zu ziehen, die Masken ihres Schicksals. Mir fällt keine andere Art und Weise ein, wie ich sie aufbauen könnte. Die Gewohnheit impliziert eine stilistische Einheit innerhalb jedes Buches, die die Schwankungen von Text und Bildern durch die Verwicklungen des Erzählens hindurch zum Schluß geleitet, zum großen Magneten ENDE, dessen kosmische Gier aufsaugt und verschluckt, was immer auf ihn zukommt.

Über all das wußte ich schon zuvor Bescheid. Ich hatte darüber in meinen Vorträgen, Diskussionsrunden und Seminaren gesprochen. Ich weiß, daß ich mit Dir darüber gesprochen habe. Es hat die Form all der Dinge bestimmt, die ich gemacht habe. Selbst bei meinen größten und kompliziertesten Bronzen war das verborgene Gerippe jeweils als rhythmischer Unterbau für äußere Formen konzipiert, die anscheinend frei und lebendig waren. Kein Wunder, daß nach diesen Jahren, in denen ich mich intensiv der Aufgabe gewidmet hatte, meine Autobiographie zu schreiben, die Entdeckung, auf einer endlosen Straße nirgendwohin gewandert zu sein, einen schweren Schock verursachte. Ich drehte durch und entschwand einen Monat lang in den dunklen Nischen einer richtiggehenden Depression.

Großer Gott, Bob, daß ich jetzt stundenlang an meinem Computer gesessen und diese Überlegungen zusammengestellt habe, ist ja noch verständlich, aber Dich durch diese *Via Crucis* gezogen zu haben, ist unverzeihlich.

Liebster Freund,
da ich in diesem unserem Lebensabschnitt, in dem wir über achtzig sind, kostbare vier Jahre jünger bin als Du, kann ich mich nicht auf das Alter und die ganzen physischen Schwierigkeiten, die ich in diesen letzten drei oder vier Jahren erfahren habe, berufen als Entschuldigung dafür, daß ich nicht geschrieben\ habe. Tatsächlich unterscheiden sich meine Beschwerden in ihrem Wesen nicht so sehr von jenen, die ihnen vorangegangen waren, außer, daß die *grande maladie* jetzt pompöser, opernhafter und manipulativer ist als ihre Vorgängerinnen. Das merke ich. Und ich muß sofort hinzufügen, das Außergewöhnliche daran ist, daß das, was den Büchern zufolge eine Zeit der Erinnerung und der Besinnung und des Sichabfindens mit den Statistiken des Lebens und Sterbens sein sollte, so hektisch, kreativ und erregend gewesen und auch noch ist, wie es die Dinge immer waren. Vielleicht ist jetzt, wo das große Spiel am größten ist, die Erregung, da zu sein, auch auf ihrem Gipfel.

Ich habe Dir nie detailliert von diesem erbärmlicheren Aspekt meines Lebens erzählt, und das nicht so sehr aus Gründen der *scaramanzia*, sondern weil ein Organ, das entfernt worden ist, nicht aufhört zu existieren. Fast so wie die zugrundeliegende Kohleskizze, die ausradiert worden ist und doch ewig über dem vollendeten Bild schwebt und auf eine andere Chance wartet. Aber das tut der Geist aller lebendigen Dinge, die sterben. Weder die Entfernung eines großen Polyps aus dem oberen Teil meines Dickdarms noch der Verlust meiner Gallenblase noch die Herausnahme eines faustgroßen Tumors aus meinem Magen hat mein Leben in irgendeinem größeren Maße beeinflußt. Und doch weiß ich, daß der Geist von jedem von ihnen da ist und im Hinterhalt lauert. Ich muß aber gestehen, daß die Diagnose der Parkinsonschen Krankheit mich deprimiert hat. Wahrscheinlich, weil es eine Gehirnkrankheit ist und daher das Wesen des Menschseins beeinträchtigt. Gestellt wurde sie ein paar Wochen, bevor ich die programmatische Rede auf dem Internationalen Kindertag 1987 in der Kongreßbibliothek halten sollte. Nora begleitete mich, und ich erinnere mich lebhaft an einen langsamen, gelassenen Spaziergang durch die Stadt, den wir nach einer Besichtigung von Philip Johnsons höchst poetischem kleinen Bauwerk für Dumbarton Oaks und unserem Essen in einem freundlichen japanischen Restaurant unternahmen. Ich erinnere mich an den großen Raum, in dem ich sprach und jene Damen, die Bücher mitgebracht hatten, damit ich sie signierte, warnen mußte, daß ich wegen der Parkinsonschen Krankheit nicht fähig sei zu schreiben, daß aber mein Zittern mein Spiel auf der Flamenco-Gitarre beträchtlich verbessert habe.

Nach diesem Ereignis hörte ich praktisch ein ganzes Jahr lang auf zu existieren. Ich konnte mir das Hemd nicht mehr zuknöpfen, erinnerte mich nicht mehr, wie man ins Bett oder aus dem Bett steigt, hatte praktisch den Gebrauch meiner linken Hand verloren. Dann beschloß ich eines sonnigen Morgens zu versuchen, ob ich, indem ich eine Schritt-für-Schritt-Methode peinlich genauen Vorgehens anwandte, einen Knopf durch ein Knopfloch kriegen konnte. Auf der Kante meines Bettes sitzend, erstellte ich eine schematische Analyse der Bewegungen der rechten und linken Hand und zählte zwölf verschiedene Bewegungen, die nun gelernt werden mußten. Gelegentlich, wenn die Knopflöcher ein wenig zu klein oder die Knöpfe zu groß sind, brauche ich Noras Hilfe, aber seit jenem Tag bin ich in der Lage, vollständig angekleidet an den Frühstückstisch zu kommen. Zu schreiben ist immer noch ein großes und schmerzhaftes Problem, das ich zum Teil dadurch gelöst habe, daß ich meinen Computer benutze. Meine Handschrift ist so klein geworden, daß ich sie kaum entziffern kann, und dann auch nur mit Hilfe eines sehr großen und starken Vergrößerungsglases.

Jetzt geht alles viel besser. Ich bin eifrig damit beschäftigt, unser gesellschaftliches Leben in New York zu organisieren, ein Programm für die Staatliche Schule Nummer Neun in der Bronx zu planen und zu versuchen, Bob B. für meine Idee zu interessieren, große universelle Ausstellungen unter dem Motto „Der geniale Augenblick" gleichzeitig in zwanzig oder mehr Hauptstädten der Welt zu veranstalten. Damit würden die Gipfelpunkte im kreativen Prozeß über die Jahrhunderte hinweg gefeiert, die großen Sprünge der Imagination, manchmal banal, manchmal erhaben, immer geheimnisvoll, unpersönlich, hinreißend – die universellen *duendes* nicht nur in den

Künsten, Wissenschaften und verschiedensten Berufen, sondern ausnahmsweise einmal auch Männer, Frauen und Kinder aus allen Schichten einbeziehend. Eine Feier der Imagination. Ich wünschte, ich könnte jemanden mit der Visionskraft, dem Mut und der Fähigkeit finden, für diese Idee zu begeistern, wenn die Menschheit auf dem Tiefpunkt ihrer Selbstachtung angelangt ist. Die tiefe Stille vor dem Violinsolo in der *Nußknacker-Suite*, Morandis endlose Serie kleiner, bescheiden gemalter Flaschen, womit er die gesamte Kunst definiert, Mallarmés *Un coup de dés*, der Eiffelturm und die Erfindung des Schwimmens, Pfeifens, Sichliebens. Des Hundes und der Katze. Von Wörtern wie *ja* und *nein*. Die letzte Seite von *Ulysses*. Ja? *Slinky*!

Auf einer unserer Auslandsreisen, als die Zeit noch an menschlichen Beschränkungen gemessen wurde, begegneten wir einem Mitreisenden, der ein Warenhaus besaß.

„Wissen Sie, wo ich das Geld herhabe, das mich ins Geschäft gebracht hat?" fragte er mich. „Während des Krieges war ich bei der Marine. Ich stand gerade an Deck eines Zerstörers, als uns eine feindliche Granate traf. Sie ließ einen Maschinenteil nicht weit weg von mir in tausend Stücke explodieren. Unversehrt, aber starr vor Angst stand ich da und sah wie blöd zu, wie ein paar rundliche Metallteile hierhin und dahin rollten, als mein Blick zufällig auf eine etwa fünfundzwanzig Zentimeter lange Metallfeder fiel, die die Treppe ‚hinunterspazierte‘, indem sie sich zusammenzog und ausdehnte, um von einer Stufe zur nächsten zu taumeln. ‚Das muß ich mir merken‘, sagte ich mir, und als der Krieg vorbei war, ließ ich sie mir unter der Bezeichnung ‚Slinky‘ patentieren.“ Ein Augenblick des Genialen.

Bob, selbst wenn es immer unwahrscheinlicher wird, daß wir uns in naher Zukunft sehen, denke ich ständig, wie phantastisch es wäre, wenn wir uns gemeinsam die Matisse-Ausstellung ansehen könnten. Mannies Barbara, der, als sie hinging, in dem Andrang schlecht geworden war, hat mir geraten, nicht hinzugehen, weil es so frustrierend und ermüdend sei, durch einen Tunnel von Schultern auf vierhundert Fragmente von Matisse zu blicken. Als ich ein paar Tage vor unserer Rückkehr nach Porcignano Bunny Rose in der Abteilung für Zeichnungen am MoMA anrief, um mich zu verabschieden, sagte sie mir, daß ich, wenn ich wollte, mir die Ausstellung am nächsten Tag, bevor sich die Türen für das allgemeine Publikum öffneten, von einem Rollstuhl aus ansehen könnte. Wie konnte ich das ablehnen? Ich rief Sylvan an, Paolos Sohn, der zwanzig ist und an der School of Visual Arts Malerei studiert, und sagte ihm, er solle mich am nächsten Morgen um neun abholen und darauf vorbereitet sein, sich den ganzen Vormittag freizunehmen. Bunny stand am Museumseingang und wartete auf uns mit einem Rollstuhl, und wir sahen die Matisse-Ausstellung allein.

Es war eine der bedeutendsten Kunsterfahrungen in meinem ganzen langen Leben. Von einem Standort aus konnte man, indem man bloß die Augen hierhin und dorthin wandern ließ, mehrere Wände sehen. Man konnte vergleichen und Ideen und Malweisen verfolgen, aber vor allem konnte man, Detail für Detail, den schöpferischen Prozeß miterleben,

wie er sich von Leinwand zu Leinwand, von Jahr zu Jahr entwickelt hat. Und was für eine Freude, das gemeinsam mit
Sylvan tun zu können, der sich in jener magischen Zeit seines
Lebens befindet, in der jeder Tag eine neue Offenbarung und
eine neue Revolution bringt. Ich denke oft an jene letzten
Räume der Ausstellung, wo man die allerersten Bilder wie
eine Art Echo erneut gemalt sehen kann, diesmal jedoch höflich, gemessen, hübsch, aber ohne den ungestümen Impuls,
den Mut, es zu packen. Ohne die Flammen der Leidenschaft.
Man bewegt sich langsam durch diesen Raum und sinnt vage
über Alter und Tod nach, und dann, *wumm!!*, ist auf einmal
die Explosion des Lebens und der Vitalität da, der Freude,
etwas zu machen und zu tun – die Wände mit den riesigen
Ausschneidearbeiten, den Collagen. Eine Feier.

Amsterdam

Lieber Bob:

das Leben hat kein offenes Ende. Es rollt sich zusammen, und
am Ende beißt es sich in den Schwanz. Deshalb sind wir hier.
Ich habe in letzter Zeit hart an dem Buch gearbeitet,
hauptsächlich, um die Dinge so dicht wie möglich zusammen-
zuziehen. Ich will, daß es zum Ausgangspunkt zurückkehrt.
Und so sind wir nach Holland gekommen, wo alles anfing –
als hätte ich eine alte, nie benutzte Rückfahrkarte gefunden.
Wir sind vor zwei Tagen angekommen, und hätte es bei der
Ankunft nicht all die mechanischen Dinge gegeben – Gepäck,
Taxi et cetera –, hätte ich geweint. Habe ich das Richtige
getan, indem ich hierhergekommen bin? Ist es ein Ritual? Ist

es Theater? Ist es wirklich? Ist es eine Form, sich selbst nachzueifern? Ist Amsterdam das letzte meiner parallelen Universen? Ist dies mein letztes Spiel?

Wir sind in einem bescheidenen Hotel untergebracht, das aus ein paar uninteressanten alten Häusern im historischen Zentrum herausgehauen ist, nahe den Museen und nicht weit weg vom American Hotel, unserem Amsterdamer Deux Magots. In der Nähe liegen meine Kanäle und einige der Straßen meiner Jugend, und wir sind nicht weit weg von Omas Haus. Unser Zimmer ist so eingerichtet, daß es eigentlich gemütlich sein sollte, so wie alles andere in dieser Stadt. Gemütlichkeit leimt sie zusammen. Aber in dem Zimmer gibt es außer auf dem Fernseher und auf dem Bett keine waagerechte Fläche. Wo soll ich da arbeiten? Warum hassen Innenausstatter Regale und Tische?

Alles ist so niedrig in dieser flachen Stadt, daß man das Gefühl hat, daß sie sie zusammenrollen, wenn der Tag beendet ist, und zum Frühstück am Morgen wieder entrollen. Denk nicht, daß mein Sarkasmus bedeutet, ich sei von Amsterdam enttäuscht. Sarkasmus ist die erste Reaktion eines jeden echten Amsterdamers auf egal was man ihm sagt. Nora, die die Unterschiede zwischen Sarkasmus und Ironie nicht kennt, glaubt, daß alle beide von jüdischen Einwanderern im sechzehnten Jahrhundert nach Amsterdam mitgebracht wurden. Amsterdamer Juden sind sogar gegenüber ihrem Sarkasmus sarkastisch. Und dennoch, was ist dies doch für eine wunderschöne, kultivierte Stadt! Eine Metropole, die niemals irgend jemanden verschlungen hat, wo sogar die wenigen neuen

Wolkenkratzer am Stadtrand menschliches Maß haben. Wie die Tauben.

In vieler Hinsicht ist Amsterdam wirklich eine interessantere und stimmungsvollere Stadt als Venedig, womit man es ja immer verglichen hat. Obwohl Amsterdam geplant wurde und Venedig eine natürliche Grundlage hatte, ist Venedig gekünstelter und Amsterdam die natürlichere Stadt von beiden. Der Unterschied ist wahrscheinlich, daß Venedig bei weitem unsere Mittel übersteigt, wogegen ich mir hier vorstellen könnte, daß Nora und ich ohne die geringste Schwierigkeit in jenem häßlichen königlichen Palast wohnen könnten. Städte müssen ebenso wie Menschen irgendwo einen Kern haben, der ihr Wesen bestimmt. New York ist grusig – Grus ist der heimliche Kern seiner Seele. Eine harte, von der Chuzpe regierte, grusige Stadt. Ich mag diese Art. Amsterdam könnte die grusigste Stadt sein, wenn ihre Einwohner nicht so besessen wären vom Drang nach Sauberkeit. Man könnte vielleicht sagen, daß Amsterdam den saubersten Grus der Welt hat. Ein Grus, der nach Seife und Kölnisch Wasser riecht – Seife für die Bürgersteige, Kölnisch Wasser für die Schlafzimmer. Dazwischen hängt der Geruch nach Zigarren und Kohl, ein Geruch, der mir die Tränen in die Augen steigen läßt – der Geruch nach Omas Haus. Gestern gingen wir in die Museen – in meine Museen, das Stedelijk und das Rijks. Meine große Überraschung waren ihre neuen Ausmaße. Das Stedelijk meiner Erinnerung war kleiner als das, das ich gestern sah. Das kommt vielleicht daher, daß damals, als ich ein kleiner Junge war, die Räume voller wohlbekannter Gemälde hingen, während Du jetzt erwarten kannst, drei Kiesel und ein Stück Schnur in dem einen und einen Türgriff in dem anderen zu sehen. Die Überraschung, die Schönheit eines Bildes zu entdecken, das man noch nie zuvor bemerkt hat, scheint für immer dahin zu sein. Warum bringen wir das Bildnis um? Aber wird das Wort unser Retter sein?

Im Rijksmuseum hat niemand das Bildnis umgebracht, aber ich hatte das Gefühl, daß die Gemälde, die ich liebte, weiter in die Geschichte zurückgetreten waren. Oder könnte es sein, daß wir, als wir jung waren, nicht wußten, was Geschichte war, und daß diese Bilder, wie alles andere auf der Welt, jetzt Teil all dessen sind, was wir an Kenntnis und Wissen angesammelt haben?

Wenn sich das auch nur für einen Tag machen ließe, wäre es nicht fein, in einer zweitausendjährigen Zeitspanne zu leben, die zu einem Zeitschleier zusammengefaltet ist, wo alle Dinge derselben Zeit angehören und alle Ereignisse gleichzeitig stattfinden?

Bob,
verzeih mir mein langes Schweigen. Ich wollte Dich nicht mit meinem Kampf belästigen, ein bißchen annehmbare englische Prosa zu schreiben, solange das Buch mehr oder weniger auf seiner geplanten Bahn voranschreitet, und von Zeit zu Zeit sieht es so aus, als ob weit, weit weg das Wort *Ende* in Sicht sei. Aber allgemein geht es nur holprig voran, und die Probleme sind vielfältig und tauchen immer unerwartet auf. Zwei Monate nach unserer Rückkehr nach Porcignano hatte

ich einen kleinen Rückschlag, eine Sprachstörung, die zu seltsamen Erschütterungen führte und mich beim Schreiben beträchtlich langsamer werden ließ.

Ich muß Dir bestimmt schon erzählt haben, daß ich, seit ich anfing, an diesem Projekt zu arbeiten, große Schwierigkeiten habe, ohne Unterbrechung die acht Stunden zu schlafen, an die ich gewohnt war. Normalerweise gehe ich gegen Mitternacht zu Bett, stehe gegen zwei oder drei auf, arbeite bis fünf und kehre dann wieder ins Bett zurück, um weitere zwei Stunden zu schlafen. Oft liege ich hellwach mit geschlossenen Augen da und versuche, ein bestimmtes Schreibproblem zu lösen. Aber meistens stehe ich gegen zwei auf und gehe auf Zehenspitzen mit meiner Taschenlampe durch Noras Wohnzimmer in das Gästezimmer, das in diesem Jahr, für die Dauer meiner wahrscheinlich letzten literarischen Anstrengungen, in ein behelfsmäßiges Nachtstudio umgewandelt worden ist.

Ich will Dir mal erzählen, was eines Nachts ein paar Monate, nachdem wir in Italien angekommen waren, passierte, als ich erfolglos mit dem ersten Abschnitt eines neuen Kapitels gekämpft hatte. Als ich nach zweistündigem tiefem Schlaf erwachte, hatte mein Körper sein perfektes Gleichgewicht gefunden, und mein Geist war klar und flink. Geschliffen und mit großer gedanklicher Eleganz legte ich die Idee fest, gestaltete die Formulierungen, wählte die Worte, die den Leser dazu einladen würden, mich auf eine Reise durch die Komplikationen eines Problems zu begleiten, das ich zu erkunden beabsichtigte. Ich arbeitete, bis alle möglichen Alternativen erschöpft waren, und ich hatte einen Absatz geschrieben, der in

seinen Intentionen so klar und doch in seinen Implikationen
so feinsinnig war, in seiner Struktur so stark und in seinem
Klang so harmonisch, daß man ihn sicher noch jahrhunderte-
lang als Beispiel für perfekt geschriebenes Englisch zitieren
würde. Ich wagte nicht, mich zu rühren, und hielt die Augen
geschlossen aus Angst, daß dieses kurze Meisterstück für alle
Zeiten aus meinem Geist entschwinden könnte. Dann machte
ich mir Sorgen: Wenn ich nun einschlafen und verlieren
würde, was ich so kunstvoll geschaffen hatte? Nein, es wäre
besser, aufzustehen und es zu Papier zu bringen. Ich glitt aus
dem Bett und begab mich in das Gästezimmer, setzte mich
vor meinen neuen Laptop von Olivetti, schaltete den Strom
ein und begann, mir jedes kostbaren Buchstabens bewußt, zu
schreiben. Als ich den ersten Satz vollendet hatte, hielt ich
inne und las, was ich geschrieben hatte. Der Textteil, den ich
im Geiste mit so außerordentlicher Klarheit ausgearbeitet
hatte, war auf Italienisch.

Zweisprachig zu sein bedeutet für die meisten einfach, eine
Fremdsprache so gut zu beherrschen wie die eigene Muttersprache. Meine Zweisprachigkeit jedoch besteht im Italienischen und Englischen, aber keine dieser beiden ist meine
Muttersprache; das war Holländisch. Doch obwohl ich
fließend Holländisch spreche, kann ich das nicht als meine
Muttersprache betrachten. Da ich Holland verließ, als ich
zwölf war, ist mein Wortschatz begrenzt, und wegen radika-
ler Veränderungen in der Sprache während des letzten halben
Jahrhunderts kann ich sie nicht einmal korrekt schreiben, ge-
schweige denn die Zeitungen lesen, die die ersten sind, die

sich in ihren Überschriften idiomatische Neuheiten zunutze machen. Also, „Huis tuin an keuken Hollands" könnte für eine allgemeine oberflächliche Konversation ja schön und gut sein und für meine touristischen Bedürfnisse mehr als genügen, aber für anspruchsvollere Gespräche oder für den Schriftgebrauch ist es höchst unzureichend. Man könnte sagen, daß ich keine Muttersprache habe; in sprachlicher Hinsicht bin ich eine Waise.

Dessen wurde ich mir bewußt während unseres neulichen Aufenthalts in Italien, als ich merkte, daß meine Fähigkeit, auf Englisch zu schreiben, deutlich nachzulassen begonnen hatte. Vom Italienischen umgeben, wie ich war, stellte ich fest, daß ich auf Italienisch dachte, was dann ins Englische übersetzt werden mußte. Auf diese Weise würde ich ganz sicher die Unmittelbarkeit und stilistische Einheit verlieren, die ich anstrebte. Meine Freunde sagen: „Na ja, dann schreib es eben auf Italienisch und laß es übersetzen." Sie begreifen nicht, daß die genauere Ausarbeitung von Gedanken in einer Welt von Symbolen, von Regeln und Konventionen vor sich geht, in der Inhalt und Form so eng miteinander verwoben sind, daß das leiseste Versehen, der kleinste Eingriff oder die geringste Verletzung die Stimmigkeit und die Schönheit eines ganzen Gefüges bedrohen. Glücklicherweise kamen wir gerade rechtzeitig nach New York zurück. Als Dauerglotzer, der fanatisch von einem Fernsehprogramm ins andere schaltet, lebe ich jetzt, wenigstens während der Abendstunden, völlig in eine Sprache eingetaucht, die vielleicht nicht englisch ist, aber dem Englischen nahe kommt. Wir sind jetzt erst wenige Wochen hier, und schon reden Nora und ich automatisch englisch miteinander, und unweigerlich müssen wir hin und wieder innehalten, um nach einem italienischen Wort zu suchen. Ich wette mit Dir, daß wir untereinander jeden Tag mehr als zwei Stunden mit Versuchen verschwenden, uns an Wörter oder die Namen von Autoren, Filmstars und Freunden zu erinnern.

Muttersprachliche englische oder amerikanische Schriftsteller haben einen großen Vorteil gegenüber sprachlichen Nachzüglern wie mir. Ihnen steht unmittelbar eine große Auswahl idiomatischer Ausdrücke zur Verfügung, von denen sie sich viele in früher Jugend angeeignet haben. Diese „natürlichen Redewendungen" sind wichtig für einen Schriftsteller, weil sie die Sprache bereichern und dabei helfen, zwischen Schriftsteller und Leser einen Grad von Vertrautheit (ich könnte beinahe sagen: von Gemütlichkeit) herzustellen, den wir im Ausland Geborenen selten erreichen werden.

Für den sprachlichen Außenseiter, wie ich einer bin, gibt es noch viele weitere subtile Schwierigkeiten. Zum Beispiel schätzt man in englischsprachigen Ländern die Wiederholung, wenn sie benutzt wird, um rhetorische Wirkung zu erzielen. In Frankreich und Italien hält man sie für schwülstig und banal. Aber das sind, was die Großmutter meines Freundes Alfredo früher „Probleme mit Zucker drauf" nannte – Leckerbissen für Lektoren.

Indem ich Dir dieses sehr lange Vorwort zu einem Kapitel präsentiere, das ich nie geschrieben habe, bitte ich einfach inständig um Dein Mitgefühl und Deine Nachsicht in einem

Augenblick, in dem ich mich, aus dem Blickwinkel eines Schriftstellers, gebrechlich und schrecklich unsicher fühle. Körperlich bin ich sogar noch schlimmer dran. Die Parkinsonsche Krankheit hat vielleicht mein Tremolo auf der Gitarre verbessert, wenn es aber um Suppeessen geht, ist sie ein Desaster.

Carissimo Maestro,
ich hatte keinen *romarro* mehr gesehen, seit wir aus New York zurückgekommen waren, aber heute morgen, als ich zum Studio wankte, habe ich zwei gesehen. Die *romarros* sind weder Trapezkünstler, noch sind sie eine ecuadorianische Folkloregruppe. Es sind diese großen grünen Eidechsen, die wegen ihrer leuchtenden Farbe und ihrer Größe den verspielten kleinen Eidechsen, die wir hier zu Hunderten um das Haus, den Swimmingpool und das Studio herum haben, eine höllische Angst einjagen. Sie kommen nicht so selten vor wie die riesigen orangefarbenen Salamander, aber wenn man einen auf seinem Weg sieht, hält man an. Gleich zwei auf einem Gang vom Haus zum Studio zu sehen, muß ein gutes Omen sein, und da ich sowieso vage daran gedacht hatte, Dir heute einen langen Brief zu schreiben: Da bin ich also.

Ich bin mit einem Anwalt in Siena befreundet, der, wenn er mein Studio besucht, mich immer fragt, ob ich je daran gedacht habe, „das Palio zu machen". Und jedesmal erkläre ich ihm, daß ich die wenigen Male, wenn ich versucht habe, auf ein Pferd zu klettern, auf der anderen Seite wieder heruntergefallen bin.

Ich habe nicht gewußt, daß „das Palio machen", wie ich jetzt weiß, heißt, das große Banner zu malen, die Trophäe für diejenige *contrada*, die das wilde dreiminütige Rennen gewinnt, das zweimal im Jahr gut fünfzigtausend Einwohner von Siena auf den Marktplatz der alten Stadt lockt. Am Ende des historischen Umzugs, der dem Rennen vorausgeht, wird das Palio-Banner auf einem von vier weißen Ochsen gezogenen Karren präsentiert. Es ist ein aufregender Moment, besonders für den Künstler, der es geschaffen hat, wenn die fünfzigtausend Leute, die den *campo* füllen, die Hälse recken, um einen Blick auf das Banner zu erhaschen, während es langsam um den Platz herumgefahren wird. Nach dem Rennen hängt es für alle Zeiten im Museum der *contrada*, die gewonnen hat. Vom Stadtrat von Siena gebeten zu werden, das Palio-Banner zu malen, ist die größte Ehre, die die Stadt einem Künstler erweisen kann.

Ich versichere Dir, daß ich nie erwartet habe, dafür in Betracht zu kommen, da unser Leben im nahe gelegenen Radda bis dahin ruhig verlaufen ist und ich keinen Grund hatte zu glauben, daß ich als Künstler hier große Anerkennung fand. Nora und ich hatten das Palio-Fest nur zweimal gesehen, und mir war nicht bewußt, daß das Banner für jedes Rennen von einem anderen bekannten Künstler gemalt wurde, bis Andrea Rauch, ein junger Graphikdesigner und Freund von mir, der in der Nähe von Florenz wohnt und über mein Werk geschrieben hat, mir erzählte, daß er dem Stadtrat meinen Namen vorgeschlagen hatte. Wir waren noch in New York, als ich eine Abschrift von den Beschlüssen des Stadtrats erhielt, in der umständlich dargelegt wurde, daß ich das Banner für das Palio-Fest im Juli malen sollte.

Das war keine leichte Arbeit. Das Banner sollte auf ein etwa zwei Meter fünfzig langes und ein Meter breites Stück Seide gemalt werden. Es mußte die Madonna enthalten, die das Rennen beschützt, die Wappenschilder der zehn *contrade*, deren Pferde am Rennen teilnahmen, die Wappenschilder der Stadt Siena und des Bürgermeisters und noch weitere. Es sollte auch den Tag feiern, an dem Siena 1944 von der deutschen Besatzung befreit wurde, und natürlich das Rennen selbst. Gegen Ende Juni bat ich Paolos Sohn Sylvan, meinen Enkel, der im nächsten Frühjahr sein Studium an der Kunsthochschule abschließt, mir zu Hilfe zu kommen, besonders bei den Wappenschildern, die sehr sorgfältig gemalt werden mußten.

Es gab Augenblicke, in denen ich mich fragte, worauf ich mich da eingelassen hatte. Du hast Glück, daß Du die Kraft besessen hast, schon vor vielen Jahren zu beschließen, nur das zu zeichnen, was Du selbst willst. Für mich ist das Wort nein unglücklicherweise aus meinem Wortschatz herausgefallen. Aber ich sollte mich nicht beklagen – lange Zeit habe ich das Glück auf meiner Seite gehabt.

Wie sich herausstellte, war die ganze Angelegenheit ein phantastisches Abenteuer und die Arbeit mehr als wert. Nie werde ich die Zeremonie der Präsentation des Palio-Banners eine Woche vor dem Rennen vergessen, die Abendessen in den Straßen der verschiedenen *contrade* und natürlich den Augenblick, als der Karren mit den weißen Ochsen auf den

538

Platz fuhr und sehr langsam, begleitet von Fahnenschwingern, seine Runde um den *campo* drehte. Ja, ich vergoß ein paar schlecht verborgene Tränen. Es wurde berichtet, daß mein Palio-Banner gefiel – ein nicht unwichtiger Beitrag zu meinen Status in Radda, wo man mich immer als Rätsel betrachtet hat. Leo Lionni? Wer ist dieser alte Herr, der behauptet, ein Maler zu sein, merkwürdige Bronzen von Pflanzen macht, Bücher für Kinder zeichnet oder druckt und wohl reich sein muß, weil er diesen großen Lancia fährt und zuvor diesen grünen MG besessen hat und einen Teil des Jahres in Amerika und den anderen hier wohnt? Das Geheimnis ist schließlich gelüftet. Es hat fast zwanzig Jahre gedauert, aber jetzt wissen sie Bescheid. Lionni? Das ist dieser alte amerikanische Exzentriker, der in Porcignano wohnt und das 1994er Palio-Banner gemalt hat.

Mon cher ami,

vor drei Wochen haben wir Paris verlassen, und ich kann es nicht aus dem Kopf kriegen. Von dort, wo ich gerade sitze, mit phantastischem Blick auf das Tal von Radda vor Sonnenuntergang, ist das Licht jetzt die reinste Magie.

Meine Erinnerungen an Paris, sogar die aus jüngster Zeit, besitzen eine derart überzeugende Plastizität, daß nur wenig mehr als eine Postkarte von der Kirche von Saint-Germain, eine Rechnung aus dem Hotel des Saints Pères, ein Glas Kir oder eine Fahrkarte für die Métro eine unwiderstehliche Versuchung auslösen, dorthin zu fahren. Und wenn ich frühmorgens Nora nicht aufwecken will, liege ich bewegungslos neben ihr und stelle mir vor, daß ich leise aus dem Bett klettere und mich wasche und anziehe, bereit, ein Flugzeug nach Paris zu besteigen. Meine Kräfte stark überschätzend, spaziere ich dann stundenlang mit der Menge durch die engen Straßen zwischen Saint-Germain und den Bücherständen der Rive Gauche oder die Champs-Élysées entlang oder um den Place des Vosges herum und erkenne lächelnd jedes Geschäft wieder, jedes Café, jedes Schild mit der Aufschrift „Défense d'afficher" und jeden vereinzelten kleinen Baum. Rue de Seine, Rue Jacob, Rue de l'Echaude, Rue du Bac, Rue Vaugirard, Rue du Dragon... alles Namen mit Farben und Gerüchen, die nie schwinden. Paris besitzt immer noch diesen Zauber, heil in unserer Erinnerung weiterzuleben, nicht angefressen vom Rost der Zeit.

Es hat sich nicht sehr verändert seit dem letzten Mal, als wir da waren, mit Ausnahme der Randgebiete und des Louvre, beide unter dem Einfluß französischer Großmannsträume. Aber, wie ich Dir gegenüber schon am Telefon erwähnte, war meine Stimmung in der Woche, die wir da waren, nicht ständig eine glückliche. Sie sprang ohne offensichtlichen Grund von unmotivierter Verärgerung zu plötzlichem, ebenso unbegründetem Hochgefühl.

Wir verbrachten köstliche Stunden mit Pippo (Mannies Sohn) und Sophie und ihren beiden Kleinen. Ich traf mich mit meinen französischen Verlegern, die bei einem netten kleinen Mittagessen in einem Bistro in der Rue du Dragon, wo ich einmal mit Miró gegessen hatte, ihre Gläser Beaujolais Nouveau auf die Nachricht erhoben, daß sie am Vortag mein millionstes Kinderbuch verkauft hatten. Nora und ich, nur wir beide, aßen in einem Restaurant hinter der Kirche von Saint-Sulpice vorzüglich zu Abend, und mit André und Margaret François aßen wir in einer italienischen Trattoria auf der Île de la Cité drei Stunden lang zu Mittag und genossen ein sogar noch längeres Frühstück mit Jean Michel Folon und Paolina im Café Flore. Und an einem Abend halfen wir Philippe Costagrande, Sophies Bruder, den glücklichen Ausgang seines Kampfes um das *Leben von Pontormo* zu feiern, das bei Skira herauskommen wird. Und nicht zuletzt gingen wir uns die erst vor kurzem eingeweihten neuen Flügel des Grand Louvre ansehen, wo schon ein Rollstuhl an der Pyramide auf mich wartete, als wir eintrafen. „Gar nicht schlecht für eine Woche in Paris", wirst Du sagen.

Und doch war ich in dieser Zeit oft nicht glücklich. Meine Beine schmerzten und auch meine rechte Schulter, wenn ich lange Stunden hindurch unbequem schräg in einem kleinen Sessel aus pinkfarbenem samtigem Reyon mit gerader Rückenlehne saß und versuchte, *Le Monde* mit Hilfe eines Vergrößerungsglases zu entziffern. Ein melancholischer Nebel überzog die Bilder, die ich von meinen früheren Besuchen in Paris ans Licht zu bringen versuchte. Das alte Paradies, das ich in meinem Geiste fand, war eines aus abblätternder Tapete, knarrenden Fußböden, dem Geruch nach Urin und den kratzenden Geräuschen aus einem Radio in der Suite nebenan. Ich fand eine kalte, leere Einsamkeit. „Monsieur Lionni? Je regrette. Je ne le connais pas."

War ich je zuvor in Paris gewesen? Oder war ich einfach der

Protagonist im Traum eines anderen gewesen? Eine Parkinsonsche Halluzination? Nein, beschloß ich, so weit war ich noch nicht. Aber was war es dann? Meine alternde Seele? Es ist, als hätte ich all dies schon einmal durchgemacht, sagte ich eines Morgens zu Nora, als wir unsere Cappuccinos schlürften.

Ich dachte dabei an die Zeit, als ich zur Eröffnung einer Ausstellung von Sandys Stabiles in den frühen 60er Jahren nach Paris gefahren war. Dort hatte ich Paolo und Nancy, eine angehende Schauspielerin, mit der er damals zusammenlebte, den jungen Folon und Titina Maselli getroffen, eine wunderschöne und begabte Malerin aus Rom mit der Vision einer Futuristin. Auch damals litt ich unter irgendeiner Art Verzweiflung *au ralenti*, einer gefühlsmäßigen Leere, die ich als den Preis diagnostiziert hatte, den ich dafür zahlen mußte, meine Energien und Gefühle über die Grenze der Vernunft hinauszutreiben. Die Party war ein *dîner dansant* – es mußten wohl zweihundert Leute dagewesen sein. Wir hatten einen Tisch für uns in einer dunklen Ecke des Saals mit Palmen im Hintergrund. Die meisten Gäste tanzten wie verrückt, als die Musik plötzlich verstummte und eine Stimme verkündete, daß Präsident Kennedy erschossen worden sei.

Alle stöhnten laut auf, und ein paar Sekunden lang blieben die Tänzer in der Stellung erstarrt, in der die Nachricht sie überrascht hatte. Die anwesenden Amerikaner eilten an ihre Tische zurück oder zum Telefon. Dann fing die Fünfmannkapelle wieder an zu spielen und nahm dabei die Musik dort auf, wo sie unterbrochen worden war. Paolo scheute nicht vor heftigen Worten zurück, als er sagte, wie sehr es ihn bestürze, daß niemand vorgeschlagen habe, zum Zeichen der Trauer und Solidarität in den Festlichkeiten einzuhalten. Sandy, wie im Tran, war schon ziemlich stark betrunken. Es blieb uns nichts anderes übrig, als aufzubrechen, und so folgten wir Paolo und gingen mit ihm langsam zur Place Saint-Germain, wo Leute in kleinen Gruppen auf die Meldungen aus den Radios geparkter Autos lauschten. Es gab heftige Diskussionen, und es dauerte keine zehn Minuten, da hatten wir die wenigen Amerikaner getroffen, die da waren. Wir wußten, daß jeder des anderen Schmerz und Kummer teilte, und mit ihnen kamen wir auf der dunklen Deux-Magots-Terrasse zusammen und redeten, auf angeketteten Stühlen an angeketteten Tischen sitzend, bis zum frühen Morgengrauen, als ich plötzlich, unerklärlich hochgestimmt, das Gefühl hatte, Zeuge gewesen zu sein vom Ende der romantischen Illusion.

Je t'embrasse.

Hallo, Bob,

in diesen letzten Tagen habe ich aus verschiedenen, schlecht zusammenpassenden Gründen viel über Architektur gegrübelt...

...weil es in einem von Steve Heller zusammengestellten Buch einen Bericht über Graphiken von Van Nelle in den zwanziger Jahren gibt, der mir den ersten Artikel in Erinnerung zurückrief, den ich in den frühen Dreißigern über die Van-Nelle-Fabrik von Brinkman und Van der Vlugt für *Casabella* geschrieben habe...

… wegen des Katalogs, den Charles Correa mir zusammen mit ein paar rührenden persönlichen Zeilen geschickt hat, die meine Sehnsucht nach Indien anheizten …

… weil ich Dir etwas Intelligenteres über I. M.s neuen Louvre schulde als das, was ich Dir zu schematisch am Telefon gesagt habe …

… weil ich I. M. etwas Intelligentes schulde …

… weil meine kleine Morandi-Blumenarbeit viel mit Mies van der Rohe gemein hat und nichts mit F. L. Wright …

… wegen Gehrys Museum in Minneapolis und dem von Lou Kahn in Fort Worth …

… weil ich glaube, daß der Isu-Tempel in Japan ein ebenso bedeutendes Meisterwerk ist wie Chartres oder die Kathedrale von Reims …

… weil wir dringend eine ehrliche Definition dessen brauchen, was ein Museum ist …

Lieber Bob,

Dein letzter Brief ist heute morgen angekommen. Dein kurzer Schmerzensschrei rührte uns zu Tränen, als wir vor unserem häßlichen „modernen" kleinen Postgebäude halbwegs auf dem Hügel nach Radda, umgeben von Wein- und Gemüsegärten, schweigend im Wagen saßen. Es fällt mir schwer, Dein einsames Leiden und Deinen Zorn nicht in eine leicht vorstellbare Szene umzusetzen, eine Konkretion meiner Angst, hier bald in einer ähnlichen Situation zu sein – indem ich Nora pflege oder sie mich. Wir durchleben schon immer mehr Augenblicke dieser Art Wirklichkeit, aber wir können immer noch genügend Illusion aufbringen, um fähig zu sein, mit fester Stimme zu behaupten, daß wir, ja, noch in guter Verfassung sind. Aber besonders ich habe häufig Parkinsonsche Probleme, die mich in schmähliche Ausbrüche von Selbstmitleid stürzen. Glücklicherweise motiviert mich meine Liebe zum Leben und seinen Freuden, besonders meine Arbeit, noch zu stark und reizt mich ein ununterdrückbares *mot d'esprit* oder ein unvermeidliches Wortspiel noch zu sehr, um meine persönliche kleine Tragödie die Herrschaft übernehmen zu lassen. Aber wenn ich sehe, wie Nora, einundachtzig Jahre alt, sich trotz ihrer Rückenprobleme flink von einem Zimmer zum nächsten bewegt, Sachen in die Küche trägt, die Treppe hochläuft, kann ich gar nicht glauben, wie verfallen mein eigener Körper ist, jetzt mehr schlecht als recht gestützt durch meinen Stock aus Kirschholz mit dem silbernen Band, auf dem ich in unleserlichen, winzigen Buchstaben meinen Namen und meine Adresse eingraviert habe und dazu meine Telefonnummer, falls man mich bewußtlos auf einem New Yorker Bürgersteig finden sollte oder in einem Autowrack auf der Straße, die kurvenreich von unserem Haus nach Castellina führt.

Heute haben Marcello und Veronica, meine Assistentin, alle Bilder mit den schwarzen Tischen für die Ausstellung in Rom verpackt. Bis gestern, als ich sie einer kleinen Gruppe von Freunden zeigte und merkte, daß mehrere Leinwände, von der Seite her gesehen, trübe Flecke im schwarzen Hintergrund erkennen ließen, war ich noch sehr selbstsicher. Wahrscheinlich werden die Flecke unbemerkt bleiben, wenn die

Bilder erst einmal in der gut erleuchteten Galerie hängen, aber beim Anblick meiner nachlässigen Arbeit habe ich doch ein Schuldgefühl bekommen. Jetzt, da ich Dir schreibe, fühle ich mich ruhiger – was ist es schließlich doch für ein Privileg, wie Du sagen würdest, immer noch in der Lage zu sein, einen Bleistift aufzunehmen und eine Linie von genau richtiger Stärke und an genau richtiger Stelle auf einem Blatt Papier zu ziehen.

Heute morgen habe ich Veronica gezeigt, wie man Mäusekörper zurechtreißt und Mäuseohren und Mäuseschwänze und Mäusebeine ausschneidet.

Sie, im übrigen eine liebe junge Frau, schien riesige Freude daran zu haben, so etwas zu machen. Jetzt habe ich vielleicht genügend Mäuseteile für fünf oder sechs Kinderbücher. Es kam mir in den Sinn, daß, wenn ich mit einer Aktentasche voll in New York ankäme, es mich vielleicht ermutigen könnte, noch ein Buch zu machen. Mir humpeln da so ein paar Ideen im Kopf herum. Aber was wird der Zoll dazu sagen?

Ciao!

Bob starb am zweiundzwanzigsten Dezember 1994. Ein paar Tage zuvor sprachen wir kurz am Telefon miteinander. Seine Stimme war heiser, und er sagte nur ein paar knappe Worte, kurz angebunden wie in seinen letzten Briefen. Unsere Freundschaft dauerte ein halbes Jahrhundert, eine geliehene Zeit. Das Wetter war von Anfang bis Ende schön. Das Licht, das uns gemeinsam zuteil wurde, war das Firnislicht alter Gemälde, das Licht des Amsterdamer Himmels.

Nora ist in der Küche und bereitet das Frühstück vor. Mannie und Barbara werden auf ihrer Rückreise nach Burlington mit uns zu Mittag essen. Mein Korb für eingehende Post ist voller unbezahlter Rechnungen, unerwünschter Angebote, unbeantworteter Briefe. Das Buch ist praktisch fertig. Alles, was ich jetzt noch brauche, ist ein gutes Ende.

1959 **Das kleine Blau und das kleine Gelb**
Deutsche Erstausgabe: Oetinger Verlag, neu über-
setzt von Ernst Jandl, in: Frederick, du bist ja ein
Dichter. Gesammelte Bilderbuchgeschichten.
Middelhauve Verlag 1986

1960 **Stück für Stück**
Deutsch von James Krüss.
Middelhauve Verlag 1962

1963 **Swimmy**
Deutsch von James Krüss.
Middelhauve Verlag 1964
Deutscher Jugendliteraturpreis 1965;
Golden Apple; Caldecott Honour

1964 **Tico und die goldenen Flügel**
Deutsch von Gertraud Middelhauve.
Middelhauve Verlag 1966

1967 **Frederick**
Deutsch von Günter Bruno Fuchs.
Middelhauve Verlag 1967
Deutscher Jugendliteraturpreis /Auswahlliste 1968;
Schönste deutsche Bücher; Caldecott Honour

1968	**Der Buchstabenbaum**
	Deutsch von Fredrik Vahle.
	Middelhauve Verlag 1986

1968   **Der Buchstabenbaum**
        Deutsch von Fredrik Vahle.
        Middelhauve Verlag 1986

1968   **Das größte Haus der Welt**
        Deutsch von Robert Wolfgang Schnell.
        Middelhauve Verlag 1969
        Schönste deutsche Bücher

1969   **Alexander und die Aufziehmaus**
        Deutsch von Robert Wolfgang Schnell.
        Middelhauve Verlag 1971
        Caldecott Honour

1970   **Fisch ist Fisch**
        Deutsch von Thomas Gostischa.
        Middelhauve Verlag 1972

1971   **Theodor und der sprechende Pilz**
        Deutsch von Gert Loschütz.
        Middelhauve Verlag 1973

1973   **Die Maus mit dem grünen Schwanz**
        Deutsch von Harry Rowohlt.
        Middelhauve Verlag 1974

1974   **Am Strand sind Steine, die keine sind**
        Deutsch von Ernst Jandl.
        Middelhauve Verlag 1975
        Schönste deutsche Bücher

1975   **Seine eigene Farbe**
        Deutsch von Ernst Jandl.
        Middelhauve Verlag 1975

1975   **Im Kaninchengarten**
        Deutsch von Robert Wolfgang Schnell.
        Middelhauve Verlag 1976
        Buch des Monats/Akademie Volkach

1975   **Pezzettino**
        Deutsch von Harry Rowohlt.
        Middelhauve Verlag 1977

1976   **Parallele Botanik**
        Deutsch von Trude Fein.
        Middelhauve Verlag 1978

1977   **Ich bleibe hier! Ich will weg! –
        Eine Geschichte mit Flöhen**
        Deutsch von Harry Rowohlt.
        Middelhauve Verlag 1978

1979   **Geraldine und die Mäuseflöte**
        Deutsch von Fredrik Vahle.
        Middelhauve Verlag 1980

1980   **Wer macht die Blumen bunt?**
        (Pappbilderbuch, Text aus „Frederick")
        Deutsch von Günter Bruno Fuchs.
        Middelhauve Verlag 1980

1981 **Für Katzen streng verboten**
Gedichte von Fredrik Vahle.
Middelhauve Verlag 1981
Buch des Monats/Akademie Volkach

1982 **Was machen wir heute?**
Deutsch von Angela Sommer-Bodenburg.
Middelhauve Verlag 1982

1983 **Cornelius**
Deutsch von Fredrik Vahle.
Middelhauve Verlag 1983
*Eulenpreis für das beliebteste ausländische
Bilderbuch/Bestenliste*

1984 **Frederick? – Wer? – Wo? – Was? – Wann?**
4 Pappbilderbücher ohne Text.
Middelhauve Verlag 1984

1985 **Das gehört mir!**
Deutsch von Fredrik Vahle.
Middelhauve Verlag 1985
Schönste deutsche Bücher

1985 **Frederick und seine Freunde –
Gesammelte Bilderbuchgeschichten**
Mit einem Vorwort von Bruno Bettelheim.
Middelhauve Verlag 1986

1986   **Frederick und die Farben;**
        Frederick und die Zahlen
        Pappbilderbücher ohne Text.
        Middelhauve Verlag 1986

1987   **Nicolas, wo warst du?**
        Deutsch von Gudrun Pausewang.
        Middelhauve Verlag 1987

1988   **Sechs Krähen**
        Deutsch von Fredrik Vahle.
        Middelhauve Verlag 1988

1989   **Tillie und die Mauer**
        Deutsch von Fredrik Vahle.
        Middelhauve Verlag 1989

1990   **Frederick, du bist ja ein Dichter –**
        Gesammelte Bilderbuchgeschichten II
        Mit einem Vorwort von Leo Lionni:
        Meine Bücher für Kinder.
        Middelhauve Verlag 1991

1991   **Matthias und sein Traum**
        Deutsch von Ernst Jandl.
        Middelhauve Verlag 1991

1992   **Ein gutes Jahr**
        Deutsch von Fredrik Vahle.
        Middelhauve Verlag 1992

1992 **Mister McMaus**
Deutsch von Ernst Jandl.
Patmos Verlag 1993

1994 **Ein außergewöhnliches Ei**
Deutsch von Stephanie Menge.
Middelhauve Verlag 1994

1996 **Eine Geschichte mit Flöhen**
Deutsch von Harry Rowohlt (Neuauflage).
Middelhauve Verlag 1996

Die Deutsche Bibliothek – CIP-Einheitsaufnahme

Lionni, Leo:
Zwischen Zeiten und Welten : eine Autobiographie / Leo Lionni.
Aus dem Amerikan. von Wolfram Sadowski. –
München : Middelhauve, 1998
(Middelhauve Literatur)
Einheitssacht.: Between worlds <dt.>
ISBN 3-7876-9679-2

Middelhauve® Literatur
© Copyright Leo Lionni, 1997
First published 1997 by Alfred A. Knopf, Inc., New York
Original title: Between Worlds. The Autobiography of Leo Lionni
Für die deutschsprachige Ausgabe:
© Copyright 1998 Middelhauve Verlag, D-81675 München
Alle Rechte vorbehalten, auch die des auszugsweisen Abdrucks,
gleich welcher Medien
ISBN 3-7876-9679-2